铁路职业技能鉴定参考丛书

信 号 钳 工

铁道部人才服务中心组织编写

中 国 铁 道 出 版 社

2008 年·北 京

内 容 简 介

本书根据铁道部人才服务中心的有关要求进行编写，内容以相应的《国家职业标准》、《铁路技术管理规程》和铁道部有关技术规章为依据。全书分为七大部分，有信号钳工初级练习题 934 道，中级练习题 862 道，高级练习题 654 道，技师练习题 579 道，高级技师练习题 522 道，共性规章类练习题 238 道，职业道德类练习题 57 道，题后附有参考答案。

本书针对鉴定考核内容和形式编写，是各单位组织鉴定前的培训、检测和申请鉴定的人员自学、自测的必备用书，对各类职业学校师生也有重要的参考价值。

图书在版编目（CIP）数据

信号钳工 / 铁道部人才服务中心组织编写.—北京：中国铁道出版社，2008.11
（铁路职业技能鉴定参考丛书）
ISBN 978-7-113-09387-7

Ⅰ.信…　Ⅱ.铁…　Ⅲ.铁路信号—信号设备—制造—钳工—职业技能鉴定—习题　Ⅳ.U284.7-44

中国版本图书馆 CIP 数据核字（2008）第 175722 号

书　名：铁路职业技能鉴定参考丛书
信 号 钳 工

作　者：铁道部人才服务中心组织编写

责任编辑：崔忠文　魏京燕　　电话：（路）021-73146　　电子信箱：dianwu@vip.sina.com
（市）010-51873146

责任校对：张玉华

责任印制：李　佳

出版发行：中国铁道出版社（100054，北京市宣武区右安门西街 8 号）

网　址：http：www.tdpress.com

印　刷：中国铁道出版社印刷厂

版　次：2008 年 12 月第 1 版　2008 年 12 月第 1 次印刷

开　本：787 mm × 1 092 mm　1/16　印张：18　字数：448 千

书　号：ISBN 978-7-113-09387-7/TP · 3027

定　价：50.00 元

前　言

根据《中华人民共和国劳动法》和国家职业技能鉴定的有关规定，结合铁路技术装备水平快速提升、运输生产能力快速扩充的实际，以客观反映现阶段铁路特有职业（工种）的水平和对从业人员的职业技能要求为目标，为铁路职业技能鉴定提供科学、合理、规范的依据，是健全和完善铁路技能人才评价体系的重要组成部分。

近年来，由于铁路运输生产技术发展较快，铁路有关技术规章进行相应修订，原《铁路职业技能鉴定指导丛书》的内容已经越来越不适应形势发展和当前工作的需要。为适应和谐铁路建设的要求，进一步维护职业技能鉴定的严肃性和权威性，充分体现职业技能鉴定内容和要求的公正合理，规范职业技能鉴定行为，统一职业技能鉴定标准，保证职业技能鉴定质量，提高铁路技术工人整体素质，我们重新组织编写了《铁路职业技能鉴定参考丛书》。

本丛书根据《国家职业标准》、《铁路技术管理规程》和铁道部有关技术规章的要求，从铁路运输生产实际出发，对原《铁路职业技能鉴定指导丛书》的内容进行了全面修订和补充，并做到与《铁路职业技能培训规范》相匹配。

本丛书遵循以职业能力为导向，以胜任工作为重点的原则。在内容上，既尊重和体现铁道部的现行规定，满足当前铁路技术工人考核鉴定和岗位达标的需要；又前瞻铁路新技术、新设备的发展趋势，增加“新知识、新技术、新工艺、新方法”的要求。在形式上，既依据职业标准，分工种、分技术等级单独编写；又按照技术规章共用的原则统一编写。同时，也为实行计算机网络化考试奠定了基础。

本丛书是各单位组织鉴定前的培训、检测和申请鉴定的人员自学、自测的必备用书，对各类职业学校师生也有重要的参考价值。

本书由郑州铁路局主编，主要编写人员为：闫照民、张朝玉、马红林、许惠荣、李春方等同志。张成标、孙翠玲、李发明等同志对本书的修改工作提出了宝贵意见，在此表示衷心的感谢！

由于铁路改革和发展的进程较快，本书存在遗漏和不到之处，恳请各使用单位和读者提出宝贵意见和建议，以便进一步修订完善。

铁道部人才服务中心

目　录

第一部分　初　级　工

第二部分　中　级　工

第三部分　高　级　工

第四部分 技 师

第五部分 高 级 技 师

第六部分 共性规章类（适用于本工种的所有等级）

第七部分　职业道德类（适用于本工种的所有等级）

第一部分　初　级　工

一、信号钳工初级练习题

（一）选 择 题

1. 国际单位制的基本单位有（　）。

（A）7 种　（B）9 种　（C）16 种　（D）19 种

2. 砂轮机安全操作规程中规定，托架与砂轮间距离保持在（　　）以内，以防止工件轧入造成事故。

（A）3 mm　（B）4 mm　（C）5 mm　（D）6 mm

3. 量具的种类很多，根据用途和特点，分为（　）类型。

（A）2 种　（B）3 种　（C）4 种　（D）5 种

4. 百分尺又叫分厘卡，是一种（　　）量具。

（A）中等精度　（B）较精密　（C）精密　（D）很精密

5. 直角尺用来检查或测量工件的内外（　　）。

（A）直角　（B）角度　（C）大小　（D）尺寸

6. 电能是指电场力在（　）所做的功。

（A）一定电压下　（B）一定电流下　（C）一段时间内　（D）单位时间内

7. 精度为 0.02 mm 的游标卡尺，主尺每小格为 1 mm，副尺刻线总长为 49 mm，并等分为 50 个格，因此每格为（　）。

（A）0.91 mm　（B）0.94 mm　（C）0.96 mm　（D）0.98 mm

8. 万能游标量角器的测量范围虽然是 0°～320°，但仅能测量（　）。

（A）0°～180° 的外角和 40°～180° 的内角

（B）0°～180° 的外角和 0°～180° 的内角

（C）40°～180° 的外角和 0°～180° 的内角

（D）40°～180° 的外角和 40°～180° 的内角

9. 塞尺用以测量零件之间的间隙大小，尺寸一般为 0.02～1 mm，测量时的精度为（　）。

（A）0.001 mm　（B）0.005 mm　（C）0.008 mm　（D）0.01 mm

10. 用百分表测量工件时，长指针每转过一格时表示齿杆移动（　）。

（A）0.01 mm　（B）0.015 mm　（C）0.02 mm　（D）0.025 mm

11. 划线基准一般可根据（　　）类型选择。

（A）2 种　（B）3 种　（C）4 种　（D）5 种

12. 划线分为平面划线和（　）划线两种。

（A）三角　（B）圆　（C）立体　（D）圆柱

13. 在加工时要保证精度不能只是按线加工，必须依靠（　　）的检验才能保证零件的精度。

（A）手工　（B）量具　（C）物件对比　（D）视力

14. 样冲的尖角一般磨成（　　）。

（A）15°～20°　（B）25°～30°　（C）30°～40°　（D）45°～60°

15. 划平行线、（　　）、划圆弧线、划圆周等分线、划椭圆是划线的五种基本划法。

（A）划直线　（B）划角　（C）划垂直线　（D）划切点

16. 划圆弧主要是求出（　　）然后利用划规按一定的半径作圆弧。

（A）垂直点　（B）交叉点　（C）中心　（D）边长

17. 扁錾刃口的宽度一般为（　　）。

（A）10 mm　（B）15 mm　（C）18 mm　（D）20 mm

18. 常用的錾子有油槽錾、尖头錾和（　　）三种。

（A）方錾　（B）圆錾　（C）扁錾　（D）长錾

19. 手锤的规格以锤头的质量表示，有 0.25 kg、0.5 kg和（　　）等。

（A）1 kg　（B）1.5 kg　（C）1.75 kg　（D）2 kg

20. 锉刀分为普通锉、特种锉和（　　）三种。

（A）整形锉　（B）专用锉　（C）合金锉　（D）油光锉

21. 锉削平面常用顺向锉法和（　　）两种。

（A）推锉　（B）拉锉　（C）交叉锉　（D）来回锉

22. 锉削加工余量大、精度等级低的软金属时，应选用（　　）进行锉削。

（A）粗锉　（B）中锉　（C）细锉　（D）润光锉

23. 锉削加工余量小、精度等级高的硬金属时，应选用（　　）进行锉削。

（A）粗锉　（B）中锉　（C）细锉　（D）油光锉

24. （　　）属于钳工常用的钻孔机械。

（A）车床　（B）镗床　（C）手电钻　（D）铣床

25. 台式钻床由电机、主轴、皮带轮、三角皮带、（　　）组成。

（A）付轴　（B）防护罩　（C）立柱　（D）进给手柄

26. 划线或打样冲眼中心不准造成钻孔（　　）。

（A）歪斜　（B）偏移　（C）扩大　（D）粗糙

27. 攻丝时两手用力不均衡，造成（　　）。

（A）烂牙　（B）滑牙　（C）螺纹攻歪　（D）螺纹牙深不够

28. 根据钻孔的直径，单项手电钻有 6 mm、10 mm、13 mm、（　　）四种规格。

（A）15 mm　（B）17 mm　（C）19 mm　（D）21 mm

29. 扳手可分为通用的、专用的和（　　）三种。

（A）普通的　（B）特殊的　（C）活口扳手　（D）套筒扳手

30. 韧性材料（　　）不能在砂轮机上加工。

（A）铝铜　（B）纯铁　（C）不锈钢　（D）磁钢

31. 钻套以莫氏锥度为标准有（　　）不同规格。

（A）3 种　（B）4 种　（C）5 种　（D）6 种

32. 保证已确定的工件位置在加工过程中不发生变动的装置，称为（　　）。

（A）辅助装置　　（B）夹紧装置　　（C）整体装置　　（D）定位装置

33. 装配工艺过程分为：装配前的准备阶段、（　　）阶段、调整、检查和试车阶段。

（A）确定装配方法　　（B）装配　　（C）修配　　（D）熟悉

34. 錾子经热处理后使切削部分的硬度达到（　　）。

（A）HRC25～35　　（B）HRC35～45　　（C）HRC45～55　　（D）HRC56～62

35. 锯条每 25 mm长度内齿数为 22～24 齿，该锯条是（　　）齿锯条。

（A）粗　（B）中　　（C）细　　（D）细变中

36. 锉齿的大小取决于每（　　）内的锉纹条数。

（A）10 mm　　（B）15 mm　　（C）20 mm　　（D）25 mm

37. 锉齿轮轮齿、链轮，应该使用（　　）。

（A）扁　　（B）半圆锉　（C）菱形锉　　（D）刀锉

38. 常用台虎钳有 100 mm、（　　）和 150 mm。

（A）110 mm　（B）120 mm　（C）125 mm　　（D）130 mm

39. 锯齿形螺纹的牙型代号是（　　）。

（A）S　　（B）G　　（C）T　　（D）M

40. 在钢材零件上开公制 8 mm螺纹直径（粗牙螺纹），钻底孔用钻头直径为（　　）。

（A）7.6 mm　　（B）7.7 mm　　（C）7.8 mm　　（D）7.9 mm

41. 标准麻花钻头的锋角（两主切削刃之间的夹角）为（　　）。

（A）118°±10°　　（B）118°±8°　（C）118°±5°　　（D）118°±2°

42. 孔径超过（　　）时，分两次钻成，先钻一个小孔，小孔直径应超过大钻头的横刃宽度，以减少轴向力。

（A）25 mm　（B）30 mm　（C）35 mm　（D）40 mm

43. 3 号可调式铰刀的直径变化范围是（　　）。

（A）13.5～13.9 mm　（B）13.9～15.1 mm

（C）15.1～16.7 mm　（D）16.7～18.3 mm

44. 孔的公差带在轴的公差带之下的配合，叫做（　　）配合。

（A）间隙　（B）完全　　（C）过盈　　（D）过渡

45. 孔的最大极限尺寸减轴的最小极限尺寸所得的代数差，叫做（　　）。

（A）最大间隙　　（B）最小间隙　　（C）最大过盈　　（D）最过盈

46. 中碳钢的含碳量为（　　）。

（A）0.15%～0.25%　（B）0.25%～0.35%

（C）0.30%～0.55%　（D）0.60%～0.75%

47. 三极管的发射极电流等于基极电流和（　　）电流之和。

（A）基极　　（B）发射极　　（C）集电极　　（D）发射极与集电极

48. 合金工具钢不仅有高的硬度、强度和耐磨性，而且热硬性很好，温度高达（　　）时，硬度仍不下降，因此大量地用来制造车刀、锉刀、刨刀和钻头等切削刃具。

（A）500 ℃　（B）600 ℃　　（C）700 ℃　（D）800 ℃

49. 一般使用的铸铁的含碳量为（　　）。

（A）1.0%～2.2%　（B）2.2%～3.0%

（C）2.2%～3.4%　（D）2.2%～3.8%

50. 钢的含碳量在（ ）以下。

（A）0.8% （B）1.2% （C）1.6% （D）2%

51. 金属材料的使用性能主要指（ ）。

（A）工艺性能 （B）机械性能 （C）切削加工性能 （D）热处理性能

52. 金属材料在高温下抵抗氧化和烧损的能力称为（ ）。

（A）耐蚀性 （B）抗氧化性 （C）耐热性 （D）塑性

53. 金属材料在外力作用下发生变形，当外力去除后变形随之消失的现象，称为（ ）。

（A）塑性变形 （B）弹性变形 （C）弹性 （D）塑性

54. 利用静拉伸试验可以测定金属材料的（ ）。

（A）硬度 （B）强度 （C）韧性 （D）塑性

55. 金属材料通常分为黑色金属和（ ）两大类。

（A）钢 （B）铸铁 （C）纯金属 （D）有色金属

56. 金属由于具有良好的（ ），所以能进行轧制、挤压、拉拔等压力加工。

（A）韧性 （B）塑性 （C）强度 （D）硬度

57. 圆周率π等于（ ）。

（A）1.1 （B）2.7 （C）3 （D）3.14

58. 微型计算机的CPU指（ ）。

（A）主机 （B）控制器 （C）存储器 （D）控制器和运算器

59. 焊接时应将焊件表面的污垢或氧化层清除干净，涂上（ ）。

（A）助焊剂 （B）阻焊剂 （C）清洁剂 （D）氧化剂

60. 松香焊剂具有活性大、（ ）的优点。

（A）溶于水 （B）无腐蚀 （C）温度低 （D）温度高

61. 淬火钢件的硬度检验常采用（ ）法。

（A）布氏硬度 （B）洛氏硬度 （C）维氏硬度 （D）肖氏硬度

62. 透镜式信号机构（ ）反射镜，一个灯具只能给出一种颜色的灯光。

（A）带 （B）不带 （C）有一个 （D）有二个

63. 钻削同一规格的螺纹底孔时，脆性材料底孔直径应（ ）韧性材料底孔直径。

（A）稍大于 （B）等于 （C）稍小于 （D）不等于

64. 6502电气集中的定型组合共（ ）。

（A）10种 （B）11种 （C）12种 （D）13种

65. 道岔组合、信号组合、（ ）组合是6502电气集中的三种基本组合类型。

（A）电源 （B）轨道 （C）区段 （D）尽头

66. ZD6系列电动转辙机供铁路电气集中站场，用电力改变道岔开通方向，锁闭道岔尖轨，反映（ ）的位置状态。

（A）尖轨 （B）基本轨 （C）表示杆 （D）动作杆

67. 轨道电路的状态有调整状态、（ ）状态、断轨状态。

（A）开路 （B）断路 （C）短路 （D）分路

68. 机械制图中的粗线宽度在（ ）之间选择。

（A）0.5～2 mm （B）0.5～1.5 mm （C）0.5～2.5 mm （D）1～2 mm

69. 三个视图的位置关系：俯视图在（ ）。

（A）主视图的上方，左视图在主视图的右方

（B）主视图的上方，左视图在主视图的左方

（C）主视图的下方，左视图在主视图的右方

（D）主视图的下方，左视图在主视图的左方

70. 百分尺固定管上刻有主尺刻线，每格（　　）。

（A）0.2 mm　（B）0.3 mm　（C）0.4 mm　（D）0.5 mm

71. 公制和英制长度单位的相互关系是：1 英寸＝（　　）。

（A）23.4 mm　（B）24.4 mm　（C）25.4 mm　（D）26.4 mm

72. 加工精度分为（　　）。

（A）3 类　（B）4 类　（C）5 类　（D）6 类

73. 表面粗糙度指零件表面加工后，在边长为（　　）的正方形面积内，研点数目的多少。

（A）20 mm（B）25 mm（C）30 mm（D）35 mm

74. 仪表的准确度等级共分为（　　）。

（A）4 级　（B）5 级　（C）6 级　（D）7 级

75. 万能游标量角器的测量精度分为 2′ 和（　　）两种。

（A）3′　（B）4′　（C）5′　（D）6′

76. 电容滤波是利用电容器的（　　）作用，使直流分量得到提高，并滤除交流分量。

（A）隔直流　（B）通交流　（C）充放电　（D）能量转换

77. ZD6 系列电动转辙机正装伸出时，自动开闭器的（　　）闭合。

（A）第一排和第三排接点　（B）第二排和第四排接点

（C）第一排和第四排接点　（D）第二排和第三排接点

78. ZD6 系列电动转辙机工作环境温度－40～+70 ℃，相对温度不大于（　　）(+25 ℃)。

（A）75%　（B）80%　（C）85%　（D）90%

79. 安装装置安装完毕后，保证道岔在定位或反位时尖轨之一必须密贴基本轨，在第一拉杆接头铁处，尖轨与基本轨间有（　　）及以上间隙时，不得锁闭道岔。

（A）2 mm　（B）4 mm　（C）5 mm　（D）10 mm

80. ZD6-A型电动转辙机动作杆动程（指大动程）为（　　）。

（A）156 mm　（B）156^{+2}_{-2} mm　（C）165 mm　（D）165^{+2}_{0} mm

81. 电动转辙机在环境温度 20 ℃±5 ℃和空气相对湿度为 50%～80%，放置时间不少于 24 h的条件下，用 500 V兆欧表测量，绝缘部分的绝缘电阻不低于（　　）。

（A）20 MΩ　（B）20 MΩ ±5 MΩ　（C）30 MΩ　（D）30 MΩ ±5 M

82. 在电阻电路中，电流的大小和（　　）成反比。

（A）电阻的阻值　（B）电路中电阻的多少

（C）电源电动势的高低　（D）电阻两端电压的高低

83. ZD6 系列电动转辙机的四线制电动机的额定转速不少于（　　）。

（A）2 300 r/min　（B）2 400 r/min　（C）2 500 r/min　（D）2 600 r/min

84. ZD6-A型电动转辙机的转换时间（指大动程）为（　　）。

（A）不大于 3.8 s　（B）等于 3.8 s　（C）不大于 3.2 s　（D）等于 3.2 s

85. ZD6-D型电动转辙机的转换时间为（　　）。

（A）不大于 3.8 s　（B）等于 3.8 s　（C）不大于 5.5 s　（D）等于 5.5 s

86. ZD7-A型电动转辙机的转换时间为（　　）。

（A）不大于 0.8 s　（B）等于 0.8 s　（C）不大于 1.2 s　（D）等于 1.2 s

87. 电功率的单位是（　　）。

（A）瓦特　（B）安培　（C）伏特　（D）焦耳

88. 电能的单位是（　　）。

（A）瓦特　（B）安培　（C）伏特　（D）焦耳

89. ZD6-A型电动转辙机的额定转换力为（　　）。

（A）1 962 N　（B）2 450 N　（C）2 942 N　（D）3 432 N

90. ZD6-D型电动转辙机的额定转换力为（　　）。

（A）1 962 N　（B）2 452 N　（C）2 942 N　（D）3 430 N

91. ZD7-A型电动转辙机的额定转换力为（　　）。

（A）980 N　（B）1 470 N　（C）1 962 N　（D）2 452 N

92. ZD6-E型电动转辙机的额定转换力为（　　）。

（A）4 414 N　（B）4 904 N　（C）5 394 N　（D）5 884 N

93. ZD6-E型电动转辙机动作杆的动程为（　　）。

（A）130^{+2}_{-2} mm　（B）156^{+2}_{-2} mm　（C）165^{+2}_{-2} mm　（D）190^{+2}_{0} mm

94. ZD6-E型电动转辙机的转换时间不大于（　　）。

（A）3.4 s　（B）3.8 s　（C）5.5 s　（D）9 s

95. ZD6 系列电动转辙机的表示杆高度小于（　　）时应报废。

（A）33.5 mm　（B）33.6 mm　（C）33.7 mm　（D）33.8 mm

96. ZD6 系列电动转辙机炭刷下面仅有小部分有微弱的点状火花，换向器面无黑痕，炭刷弧面上无灼痕的火花等级为（　　）。

（A）2/3 级　（B）1 级　（C）3/2 级　（D）2 级

97. ZD6 系列电动转辙机的摩擦联接器下部夹板不得（　　）。

（A）太松　（B）松动　（C）紧固　（D）太紧

98. ZD6 系列电动转辙机的电动机在环境温度为 20 ℃±5 ℃和空气相对湿度为 95%±3%的恒温环境中进行耐潮试验，放置时间不少于 24 h，绝缘电阻不低于（　　）。

（A）0.5 MΩ　（B）1 MΩ　（C）1.5 MΩ　（D）2 MΩ

99. 在无任何道岔动作时，ZD6 系列电动转辙机电源对地电流不得大于（　　）。

（A）0.5 mA　（B）1 mA　（C）1.5 mA　（D）2 mA

100. 测量转辙机的电动机绕组对机壳的绝缘电阻时，应由慢到快匀速摇动兆欧表手柄，保持在（　　）左右，直到指针稳定。

（A）90 r/min　（B）100 r/min　（C）110 r/min　（D）120 r/min

101. ZD6 系列电动转辙机的炭刷与换向器的接触面不少于炭刷面积的（　　）。

（A）3/5　（B）2/3　（C）3/4　（D）4/5

102. ZD6 系列电动转辙机的换向器直径小于（　　）时应报废。

（A）40 mm　（B）40.5 mm　（C）41 mm　（D）41.5 mm

103. ZD6-A、D型电动转辙机在摩擦电流 2.3～2.9 A的条件下，摩擦压力调整弹簧相邻两圈最小间隙不得小于（　　）。

（A）0.8 mm　（B）1.0 mm　（C）1.2 mm　（D）1.5 mm

104. 松开摩擦带紧固螺栓，在输出轴不旋转条件下，测试ZD6 系列电动转辙机的空载电流不大于（　　），且转动灵活无异常噪声。

（A）0.5 A　（B）0.6 A　（C）0.7 A　（D）0.8 A

105. ZD6-A型电动转辙机自动开闭器动接点与静接点组的接触深度，两侧相差不大于（　　）。

（A）1 mm　（B）1.2 mm　（C）1.5 mm　（D）2 mm

106. ZD6-A型电动转辙机自动开闭器动接点打入静接点片内后，用手扳动动接点，其摆动量不大于（　　）。

（A）2 mm　（B）2.5 mm　（C）3 mm　（D）3.5 mm

107. ZD6-A型电动转辙机检查柱落进检查块缺口后，两侧间隙总和最小 3 mm，最大（　　）。

（A）3.08 mm　（B）3.18 mm　（C）3.28 mm　（D）3.38 mm

108. ZD6-A型电动转辙机齿条块顶杆应低于齿条块上平面（　　）。

（A）0.1～1 mm　（B）0.2～1 mm　（C）0.3～1 mm　（D）0.4～1 mm

109. ZD6-A型电动转辙机齿条块顶杆与移位接触器角头间隙为（　　）。

（A）1.5 mm±0.1 mm　（B）1.5 mm

（C）1.5 mm＋0.1 mm　（D）1.5 mm－0.1 mm

110. ZD6-A型电动转辙机移位接触器触头行程为（　　）。

（A）0.7 mm　（B）0.7 mm±0.1 mm

（C）0.8 mm　（D）0.8 mm±0.1 mm

111. ZD6-A型电动转辙机齿条块顶杆上升（　　）及其以上时，移位接触器应可靠切断表示电路，并不得自复。

（A）1.8 mm　（B）2 mm　（C）2.2 mm　（D）2.5 mm

112. ZD6-A型电动转辙机摩擦联接器的摩擦带与内齿轮伸出端接触面，不小于摩擦带表面积的（　　）。

（A）3/5　（B）2/3　（C）3/4　（D）4/5

113. ZD6-A型电动转辙机减速器内齿轮与其减速器壳磨耗间隙超过（　　）时应报废。

（A）0.3 mm　（B）0.4 mm　（C）0.5 mm　（D）0.6 mm

114. ZD6-A型电动转辙机自动开闭器动接点与静接点，沿进入方向中分线偏差不大于（　　）。

（A）0.4 mm　（B）0.5 mm　（C）0.6 mm　（D）0.7 mm

115. ZD6-A型电动转辙机自动开闭器各接点片压力均匀，接触压力不小于（　　）。

（A）0.49 N　（B）0.98 N　（C）4.0 N　（D）9.8 N

116. ZD6-A型电动转辙机自动开闭器动接点与静接点座间隙不得小于（　　）。

（A）2 mm　（B）2.5 mm　（C）3 mm　（D）3.5 mm

117. ZD6 系列电动转辙机电机炭刷间水平联线必须与穿过磁相的中分线一相（　　），正反两个方向旋转的各项特性偏差不超过 5%。

（A）垂直　（B）交　（C）平行　（D）重叠

118. S700K型电动转辙机的动作电流为不大于（　　）。

（A）1.0 A （B）1.5 A （C）2.0 A （D）2.2 A

119. S700K型电动转辙机的工作电压为（ ）。

（A）直流 160 V （B）直流 220 V （C）交流 220 V （D）交流 380 V

120. S700K型电动转辙机的动作时间为不大于（ ）。

（A）3.8 s （B）5.5 s （C）6.6 s （D）7.2 s

121. S700K型电动转辙机属于（ ）电动转辙机。

（A）单相交流 （B）三相交流 （C）电液 （D）液压

122. S700K型电动转辙机的控制电路的动作电源采用了（ ）独立电源。

（A）220 V单相电源 （B）220 V直流

（C）380 V三相交流 （D）380 V直流

123.（ ）是用来检验零件表面平直度的一种检验工具。

（A）块规 （B）角直 （C）检验平尺 （D）水平仪

124. V形铁用碳钢制成，淬火后经过磨削加工，V 形槽呈（ ）。

（A）60° （B）75° （C）90° （D）105°

125. 将錾子进行热处理时，应将錾刃部长约 20 mm 的一段，加热到暗桔红色（760～780 ℃）后，垂直置于冷水中，入水部分的长度约为（ ）。

（A）3～5 mm （B）3～6 mm （C）4～5 mm （D）4～6 mm

126. 钳工常用硬头手锤中，按其大小分有（ ）。

（A）2 种 （B）3 种 （C）4 种 （D）5 种

127. 锯割软钢、黄铜、铝、铸铁、柴铜等应选用（ ）锯条。

（A）粗齿 （B）中齿 （C）细齿 （D）细变中

128. 国家标准规定：每一公称尺寸按（ ）精度等级。

（A）7 个 （B）8 个 （C）10 个 （D）12 个

129. 孔的公称直径为 21～32 mm，铰孔加工余量应为（ ）。

（A）0.2～3 mm （B）0.3 mm （C）0.5 mm （D）0.8 mm

130. 在一圆杆上套 M12 的螺纹，圆杆直径应为（ ）。

（A）11.3 mm （B）11.5 mm （C）11.7 mm （D）11.9 mm

131. 洛氏硬度有（ ）。

（A）2 种 （B）4 种 （C）5 种 （D）3 种

132. 锉刀按齿纹的粗细，可分为（ ）规格。

（A）3 种 （B）4 种 （C）5 种 （D）6 种

133. 锉纹号为 3 号的细锉刀，齿距为（ ）。

（A）0.33～0.25 mm （B）0.43～0.35 mm

（C）0.23～0.15 mm （D）0.53～0.45 mm

134. 当挤切力达到（ ）时，ZD6-A型电动转辙机连接齿条块和动作杆的挤切销被挤断。

（A）19 600 N±1 960 N （B）24 500 N±1 960 N

（C）29 420 N±1 960 N （D）34 300 N±1 960 N

135. 机械制图的内容规定图线中的粗实线的宽度按图的大小和复杂程度，在（ ）之间选择。

（A）0.4～1.2 mm （B）0.5～1.0 mm （C）0.5～1.5 mm （D）0.5～2 mm

136. 在机械制图的图线画法中规定两条平行线（包括剖面线）之间的距离应不小于粗实线的两倍宽度，其最小距离不得小于（ ）。

（A）0.5 mm （B）0.6 mm （C）0.7 mm （D）0.8 mm

137. 在装配图中，宽度小于或等于（ ）的狭小面的剖面，可用涂黑代替剖面符号。

（A）1.5 mm （B）2 mm （C）2.5 mm （D）3 mm

138. 国际单位制中辅助单位有（ ）。

（A）2 个 （B）3 个 （C）4 个 （D）5 个

139. 安全电压为（ ）。

（A）26 V （B）30 V （C）36 V （D）40 V

140. 砂轮不圆，过簿或因磨损过多，工作面离夹板边缘不足（ ）时，应更换新砂轮。

（A）15 mm （B）20 mm （C）25 mm （D）30 mm

141. 电容量为 3 μF和 6 μF的两个电容器，串联时的等效电容是（ ）。

（A）2 μF （B）3 μF （C）6 μF （D）9 μF

142. ZD6 系列电动转辙机自动开闭器动接点打入静接点内的接触深度（接触后的滑程）不小于（ ）。

（A）4 mm （B）4.5 mm （C）5 mm （D）5.5 mm

143. 机械制图规定，图线中的细实线宽度约为粗实线的（ ）。

（A）1/5 （B）1/4 （C）1/3 （D）1/2

144. 道岔转换与锁闭设备中，穿过轨底的各种物件距轨底的净距离大于（ ）。

（A）5 mm （B）10 mm （C）15 mm （D）20 mm

145. 在电阻电路中，电流的大小和（ ）成正比。

（A）电阻的阻值 （B）电阻的多少

（C）电源电动势的高低 （D）电阻两端电压的高低

146. 道岔中修周期一般为（ ），由铁路局确定。

（A）3 年 （B）4 年 （C）5 年 （D）6 年

147. 一般信号设备大修周期为（ ）。

（A）5 年 （B）8 年 （C）10 年 （D）15 年

148. 对带有（ ）及以上电压的信号设备进行工作时，一般应切断电源或双人作业。

（A）36 V （B）180 V （C）220 V （D）380 V

149. 信号灯泡为双灯丝灯泡，用于非组合式机构的规格为（ ）。

（A）12V/5W （B）12V/15W （C）12V/25W （D）12V/30W

150. ZD7-A型电动转辙机动作杆的动程为（ ）。

（A）130 mm±2 mm （B）156 mm±2 mm

（C）165 mm+2 mm （D）190 mm±2 mm

151. 导体的电阻与材料的性质有关，还与材料所处的（ ）有关。

（A）环境温度 （B）环境湿度 （C）海拔高度 （D）外加电压

152. 同一材料导体的电阻与导体的（ ）成反比。

（A）密度 （B）电阻率 （C）横截面积 （D）导线长度

153. 用适当分布的 6 个定位支承点，限制工件的 6 个自由度，使工件在夹具中的位置完全确定，这就是夹具的（ ）原则。

（A）工件定位 （B）夹具定位 （C）支承点定位 （D）六点定位

154. 工件在定位时与定位元件接触的表面，称为（ ）。

（A）平面定位 （B）外圆柱定位 （C）定位基准 （D）独立定位

155. 同一材料导体的电阻与导体的（ ）成正比。

（A）密度 （B）电阻率 （C）横截面积 （D）导线长度

156. 用于在线上做标志时，样冲的尖角一般磨成（ ）。

（A）15°～20° （B）25°～30° （C）30°～40° （D）45°～60°

157. 一个端子柱上，允许最多上（ ）线头并用垫圈隔开。

（A）2 个 （B）3 个 （C）4 个 （D）5 个

158. 电缆A、B端的识别方法是，绿色组在红色组的顺时针方向为（ ）端。

（A）A （B）B （C）A、B （D）B、A

159. 电缆的允许弯曲半径，内屏蔽电缆应不小于电缆外径的（ ）。

（A）10 倍 （B）15 倍 （C）20 倍 （D）25 倍

160. 根据计算，控制某组双动道岔所需的电缆芯线为 11 芯，这时应该选用（ ）电缆。

（A）12 芯 （B）13 芯 （C）14 芯 （D）16 芯

161. 电缆的允许弯曲半径，铠装电缆应不小于电缆外径的（ ）。

（A）10 倍 （B）12 倍 （C）15 倍 （D）20 倍

162. 电缆的允许弯曲半径，非铠装电缆应不小于电缆外径的（ ）。

（A）5 倍 （B）8 倍 （C）10 倍 （D）15 倍

163. 自动闭塞区间通过信号机，反光号码牌安装在机柱正面，底边距轨面（ ）。

（A）2 000 mm （B）2 250 mm （C）2 500 mm （D）2 750 mm

164. 自动闭塞区间通过信号机号码用特大号字写在机柱（ ）。

（A）反面 （B）侧面 （C）正面 （D）背面

165. 在零件图上，用来确定其他点、线、面位置的基准，称为（ ）基准。

（A）设计 （B）划线 （C）定位 （D）修理

166. 带传动机构使用一段时间后，三角带陷入槽底，这是（ ）损坏形式造成的。

（A）轴弯曲 （B）带拉长 （C）带轮槽磨损 （D）轮轴配合松动

167. 正弦交流电的三要素是（ ）。

（A）频率、周期、相位 （B）最大值、角频率、周期

（C）最大值、平均值、有效值 （D）最大值、角频率、初相位

168. 拆卸尺寸较大的热盈配合的轴与轴承要用热拆卸，为防止轴受热胀大，要用石棉隔热，并用（ ）的热油浇注在轴承内圈上，迅速将轴拉出。

（A）80 ℃ （B）100 ℃ （C）150 ℃ （D）180 ℃

169. 电流是一个（ ）的物理量。

（A）有大小，没有方向 （B）有大小，又有方向

（C）没有大小，没有方向 （D）没有大小，有方向

170. 电容器的电容量是电容器（ ），极板上所带的电量。

（A）充 1 V 电压时 （B）充电 1 s 后

（C）充电电流达 1 A时　　　（D）充 10 V电压时

171. 自方向盒方向引来的电缆，进入电缆盒（　　）。

（A）防护管　（B）主管　（C）副管　（D）钢管

172. 两个 10 Ω 的电阻并联后再和一个 10 Ω 的电阻串联，其总电阻为（　　）。

（A）5 Ω　（B）10 Ω　（C）15 Ω　（D）30 Ω

173. 冷却润滑液能（　　）和刀具磨损，提高加工表面质量。

（A）增大摩擦　（B）减小摩擦　（C）增高温度　（D）降低温度

174. 游标卡尺按其测量精度有 0.1 mm、0.05 mm、（　　）三种。

（A）0.02 mm　（B）0.03 mm　（C）0.04 mm　（D）0.07 mm

175. 信号电缆主要特性要求，在 20 ℃时信号电缆导电线芯的直流电阻，每千米不大于（　　）。

（A）13.5 Ω　（B）23.5 Ω　（C）33.5 Ω　（D）43.5 Ω

176. 变压器箱、电缆盒的电缆配线，紧固在相应的端子上，芯线的长度需留有可做（　　）接头的余量。

（A）1～2 次　（B）2～3 次　（C）3～5 次　（D）5 次以上

177. 互换装配法的实质就是控制零件（　　）来保证装配精度。

（A）尺寸公差　（B）加工误差　（C）形状误差　（D）位置误差

178. 控制台的发光元件所需电源规格由用户提供，一般表示灯电源为（　　）。

（A）交流 12 V　（B）直流 12 V　（C）交流 24 V　（D）直流 24 V

179. 32 号机械油的凝点不高于（　　）。

（A）−45 ℃　（B）−15 ℃　（C）−10 ℃　（D）0 ℃

180. 信号电缆中的导电芯线，宜采用直径为（　　）的软铜线，其允许工作电压不低于工频 500 V或直流 1 000 V。

（A）0.5 mm　（B）1 mm　（C）1.5 mm　（D）2 mm

181. 根据铰刀的使用方法，可分为机用铰刀和（　　）两种。

（A）柄式铰刀　（B）手用铰刀　（C）套式铰刀　（D）粗铰刀

182. PTFX信号电源屏向计算机联锁提供的 15 kVA电源屏一套屏数为（　　）。

（A）1 屏　（B）2 屏　（C）3 屏　（D）4 屏

183. TJWX-2000 型信号微机监测系统和站机与所辖的采集机之间采用（　　）方式。

（A）总线　（B）星形　（C）CAN　（D）直接连接

184. 国际单位制中，基本长度单位为（　　）。

（A）mm　（B）cm　（C）dm　（D）m

185. 在图样上所标的法定长度单位为（　　）。

（A）mm　（B）cm　（C）dm　（D）m

186. 国际单位制中，基本质量单位为（　　）。

（A）mg　（B）g　（C）kg　（D）t

187. 法定长度单位与英制单位是两种不同的长度单位，但它们这间可以互相换算，换算关系是 1 英寸＝（　　）。

（A）23.4 mm　（B）24.4 mm　（C）25.4 mm　（D）26 mm

188. 握持錾子时，握持的部位是使錾子头部露出手外约（　　）。

（A）8 mm　　（B）10 mm　　（C）15 mm　　（D）20 mm

189. 在电气化区段作业时，人员及携带物品距接触网设备带电部分不得少于（　　）。

（A）1 m　　（B）1.5 m　　（C）2 m　　（D）3 m

190. 生产过程中用来测量、检验零件和产品尺寸及形状的工具叫做（　　）。

（A）量具　　（B）千分尺　　（C）百分表　　（D）塞尺

191. 专用量具是用来测定零件和产品的（　　）是否合格的量具。

（A）长度及宽度　　（B）形状及尺寸

（C）高度及厚度　　（D）孔内径与外径

192. 钳形表主要用于在不断电的情况下测量（　　）的大小。

（A）交流电压　　（B）电阻　　（C）绝缘　　（D）交流电流

193. 通用绝缘电线的交流工作电压为500 V，直流工作电压为（　　）。

（A）220 V　　（B）380 V　　（C）500 V　　（D）1 000 V

194. 三极管有（　　）三种工作状态。

（A）放大、截止、导通　　（B）放大、缩小、饱和

（C）放大、截止、饱和　　（D）放大、缩小、导通

195. 通过测量所得的尺寸称为（　　）尺寸。

（A）公称　　（B）经验　　（C）准确　　（D）实际

196. M20表示公称直径为（　　）的粗牙普通螺纹。

（A）10 mm　　（B）15 mm　　（C）20 mm　　（D）25 mm

197. 台钻由（　　）部分组成。

（A）5　（B）10　（C）15　　（D）20

198. 划角度线一般有（　　）方法。

（A）2种　　（B）3种　　（C）4种　　（D）5种

199. 一般动力电压是（　　）。

（A）110 V　　（B）160 V　　（C）220 V　　（D）380 V

200. 手剪可剪切厚度为（　　）以下的薄钢板。

（A）0.5 mm　　（B）0.7 mm　　（C）0.8 mm　　（D）1 mm

201. 手剪可剪切厚度为（　　）以下的镀锌铁板。

（A）0.5 mm　　（B）0.7 mm　　（C）0.8 mm　　（D）1 mm

202. ZD6系列电动转辙机安全接点接触良好，接触深度不小于（　　）。

（A）2 mm　　（B）2.5 mm　　（C）3 mm　　（D）4 mm

203. ZD6系列电动转辙机，在开盖或插入手摇把时安全接点能自动切断电路，每片接点与接点环断开距离不少于（　　）。

（A）2 mm　　（B）2.5 mm　　（C）3 mm　　（D）4 mm

204. ZD6系列电动转辙机减速器输入轴和输出轴的轴向窜动不大于（　　）。

（A）1 mm　　（B）1.5 mm　　（C）2 mm　　（D）2.5 mm

205. ZD6系列电动转辙机自动开闭器的动接点在静接点内的接触深度（接触后滑程）不小于（　　）。

（A）2 mm　　（B）3 mm　　（C）4 mm　　（D）5 mm

206. ZD6系列电动转辙机速动爪落下后与速动片间隙不小于（　　）。

(A) 0.5 mm　(B) 1 mm　(C) 1.5 mm　(D) 2 mm

207. 电路由（　　）、负载、中间环节三个基本部分组成。

(A) 电流　(B) 电压　(C) 电阻　(D) 电源

208. ZD6系列电动转辙机自动开闭器动接点圆柱与接点环之间的间隙超过（　　）及绝缘电阻不良的，应更换新件。

(A) 0.3 mm　(B) 0.5 mm　(C) 0.7 mm　(D) 0.8 mm

209. ZD6系列电动转辙机检查柱与其圆孔之间的间隙不大于（　　）。

(A) 0.2 mm　(B) 0.3 mm　(C) 0.5 mm　(D) 0.6 mm

210. ZD6系列电动转辙机检查块的上平面应低于表示杆上平面（　　）。

(A) 0.1～0.5 mm　(B) 0.2～0.5 mm

(C) 0.3～0.6 mm　(D) 0.2～0.8 mm

211. ZD6系列电动转辙机表示杆在外力推动下，应能将动接点退出静接点组，退出量应超过动接点摆动角度的（　　）但不得与对方接点接触。

(A) 1/4　(B) 1/3　(C) 1/2　(D) 2/3

212. ZD6系列电动转辙机齿条块与底壳原则上要求不悬空，圆孔套安装后，齿条块与底壳间隙不许超过（　　）。

(A) 0.2 mm　(B) 0.3 mm　(C) 0.5 mm　(D) 0.6 mm

213. ZD6系列电动转辙机锁闭齿轮圆弧和削尖齿圆弧分别应为R39 mm＋0.05 mm和R39 mm－0.05 mm，磨耗超过（　　）时就整修。

(A) 0.2 mm　(B) 0.3 mm　(C) 0.5 mm　(D) 0.6 mm

214. ZD6系列电动转辙机齿条块顶杆与移位接触器触头应对正，偏差不大于（　　）。

(A) 1 mm　(B) 1.5 mm　(C) 2 mm　(D) 2.5 mm

215. ZD6系列电动转辙机移位接触器的压力不小于（　　）。

(A) 0.49 N　(B) 0.5 N　(C) 0.8 N　(D) 1 N

216. ZD6系列电动转辙机转子的轴向窜动不大于（　　）。

(A) 0.2 mm　(B) 0.3 mm　(C) 0.4 mm　(D) 0.5 mm

217. ZD6系列电动机安装齿轮的伸出端径向跳动不大于（　　）。

(A) 0.1 mm　(B) 0.2 mm　(C) 0.3 mm　(D) 0.4 mm

218. 钩型外锁闭装置两侧基本轨上锁闭框的安装孔前后偏差不得大于（　　）。

(A) 2 mm　(B) 3 mm　(C) 4 mm　(D) 5 mm

219. ZD6系列电动转辙机在额定电压、额定负载下，炭刷与换向器的火花不超过（　　）（即轻微火花）。

(A) 1/2　(B) 2/4　(C) 3/4　(D) 3/2

220. ZD6系列电动转辙机动作杆与圆孔套的旷量不大于（　　）。

(A) 0.3 mm　(B) 0.4 mm　(C) 0.5 mm　(D) 0.6 mm

221. 电液转辙机锁闭柱打入锁闭缺口的深度应不小于（　　），并不打锁闭杆缺口底面。

(A) 6 mm　(B) 7 mm　(C) 8 mm　(D) 9 mm

222. 具有很强导电能力的物体称为（　　）。

(A) 导磁体　(B) 绝缘体　(C) 半导体　(D) 导体

223. 金属材料分为（　　）。

（A）2 大类　（B）3 大类　（C）4 大类　（D）5 大类

224. 金属矫正的方法有（　　）。

（A）2 种　（B）3 种　（C）4 种　（D）5 种

225. 装有电液转辙机的分动外锁闭装置，在道岔开口符合要求时，限位块与锁闭框间隙不大于（　　）。

（A）2 mm　（B）3 mm　（C）4 mm　（D）6 mm

226. ZD6 系列电动转辙机减速器的整修作业程序可分为（　　）步骤。

（A）5 个　（B）6 个　（C）7 个　（D）8 个

227. 钢按用途可分为（　　）。

（A）2 种　（B）3 种　（C）4 种　（D）5 种

228. 进站信号机应设在第一对向道岔岔尖前不少于（　　）处，原则上不大于 400 m。

（A）50 m　（B）60 m　（C）70 m　（D）80 m

229. 四线制道岔控制电路中，（　　）为道岔表示专用线。

（A）X_1 线　（B）X_2 线　（C）X_3 线　（D）X_4 线

230. 我国铁路直线标准轨距为（　　）。

（A）1 325 mm　（B）1 345 mm　（C）1 435 mm　（D）1 534 mm

231. 信号电缆埋设深度，站内一般不少于（　　）。

（A）400 mm　（B）500 mm　（C）600 mm　（D）700 mm

232. 信号电缆埋设遇有石质地带埋深应不少于（　　）。

（A）300 mm　（B）400 mm　（C）500 mm　（D）600 mm

233. 铁路信号设备使用的开口销劈开角度应为（　　）。

（A）45°　（B）60°～90°　（C）100°　（D）120°

234. 控制台各种电铃电路中应加装（　　）熔断器，防止电铃故障影响其他设备正常使用。

（A）0.5 A　（B）1 A　（C）3 A　（D）5 A

235. 砂轮机的搁架与砂轮间的距离，应保持在以内（　　）以内。

（A）2 mm　（B）3 mm　（C）4 mm　（D）5 mm

236. 钳工常用的錾子有（　　）。

（A）3 种　（B）4 种　（C）5 种　（D）6 种

237. 锉刀有（　　）类型。

（A）3 种　（B）4 种　（C）5 种　（D）6 种

238. ZD6 系列电动转辙机入所修作业前整机检查测试中的机械特性测试有（　　）。

（A）8 项　（B）10 项　（C）12 项　（D）14 项

239. ZD6 系列电动转辙机入所修作业前整机检查测试中的电气特性测试有（　　）。

（A）4 项　（B）6 项　（C）8 项　（D）10 项

240. ZK3-A型电空转辙机的额定风压为（　　）。

（A）450 kPa　（B）550 kPa　（C）600 kPa　（D）700 kPa

241. ZK3-A型电空转辙机电磁阀的额定电压为DC（　　）。

（A）20 V　（B）24 V　（C）30 V　（D）220 V

242. ZK4 型电空转辙机电磁阀的额定电压为DC（　　）。

（A）20 V　　（B）24 V　　（C）30 V　　（D）220 V

243. ZK3-A型电空转辙机，当负载为1 960 N时，活塞杆的行程为（　　）。

（A）156 mm　　（B）165 mm　　（C）200 mm±2 mm　　（D）170 mm±2 mm

244. ZK3-A型电空转辙机，当负载为2 450 N时，活塞杆的行程为（　　）。

（A）156 mm　　（B）165 mm　　（C）200 mm±2 mm　　（D）170 mm±2 mm

245. ZK3 型电空转辙机的转换时间为（　　）。

（A）≤0.06 s　　（B）≤0.08 s　　（C）≤0.6 s　　（D）≤0.8 s

246. ZK3 型电空转辙机的额定转换力为（　　）。

（A）1 996 N　　（B）2 500 N　　（C）2 800 N　　（D）3 000 N

247. ZK3 型电空转辙机电磁阀衔铁的动程为（　　）。

（A）1.6 mm±0.3 mm　　（B）1.8 mm±0.1 mm

（C）1.8 mm±0.3 mm　　（D）2.1 mm

248. ZK3 型电空转辙机锁闭阀的锁闭值应不小于（　　）。

（A）250　kPa　　（B）300 kPa　　（C）350 kPa　　（D）400 kPa

249. ZK4 型电空转辙机的最低工作风压为（　　）。

（A）250 kPa　　（B）300 kPa　　（C）350 kPa　　（D）450 kPa

250. ZK3 型电空转辙机的解锁风压为（　　）。

（A）≤250 kPa　　（B）≤300 kPa　　（C）≤350 kPa　　（D）≤400 kPa

251. ZK系列电空转辙机的油雾器杯中油墨应不少于油杯容积的（　　）。

（A）1/5　　（B）1/4　　（C）1/3　　（D）2/5

252. ZK系列电空转辙机每动作一次，油雾器滴油应不小于（　　）。

（A）1 滴　　（B）2 滴　　（C）3 滴　　（D）4 滴

253. ZK系列电空转辙机动接点转接顺利、一致，接触面及压力均匀，接点压力不小于（　　）。

（A）3 N　　（B）3.5 N　　（C）4 N　　（D）5 N

254. ZK系列电空转辙机动接点与静接点座不得相碰，动接点在静接点片中的接触深度不小于（　　）。

（A）2 mm　　（B）3 mm　　（C）3.5 mm　　（D）4 mm

255. ZK系列电空转辙机动接点和静接点沿插入方向中心偏差不大于（　　）。

（A）0.5 mm　　（B）0.6 mm　　（C）0.7 mm　　（D）0.8 mm

256. ZK3-A型电空转辙机换向电磁阀的线圈电阻为（　　）。

（A）68 Ω ±4 Ω　　（B）80 Ω ±5 Ω

（C）85 Ω ±5 Ω　　（D）102 Ω ±8 Ω

257. ZK4 型电空转辙机换向电磁阀的线圈电阻为（　　）。

（A）68 Ω ±4 Ω　　（B）80 Ω ±5 Ω

（C）85 Ω ±5 Ω　　（D）102 Ω ±8 Ω

258. 静压润滑中，油膜的形成与油压力和轴转速的关系是：油膜的开线（　　）。

（A）与轴的转数有关，与油压力无关

（B）与油压力密切相关，与轴的转数无关

（C）与轴转速和油压力无关

（D）与轴转速和油压均有关

259. ZD7-A型电动转辙机的额定工作电压为DC（ ）。

（A）160 V （B）180 V （C）200 V （D）220 V

260. ZD7-A型电动转辙机的动作电流为DC（ ）。

（A）2 A （B）3 A （C）4 A （D）≤6 A

261. ZD7-A型电动转辙机的摩擦电流为（ ）。

（A）2.2～2.86 A （B）2.3～2.9 A （C）4.5～6.7 A （D）7.8～8.7 A

262. ZD7-A型电动转辙机的转换时间不大于（ ）。

（A）0.4 s （B）0.5 s （C）0.8 s （D）1 s

263. ZK3-A型电空转辙机动作杆丝扣的调整余量应为（ ）。

（A）不少于5 mm （B）不少于10 mm （C）不大于10 mm （D）15 mm

264. ZK4 型电空转辙机的额定气压为（ ）。

（A）500 kPa （B）550 kPa （C）600 kPa （D）650 kPa

265. ZK3-A型电空转辙机的解锁风压不大于（ ）。

（A）250 kPa （B）300 kPa （C）400 kPa （D）550 kPa

266. ZK3 型电空转辙机电磁阀的吸起值不大于（ ）。

（A）12 V （B）16 V （C）20 V （D）24 V

267. ZK3 型电空转辙机电磁阀的释放值不小于（ ）。

（A）3.5 V （B）4 V （C）6 V （D）6.5 V

268. ZK3-A型电空转辙机电磁阀线圈的绝缘电阻应（ ）。

（A）不大于5 MΩ （B）不小于5 MΩ

（C）不小于0.5 MΩ （D）大于1 MΩ

269. 两个或两个以上的电路元件，接在电路中相同的两点之间，这种连接方式称为（ ）。

（A）混联 （B）并联 （C）串联 （D）等效联

270. 在电子电路中，三极管3DG表示的是（ ）。

（A）NPN 型锗高频小功率三极管 （B）NPN 型硅高频小功率三极管

（C）PNP 型硅低频大功率三极管 （D）PNP 型硅高频小功率三极管

271. 当晶体三极管的两个PN结都正偏时，晶体三极管处于（ ）。

（A）工作状态 （B）截止状态 （C）放大状态 （D）饱和状态

272. 刮削前的余量，应根据工件面积大小而定，一般约在（ ）。

（A）0.05～0.04 mm （B）0.01～0.05 mm

（C）0.1～0.3 mm （D）0.4～1 mm

273. 刮削常用的红丹粉广泛地用于（ ）的工件上。

（A）精密工件 （B）铝合金 （C）铜合金 （D）铸铁和钢

274. 细刮时，在整个刮削面上，每边长为 25 mm的正方形面积内应达到（ ）个研点时，细刮即告结束。

（A）3～4 （B）12～15 （C）15～20 （D）20 以上

275. 经淬硬的钢制零件进行研磨时，常用（ ）材料作为磨具。

（A）淬硬钢 （B）低碳钢 （C）灰铸铁 （D）铝

276. 一般所用的研磨工具（研具）的材料硬度应（　　）被研零件。

（A）稍高于　（B）稍低于　（C）相同于　（D）远大于

277. 研磨淬硬的钢制零件，应选用（　　）为磨料。

（A）刚玉类　（B）碳化物　（C）金刚石　（D）氧化铁

278. 研磨外圆柱面时，采用的研磨环内径应比工件的外径（　　）。

（A）略小 0.025～0.05 mm　（B）略大 0.025～0.05 mm

（C）略小 0.05～0.10 mm　（D）略大 0.05～0.10 mm

279. 研磨环在研磨外圆柱面时的往复运动速度（　　），将影响工件的精度和耐磨性。

（A）太快　（B）太慢　（C）太快或太慢　（D）适中

280. 工件的表面粗糙度要求最细时，一般采用（　　）加工。

（A）精车　（B）磨削　（C）研磨　（D）刮削

281. 研磨有台阶的狭长平面，应采用（　　）轨迹。

（A）螺旋式研磨运动　（B）8 字形或仿 8 字形研磨运动

（C）直线研磨运动　（D）摆式直线研磨运动

282. 研磨小平面工件，通常都采用（　　）轨迹。

（A）螺旋式研磨运动　（B）8 字形或仿 8 字形研磨运动

（C）直线研磨运动　（D）摆式直线研磨运动

283. 在装配时修去指定零件上预留修配量，以达到装配精度的方法，称为（　　）。

（A）互换法　（B）选配法　（C）调整法　（D）修配法

284. 尾座套筒的前端有一对夹紧块，它与套筒的接触面积应大于（　　），才能可靠地工作。

（A）30%　（B）50%　（C）70%　（D）90%

285. 以机修工人为主，辅助进行的定期性计划修理工件，称为（　　）。

（A）小修　（B）二级保养　（C）大修　（D）中修

286. 对机械设备进行周期性的彻底检查和恢复性的修理工件，称为（　　）。

（A）小修　（B）二级保养　（C）大修　（D）中修

287. 楔键是一种紧键联结，能传递转矩和承受（　　）。

（A）单向径向力　（B）单向轴向力　（C）双向径向力　（D）双向轴向力

288. 滑移齿轮与花键轴的联结，为了得以较高的定心精度，一般采用（　　）。

（A）小径定心　（B）大径定心　（C）键侧定心　（D）大、小径定心

289. 标准圆锥销具有（　　）的锥度。

（A）1∶60　（B）1∶30　（C）1∶15　（D）1∶50

290. 过盈联接装配，是依靠配合面的（　　）产生的摩擦力来传递转矩。

（A）推力　（B）载荷力　（C）压力　（D）静力

291. 圆锥面过盈联接的装配方法有（　　）。

（A）热装法　（B）冷装法　（C）压装法　（D）用螺母压紧圆锥面法

292. V 带传动机构中，是依靠带与带轮之间的（　　）来传递运动和动力的。

（A）摩擦力　（B）张紧力　（C）拉力　（D）圆周力

293. V 带传动机构装配时，要求两轮的中间平面重合，因而要求其倾斜角不超过（　　）。

（A）1°　（B）2°　（C）3°　（D）4°

294. V带传动机构中，带在带轮上的包角不能小于（　　）否则容易打滑。

（A）60°　（B）80°　（C）100°　（D）120°

295. 在安装新传动带时，最初的张紧力应为正常张紧力的（　　）。

（A）1 倍　（B）1.5 倍　（C）2 倍　（D）2.5 倍

296. 两链轮的轴向偏移量，一般当中心距小于 500 mm时，允许偏移量为（　　）。

（A）≤1 mm　（B）≥1 mm　（C）≤2 mm　（D）≥2 mm

297. 一对中等精度等级，正常啮合的齿轮，它的接触斑点应不小于（　　）。

（A）30%～50%　（B）40%～50%

（C）30%～60%　（D）50%～70%

298. 电流在（　　）内做的功，称为电功率。

（A）1 s　（B）1 min　（C）1 h　（D）1 y

299. PN结具有（　　）的性能。

（A）放大信号　（B）减弱信号　（C）单向导电　（D）选择性导通

300. ZYJ7 型电液转辙机的额定电压为AC（　　）。

（A）110 V　（B）160 V　（C）220 V　（D）380 V

301. ZYJ7 型电液转辙机的工作电流为（　　）。

（A）≤1.8 A　（B）≤2.0 A　（C）≤2.2 A　（D）≤2.3 A

302. ZYJ7 型电液转辙机的单线电阻为（　　）。

（A）≤20 Ω　（B）≤26 Ω　（C）≤30 Ω　（D）≤54 Ω

303. ZY系列电液转辙机油缸的动密封应满足（　　）后，活塞杆两端油膜不成滴。

（A）10 次　（B）12 次　（C）15 次　（D）20 次

304. ZY系列电液转辙机溢流阀调整灵活，溢流压力应调整为额定转换时压力的(　　)。

（A）1.0～1.2 倍　（B）1.1～1.3 倍　（C）1.1～1.4 倍　（D）1.2～1.4 倍

305. ZY系列电液转辙机胶管总成外露部分及与槽钢进出口处防护设施齐全，转角处弯曲半径应不小于（　　）。

（A）110 mm　（B）130 mm　（C）140 mm　（D）150 mm

306. ZY系列电液转辙机动接点在静接点片内接触深度不小于（　　）。

（A）2 mm　（B）3.5 mm　（C）4 mm　（D）4 mm±1.5 mm

307. 用手扳动ZY系列电液转辙机动接点时，其摆动量不大于（　　）。

（A）0.3～1.3 mm　（B）1.5 mm±0.5 mm　（C）2 mm　（D）2.5 mm

308. ZY系列电液转辙机动接点打入静接点时，与静接点座应保持（　　）以上间隙。

（A）2 mm　（B）2.5 mm　（C）3 mm　（D）4 mm

309. ZY系列电液转辙机接点组接点的接触压力不小于（　　）。

（A）3 N　（B）3.5 N　（C）4 N　（D）4.5 N

310. ZY系列电液转辙机启动片落下前，动接点在静接点内窜动时，应保证接点接触深度不小于（　　）。

（A）1.5 mm　（B）2 mm　（C）3 mm　（D）3.5 mm

311. ZY系列电液转辙机当滚轮在动作板上滚动时，启动片尖与速度片的间隙为(　　)。

（A）0.3～1.3 mm　（B）1.5 mm±0.5 mm　（C）2 mm　（D）2.5 mm

312. ZY系列电液转辙机滚轮在动作板上应滚动灵活，落下时滚轮与动作板底部不受力，并与动作板斜面有（　　）以上的间隙。

（A）0.2 mm　（B）0.5 mm　（C）0.8 mm　（D）1.0 mm

313. ZY系列电液转辙机挤岔装置在任一极限位置，挤岔组斜面与挤岔板上滚轮的间隙应为（　　）。

（A）1.5 mm　（B）1.5 mm±0.5 mm　（C）2～4 mm　（D）4 mm

314. ZY系列电液转辙机锁闭柱与锁闭杆缺口两侧的间隙，外锁闭时为（　　）。

（A）1.5 mm±0.5 mm　（B）2 mm±0.5 mm

（C）4 mm±0.5 mm　（D）4 mm±1.5 mm

315. ZY系列电液转辙机锁闭柱与锁闭杆缺口两侧的间隙，内锁闭时为（　　）。

（A）1.5 mm±0.5 mm　（B）2 mm±0.5 mm

（C）4 mm±0.5 mm　（D）4 mm±1.5 mm

316. ZY系列电液转辙机锁闭柱与锁闭杆缺口两侧的间隙：检查柱与表示杆检查块缺口为（　　）。

（A）1.5 mm±0.5 mm　（B）2 mm±0.5 mm

（C）4 mm±0.5 mm　（D）4 mm±1.5 mm

317. 各种类型转辙机及转换锁闭器外壳所属线路侧面的两端与基本轨或中心线垂直距离的偏差：内锁闭道岔不大于（　　）。

（A）4 mm　（B）5 mm　（C）6 mm　（D）10 mm

318. 各种类型转辙机及转换锁闭器外壳所属线路侧面的两端与基本轨或中心线垂直距离的偏差：外锁闭道岔不大于（　　）。

（A）4 mm　（B）5 mm　（C）6 mm　（D）10 mm

319. 各类型的道岔杆件的两端与基本轨或中心线的垂直偏差：内锁闭道岔的密贴调整杆、表示杆、尖端杆应不大于（　　）。

（A）4 mm　（B）5 mm　（C）10 mm　（D）20 mm

320. 各类型的道岔杆件的两端与基本轨或中心线的垂直偏差：分动外锁闭道岔各牵引点的锁闭杆、表示杆应不大于（　　）。

（A）4 mm　（B）5 mm　（C）10 mm　（D）20 mm

321. 道岔的密贴调整杆、表示杆、尖端杆、拉杆及外锁闭装置的锁闭杆、表示杆，其水平方向的两端高低偏差应不大于（　　）。

（A）4 mm　（B）5 mm　（C）6 mm　（D）10 mm

322. 连接轨枕的托板与两基本轨轨顶面的延长线平行，拖板两端及两托板的高低偏差应不大于（　　）。

（A）4 mm　（B）5 mm　（C）6 mm　（D）10 mm

323. 带有弯度的杆件，其弯角不大于（　　）。

（A）10°　（B）15°　（C）20°　（D）30°

324. 带有弯度的杆件，弯高不大于（　　）。

（A）20 mm　（B）30 mm　（C）50 mm　（D）100 mm

325. 列车运行速度v>（　　）线路上，道岔应采用外锁闭装置和三相交流转辙机。

（A）100 km/h　（B）120 km/h　（C）160 km/h　（D）200 km/h

326. 列车运行速度v＜120 km/h线路上的道岔，单点牵引及多点牵引的第一牵引点，牵引点处有（　　）及其以上间隙时，道岔不能锁闭和接通道岔表示。

（A）4 mm　　（B）5 mm　　（C）6 mm　　（D）10 mm

327. 列车运行速度v＜120 km/h线路上的道岔，多点牵引密贴段（刨切段）的其余各牵引点处有（　　）以上间隙时，道岔不能锁闭和接通表示。

（A）4 mm　　（B）5 mm　　（C）6 mm　　（D）10 mm

328. 列车运行速度v＜120 km/h线路上的道岔，两牵引点间有（　　）及以上间隙时，道岔不能接通表示。

（A）4 mm　　（B）5 mm　　（C）6 mm　　（D）10 mm

329. 列车运行速度 120 km/h＜v＜160 km/h线路上的道岔，密贴段牵引点处有（　　）及其以上间隙时，道岔不能锁闭和接通道岔表示。

（A）4 mm　　（B）5 mm　　（C）6 mm　　（D）10 mm

330. 列车运行速度 120 km/h＜v＜160 km/h线路上的道岔，两牵引点间有（　　）及以上间隙时，道岔不能接通表示。

（A）4 mm　　（B）5 mm　　（C）6 mm　　（D）10 mm

331. 列车运行速度v＞160 km/h线路上的道岔，密贴段牵引点处有（　　）及其以上间隙时，道岔不能锁闭和接通道岔表示。

（A）4 mm　　（B）5 mm　　（C）6 mm　　（D）10 mm

332. 列车运行速度v＞160 km/h线路上的道岔，两牵引点间有（　　）及其以上间隙时，道岔不能接通表示。

（A）4 mm　　（B）5 mm　　（C）6 mm　　（D）10 mm

333. 用于道岔表示冗余系统的密贴检查装置，第一牵引点处尖轨与基本轨、心轨与翼轨密贴有（　　）及以上间隙时，不得接通道岔表示。

（A）4 mm　　（B）5 mm　　（C）6 mm　　（D）10 mm

334. 用于道岔表示冗余系统的密贴检查装置，当尖轨或心轨从密贴位斥离至（　　）及以上间隙时，应断开道岔表示。

（A）4 mm　　（B）5 mm　　（C）6 mm　　（D）10 mm

335. 道岔尖轨、心轨、基本轨的爬行、窜动量不得超过（　　）。

（A）10 mm　　（B）15 mm　　（C）20 mm　　（D）22 mm

336. 道岔尖轨、心轨顶铁与轨腰的间隙均应不大于（　　）。

（A）1 mm　（B）1.5 mm　（C）2 mm　　（D）2.5 mm

337. ZD6 系列电动转辙机入所修作业程序中，修前检查有（　　）。

（A）3 项　　（B）4 项　　（C）5 项　　（D）6 项

338. ZD6 系列电动转辙机入所修作业程序中，分解、清洗、整修有（　　）。

（A）6 项　　（B）7 项　　（C）8 项　　（D）9 项

339. ZD6 系列电动转辙机入所修作业程序中，组装成机有（　　）。

（A）8 项　　（B）9 项　　（C）10 项　　（D）11 项

340. ZD6 系列电动转辙机入所修作业程序中，微调有（　　）。

（A）2 项　　（B）3 项　　（C）4 项　　（D）5 项

341. ZD6 系列电动转辙机入所修作业程序中，修后检查有（　　）大项。

（A）2　　（B）3　　（C）4　　（D）5

342. ZD6系列电动转辙机入所修作业程序中，验收员验收有（　　）大项。

（A）2　（B）3　（C）4　（D）5

343. 用游标卡尺的内外测量爪测量工件的内尺寸时，被测件的实际尺寸为卡尺读数（　　）内外测量爪的厚度尺寸。

（A）减去　（B）等于　（C）加上　（D）乘上

344. 千分尺的读数原理是将螺杆的角位移变为（　　）位移来进行长度测量的。

（A）平行线　（B）垂直线　（C）直线　（D）交叉线

345. 大型游标卡尺有微动螺母机构，它能起到控制（　　）的作用，因此，可以提高测量的准确度。

（A）测量力　（B）尺寸　（C）准确度　（D）范围

346. 外径千分尺按制造精度可分为0级和1级两种，其中0级精度（　　）1级精度。

（A）高于　（B）低于　（C）等于　（D）近似于

347. 在千分尺中当微分筒旋转一圈时，测微螺杆就轴向移动（　　）。

（A）0.01 mm　（B）0.1 mm　（C）0.5 mm　（D）0.7 mm

348. 游标万能角度尺的读数原理与游标卡尺的读数（　　）。

（A）相同　（B）不同　（C）无关　（D）相似

349. 在图样上形位公差框格应该（　　）放置。

（A）垂直　（B）倾斜　（C）水平　（D）任意

350. 点在投影图上的投影特性永远是（　　）。

（A）点　（B）线　（C）面　（D）线段

351. 正投影是投影线（　　）于投影面时得到的投影。

（A）平行　（B）垂直　（C）倾斜　（D）相交

352. 主视图和俯视图（　　）对正。

（A）长　（B）宽　（C）高　（D）中心

353. 金属材料的剖面符号，其剖面线应画成（　　）的细实线。

（A）30°　（B）35°　（C）40°　（D）45°

354. 尺寸标注必须符合（　　）标准的规定注法。

（A）部颁　（B）国家　（C）行业　（D）企业

355. 外螺纹大径画粗实线，小径画（　　）。

（A）虚线　（B）线实线　（C）点划线　（D）粗线

356. 螺纹“M16”表示（　　）为16 mm的粗牙普通螺纹。

（A）小径　（B）中径　（C）大径　（D）节径

357. 螺纹标记M16×1表示（　　）螺纹。

（A）粗牙　（B）细牙　（C）梯形　（D）锯齿形

358. 装配图上两相邻零件的剖面线的倾斜方向，应该（　　）。

（A）相同　（B）相反　（C）不相交　（D）相交

359. 装配图的读图方法，首先看（　　）了解部件的名称。

（A）明细表　（B）零件图　（C）标题栏　（D）技术文件

360. 零件图的识图方法分五步进行，首先是（　　）。

（A）分析视图　（B）分析形体　（C）看标题栏　（D）分析尺寸

361. 识读、分析零件视图时，首先找出（　）。
（A）俯视图　（B）主视图　（C）左视图　（D）右视图
362. 如果晶体二极管的正反向电阻都很小或为零，则该晶体二极管（　）。
（A）正常　（B）截止状态　（C）已被击穿　（D）内部断路
363. 孔的最小极限尺寸与轴的最大极限尺寸之代数差为正值，叫（　）。
（A）间隙　（B）最大间隙　（C）最小间隙　（D）间隙差
364. 电路中电阻元件实现消耗的功率称为（　）功率。
（A）无功　（B）有功　（C）电流　（D）电阻
365. 基准制的选用通常依标准件而定，如规定与滚动轴承内圈配合的轴采用（　）。
（A）基轴制　（B）基孔制　（C）基轴制或基孔制　（D）无基准制
366. 当温度升高时，半导体电阻将（　）。
（A）迅速增大　（B）增大　（C）减小　（D）不变
367. 在电路中，（　）都是从电源的一端出发，经过负载后，回到电源的另一端。
（A）电压　（B）电流　（C）电感　（D）电容
368. 金属导体内的电流是由（　）在电场力的作用下运动而形成的。
（A）空穴载流子　（B）正、负离子
（C）自由电子　（D）自由电子和空穴
369. 孔的下偏差大于轴的上偏差的配合，应该是（　）配合。
（A）过盈　（B）过渡　（C）间隙　（D）松紧配合
370. 孔的最大极限尺寸与轴的最小极限尺寸之代数差为负值，叫（　）。
（A）最大间隙　（B）最小间隙　（C）最大过盈　（D）最小过盈
371. 钳工常用的刀具材料有碳素工具钢、合金工具钢、（　）和硬质合金等。
（A）铜合金　（B）铝合金　（C）轴承合金　（D）高速钢
372. 碳素钢按用途，分为碳素结构钢和（　）钢。
（A）工具　（B）模具　（C）合金　（D）高速
373. 工具钢分为碳素工具钢、合金工具钢和（　）。
（A）轴承钢　（B）不锈钢　（C）高速钢　（D）高合金钢
374. 20Cr 钢表示含碳量为（　）。
（A）0.08%　（B）0.8%　（C）8%　（D）80%
375. 电荷有规则地（　）运动形成电流。
（A）自由　（B）定向　（C）圆形　（D）直线
376. 合金结构钢牌号的前面两位数字，表示钢中平均含碳量为（　）。
（A）百分之几　（B）千分之几　（C）万分之几　（D）十万分之几
377. 布氏硬度的符号用（　）表示。
（A）HA　（B）HB　（C）HC　（D）HD
378. 普通碳素钢用来制造（　）零件。
（A）重要　（B）不重要　（C）刀具　（D）模具
379. 高速钢一般用来制造（　）。
（A）量具　（B）刀具　（C）轴承　（D）机械零件
380. 球墨铸铁牌号的表示方法：前面字母为（　）。

（A）KT　　（B）YT　　（C）TW　　（D）YR

381. 铜与锡的合金称为（　　）。

（A）紫铜　　（B）纯铜　　（C）青铜　　（D）黄铜

382. 钨钴钛类硬质合金的代号是（　　）。

（A）YG　　（B）YT　　（C）YW　　（D）YR

383. 金属材料的力学性能，取决于其（　　）。

（A）外部组织结构　（B）内部组织结构

（C）含碳量的高低　（D）合金元素的多少

384. 当载流导线置于磁场中时，导线受到一种力的作用，使载流导线向一定方向运动。判定这个力的方向应用（　　）。

（A）右螺旋法则　　（B）右手定则　　（C）左手定则　　（D）楞次定律

385. 各种钢的淬火加热温度主要由钢的（　）决定。

（A）化学性能　　（B）化学成分　　（C）物理性能　　（D）物理结构

386. HT150 是灰铸铁，其（　　）强度不低于 150 MPa。

（A）抗拉　　（B）抗压　　（C）抗弯　　（D）抗剪

387. 对低、中碳钢采用（　　）处理，可以改善其切削加工性。

（A）正火　　（B）退火　　（C）调质　　（D）淬火

388. 对高碳钢采用（　　）处理，可以改善其切削加工性。

（A）正火　　（B）退火　　（C）调质　　（D）淬火

389. 在低碳钢、中碳钢、高碳钢三种中，其中碳钢的切削加工性（　　）。

（A）差　　（B）较差　　（C）较好　　（D）特好

390. 在（　　）中，碳以片状石墨存在，石墨含量高，具有良好的切削加工性。

（A）灰铸铁　　（B）白口铸铁　　（C）可锻铸铁　　（D）球墨铸铁

391. 钢渗碳处理的渗碳层深度一般为（　　）。

（A）1～1.5 mm　　（B）2～6 mm　　（C）7～8 mm　　（D）8～10 mm

392. 主切削刃和副切削刃的交点叫（　　）。

（A）刀体　　（B）刀刃　　（C）刀头　　（D）刀尖

393. 在车刀的主截面内，前面与主后刀面的夹角叫（　　）。

（A）前角　　（B）后角　　（C）楔角　　（D）切削角

394. 主切削刃和切削刃在基面上投影之间的夹角叫（　　）。

（A）主偏角　　（B）副偏角　　（C）切削角　　（D）刀尖角

395. 车削时，车刀的纵向或横向移动是（　　）。

（A）主运动　　（B）进给运动　　（C）切削运动　　（D）辅助运动

396. 1 A等于（　　）。

（A）1×10^3 mA　　（B）1×10^4 mA　　（C）1×10^5 mA　　（D）1×10^6 mA

397. 工件材料的强度和硬度越高，切削力（　　）。

（A）就越大　　（B）就越小　　（C）大小一般不变　　（D）大小发生变化

398. 主切削力是作用于切削速度方向的（　　）。

（A）合力　　（B）分力　　（C）径向力　　（D）轴向力

399. 变压器的过载测试是检验变压器的（　　）。

（A）输入功率　（B）输出功率　（C）一次电压　（D）二次电压

400. 1 m^3 等于（　　）。

（A）1×10^3 cm^3　（B）1×10^4 cm^3　（C）1×10^5 cm^3　（D）1×10^6 m^3

401. 电阻串联具有（　　）作用。

（A）分流　（B）分压　（C）增流　（D）增压

402. 串联电路中各个电阻消耗的功率与电阻阻值的大小成（　　）。

（A）正比　（B）反比　（C）相等　（D）相加

403. 表示磁场内某点的磁场强弱和方向的物理量称为（　　）。

（A）磁感应强度　（B）磁场强度　（C）磁通　（D）磁饱和

404. 钳工常用的刀具材料有（　　）。

（A）合金工具钢，高速钢　（B）硬质合金，优质钢

（C）合金工具钢，硬质合金，高速钢，碳素工具钢　（D）高速钢，优质钢

405. 凡对地电压在（　　）以上者叫高压。

（A）180 V　（B）220 V　（C）250 V　（D）380 V

406. 机床照明灯应选（　　）电压。

（A）6 V　（B）24 V　（C）220 V　（D）380 V

407. 小容量变压器多采用的冷却方式是（　　）。

（A）油浸自冷　（B）空气冷却　（C）油浸风冷　（D）油循环风冷

408. 电动机靠（　　）部分输出机械转矩。

（A）定子　（B）转子　（C）接线盒　（D）风扇

409. 国产交流电动机的额定频率为（　　）。

（A）30 Hz　（B）40 Hz　（C）50 Hz　（D）100 Hz

410. 机床各电机的振动，是（　　）振源。

（A）机内　（B）机外　（C）机内机外都有　（D）共振

411. 将两个 100 Ω 的电阻并联后接在电路中，可得到（　　）的电阻。

（A）25 Ω　（B）50 Ω　（C）100 Ω　（D）200 Ω

412. 带有绝缘套柄的钢丝钳可在工件电压为（　　）的有电场合下使用。

（A）110 V　（B）220 V　（C）380 V　（D）500V

413. 1 英寸等于（　　）。

（A）2.54 mm　（B）25.4 mm　（C）254 mm　（D）25.4 cm

414. 测量结果中不是整数的毫米数，其值小于 1 时，应用（　　）表示。

（A）分数　（B）小数　（C）整数　（D）函数

415. 检修设备时（　　）不落实，不准进入生产岗位。

（A）安全措施　（B）劳动措施　（C）人员配备　（D）生产管理

416. 在危险处不得使用电压超过（　　）的手提式安全灯。

（A）12 V　（B）24 V　（C）36 V　（D）110 V

417. 反应釜用单端面机械密封的径向跳动允差规定为不大于（　　）。

（A）0.03 mm　（B）0.3 mm　（C）0.5 mm　（D）1 mm

418. 台虎钳是通过（　　）来传递夹紧力的。

（A）固定钳身和活动钳身　（B）丝械和螺母

（C）固定钳口和活动钳口　　（D）夹紧手柄

419. 砂轮机的搁架与砂轮外圆间的距离一般取（　　）左右为宜。

（A）3 mm　　（B）5 mm　　（C）1 mm　　（D）10 mm

420. 钻头套是在（　　）上使用的。

（A）立式钻床　　（B）台式钻床　　（C）手电钻　　（D）冲击钻

421. 一般立式主轴锥孔为（　　）莫氏锥度。

（A）1 号或 2 号　　（B）2 号或 3 号　　（C）4 号或 5 号　　（D）5 号或 6 号

422. 最大值、角频率、（　　）被称为交流电的三要素。

（A）瞬时值　　（B）相位差　　（C）有效值　　（D）初相角

423. Z4012 型台钻最大钻孔直径为（　　）。

（A）10 mm　　（B）11 mm　　（C）12 mm　　（D）20 mm

424. 1 MΩ 等于（　　）。

（A）$1\times10^3\,\Omega$　　（B）$1\times10^4\,\Omega$　　（C）$1\times10^5\,\Omega$　　（D）$1\times10^6\,\Omega$

425. 钻夹头是用来装夹（　　）钻头的。

（A）直柄　　（B）锥柄　　（C）合金钢　　（D）工具钢

426. 剪板机是剪（　　）的专用设备。

（A）棒材　　（B）有色金属　　（C）板料　　（D）金属材料

427. 砂轮机的砂轮旋转方向要正确，使磨屑向（　　）飞离砂轮。

（A）上方　　（B）后方　　（C）前方　　（D）下方

428. 在活动钳身的光滑平面上（　　）进行敲击工作。

（A）能　　（B）不能　　（C）领导同意时能　　（D）特殊情况下能

429. 钻床型号 Z512 中的字母、数字各表示为（　　）。

（A）Z表示钻床，5 表示台钻

（B）5 表示立钻，12 表示最大钻孔直径为 12 mm

（C）Z表示钻床，5 表示立钻，12 表示最大钻孔直径为 12 mm

（D）12 表示最大钻孔直径为 12 mm，5 表示立钻

430. 露天场地多采用的起重机类型是（　　）。

（A）桥式　　（B）龙门式　　（C）摇臂式　　（D）悬挂式

431. 车削外圆是由工件的旋转和车刀作（　　）完成的。

（A）横向移动　　（B）纵向移动　　（C）垂直移动　　（D）旋转移动

432. 铣床加工时，主运动是（　　）。

（A）工作台带动工件的纵向运动　　（B）工作台带动工件的横向运动

（C）工作台带动工件的垂直运动　　（D）主轴带动刀具的旋转运动

433. 刨床是用刨刀在刨床上对工件进行切削加工，刨削时，工件或刨刀在水平方向上作（　　）运动。

（A）加速　　（B）往复直线　　（C）直线　　（D）间歇

434. 焊接电流过大，焊缝容易产生（　　）缺陷。

（A）未焊透　　（B）烧穿　　（C）裂纹　　（D）夹渣

435. 氧气瓶的最高压力为（　　）。

（A）1.5 MPa　　（B）15 MPa　　（C）100 MPa　　（D）150 MPa

436. 金属材料经过冷作加工产生冷作硬化现象的主要表现是材料（　　）。

（A）强度增大　　（B）硬度增大　　（C）延伸率增加　　（D）韧性增大

437. 磨床磨削加工时，一般使用的冷却液是（　　）。

（A）切削油　　（B）乳化液　　（C）水溶液　　（D）机油

438. 机床型号由大写的汉语拼音字母及阿拉伯数字组成，铣床是用（　　）字母表示。

（A）C　　（B）T　　（C）X　　（D）D

439. 手电钻装卸钻头时，按操作规程必须用（　　）。

（A）钥匙　　（B）扳手　　（C）榔头　　（D）斜铁

440. 钻头上缠绕铁屑，必须及时停车用（　　）清除。

（A）手　　（B）脚　　（C）工件　　（D）刷子或钩子

441. 可用于多次拆装的联接是（　　）。

（A）螺纹联接　　（B）过盈联接　　（C）铆接　　（D）圆柱销联接

442. 螺纹联接必须保证螺纹副具有一定的摩擦力矩，摩擦力矩是由螺纹联接时施加拧紧力后，螺纹副产生的（　　）获得的。

（A）力矩　　（B）反作用力　　（C）预紧力　　（D）向心力

443. 装双头螺栓时，必须（　　），以免旋入时产生咬扣现象，也便于以后的拆卸。

（A）用扳手　　（B）用套筒扳手　　（C）润滑螺纹部分　　（D）用专用工具

444. 机车接收线圈与其外壳间的绝缘电阻不小于（　　）。

（A）0.2 MΩ　　（B）1 MΩ　　（C）2 MΩ　　（D）3 MΩ

445. 阀门的安装高度，以离操作地坪（　　）左右。

（A）0.5 m　　（B）1.2 m　　（C）1.5 m　　（D）1.8 m

446. 游标卡尺由（　　）和副尺及辅助游标组成。

（A）尺架　　（B）主尺　　（C）钻座　　（D）长管

447. 游标卡尺是一种（　　）量具。

（A）较低精度　　（B）较高精度　　（C）中等精度　　（D）精密

448. 当 1/50 卡尺上副尺的 10 与主尺上 5 cm相吻合时，卡尺的读数应为（　　）。

（A）1 mm　　（B）49 mm　　（C）50 mm　　（D）51 mm

449. 对于加工精度要求（　　）的工件，要用千分尺来测量尺寸。

（A）一般　　（B）较低　　（C）较高　　（D）最高

450. 千分尺的活动套管转动一圈，螺杆就移动了（　　）。

（A）0.01 mm　　（B）0.05 mm　　（C）0.5 mm　　（D）1 mm

451. 游标卡尺不能用来测量（　　）。

（A）深度　　（B）长度　　（C）平面度　　（D）内径

452. 内径千分尺的刻线方向，与外径千分尺的刻线方向是（　　）的。

（A）垂直　　（B）交叉　　（C）相同　　（D）相反

453. 万能角度尺是用来测量工件（　　）的工具。

（A）内外角度　　（B）内角　　（C）外角　　（D）直角

454. 用百分表测量工件时，长指针转一圈，移动（　　）。

（A）0.1 mm　　（B）1 mm　　（C）1 cm　　（D）0.1 m

455. 高度游标卡尺的刻线原理和读法与普通卡尺（　　）。

（A）不同　（B）相同　（C）部分相同　（D）大致相同

456. 量具在使用过程中，（　　）和工具、刀具放在一起。

（A）能　（B）不能　（C）有时能　（D）有时不能

457. 使用者发现精密量具有不正常现象时，应及时送交（　　）。

（A）生产厂返修　（B）技术及检验　（C）计量室检修　（D）上级领导

458. 起重机试吊时，重物离地面（　　）经检查确认稳定可靠后方能起吊。

（A）0.5 m　（B）1 m　（C）3 m　（D）5 m

459. 车间内常用的起重设备是（　　）。

（A）桥式起重机　（B）龙门起重机

（C）门架式起重机　（D）摇臂式起重机

460. 环链手拉葫芦起重量一般不超过（　　）。

（A）500 kg　（B）2 000 kg　（C）5 000 kg　（D）10 000 kg

461. 在PN结两端加正向电压时，参加导电的主要是（　　）。

（A）多数载流子　（B）少数载流子

（C）既有多数载流子，又有少数载流子　（D）不能确定

462. 半导体中的自由电子和空穴的数目相等，这样的半导体称为（　　）半导体。

（A）N型　（B）P型　（C）本征　（D）PNP型

463. 采用法兰式管接头联接的管路，要求相联的两个法兰盘端面必须（　　）。

（A）同心　（B）平行　（C）垂直　（D）靠近

464. 螺纹管接头联接的管道中，外螺纹处填料卷绕的方向为（　　）。

（A）顺时针　（B）逆时针　（C）轴向　（D）径向

465. 卡套式管接头联接的管路适用于（　　）管路。

（A）常压　（B）中压　（C）低压　（D）高压

466. 通过对设备润滑材料的合理选择，减少机器零件相对运动的（　　），提高设备使用寿命。

（A）时间　（B）摩擦　（C）速度　（D）防腐

467. 黏度指数是表示油品黏度随温度变化的一个约定量值，黏度指数高，表示油品黏度随温度变化（　　）。

（A）较大　（B）而变化　（C）较小　（D）影响大

468. 锯削管子必须用（　　）锯条。

（A）粗齿　（B）细齿　（C）中粗　（D）长齿

469. 锯削时，远起锯和近起锯角一般为（　　）。

（A）5°　（B）10°　（C）15°　（D）20°

470. 凿子前刀与基面之间的夹角，称为（　　）。

（A）前角　（B）后角　（C）楔角　（D）主后角

471. 凿子前刃时，经常浸水冷却，以免凿子（　　）。

（A）退火　（B）回火　（C）正火　（D）淬火

472. 狭凿切削部分两侧面要磨成（　　）。

（A）平行形　（B）圆弧形　（C）倒锥形　（D）半圆形

473. 锉刀面上的锉纹距表示锉刀的粗细规格，其中3号锉纹定为（　　）。

（A）粗锉刀　（B）细锉刀　（C）中锉刀　（D）双细锉刀

474. 锉削的精度最高可达（　　）左右。

（A）0.001 mm　（B）0.01 mm　（C）0.1 mm　（D）0.01 cm

475. 加工余量为0.2～0.5 mm时，应选用（　　）锉刀。

（A）粗齿　（B）中齿　（C）细齿　（D）油光齿

476. 平锉刀、方锉刀、圆锉刀、半圆锉刀和三角锉刀属于（　　）类锉刀。

（A）特种锉　（B）什锦锉　（C）普通锉　（D）整形锉

477. 平面锉削一般使用（　　）等方法。

（A）交叉锉、拉锉　（B）顺向锉、推锉

（C）交叉锉、顺向锉和推锉　（D）推锉、拉锉

478. 选择划线基准时，要使划线基准与（　　）基准尽量一致。

（A）加工　（B）设计　（C）安装　（D）检验

479. 划线常用的涂料有白灰水、硫酸铜和（　　）。

（A）石油　（B）蓝油　（C）菜油　（D）植物油

480. 一般划线精度能达到（　　）。

（A）0.025～0.05 mm　（B）0.1～0.3 mm

（C）0.25～0.5 mm　（D）0.25～0.8 mm

481. 按（　　）等分圆周，将不产生更多的积累误差。

（A）同一弦长　（B）不同弦长　（C）同一半径　（D）不同半径

482. 经过划线确定加工时的最后尺寸，在加工过程中应通过（　　）来保证尺寸的准确。

（A）测量　（B）划线　（C）加工　（D）设备精度

483. 麻花钻由柄部、（　　）和工件部分组成。

（A）顶部　（B）颈部　（C）根部　（D）头部

484. 钻头直径大于13 mm，柄部一般采用（　　）。

（A）直柄　（B）锥柄　（C）长柄　（D）短柄

485. 在钻削直径为30～50 mm的孔，加工精度等级要求较高时，应分为（　　）钻削。

（A）1次　（B）2次　（C）3次　（D）4次

486. 在P型半导体中，（　　）是多数载流子。

（A）自由电子　（B）空穴　（C）正电荷　（D）负电荷

487. 扩孔与钻孔相比其主要特点是（　　）、切削阻力小。

（A）切削深度大　（B）切削深度小

（C）切削精度高　（D）切削精度低

488. 锥形锪钻的锥角有60°、75°、90°、120°，其中用得最多的是（　　）。

（A）60°　（B）75°　（C）90°　（D）120°

489. 铰削标准直径系列的孔，主要使用（　　）铰刀。

（A）整体圆柱式　（B）可调式　（C）整体或调节式　（D）整体圆锥式

490. 手工铰孔的表面粗糙度值可达（　　）。

（A）Ra6.3～1.6 μm　（B）Ra3.2～0.8 μm

（C）Ra1.6～0.4 μm　（D）Ra0.4～0.2 μm

491. 可调节手用铰刀可用来铰削（　　）。

（A）1∶75 锥孔　　（B）非标准孔　　（C）通孔　　（D）较大孔

492. 铰削带有键槽的孔时，铰刀应选择（　　）。

（A）1∶75 锥孔　　（B）非标准孔　　（C）通孔　　（D）较大孔

493. 铰削带有键槽的孔时，铰刀应选择（　　）。

（A）整体圆柱手铰刀　　（B）可调节手铰刀

（C）螺旋槽手铰刀　　（D）圆锥铰刀

494. 手铰孔时，两手用力不均使铰刀左右晃动，易造成（　　）。

（A）孔径缩小　　（B）孔径扩大

（C）孔径铰成椭圆　　（D）孔径精度降低

495. 螺纹相邻两牙在中线上对应两点间的轴向距离叫（　　）。

（A）导程　（B）螺距　（C）头数　（D）旋向

496. 螺纹的公称直径是指（　　）。

（A）螺纹小径　（B）螺纹中径　（C）螺纹大径　（D）螺纹分度圆直径

497. 一般管螺纹的牙型角是（　　）。

（A）50°　（B）55°　（C）60°　（D）65°

498. 螺纹按其用途的不同，可分为（　　）。

（A）联接螺纹和紧固螺纹　　（B）联接螺纹和传动螺纹

（C）单线螺纹和多线螺纹　　（D）普通螺纹和传动螺纹

499. 板牙是加工（　　）的工具。

（A）内螺纹　（B）外螺纹　（C）管螺纹　（D）锥管螺纹

500. 刮刀刀头部分应具有足够的（　　），刃口必须平直锋利才能进行刮削。

（A）强度　（B）硬度　（C）韧性　（D）塑性

501. 进行刮削时，推研后显示出有些发亮的研点，应（　　）。

（A）重些刮　（B）轻些刮　（C）不刮　（D）慢慢地刮

502. 标准平板是检验划线及刮削的（　　）。

（A）基本工具　（B）精密工具　（C）一般量具　（D）精密量具

503. 刮削精度检验，一般用（　　）检查。

（A）方框　（B）刀口尺　（C）游标卡尺　（D）直角尺

504. 用于精刮的显示剂应调和（　　）。

（A）干些　（B）稀些　（C）湿些　（D）不干不湿

505. 研磨用的研具材料比被研磨的工件应（　　）。

（A）软些　（B）硬些　（C）粗糙度高些　（D）粗糙度低些

506. 在 N 型半导体中，（　　）是多数载流子。

（A）自由电子　（B）空穴　（C）正电荷　（D）负电荷

507. 202 型轴承表示轴承的（　　）。

（A）内径为 80 mm　（B）外径为 80 mm

（C）内径为 40 mm　（D）外径为 40 mm

508. 轴承的内圈与轴的配合应为（　　）。

（A）基孔制　（B）基轴制　（C）基圆制　（D）基孔制或基轴制均可

509. 滑动轴承工作可靠，能承受较大的冲击载荷，噪声（　　）。
（A）大　（B）一般　（C）小　（D）不存在
510. 刚性凸缘联轴器常用于（　　）的条件下，联接低速和刚性不大的两轴。
（A）振动较大　（B）振动不大　（C）没有振动　（D）周期振动
511. 弹性圆柱销联轴器常用于（　　）的工作场合。
（A）转动速度较高　（B）转动速度较低
（C）中等转速　（D）运动速度不均衡
512. 接触式密封装置，常用于（　　）的滚动轴承密封中。
（A）高速　（B）低速　（C）重载　（D）轻载
513. 当轴颈的磨损量小于（　　）时，可用镀铬法修补，当磨损量大于此值时，宜采用振动堆焊法修补。
（A）0.1 mm　（B）0.15 mm　（C）0.2 mm　（D）0.3 mm
514. 细牙螺纹比粗牙螺纹的联接强度（　　）。
（A）高　（B）低　（C）一样　（D）不一样
515. 属于摩擦力防松装置的是（　　）。
（A）开口销防松　（B）止动垫圈防松
（C）串联钢丝防松　（D）弹簧垫圈防松
516. 平键联接时，平键的工作面应是（　　）。
（A）上面　（B）下面　（C）侧面　（D）端面
517. 键磨损后一般都采用（　　）方法解决。
（A）更换新键的　（B）旧键重新修复的
（C）更换键轴的　（D）修复键轴的
518. 键装配前要清理键和键槽的（　　），以防装配时造成过大的过盈量。
（A）切削末　（B）污物　（C）锐边位置　（D）端面位置
519. 导向平键一般是采用（　　）。
（A）过盈键联接　（B）较松键联接　（C）较紧键联接　（D）紧键联接
520. 圆锥销的规格是以（　　）和长度表示的。
（A）小头直径　（B）大头直径　（C）中间　（D）锥度
521. 销在机械中除起联接、定位使用外，还可以起到（　　）作用。
（A）稳定　（B）保险　（C）缓冲　（D）减振
522. 带传动是依靠挠性的带与带轮之间的（　　）力来传递运动和动力的。
（A）拉　（B）压　（C）摩擦　（D）旋转
523. 带轮张紧力的调整是靠（　　）来调节的。
（A）改变两传动轮的直径　（B）改变两轮的位置
（C）改变两带轮中心距　（D）更换传动皮带
524. 检查中心距不大的两带轮的错位和倾斜，可用（　　）。
（A）拉线法　（B）直尺测量法　（C）光照法　（D）吊线法
525. 链传动的链条下垂度要适当，过紧会造成链条磨损，导致（　　）过快。
（A）增加张紧力　（B）增加离心力　（C）增加负荷　（D）产生振动
526. 齿轮传动具有（　　）等优点。

（A）传动比恒定，效率高

（B）传动功率范围大，效率高

（C）传动效率高，寿命长

（D）传动比恒定，传动功率范围大，效率高，寿命长

527. 齿轮传动机构的安装有准确的安装中心距和适当的（　　）。

（A）安装余量　（B）偏斜度　（C）齿轮间隙　（D）过盈量

528. 保证丝杠、螺母传动精度的主要因素是（　　）。

（A）螺纹精度　（B）配合过盈　（C）配合间隙　（D）配合位置

529. 蜗杆传动中，必须保证蜗杆的轴心线与蜗轮轮齿的中央平面相（　　）。

（A）平等　（B）垂直　（C）重合　（D）交叉

530. 弯曲有焊缝的管子，焊缝必须放在（　　）的位置。

（A）弯曲外层　（B）弯曲内层　（C）中性层　（D）任何位置

531. 当板料的厚度超过（　　）时，一般采用热弯。

（A）5 mm　（B）8 mm　（C）10 mm　（D）15 mm

532. 矫正过程中金属材料发生（　　）变形。

（A）塑料变形　（B）弹性变形　（C）塑性加弹性　（D）弯曲变形

533. 用压力机矫正轴的方法属于（　　）法。

（A）伸张　（B）扭转　（C）弯曲　（D）延展

534. 铆接可分为（　　）种。

（A）活动铆接和固定铆接　（B）搭接和对接

（C）活动铆接和手工铆接　（D）固定铆接和搭接

535. 有一热电阻为 20 Ω，接到电压为 220 V的电路上，2 s后电阻所放出的热量为（　　）。

（A）2 420 J　（B）3 430 J　（C）4 840 J　（D）4 850 J

536. 金属材料经过冷作加工产生冷作硬化现象，需采用（　　）热处理工艺，清除应力后，才能继续加工。

（A）正火　（B）退火　（C）淬火　（D）回火

537. 为测量产品及其部件的性能参数，应选择（　　）。

（A）寿命试验　（B）破坏性试验　（C）负荷试验　（D）性能试验

538. 试车是装配或修理机器时必经的（　　）。

（A）初始阶段　（B）正常运行阶段　（C）中间阶段　（D）最后阶段

539. 机器试车前，必须进一步对总装工作进行（　　）。

（A）重点检查　（B）局部检查　（C）安全检查　（D）全面检查

540. 齿轮减速机轴承孔中心线与其端面的不垂直度不大于（　　）。

（A）0.1 mm　（B）0.2 mm　（C）0.3 mm　（D）0.5 mm

541. 齿轮的精度等级中，规定了齿轮的精度为（　　）等级。

（A）10 个　（B）12 个　（C）14 个　（D）16 个

542. 二极管的主要参数有三个，包括：（　　）、最高反向工作电压，最大反向电流。

（A）最大整流　（B）最大平均电流

（C）电流放大系数　（D）穿透电流

543. 一节圆管的展开图是一个（　　）。

（A）矩形　　（B）扇形　　（C）三角形　　（D）菱形

544. 在本征半导体中掺入部分数量的（　　）元素，就得到N型半导体。

（A）二价　　（B）三价　　（C）四价　　（D）五价

545. 在正常配置的3个基本视图中，机件上对应部分的主、左视图（　　）。

（A）高平齐　　（B）长对正　　（C）宽相等　　（D）宽不等

546. 不可见螺纹的所有图线按（　　）绘制。

（A）虚线　　（B）细实线　　（C）粗实线　　（D）点划线

547. 花键工作长度的终止端用（　　）绘制。

（A）细实线　　（B）粗实线　　（C）虚线　　（D）点划线

548. 对于中等长度尺寸表面的直线度误差测量，可用（　　）。

（A）间隙测量法　　（B）光线基准法　　（C）实物基准法　　（D）水平仪

549. 轮廓算术平均偏差的符号是（　　）。

（A）Ra　（B）Rz　　（C）Ry　　（D）Sm

550. 最大极限尺寸与基本尺寸的代数差叫（　　）。

（A）极限偏差　　（B）上偏差　　（C）下偏差　　（D）公差

551. 标准公差分为20个等级，最高的精度等级应为（　　）。

（A）IT01　　（B）IT1　　（C）IT14　　（D）IT8

552. 钢的热处理是在（　　）状态下进行的。

（A）固态　　（B）液态　　（C）气态　　（D）变态

553. 将钢件加热到AC3以上30～50 ℃，保温一定时间后，随炉冷却至500 ℃以下，然后在空气中冷却叫（　　）。

（A）等温退火　　（B）完全退火　　（C）扩散退火　　（D）球化退火

554. 钢在固态下加热，保温和冷却，改变钢的内部组织，从而改变其工艺性能的方法叫（　　）。

（A）钢的熔化　　（B）钢的热处理　　（C）钢的冷处理　　（D）钢的冶炼

555. 钢在350～450 ℃进行的回火工艺，叫（　　）。

（A）低温回火　　（B）中温回火　　（C）高温回火　　（D）二次回火

556. 金属切削加工是靠刀具和工件之间做（　　）来完成的。

（A）主运动　　（B）进给运动　　（C）辅助运动　　（D）相对运动

557. 对人体有致命危害的电流为大于（　　）的电流。

（A）0.01 A　　（B）0.03 A　　（C）0.05 A　　（D）0.09 A

558. 当磨钝标准相同时，刀具寿命越高，表示刀具磨损发生变化（　　）。

（A）越快　　（B）越慢　　（C）不变　　（D）很快

559. 色环电阻前三环颜色分别为绿、黑、棕，它的阻值是（　　）。

（A）100 Ω　　（B）300 Ω　　（C）400 Ω　　（D）500 Ω

560. 在龙门刨床上，刨刀的移动是（　　）。

（A）主运动　　（B）进给运动　　（C）辅助运动　　（D）平行运动

561. 标准麻花钻钻头修磨分屑槽时，是在（　　）上磨出分屑槽。

（A）前刀面　　（B）副后刀面　　（C）基面　　（D）后刀面

562. 车床主轴及其轴承间的间隙过大或松动，加工时使被加工零件发生振动而产生（　）误差。

（A）直线度　（B）圆度　（C）垂直度　（D）平行度

563. 装配精度或装配技术要求，常常是指装配尺寸链的（　　）。

（A）增环　（B）减环　（C）封闭环　（D）组成环

564. 为了防止外界空气进入泵的低压区域，用填料加以密封，填料的压浆程度舟一般以液体能从泵内通过填料密封处每分钟漏出（　　）左右为宜。

（A）5 滴　（B）10 滴　（C）15 滴　（D）20 滴

565. 在停止离心泵工作之前，应首先关闭（　　）闸门，然后再关原动机。

（A）排水口　（B）进水口　（C）进排水口　（D）输水管

566. 离心式通风机所产生的压力（　　），一般只用一个工作叶轮。

（A）不超过 0.015 MPa　（B）达到 0.15～0.2 MPa

（C）达到 0.2～0.3 MPa　（D）超过 0.3 MPa

567. 活塞式压缩机的结构形式很多，根据电动机与压缩机的组合形式分类，将电动机和压缩机联成一体的称之为（　　）压缩机。

（A）开起式　（B）半封闭式　（C）全封闭式　（D）全开式

568. 机械加工中的辅助工序是（　　）。

（A）热处理　（B）检验　（C）油漆　（D）包装

569. 水平剖分机壳（如离心压缩机）中分面大多采用（　　）垫料进行密封。

（A）气体　（B）液体　（C）固体　（D）晶体

570. 电源输出的功率和输出的电流是由（　　）的大小决定的。

（A）负载　（B）电源电压

（C）电源的额定功率　（D）电源的额定电流

571. 交流电在任一时刻的实际值，叫做（　　）。

（A）有效值　（B）瞬时值　（C）平均值　（D）最大值

572. 钻精孔前的预加工孔，其余量单面为（　　）左右。

（A）0.5～0.1 mm　（B）0.4 mm　（C）2 mm　（D）5 mm

573. 测量精度要求很高的导轨的直线度误差时，宜采用（　　）。

（A）研点法　（B）平尺拉表法　（C）光学平直仪检验法　（D）拉线法

574. 对采用前轴承为调心滚子轴承，后轴承为圆锥滚子轴承和推力球轴承的主轴结构，调整精度时应（　　）。

（A）先调整后轴承　（B）先调整前轴承，再调整后轴承

（C）前后同时调整　（D）先调整推力球轴承

575. 零件的加工精度和装配精度的关系是：加工精度（　　）装配精度。

（A）直接影响　（B）无直接影响　（C）可能有影响　（D）可能无影响

576. 如果把影响某一装配精度的有关尺寸彼此顺序地联接起来，可以构成一个封闭外形，这些相互关联尺寸的总称叫（　　）。

（A）装配尺寸链　（B）封闭环　（C）组成环　（D）增环

577. 导轨的基本精度有（　　），它是保证机床各运动部件之间相对运动精度的关键。

（A）1 项　（B）2 项　（C）3 项　（D）4 项

578. 为防止绝缘损坏而造成触电危险，将电气设备的（　　）和接地装置之间作电气联接，叫保护接地。

（A）金属部位　（B）零线　（C）底座　（D）外壳

579. 额定电压在（　　）及以上的配电装置，称为高压配电装置。

（A）250 V　（B）1 000 V　（C）3 000 V　（D）4 000 V

580. 熔断器的分断能力是指额定能力是指额定电压下能安全分断的最大（　　）电流。

（A）短路　（B）过载　（C）额定　（D）满足

581. 电路中两点间的电位差叫（　　）。

（A）电阻　（B）电流　（C）电功率　（D）电压

582. 砂轮机要安装在（　　）。

（A）场地边沿　（B）场地进出口　（C）场地中央　（D）靠钳口

583. 电线穿过门窗及其他可燃材料，应加套（　　）。

（A）塑料管　（B）瓷管　（C）泡沫　（D）纸筒

584. 在任一瞬时，任一回路循环方向，回路中各段电压的代数和恒等于（　　）。

（A）零　（B）无穷大　（C）负载电压　（D）电源电动势

585. 起吊工作物，试吊离地面（　　），经检查确认稳妥，方可正常起吊。

（A）0.3 m　（B）0.5 m　（C）1 m　（D）1.5 m

586. 千斤顶在使用前必须检查螺杆、螺母磨损情况，磨损超过（　　）就不能使用。

（A）10%　（B）20%　（C）25%　（D）30%

587. 钻床钻孔时，车未停稳不准（　　）。

（A）捏停钻夹头　（B）断电　（C）离开太远　（D）做其他工作

588. 超重设备常采用（　　）机构。

（A）凸轮　（B）带轮　（C）链轮　（D）防逆转棘轮

589. 使用电钻时应戴（　　）。

（A）线手套　（B）帆布手套　（C）橡皮手套　（D）棉手套

590. 机械传动是采用带轮、轴、齿轮等机械零件组成的传动装置来进行能量的（　　）。

（A）传递　（B）转换　（C）输送　（D）交换

591. 变压器的线圈有两个或多个，接电源的线圈叫（　　）线圈。

（A）初级　（B）次级　（C）副边　（D）Ⅱ次

592. 电容器的主要参数是（　　）。

（A）电荷量　（B）电容量和电荷量

（C）电容量和额定工作电压　（D）电荷量和额定工作电流

593. 螺旋机构的丝杠和螺母必须同轴，丝杠轴线必须和基准面（　　）。

（A）垂直　（B）平行　（C）相交　（D）倾斜

594. 安装渐开线圆柱齿轮时，接触斑点处于异向偏接触的不正确位置，其原因是两齿轮（　　）。

（A）轴线歪斜　（B）轴线平行　（C）轴线不平行　（D）中心距不准确

595. 齿轮在轴上固定，当要求配合过盈量很大时，应采用（　　）装配。

（A）敲击法　（B）压入法　（C）液压套合法　（D）冲压法

596. 一般动力传动齿轮副，不要求很高的运动精度和工作平衡性，但要求接触精度达到接触要求。可用（　　）法解决。

（A）更换　（B）修理　（C）跑合　（D）金属镀层

597. 齿轮传动中，为增加接触面积，改善啮合质量，在保留原齿轮的情况下，采取（　　）措施。

（A）刮削　（B）研磨　（C）锉削　（D）加载跑合

598. 对分度机构中齿轮传动的主要要求是保证（　　）。

（A）无噪声　（B）传动平稳　（C）无振动　（D）运动精度

599. 在带传动中，不产生打滑的带是（　　）。

（A）平带　（B）三角带　（C）齿形带　（D）可调节三角带

600. 带轮相互位置不正确会带来张紧不均和过快磨损，对中心距不大的测量方法是（　　）。

（A）长直尺　（B）卷尺　（C）拉绳　（D）皮尺

601. 带在轮上的包角不能太小，三角带包角不能小于（　　），才能保证不打滑。

（A）80°　（B）100°　（C）120°　（D）150°

602. 两带轮在使用过程中，发现轮上的三角带张紧程度不等，这是（　　）原因造成的。

（A）轴颈弯曲　（B）带拉长　（C）带磨损　（D）带轮与轴配合松动

603. 链传动在使用过程中，发现常脱链，是（　　）原因造成的。

（A）链被拉长　（B）链磨损　（C）轮磨损　（D）链断裂

604. 蜗杆传动齿侧间隙的检查，对于要求较高的用（　　）方法测量。

（A）塞尺　（B）压铅　（C）百分表　（D）游标卡尺

605. 蜗杆与蜗轮的轴心线相互间的关系是：两者（　　）。

（A）垂直　（B）平行　（C）倾斜　（D）重合

606. 如果两轴不平行，通常采用（　　）联轴器。

（A）滑块式　（B）凸缘式　（C）万向式　（D）十字沟槽式

607. 联轴器的任务是传递转矩，有时可作（　　）。

（A）安全装置　（B）定位作用

（C）改变运动方向　（D）改变两轴相互位置

608. 能使在同一轴心线上的两根轴，在机器运转过程中接合或分离的部件叫（　　）。

（A）联轴器　（B）制动器　（C）离合器　（D）控制器

609. 对离合器的要求是分合灵敏，工作平稳和（　　）。

（A）能传递足够转矩　（B）能使两轴同步运转

（C）能使两轴反向运转　（D）改变运动方向

610. Z35 摇臂钻床，主轴机构中的主轴工作时，轴向限位是由（　　）实现的。

（A）推力滚子轴承　（B）角接触球轴承

（C）推力球轴承　（D）向心球轴承

611. 在接触区域内通过脉冲放电，把齿面凸起的部分先去掉，使接触面逐渐扩大的方法叫（　　）。

（A）加载跑合　（B）电火花跑合　（C）研磨　（D）刮削

612. 零件精度与装配精度的关系是（　　）。

（A）保证装配精度的基础　　（B）装配精度完全取决于零件精度

（C）装配精度与零件精度无关　（D）零件精度就是装配精度

613. 一般零件的加工工艺路线为（　　）。

（A）粗加工　　（B）精加工

（C）粗加工—精加工　（D）精加工—粗加工

614. 蝶阀在一般情况下适用于工作压力小于（　　）。

（A）0.03 MPa　（B）0.05 MPa　（C）0.1 MPa　（D）5 MPa

615. 衬胶隔膜阀适用介质的最高温度为（　　）。

（A）65 ℃　（B）70 ℃　（C）80 ℃　（D）100 ℃

616. 非衬里隔膜阀适用介质的最高温度为（　　）。

（A）70 ℃　（B）80 ℃　（C）85 ℃　（D）90 ℃

617. 高压阀门（或管件）进出口联接透镜垫的 20° 锥形密封面，其角度公差为（　　）。

（A）±10′　（B）±15′　（C）±20′　（D）±30′

618. 铣床的主运动是铣刀的旋转运动，和刨床相比，它的切削速度高，而且是（　　）切削，所以生产效率较高。

（A）连续切削　（B）多刃连续切削

（C）单刃切削　（D）单刃连续切削

619. 焊接中碳钢时，尽可能采用（　　）低氢焊条。

（A）碱性　（B）酸性　（C）中性　（D）混合性

620. 互溶性大的材料所组成的摩擦副，粘着倾向（　　）。

（A）一般　（B）大　（C）小　（D）中等

621. 同金属组成的摩擦副，当负荷超过材料布氏硬度的（　　）时，磨损量急剧增加。

（A）1/5　（B）1/4　（C）1/3　（D）1/2

622. 流体的扰动会（　　）汽蚀的产生。

（A）促进　（B）抑制　（C）不影响　（D）无关

623. 钠基润滑脂适用于（　　）场合的润滑。

（A）潮湿　（B）高温重载　（C）高速　（D）精密仪器

624. 石墨润滑脂，多用于（　　）的润滑。

（A）滚动轴承　（B）高速运转滑动轴承

（C）高温重载轴承　（D）外露重载滑动轴承

625. 对于精度要求（　　）的工件尺寸，要用千分尺来测量。

（A）一般　（B）较高　（C）较低　（D）最高

626. 内径百分表使用中存在着示值误差，一般情况下为（　　）。

（A）±0.15 mm　（B）±0.015 mm　（C）±0.0015 mm　（D）±1.5 mm

627. 合像水平仪与框式水平仪相比，有测量范围大和（　　）的特点。

（A）通用性好　（B）精度高　（C）精度低　（D）耐用性好

628. 塞尺的测量精度一般为（　　）。

（A）0.1 mm　（B）0.01 mm　（C）0.001 mm　（D）1 mm

629. 转子流量计特别适宜测量管径（　　）以下管道内流体的流量。

（A）50 mm　（B）80 mm　（C）100 mm　（D）120 mm

630. 在检修工作中，经常使用的仪器是（　　）。

（A）钳工水平仪和框式水平仪　（B）电子水平仪

（C）光学合像水平仪　（D）普通水平仪

631. 读数值为 1/50 mm的游标卡尺，其测量精确度为（　　）。

（A）0.01 mm　（B）0.02 mm　（C）0.05 mm　（D）0.10 mm

632. 测量稳定压力时，压力表的最大工作压力不应超过量程的（　　）。

（A）1/3　（B）2/5　（C）1/2　（D）2/3

633. 当拆卸精度比较高的零件时，采用（　　）拆卸。

（A）击卸法　（B）拉拔法　（C）破坏法　（D）加垫法

634. 联轴器只有在机器停车时，用拆卸的方法才能使用两轴（　　）。

（A）脱离关系　（B）改变速比　（C）改变运动方向　（D）欠定位

635. 外圆柱工件在套筒孔中的定位，当工件定位基准和定位孔较长时，可限制的自由度为（　　）。

（A）两个移动　（B）两个转动

（C）两个移动和转动　（D）一个移动和一个转动

636. 工件定位基准与高等基准重合时，定位基准误差等于（　　）。

（A）正数　（B）负数　（C）零　（D）分数

637. 要使楔块夹紧机构具有自锁作用，楔块斜面升角和摩擦角相比是：楔块斜面升角（　　）摩擦角。

（A）大于　（B）小于　（C）等于　（D）大于或等于

638. 钻床夹具有：固定式、回转式、盖板式、移动式和（　　）。

（A）流动式　（B）翻转式　（C）摇臂式　（D）立式

639. 电荷在导体内流动时所受的阻力叫做（　　）。

（A）电导　（B）电阻　（C）电压　（D）电流

640. 在串联电路中每个电阻的（　　）都相等。

（A）电压　（B）电流　（C）阻值　（D）功率

641. 站在电动转辙机电机一侧，面对转辙机，当电动转辙机的动作杆和表示杆由转辙机底壳的（　　），这种情况称为转辙机正装。

（A）右侧伸出　（B）左侧伸出　（C）左侧拉入　（D）右侧拉入

642. 几个电阻接在相同的两点之间，其两端的电压相等，这种连接方式称为（　　）。

（A）串并联　（B）混联　（C）并联　（D）串联

643. 并联电路中电阻两端（　　）相等。

（A）电压　（B）电流　（C）阻值　（D）功率

644. ZD6 系列电动转辙机所配用的电动机为（　　）。

（A）直流串励电动机　（B）直流并励电动机

（C）直流复励电动机　（D）直流他励电动机

645. 交流电变化一周所需的时间，称为（　　）。

（A）频率　（B）相位　（C）周期　（D）速率

646. 交流电每秒变化的周期数，称为此交流电的（　　）。

（A）频率　（B）相位　（C）周期　（D）速率

647. 三相异步电动机的“异步”是指转子的转速总是（　）旋转磁场的转速。

（A）大于　（B）小于　（C）异于　（D）等于

648. 电流的大小和方向都不随时间变化，这种电流称为（　）电流。

（A）正　（B）负　（C）交流　（D）直流

649. 电流强度的单位是（　）。

（A）伏特　（B）瓦特　（C）安培　（D）欧姆

650. 主磁极上有两个励磁线圈，一个与电枢电路并联，另一个与电枢电路串联的直流电动机属于（　）。

（A）他励直流的直流电动机　（B）并励直流电动机

（C）串励直流电动机　（D）复励直流电动机

651. 尖轨、心轨顶铁与轨腰的间隙均应不大于（　）。

（A）1 mm　（B）1.5 mm　（C）2 mm　（D）2.5 mm

652. 道岔转换时基本轨横移不得导致道岔的（　）锁闭。

（A）错误　（B）正常　（C）4 mm　（D）10 mm

653. ZD6 系列电动转辙机为了保护电动机的安全，提高设备的可靠性，其内部联接采用了（　）。

（A）固定联接　（B）摩擦联接　（C）自由联接　（D）紧固联接

654. 电场中两点间的电位差称为（　）。

（A）电阻　（B）电流　（C）电压　（D）功率

655. ZD6 系列电动转辙机监督挤岔的装置是（　）。

（A）自动开闭器　（B）移位接触器　（C）遮断器　（D）摩擦联接器

656. ZD6 系列电动转辙机的电动机，它的激磁绕阻和电枢绕阻是（　）。

（A）串激　（B）并激　（C）复激　（D）单激

657. ZD6 系列电动转辙机属于（　）电动转辙机。

（A）单相直流　（B）三相交流　（C）电液　（D）液压

658. 当导体两端的电压是 10 V，导体内通过的电流是 1 A时，这段导体的电阻就是（　）。

（A）0.1 Ω　（B）1 Ω　（C）5 Ω　（D）10 Ω

659. ZD6-A型转辙机的主、副挤切（连接）销分别为（　）。

（A）3 t/3 t　（B）3 t/5 t　（C）3 t/9 t　（D）5 t/9 t

660. ZD6-J型转辙机的主、副挤切（连接）销分别为（　）。

（A）3 t/3 t　（B）3 t/5 t　（C）3 t/9 t　（D）5 t/9 t

661. ZD6-E型转辙机的主、副挤切（连接）销分别为（　）。

（A）3 t/3 t　（B）3 t/5 t　（C）3 t/9 t　（D）5 t/9 t

662. ZD6-F型转辙机的主、副挤切（连接）销分别为（　）。

（A）3 t/3 t　（B）3 t/5 t　（C）3 t/9 t　（D）5 t/9 t

663. 使用兆欧表测量前，应（　）被测电器及回路的电源，并对相关元件进行临时接地放电，以保证人身与兆欧表的安全和测量结果准确。

（A）切断　（B）连接　（C）短路　（D）并接

664. 测量电缆的绝缘电阻时，为防止电缆表面泄漏电流对测量精度产生影响，应将电缆的屏蔽层接至兆欧表的（　　）。

（A）G端　　（B）E端　　（C）L端　　（D）外壳

665. 摇动兆欧表后，各接线柱之间不能（　　），以免损坏。

（A）断开　　（B）并接　　（C）短接　　（D）接外壳

666. 测量前应将（　　）进行一次开路和短路试验，检查是否良好。

（A）兆欧表　　（B）接地表　　（C）万用表　　（D）数字表

667. 禁止在雷电时或（　　）设备附近测绝缘电阻，只能在设备不带电，也没有感应电的情况下测量。

（A）高压　　（B）低压　　（C）带电　　（D）无电

668. 兆欧表未停止转动之前或被测设备未放电之前，严禁用手触及。拆线时，也不要触及（　　）的金属部分。

（A）外壳　　（B）引线　　（C）带电　　（D）设备

669.（　　）实质上是由一只电流互感器、钳形扳手和一只整流式磁电系有反作用力仪表所组成。

（A）电流表　　（B）万用表　　（C）数字表　　（D）钳形表

670. 把（　　）流动的方向作为电流的方向。

（A）电子　　（B）质子　　（C）正电荷　　（D）负电荷

671. 当数字万用表显示“—”“BATT”或“LOW. BAT”时，表示（　　）电压低于工作电压。

（A）电池　　（B）电路　　（C）设备　　（D）被测

672. 禁止在测量高电压（220 V以上）或大电流（0.5 A以上）时换（　　），以防止产生电弧，烧毁开关触点。

（A）量程　　（B）电路　　（C）设备　　（D）表线

673. 万用表不用时应将挡位旋至（　　）最高挡，避免因使用不当而损坏。

（A）电阻　　（B）直流电压　　（C）交流电压　　（D）直流电流

674. 测量电阻时，不能用手触及元件的裸体的两端，以免人体电阻与被测电阻（　　），使测量结果不准确。

（A）串联　　（B）并联　　（C）短路　　（D）断开

675. 不应将万用表两支表笔放在（　　）挡上，以防两支表笔万一短路时，将内部干电池全部耗尽。

（A）欧姆　　（B）电流　　（C）直流电压　　（D）交流电压

676. 兆欧表是用来测量被测设备的绝缘电阻和高值电阻的仪表，它由一个手摇发电机、表头和（　　）组成。

（A）手柄　　（B）一接线柱　　（C）二接线柱　　（D）三接线柱

677. 为了提高测试的精度和保证被测对象的安全，必须正确选择合适的量程挡。一般测电阻时，要求指针在全刻度的（　　）的范围内，这样测试精度才能满足要求。

（A）20%～80%　　（B）10%～70%

（C）20%～90%　　（D）25%～80%

678. 万用表表头的（　　）愈高，测电压时的内阻越大，其性能就越好。

（A）电压　（B）电流　（C）电阻　（D）灵敏度

679. 一般万用表可测量直流电流、直流电压、交流电压、电阻和（　）等。

（A）接地　（B）绝缘　（C）频率　（D）音频电平

680. 当兆欧表“L”与“E”接线柱之间不接任何被测物，叫（　）状态。

（A）开路　（B）短路　（C）工作　（D）断路

681. 被测线路的电压要（　）钳形表的额定电压。

（A）高于　（B）低于　（C）等于　（D）无所谓

682. 钳形表的钳口要闭合紧密，（　）换量程。

（A）不可带电　（B）可以带电　（C）由大到小　（D）无要求

683. 电功率是指电场力在（　）所做的功。

（A）一定电压下　（B）一定电流下

（C）一段时间内　（D）单位时间内

684. 万用表欧姆挡的刻度线是不均匀的，所以倍率挡的选择应使指针停留在刻度线（　）的部分为宜。

（A）较稀　（B）较密　（C）不限　（D）不定

685. 用万用表欧姆挡测量时，所选倍率挡应使指针越接近刻度尺的（　），读数越准确。

（A）左边　（B）右边　（C）中间　（D）不限

686. 导线在不超过（　）时所允许长期通过的最大电流，称为导线的安全电流。

（A）最大允许功率　（B）最高允许电压

（C）最大允许频率　（D）最高允许温度

687. 在测电流、电压时，（　）带电换量程。

（A）能　（B）不能　（C）不限　（D）有些情况不能

688. 二极管的主要参数有（　）。

（A）最大整流电流、最大反向电流

（B）最大整流电流、最高反向工作电压

（C）最大整流电流、最高反向工作电压、最大反向电流

（D）最大整流电流、最高反向工作电压、最大反向电流、极限参数

689. 当误用数字表交流电压挡去测直流电压，或者误用直流电压去测量交流电压时，显示屏将显示（　），或低位上的数字出现跳动。

（A）“1”　（B）“000”　（C）“－”　（D）无显示

690. 万用表由表头、测量电路及（　）等三个主要部分组成。

（A）表笔　（B）电池　（C）调整电阻　（D）转换开关

691. 用数字万用表进行交直流电压测量时，（　），并将表笔与被测线路并联，读数即显示。

（A）红表笔插入V/Ω孔，黑表笔插入COM孔

（B）红表笔插入DB孔，黑表笔插入COM孔

（C）红表笔插入10 A孔，黑表笔插入COM孔

（D）红表笔插入MACX孔，黑表笔插入COM孔

692. 如果用万用表小量程去测量大电压，则会（　）。

（A）读数不准确　（B）读数更准确
（C）有烧表危险　（D）无任何指示

693. 一个完整的微型计算机系统应包括（　）。
（A）计算机及外部设备　（B）系统软件和系统硬件
（C）硬件系统和软件系统　（D）主机箱、键盘、显示器和打印机

694. （　）不是三极管的主要参数。
（A）电流放大系数　（B）穿透电流　（C）工作频率　（D）极限参数

695. 微型计算机键盘中 Enter 键是（　）。
（A）输入键　（B）回车换行键　（C）空格键　（D）换挡键

696. 电荷在导体中有规则的运动称为（　）。
（A）电场　（B）电流　（C）电压　（D）电势

697. 计算机技术中，DRAM 存储器的中文含义是（　）。
（A）静态随机存储器　（B）动态随机存储器
（C）静态只读存储器　（D）动态只读存储器

698. 在计算机中，Bit 的中文含义是（　）。
（A）二进制位　（B）字　（C）字节　（D）双字

699. 电容量为 3 μF 和 6 μF 的两个电容器，并联时的等效电容是（　）。
（A）2 μF　（B）4 μF　（C）9 μF　（D）12 μF

700. 电流的大小和方向，如果随时间按一定的规律反复交替地变化，则把这种电流称为（　）。
（A）三相电流　（B）直流电流　（C）交流电流　（D）正弦交流电

701. 电流的大小，取决于在一定时间内通过导体截面的（　）。
（A）电压的大小　（B）热量的多少
（C）电荷量的多少　（D）电荷密度的大小

702. 计算机病毒系指（　）。
（A）生物病毒感染　（B）细菌感染
（C）被损坏的程序　（D）特制的具有损坏性的小程序

703. 微型计算机的运算器、控制器及内存存储器的总称是（　）。
（A）CPU　（B）ALU　（C）主机　（D）MPU

704. 在计算机中外存储器通常使用软盘作为存储介质，软磁盘中存储的信息，在断电后（　）。
（A）不会丢失　（B）完全丢失　（C）少量丢失　（D）大部分丢失

705. 某单位的财务管理软件属于（　）。
（A）工具软件　（B）系统软件　（C）编辑软件　（D）应用软件

706. 计算机网络的应用越来越普遍，它的最大好处在于（　）。
（A）节省人力　（B）存储容量大
（C）可实现资源共享　（D）使信息存储速度提高

707. 有三个电阻 $R_1>R_2>R_3$，并联接到电源电压 U，则三个电阻的功率：（　）。
（A）R_1 功率最大　（B）R_2 功率最大　（C）R_3 功率最大　（D）一样大

708. 计算机唯一能够直接识别和处理的语言是（　）。

（A）汇编语言　　（B）高级语言　　（C）甚高级语言　　（D）机器语言

709. 断电会使原存信息丢失的存储器是（　　）。

（A）半导体RAM　　（B）硬盘　　（C）ROM　　（D）软盘

710. 计算机技术中，硬盘连同驱动器是一种（　　）。

（A）内存储器　　（B）外存储器　　（C）只读存储器　　（D）半导体存储器

711. 在计算机内存中，每个基本单位都被赋予一个唯一的序号，这个序号称之为（　　）。

（A）字节　　（B）编号　　（C）地址　　（D）容量

712. 在存储器中，访问速度最快的是（　　）。

（A）硬盘存储器　　（B）软盘存储器

（C）半导体RAM（内存储器）　　（D）磁带存储器

713. 计算机软件系统应包括（　　）。

（A）编辑软件和连接程序　　（B）数据软件和管理软件

（C）程序和数据　　（D）系统软件和应用软件

714. 导体的温度每增高1 ℃时，导体的电阻值增大的百分数称为（　　）。

（A）电阻率　　（B）电阻系数　　（C）电导系数　　（D）电阻温度系数

715.（　　）所列不是计算机病毒传播途径。

（A）使用来路不明的软件　　（B）通过借用他人的软盘

（C）通过非法的软件拷贝　　（D）通过把多张软盘叠放在一起

716. 计算机存储器是一种（　　）。

（A）运算部件　　（B）输入部件　　（C）输出部件　　（D）记忆部件

717. 计算机操作系统Windows，从软件归类来看，应属于（　　）。

（A）应用软件　　（B）工具软件　　（C）系统软件　　（D）编辑系统

718. 反映计算机存储容量的基本单位是（　　）。

（A）二进制位　　（B）字节　　（C）字　　（D）双字

719. 在计算机网络中，LAN网指的是（　　）。

（A）局域网　　（B）广域网　　（C）城域网　　（D）以太网

720. 三个电阻串联，$R_1=R_2=6\ \Omega$，$R_3=10\ \Omega$接在220 V电源上，每个电阻上分得的电压分别为（　　）。

（A）均为73V　　（B）均为220 V

（C）R_1和R_2各分得60 V，R_3分得100 V　　（D）均为330 V

721. 在计算机应用方面已进入以（　　）为特征的时代。

（A）并行处理技术　　（B）分布式系统

（C）微型计算　　（D）计算机网络

722. 微型计算机的发展是以（　　）的发展为特征。

（A）主机　　（B）软件　　（C）微处理器　　（D）控制器

723. 若$C_1=C_2=C_3=3\ \mu F$，并联时电容量为（　　）。

（A）1 μF　　（B）6 μF　　（C）9 μF　　（D）12 μF

724. 两盏功率分别为$P_1=60$ W、$P_2=40$ W的白炽灯，并接于电源电压$U=220$ V的电路中，电路的总电流为（　　）。

（A）0.27 A　　（B）0.18 A　　（C）0.45 A　　（D）0.9 A

725. 计算机操作系统是（　）。

（A）软件与硬件的接口　　（B）主机与外设的接口

（C）计算机与用户的接口　　（D）高级语言与机器语言的接口

726. 用计算机管理科技情报资料，是计算机在（　）方面的应用。

（A）科学计算　　（B）数据处理　　（C）实时控制　　（D）人工智能

727. 晶体三极管的三个电极分别叫做（　）。

（A）发射极、基极和集电极　　（B）发射极、基极和受电极

（C）发射极、基电极和受电极　　（D）发射极、基电极和集电极

728. 放大器在工作时电流波动是造成（　）的主要因素。

（A）放大信号波动　　（B）工作频率变化

（C）放大倍数变化　　（D）工作点不稳定

729. 具有单一交变电动势的电源叫（　）。

（A）单相直流电　　（B）单相交流电

（C）直流电压源　　（D）直流电流源

730. 电动机、变压器等电器的铁芯用彼此绝缘的钢片叠成，这样做的目的是为了（　）。

（A）便于线圈缠绕　　（B）增加铁芯磁通

（C）减少涡流损失　　（D）改善铁芯的导磁性能

731. 耐压设备的外壳应有良好的（　）。

（A）包装　　（B）接地　　（C）接零　　（D）油饰

732. 两只电容，C_1＝6 μF（耐压 100 V），C_2＝3 μF（耐压 200 V），将两只电容串联后总耐压为（　）。

（A）100 V　（B）150 V　（C）200 V　（D）300 V

733. 电压的单位是（　）。

（A）伏特　　（B）瓦特　　（C）安培　　（D）欧姆

734. 电路由（　）组成。

（A）用电设备　　（B）电源和用电设备

（C）电源、负载和辅助设备　　（D）电源、负载和连接导线

735. 电灯、电炉、继电器都是电路的负载，它们分别把电能转变成光能、热能、（　）。

（A）磁能　　（B）热能　　（C）智能　　（D）机械能

736. 无线网是以（　）为传输介质，电磁波为载体传输数据。

（A）双绞线　　（B）光导纤维　　（C）空气　　（D）同轴电缆

737.（　）不是有线网络的传输介质。

（A）光导纤维　　（B）同轴电缆　　（C）双绞线　　（D）电线

738. 用基带信号对载波波形的三个参数进行控制，使这些参数随基带脉冲信号的变化而变化，完成对数字信号的调制的设备是（　）。

（A）调制解调器（MODEM）　　（B）滤波器

（C）分频器　　（D）交换机

739. 已知变压器初级线圈匝数为 2 000 匝，次级线圈匝数为 800 匝，初级电压为 220 V，

次级线圈的输出电压为（ ）。

（A）80 V （B）88 V （C）500 V （D）550 V

740. 计算机网络是计算机科学技术和（ ）技术相结合的产物。

（A）人工智能 （B）集成电路 （C）通信科学 （D）无线电

741. 属于计算机网络所特有的设备是（ ）。

（A）显示器 （B）UPS电源 （C）服务器 （D）鼠标器

742. 把计算机网络分为有线网和无线网的分类依据是网络的（ ）。

（A）地理位置 （B）传输介质 （C）拓扑结构 （D）设备种类

743. 在数据传输过程中，接收和发送共享同一信道的通信方式是（ ）。

（A）单工 （B）半双工 （C）全双工 （D）自动

744. （ ）不是衡量信道传输性能好坏的技术指标。

（A）带宽 （B）数据传输率 （C）信道容量 （D）通信介质

745. （ ）是信息传输的物理信道。

（A）信道 （B）介质 （C）编码 （D）数据

746. 三极管起放大作用的外部条件是（ ）。

（A）集电极加反向电压，发射极加正向电压

（B）集电极加正向电压，发射极加反向电压

（C）集电结加反向电压，发射结加正向电压

（D）集电结加正向电压，发射结加反向电压

747. 3 kHz可作为（ ）单位。

（A）吞吐量 （B）信道带宽 （C）信道容量 （D）数据传输率

748. 具有结构简单灵活、成本低、扩充性强、性能好以及可靠性高等特点的网络拓扑结构是（ ）。

（A）星形 （B）总线形 （C）环形 （D）三角形

749. 在局域网中不常用的网络拓扑结构是（ ）。

（A）总线形 （B）环形 （C）星形 （D）网状形

750. 拓扑结构比较适合对数据或用户进行分层管理的网络（ ）。

（A）环形 （B）树形 （C）总线形 （D）网状形

751. 对于单个建筑物内的局域网来说，性能价格比最高的传输介质是（ ）。

（A）双绞线 （B）同轴电缆 （C）光纤 （D）无线介质

752. 采用RJ-45 头作为联接器件的传输介质是（ ）。

（A）粗缆 （B）光纤 （C）细缆 （D）双绞线

753. 双绞线的两根绝缘的铜导线按一定密度互相绞在一起的目的是（ ）。

（A）阻止信号的衰减 （B）降低信号干扰的程度

（C）增加数据的安全性 （D）没有任何作用

754. 要实现计算机通信必须有三个条件：（ ）。

（A）网络协议、网络服务器/客户和程序、网络接口卡

（B）网络协议、网络服务器/客户和程序、解压缩卡

（C）网络协议、解压缩卡、网络接口卡

（D）网络服务器/客户和程序、防病毒卡、网络接口卡

755. 属于计算机局域网络所特有设备是（　　）。

（A）显示器　　（B）UPS电源　　（C）服务器　　（D）鼠标

（二）判 断 题

1. 各种信号设备的零部件必须齐全，紧固件安装牢固，开口销劈开角度为60°～90°。（　　）

2. 电动转辙机底壳用来安装固定各相关部件，确定各部件间相对位置。（　　）

3. 对整修中检测出有轻微缺陷的底壳，如裂纹、破损等，在不影响设备正常使用和机械强度的情况下，可做焊接处理。（　　）

4. 电动转辙机罩筒漏孔应畅通，安装时孔不得朝上。（　　）

5. 电动转辙机零部件表面涂漆油饰的作用是起到美观、整洁的效果。（　　）

6. ZD6系列电动转辙机的锁闭齿轮圆弧的棱角磨耗大于1.5 mm时，可能会影响锁闭，但不会影响动程。（　　）

7. ZD6 系列电动转辙机挤切销的作用只是把齿条块和动作杆连接在一起，将齿条块的动作经过动作杆传递到尖轨上。（　　）

8. ZD6系列电动转辙机每转换一次（由定位到反位或由反位到定位），锁闭齿轮就旋转了291.1°，其间锁闭齿轮和齿条块完成了“解锁”、“转换”、“锁闭”三个过程。（　　）

9. 控制ZD6 系列电动转辙机的主轴窜动量的目的，是为了保证锁闭齿轮启动齿能在齿条块削尖齿缺槽中间顺利通过。（　　）

10. ZD6系列电动转辙机锁闭齿轮齿形磨耗超限的原因是：齿形制造超差、轴弯和安装位置超限，与负载没有关系。（　　）

11. ZD6系列电动转辙机锁闭齿轮与主轴之间采用了半月键联接。（　　）

12. ZD6系列电动转辙机的顶杆上升2.5 mm，移位接触器不断电，其原因在于：触头行程大于0.8 mm、接点弹片弹力失效，触头与顶杆安装时偏差大于1.5 mm、触头磨耗或尺寸超标。（　　）

13. ZD6系列电动转辙机的移位接触器，触头行程的下限值应不小于0.5 mm，上限值不应大于0.8 mm。（　　）

14. ZD6系列电动转辙机移位接触器是检查挤切销是否折断移位的装置。（　　）

15. ZD6系列电动转辙机减速器的摩擦带采用（4.5 mm±0.5 mm）×30 mm，具有足够摩擦力和耐磨的石棉橡胶刹车带。（　　）

16. ZD6系列电动转辙机电动转辙机减速器壳一经发现有破损或裂纹应报废。（　　）

17. ZD6系列电动转辙机电动转辙机输入轴和偏心套是传递转矩、转速、行星传动的要部件。（　　）

18. ZD6系列电动转辙机电动转辙机减速器内齿轮伸出端锈蚀，表面粗糙度高时应更换新件。（　　）

19. ZD6系列电动转辙机电动转辙机减速器夹板轴安装孔上M6螺孔螺纹失效时，可采用M8螺孔，大于M8时应做报废处理。（　　）

20. ZD6系列电动转辙机解锁时速动爪与速动片间隙应为0.2～0.6 mm。（　　）

21. ZD6系列电动转辙机的启动片作用只有一个：是起输出轴与主轴间的十字接头作用。（　　）

22. ZD6 系列电动转辙机电动转辙机滚轮起着支承速动爪的作用，转换中使速动爪弧面与速动片保持规定的距离，且滚轮应在速动片上顺利滚动。（　）

23. 为了保证ZD6 系列电动转辙机摩擦带能与内齿轮伸出端外圆充分吻合，左右夹板应经过专用量机具筛选。（　）

24. ZD6 系列电动转辙机滚轮与滚轮轴装配后用手转动滚轮，应灵活无卡阻，转动惯性好。（　）

25. ZD6 系列电动转辙机的动接点环要低于静接点片，但静接点片不得被动接点座圆柱凸出台撑开。（　）

26. ZD6 系列电动转辙机自动开闭器的机械联动机构由启动片、速动片、速动爪、调整架、拉簧、检查柱、拐轴和支架等零件组成。（　）

27. ZD6 系列电动转辙机自动开闭器不能反映尖轨与基本轨的密贴程度。（　）

28. ZD6 系列电动转辙机动接点与静接点是插接式接触。（　）

29. ZD6 系列电动转辙机接点片厚度磨损达到原厚度 1/4 时，应更换。（　）

30. ZD6 系列电动转辙机自动开闭器拉簧拉力过小或过大都不能保证接点顺利转换。（　）

31. ZD6 系列电动转辙机自动开闭器发生故障的原因一般是因为小拐肘 48°±12′ 变位，小拐肘接续轴弯曲或静接点折断。（　）

32. ZD6 系列电动转辙机检查块在手动条件下应动作灵活。（　）

33. ZD6 系列电动转辙机采用的电动机为短时工作制直流串激可逆转电机。（　）

34. ZD6 系列电动转辙机直流电动机转子轴采用三个支承点。（　）

35. ZD6 系列电动转辙机转子轴由 65 号钢经机械加工成型。（　）

36. ZD6 系列电动转辙机主轴的整修程序：修前检查→分解清洗→检修→组装→检测。（　）

37. ZD6 系列电动转辙机自动开闭器的整修作业程序：分解清洗→检修→组装→检测。（　）

38. ZD6 系列电动转辙机的整机装配程序：机体→齿条块、动作杆→主轴→移位接触器→减速器→表示杆、自动开闭器→直流电动机。（　）

39. ZD6 系列电动转辙机减速器夹板轴不得松动，注油孔 M6 螺栓不大于 16.5 mm。（　）

40. 提速道岔外锁闭装置有燕尾式和钩式两种方式。（　）

41. 提速道岔外锁闭目前有分动式和连动式外锁闭两种。（　）

42. 修配所信号工常用的夹具是指不同规格尺寸的各类虎钳。（　）

43. 塞尺很薄，容易折断生锈，用完后要马上擦干净，并及时合进夹板里面。（　）

44. 常用的钻孔机械有手动和电动两种。（　）

45. 手工攻丝时必须使用套螺纹刀具。（　）

46. 手电钻是钳工常用的小型机具。（　）

47. 锉刀的齿纹有单齿纹和双齿纹两种。（　）

48. 粗齿锯条适用于锯割硬材料。（　）

49. 细齿锯条适用于锯割软材料。（　）

50. 用万用表的电流挡测量电流时，电表与负载应并联。（　）

51. 锯条安装到钢锯架上时，应使锯齿的齿尖朝后。 （ ）

52. 手用丝锥，一般是由两只或三只组成一套。 （ ）

53. 小型千斤顶是钳工常用的小型电动机具。 （ ）

54. 不可用精密量具测量粗糙毛坯、生锈工件和温度较高的工件。 （ ）

55. 扳手是信号工常用的夹具之一。 （ ）

56. 锉刀、刮刀以及单项修配专用工具，用后应单独存放保管，不应与其他工具混合堆放在工具抽屉内。 （ ）

57. 在带传动中，最常用的胶带类型有平型带和三角带。 （ ）

58. 螺丝刀是用来旋紧和松开螺钉的主要工具。 （ ）

59. 锉刀、刮刀用后应单独存放保管。 （ ）

60. 量具按用途和特点分为 5 种类型。 （ ）

61. 百分尺是万能量具之一。 （ ）

62. 塞规是专用量具之一。 （ ）

63. 塞尺测量时的精度为 0.01 mm。 （ ）

64. 专用扳手是用来旋紧各种螺母的工具。 （ ）

65. 钳工用的虎钳类型是台式虎钳。 （ ）

66. 各种量具的刻度要注意保养，不得划伤，用毕及时擦净油污，装入盒内保存，以防锈蚀。 （ ）

67. 钻套和钻夹头是用来夹持钻头进行钻孔加工的夹具。 （ ）

68. 钻孔时，孔径扩大是钻头摆动造成的。 （ ）

69. 钻孔时，钻头折断一般是工件松动所致。 （ ）

70. 钻孔粗糙是钻头不锋利所致。 （ ）

71. 被焊部位应清洁，应有氧化物或绝缘物。 （ ）

72. 装配工作的好坏，对产品质量起着决定性的作用。 （ ）

73. 游标卡尺是一种高精度的量具。 （ ）

74. 使用百分表测量圆柱形工件时，触头要与工件中心线垂直。 （ ）

75. 水平仪用于检验各种机床及其他机械设备导轨的平直度，机件相对位置的平行度以及设备安装的水平位置和垂直位置，以测量零件的微小倾角。 （ ）

76. 强度是材料在外力作用下抵抗破裂的能力。 （ ）

77. 钢丝绳磨损腐蚀超过表面钢丝直径 20%、烧坏压扁变形、折断一股或在一个捻距内断丝根数超过顺绕钢丝 5%、互绕钢丝 10%时均应禁止使用。 （ ）

78. 起重机钢丝绳应定期检查，并每隔一个月涂油一次，涂油前应将钢丝绳上的油垢杂物清除干净，把润滑油加热到 60 ℃左右，以促使润滑油渗入绳股间隙。 （ ）

79. 起重机使用前应检查运转机构是否正常，各部连接螺栓是否紧固，是否安装牢靠。 （ ）

80. 工作后将锯弓提起，检查、清扫设备，做好日常保养工作，达到整齐、清洁、润滑、安全，可以不拉开电源开关。 （ ）

81. 立式钻床在使用前应检查确认各手柄位置无误，再空运转 5 min左右，认真检查各部动作，音响是否正常。 （ ）

82. 立式钻床钻大直径孔时和工作完后，主轴箱应尽量靠近立柱。 （ ）

83. 机械制图的三视图是指主视图、俯视图和右视图。 （ ）

84. 机械制图的三视图中主视图只能表示长和宽。 （ ）

85. 主视图与俯视图长对正，主视图与左视图高平齐，俯视图与左视图宽相等。（ ）

86. 由上向下投影在正投影面V上所得的视图称主视图。 （ ）

87. 上偏差＝最大极限尺寸－基本尺寸。 （ ）

88. 配合是指基本尺寸相同的相互结合的孔和轴公差带之间的关系。 （ ）

89. 为了把机件内部结构表达清楚，可以假想用一个剖切平面，在适当的位置把机件切开，移去观察者和剖切平面之间的部分，将其余的部分向投影面投影，所得的视图，叫做剖视图。 （ ）

90. 维修电动（电空）转辙机作业时，应拉开遮断器。 （ ）

91. 可以用酒精擦洗运用中设备的电气接点。 （ ）

92. 尺寸精度是以公差大小来具体表示的，对同一尺寸而言，精度越高公差就越高。 （ ）

93. 在同一金属零件的零件图中，剖视图、剖面图的剖面线，应画成间隔相等，方向相同而且与水平成45°的平行线。 （ ）

94. 合金是一种金属元素与另外一种金属元素（或非金属元素）组成的物质。（ ）

95. 钢按用途分有结构钢、特殊用途钢。 （ ）

96. 万用表使用后，将选择开关放在电压250 V的量程挡上。 （ ）

97. 铰孔是用铰刀提高原有孔的尺寸精度和表面光洁度的加工方法。 （ ）

98. 划线就是根据图纸或实物，在待加工的毛坯件上划出零件加工的界限。 （ ）

99. 一般划线精度只能达到0.25～0.5 mm。 （ ）

100. 划线平板用来安放工件和划线工具。 （ ）

101. 用划针划线要尽量做到一次划成，不要重复划线。 （ ）

102. 划规用中碳钢或工具钢制成，两脚尖端经过淬火硬化。 （ ）

103. 划线基准是划线时用来确定零件其他点、线、面的依据。 （ ）

104. 平面划线时一般选一个划线基准。 （ ）

105. 工件的支承点尽量不要选择在容易发生滑移的地方。 （ ）

106. 錾子头部有明显的毛刺时，要及时磨掉、避免碎裂伤人。 （ ）

107. 发现手锤木柄有松动或损坏时，待干完活后将其装牢。 （ ）

108. 工件将要锯断时，压力要减小。 （ ）

109. 不准用无柄或破柄的锉刀进行锉削。 （ ）

110. 钢板尺是一种常用的测量工具，它是用薄钢制成的尺子。 （ ）

111. 用手锤敲击錾子对金属进行切削加工的过程，叫錾削。 （ ）

112. 用手锯把材料分割成几个部分叫锯割。 （ ）

113. 锯条的长度用两端安装孔的中心距来表示，常用的为320 mm。 （ ）

114. 台钻是加工和修理的常用设备，是加工小孔的主要设备。 （ ）

115. 电动砂轮机用于刃磨刀具或工具，也可以用于小型零件表面磨光、磨平及焊缝磨平等。 （ ）

116. 在砂轮上磨錾子时、压力要大。 （ ）

117. 直角尺用来检查或测量工件内外角度。 （ ）

118. 钻孔时，操作者衣袖要扎紧，带好手套，就可以钻孔了。（ ）

119. 工件夹持要牢固，一般不可用手直接拿工件钻孔。（ ）

120. 使用锉刀锉工作物时，要用力下压，速度要快，回拖要重。（ ）

121. 钻床使用前应空转试车，待钻床运转正常后才可操作。（ ）

122. 检验平尺是用来检验零件表面平直度的一种检验工具。（ ）

123. 千分尺使用前要擦净测量面，并转动轮，使两测量面接触，检查有无空隙。（ ）

124. 千分尺是零件加工和机器装配、检查零件尺寸和形状的细微偏差的主要量具。（ ）

125. 下班时必须将外露滑动面及工作台面擦净，并对各滑动面及各注油孔注油润滑。（ ）

126. 计算机操作系统是一种对所有硬件进行控制和管理的系统软件。（ ）

127. 计算机操作系统 Windows 各应用程序间复制信息是通过剪贴板完成的。（ ）

128. 装配工艺规程包括规定零部件的装配顺序及重点部件的选配注意事项。（ ）

129. 材料较硬和钻孔较深时，应在工作过程中不断将钻头抽出孔外，以便排除钻屑，并防止钻头过热。（ ）

130. 机床电气控制线路中一般采用瞬时动作的电流继电器作过流保护。（ ）

131. 加工零件毛坯和原材料的放置，要整齐稳当，有秩序。（ ）

132. 极限尺寸是指以基本尺寸为基数来确定允许尺寸变化的一个界限值。（ ）

133. 最大极限尺寸减去最小极限尺寸所得的代数差，叫做上偏差。（ ）

134. 材料发生破裂前，单位面积上所能承受最大外力的数值，称为强度极限。（ ）

135. 有极绝缘材料常有：橡胶、塑料、棉纱、树脂等。（ ）

136. 信号设备所使用的器材和配件，必须经铁路局批准。（ ）

137. 电动转辙机手摇把，要实行统一编号，集中管理，建立登记签认制度。（ ）

138. 对人体有致命危害的电流值为大于 0.05 A。（ ）

139. 装配工艺规程包括规定零部件的装配顺序及重点部件的选配注意事项。（ ）

140. 电气设备的接地线必须用整根的金属导线。（ ）

141. 禁止使用的三危线路是拦腰线、地爬线、碰头线。（ ）

142. 焊接不得影响元件特性，电烙铁头部温度保持 270～400 ℃左右。（ ）

143. 焊晶体管、电阻电容器等元件时，引出线只能弯折一次。（ ）

144. 站内列车信号机和调车信号机应设有灯丝监督，在信号机开放后，应不间断地检查灯丝良好状态。（ ）

145. 列车进路向占用线路上开通时，有关信号机不可能开放。（ ）

146. 当道岔一经启动后应保证能转换到底，因故不能转换到底时，应保证经操纵后能转换到原位。（ ）

147. 万一在身边断落架空线，应迈开双脚跨步奔跑，以防触电。（ ）

148. 自动闭塞的闭塞分区被占用或轨道电路失效时，防护该闭塞分区的信号机应自动关闭。（ ）

149. 道岔转换设备应与基本轨的直股或直股延长线相平行，安装时因特殊情况也可以与弯股相平行。（ ）

150. 密贴调整杆、表示杆或锁闭杆，尖端杆、第一连接杆，应与基本轨的直股或直股

延长线相垂直，偏差要求均不超过 30 mm。（　）

151. 联锁道岔转换设备安装后，由于道岔爬行、尖轨窜动，往往产生偏差，要求偏差不应大于 30 mm。（　）

152. 密贴调整杆动作时的空动距离须在 5 mm以上。（　）

153. 表示杆的销孔旷量不大于 1 mm。（　）

154. 各种连接杆及接续杆的螺扣调整部分，内外须有不小于 15 mm的余量。（　）

155. 密贴调整杆的螺帽应有防松措施。（　）

156. 联锁道岔设备，60 kg/m 及其以上道岔的安装装置，主要采用 125 mm×80 mm×10 mm角钢或与其强度相当的角钢。（　）

157. 对于机械设备的保养包括定期计量、除尘、紧固等。（　）

158. 防锈漆是一种含防锈颜料且具有防锈能力的涂料。（　）

159. 在 Microsoft Office Word 文本中，一次只能定义一个文本块。（　）

160. 磁盘是计算机系统最常用的内存设备。（　）

161. 鼠标指针可以在计算机屏幕上自由移动。（　）

162. 计算机联锁系统是以微型计算机为主要技术手段实现车站联锁的系统。（　）

163. 进路控制是计算机联锁的功能之一。（　）

164. 任何单位和个在发现火警的时候，都应当迅速准确地报警，并积极参加扑救。（　）

165. 起火单位首先必须及时组织力量，扑救火灾。（　）

166. 有火灾、爆炸危险的地点，禁止吸烟和进行可能引起火灾、爆炸的作业。（　）

167. 各车间和生产场地上的可燃废物（刨花、锯末、碎布等），要及时清除，沾油的擦洗材料（油棉纱、油抹布等），在工作后要彻底清扫和处理。（　）

168. 车间内临时存放易燃和可燃物品时，应该根据生产需要，规定存放限额。（　）

169. 易燃易爆车间内的机器设备、仪表、安全装置和通风设备，应该定期检查，保证安全可靠。（　）

170. 消防设备和灭火工具要有专人管理，定期检查，保持完整好用。（　）

171. 发现人员触电，在没有断电前不可赤手直接接触触电者的身体。（　）

172. 用精密量具测量粗糙毛坯、生锈工件时，要小心使用，不可用力过大，以免造成量具磨损。（　）

173. ZD6 系列电动转辙机是利用齿条块上特制的削尖齿圆弧和锁闭齿轮上的圆弧，来构成锁闭的。（　）

174. 塞尺是用来测量零件之间的间隙大小。（　）

175. 装配图既是表达技术思想的重要手段，又是装配机器部件、了解机器或部件性能、交流技术工作所不可缺少的技术资料。（　）

176. 起重机的升降、起动、停止应缓慢，禁止在运行中突然改变方向，当大、小车运行接近终点时，应用最慢速度、禁止用限位器作为停止运行的手段。（　）

177. 任何金属都可以做为导电材料。（　）

178. 所有非金属都可以做绝缘材料。（　）

179. 焊锡是由锡、铅等元素组成的低熔点的合金。（　）

二、信号钳工初级练习题参考答案

（一）选择题

1. A　2. A　3. B　4. B　5. A　6. C　7. D　8. A
9. D　10. A　11. B　12. C　13. B　14. D　15. C　16. C
17. D　18. C　19. A　20. A　21. C　22. A　23. C　24. C
25. B　26. B　27. C　28. C　29. B　30. A　31. C　32. B
33. B　34. D　35. B　36. A　37. C　38. C　39. A　40. B
41. D　42. B　43. C　44. C　45. A　46. C　47. C　48. B
49. D　50. D　51. B　52. B　53. B　54. B　55. D　56. B
57. D　58. D　59. A　60. B　61. B　62. B　63. C　64. C
65. C　66. A　67. D　68. A　69. C　70. D　71. C　72. B
73. B　74. D　75. C　76. C　77. B　78. D　79. B　80. D
81. A　82. A　83. B　84. A　85. C　86. A　87. A　88. D
89. B　90. D　91. B　92. D　93. D　94. D　95. C　96. C
97. B　98. A　99. B　100. D　101. C　102. C　103. D　104. D
105. C　106. C　107. C　108. A　109. B　110. B　111. D　112. D
113. C　114. B　115. C　116. C　117. A　118. C　119. D　120. C
121. B　122. C　123. C　124. C　125. D　126. B　127. A　128. B
129. B　130. D　131. D　132. C　133. A　134. C　135. A　136. A
137. C　138. A　139. C　140. C　141. A　142. A　143. C　144. B
145. D　146. C　147. D　148. C　149. C　150. C　151. A　152. C
153. D　154. C　155. D　156. C　157. A　158. A　159. C　160. C
161. C　162. C　163. B　164. C　165. A　166. C　167. D　168. B
169. B　170. C　171. B　172. C　173. B　174. A　175. B　176. B
177. B　178. C　179. D　180. B　181. B　182. D　183. C　184. D
185. A　186. C　187. C　188. C　189. C　190. A　191. B　192. D
193. D　194. C　195. D　196. C　197. B　198. B　199. D　200. B
201. D　202. D　203. A　204. B　205. C　206. B　207. D　208. D
209. C　210. D　211. C　212. B　213. B　214. B　215. A　216. C
217. A　218. D　219. D　220. C　221. A　222. D　223. A　224. C
225. B　226. A　227. B　228. A　229. C　230. C　231. D　232. C
233. B　234. A　235. B　236. A　237. A　238. C　239. A　240. B
241. A　242. B　243. D　244. C　245. C　246. A　247. C　248. A
249. D　250. D　251. C　252. A　253. D　254. D　255. A　256. C
257. A　258. C　259. B　260. D　261. D　262. C　263. B　264. B

265. C　266. B　267. A　268. B　269. B　270. B　271. D　272. A
273. A　274. B　275. C　276. B　277. B　278. B　279. C　280. C
281. C　282. B　283. B　284. C　285. B　286. D　287. B　288. B
289. D　290. C　291. D　292. A　293. A　294. C　295. B　296. A
297. D　298. A　299. C　300. D　301. A　302. D　303. D　304. B
305. D　306. C　307. C　308. C　309. C　310. B　311. A　312. B
313. C　314. B　315. A　316. D　317. D　318. B　319. D　320. C
321. B　322. B　323. D　324. D　325. B　326. A　327. C　328. D
329. A　330. D　331. A　332. B　333. A　334. B　335. C　336. B
337. A　338. D　339. C　340. A　341. B　342. C　343. C　344. C
345. A　346. A　347. C　348. A　349. C　350. A　351. B　352. A
353. C　354. B　355. B　356. C　357. B　358. B　359. C　360. C
361. B　362. C　363. C　364. B　365. B　366. C　367. B　368. C
369. C　370. B　371. D　372. A　373. C　374. B　375. B　376. C
377. B　378. B　379. B　380. C　381. C　382. B　383. B　384. C
385. B　386. A　387. B　388. B　389. C　390. A　391. B　392. D
393. C　394. D　395. B　396. A　397. A　398. B　399. B　400. D
401. B　402. A　403. A　404. C　405. C　406. B　407. B　408. B
409. C　410. A　411. B　412. D　413. B　414. B　415. A　416. A
417. C　418. B　419. A　420. A　421. C　422. D　423. C　424. D
425. A　426. C　427. D　428. B　429. C　430. B　431. D　432. D
433. B　434. B　435. B　436. B　437. B　438. C　439. A　440. D
441. A　442. C　443. D　444. B　445. B　446. B　447. C　448. A
449. C　450. C　451. C　452. D　453. A　454. B　455. B　456. A
457. C　458. A　459. A　460. D　461. A　462. C　463. B　464. A
465. D　466. B　467. C　468. B　469. B　470. A　471. A　472. C
473. B　474. B　475. B　476. C　477. C　478. B　479. B　480. C
481. A　482. A　483. B　484. B　485. B　486. B　487. B　488. C
489. B　490. B　491. C　492. C　493. C　494. B　495. B　496. C
497. C　498. B　499. B　500. B　501. A　502. C　503. A　504. A
505. A　506. A　507. B　508. A　509. C　510. A　511. A　512. B
513. C　514. A　515. D　516. C　517. A　518. C　519. B　520. A
521. B　522. C　523. C　524. B　525. C　526. D　527. C　528. C
529. B　530. C　531. A　532. A　533. C　534. A　535. C　536. B
537. D　538. D　539. D　540. A　541. B　542. A　543. A　544. D
545. A　546. A　547. A　548. C　549. A　550. B　551. A　552. A
553. B　554. B　555. B　556. D　557. C　558. B　559. D　560. B
561. D　562. B　563. C　564. B　565. A　566. A　567. B　568. A
569. B　570. A　571. B　572. A　573. C　574. A　575. A　576. A
577. C　578. D　579. B　580. A　581. D　582. A　583. B　584. A

585. B　586. C　587. A　588. D　589. C　590. A　591. A　592. C
593. B　594. A　595. C　596. C　597. D　598. D　599. C　600. A
601. C　602. A　603. A　604. C　605. A　606. C　607. A　608. C
609. A　610. C　611. B　612. A　613. C　614. B　615. A　616. B
617. C　618. B　619. A　620. B　621. C　622. A　623. B　624. D
625. B　626. B　627. B　628. B　629. A　630. A　631. D　632. B
633. B　634. A　635. C　636. C　637. B　638. B　639. B　640. B
641. A　642. C　643. A　644. A　645. C　646. A　647. B　648. D
649. C　650. D　651. B　652. C　653. B　654. C　655. B　656. A
657. A　658. D　659. A　660. A　661. D　662. B　663. A　664. A
665. C　666. A　667. A　668. B　669. D　670. C　671. A　672. A
673. C　674. B　675. A　676. D　677. B　678. D　679. D　680. A
681. B　682. A　683. D　684. A　685. C　686. D　687. B　688. C
689. B　690. D　691. A　692. C　693. C　694. C　695. B　696. B
697. B　698. A　699. C　700. C　701. C　702. D　703. C　704. A
705. D　706. C　707. C　708. D　709. A　710. B　711. C　712. C
713. C　714. D　715. A　716. D　717. C　718. B　719. A　720. C
721. D　722. C　723. C　724. C　725. C　726. B　727. A　728. D
729. B　730. C　731. B　732. D　733. A　734. D　735. D　736. C
737. D　738. A　739. B　740. C　741. C　742. B　743. B　744. D
745. B　746. C　747. B　748. B　749. D　750. B　751. A　752. D
753. B　754. A　755. C

(二)判断题

1. √　2. ×　3. √　4. ×　5. ×　6. ×　7. ×　8. ×
9. √　10. ×　11. ×　12. √　13. ×　14. √　15. √　16. √
17. √　18. ×　19. √　20. ×　21. ×　22. √　23. √　24. √
25. ×　26. √　27. ×　28. ×　29. ×　30. ×　31. √　32. √
33. √　34. ×　35. ×　36. √　37. ×　38. ×　39. ×　40. ×
41. ×　42. √　43. √　44. √　45. ×　46. √　47. √　48. ×
49. ×　50. ×　51. ×　52. √　53. ×　54. √　55. ×　56. √
57. √　58. √　59. √　60. ×　61. √　62. √　63. √　64. ×
65. √　66. √　67. √　68. √　69. √　70. √　71. ×　72. √
73. ×　74. √　75. √　76. √　77. ×　78. ×　79. ×　80. ×
81. ×　82. √　83. ×　84. ×　85. √　86. ×　87. √　88. √
89. √　90. √　91. ×　92. ×　93. √　94. ×　95. ×　96. ×
97. √　98. √　99. √　100. √　101. √　102. √　103. √　104. ×
105. √　106. √　107. ×　108. √　109. √　110. √　111. √　112. √
113. ×　114. √　115. √　116. ×　117. ×　118. ×　119. √　120. √
121. √　122. ×　123. √　124. √　125. √　126. ×　127. √　128. √

129. √ 130. √ 131. √ 132. × 133. × 134. √ 135. √ 136. ×
137. √ 138. √ 139. √ 140. √ 141. √ 142. × 143. √ 144. √
145. × 146. √ 147. × 148. √ 149. × 150. × 151. × 152. √
153. × 154. × 155. √ 156. √ 157. × 158. √ 159. √ 160. ×
161. √ 162. √ 163. √ 164. √ 165. × 166. √ 167. √ 168. √
169. × 170. √ 171. √ 172. × 173. √ 174. √ 175. √ 176. √
177. × 178. × 179. √

第二部分 中 级 工

一、信号钳工中级练习题

（一）选 择 题

1. MF14 型万用表交直流电压挡最大量程是（　　）。

（A）直流 750 V，交流 750 V　　（B）直流 1 000 V，交流 1 000 V

（C）直流 750 V，交流 1000 V　　（D）直流 1 000 V，交流 750 V

2. 对万用表进行检定时，发现其交流电压挡各量限读数均偏低，则可能的故障是（　　）。

（A）整流器有一片被击穿　　（B）整流器的反向电阻变小

（C）整流器开路　　（D）整流器的反向电阻变大

3. 信号设备防雷地线埋设在电阻率小于 300 Ω · m 的土壤中时，接地电阻不大于（　　）。

（A）1 Ω　（B）10 Ω　（C）15 Ω　（D）20 Ω

4. 万用表内部干电池容量不足，判断的依据可以用（　　）。

（A）个别欧姆挡量限调不到零位　　（B）全部欧姆挡量限调不到零位

（C）个别欧姆挡量限误差增大　　（D）个别欧姆挡量限误差减小

5. 万用表的表内电池是在测量（　　）时才使用。

（A）电流　（B）电压　（C）电阻　（D）电容

6. 万用表不使用时，应将转换开关置于最高极限的（　　）

（A）直流电流挡　（B）直流电压挡　（C）交流电压挡　（D）欧姆挡

7. 移开烙铁头的正确方法是先慢后快，烙铁头沿（　　）方向移动。

（A）45°　（B）60°　（C）90°　（D）180°

8. 测量轴类工件的径向圆跳动，端面圆跳动，应选用（　　）进行测量。

（A）水平仪　（B）百分表　（C）杠杆千分尺　（D）游标卡尺

9. 用内径百分表可测量零件孔的（　　）。

（A）尺寸误差和位置误差　　（B）尺寸误差和形状误差

（C）形状误差　　（D）位置误差

10. 千分尺的制造精度，分为 0 级和 1 级两种，0 级精度（　　）。

（A）最差　（B）稍差　（C）一般　（D）最高

11. 信号设备防雷地线与电力地线之间的距离应不小于（　　），当达不到此距离要求时，应进行绝缘防护。

（A）10 m　（B）20 m　（C）30 m　（D）50 m

12. ZD6 系列电动转辙机自动开闭器动接点和静接点片接触深度（　　）4 mm。

（A）不小于　（B）不大于　（C）等于　（D）等于或大于

13. ZD6-A型电动转辙机每转换一次，锁闭齿轮从开始转动到停止，共旋转（　　），相当于手摇把摇36.9周。

（A）300°　　（B）324°　　（C）350°　　（D）360°

14. ZD6系列电动转辙机安装圆孔套后，齿条块与底壳间隙不得大于（　　）。

（A）0.1 mm　　（B）0.2 mm　　（C）0.3 mm　　（D）0.4 mm

15. ZD6系列电动转辙机电机的换向器直径小于（　　）应报废。

（A）40 mm　　（B）40.5 mm　　（C）41 mm　　（D）41.5 mm

16. ZD6系列电动转辙机在环境温度为20 ℃±5 ℃和空气相对湿度为95%±3%的恒温湿环境中进行耐潮试验，放置时间不少于24 h，绝缘电阻不低于（　　）。

（A）0.5 MΩ　　（B）1 MΩ　　（C）1.5 MΩ　　（D）2 MΩ

17. ZD6 系列电动转辙机，DZG 型直流电动机的单定子工作电阻在 20 ℃时为（　　）。

（A）2.61～2.89 Ω　　（B）2.66～2.94 Ω

（C）（2.65±0.14）×2 Ω　　（D）2.76～3.04 Ω

18. ZD6 系列电动转辙机，ZDG-Ⅲ型直流电动机的单定子工作电阻在 20 ℃时为（　　）。

（A）（2.85 Ω ±0.14 Ω）×2 Ω　　（B）（2.85 Ω ±0.14 Ω）/2 Ω

（C）2.85 Ω ±0.14 Ω　　（D）2.85 Ω

19. ZD6-D 型电动转辙机电机转子绕组线径为（　　）。

（A）0.52 mm　　（B）0.54 mm　　（C）0.56 mm　　（D）0.58 mm

20. ZD6 系列电动转辙机的锁闭齿轮启动齿应在齿条块缺槽的中间，两边间隙 20 ℃时（　　）。

（A）2 mm　　（B）2 mm＋1 mm　　（C）2 mm－1 mm　　（D）2 mm±1 mm

21. ZD6 系列电动转辙机，ZDG-Ⅲ型直流电动机的刷间总电阻在 20 ℃时为（　　）。

（A）4.9 Ω ±0.245 Ω　　（B）4.9 Ω ±0.49 Ω

（C）9.8 Ω ±0.245 Ω　　（D）9.8 Ω ±0.49 Ω

22. ZD6 系列电动转辙机电动机换向器修配后直径为（　　）。

（A）44～43 mm　　（B）44～42 mm　　（C）44～41 mm　　（D）44～40 mm

23. ZD6 系列电动转辙机电动机修整后，云母槽云母绝缘片应低于铜排表面（　　）mm。

（A）0.2～0.4 mm　　（B）0.3～0.5 mm

（C）0.4～0.6 mm　　（D）0.5～0.7 mm

24. ZD6 系列电动转辙机配用的直流电动机的额定电流是（　　）。

（A）≤1.0 A　　（B）≤2.0 A　　（C）≤3.0 A　　（D）≤4.0 A

25. 直流电动机的换向器的作用是（　　）

（A）产生主磁通　　（B）产生换向电流

（C）改变电流方向　　（D）产生换向电压

26. ZD6 系列电动转辙机的额定电压为（　　）。

（A）直流 200 V　　（B）交流 220 V

（C）直流 160 V　　（D）直流 220 V

27. 直流电动机用于动力设备的最大特点是（　　），调速方便、平稳。

（A）转矩大　　（B）转矩小　　（C）转速高　　（D）功率大

28. ZD6 系列电动转辙机所配用的电动机为（　　）电动机。

（A）直流串励　　（B）直流并励　　（C）直流复励　　（D）直流他励

29. ZD6 系列电动转辙机中的一个滚动轴承，其轴承 6209 的内径是（　　）。

（A）20 mm　　（B）29 mm　　（C）45 mm　　（D）209 mm

30. ZD6 系列电动转辙机转换完毕，是靠（　　）切断启动电路。

（A）自动开闭器　　（B）移位接触器

（C）1DQJ 落下　　（D）SJ 落下

31. 普通道岔的密贴调整杆、表示杆、尖端杆与单开道岔直股基本轨或直股延长线相垂直，各杆件的两端与基本轨的垂直偏差，前后不超过（　　）。

（A）10 mm　　（B）20 mm　　（C）30 mm　　（D）40 mm

32. S700K 型电动转辙机因故不能转换到底时，电流一般不大于（　　）。

（A）1 A　　（B）2 A　　（C）3 A　　（D）4 A

33. ZD6-J、E 型电动转辙机双机配套使用时，单机摩擦电流为（　　）。

（A）2.0～2.8 A　　（B）2.0～2.5 A　　（C）2.0～3.0 A　　（D）2.5～3.0 A

34. 为防止 ZD6 系列电动转辙机速动片跟动，应在其外径靠近缺口两侧 14 mm 处铣削深 0.5 mm，长（　　）的弧段。

（A）20 mm　　（B）25 mm　　（C）30 mm　　（D）40 mm

35. ZD6 系列电动转辙机电动机两端炭刷的压力互相之间的差值不超过（　　）。

（A）5%　　（B）7%　　（C）8%　　（D）10%

36. ZD6-E 型电动转辙机的额定转换力为（　　）。

（A）3 432 N　　（B）3 923 N　　（C）4 903 N　　（D）5 884 N

37. ZD6 系列电动转辙机减速器输入轴和输出轴的轴间窜动量不大于（　　）。

（A）0.5 mm　　（B）1 mm　　（C）1.5 mm　　（D）2 mm

38. ZD6 系列电动转辙机减速器摩擦带采用（　　），具有足够摩擦力和耐磨的石棉橡胶刹车带。

（A）4 mm±9.5×30 mm　　（B）4.5 mm±0.5×30 mm

（C）5 mm±0.5×30 mm　　（D）3.5 mm±0.5×30 mm

39. 注油孔 M6 螺栓长为（　　）。

（A）16 mm－2 mm　　（B）16 mm＋2 mm　　（C）16 mm±2 mm　　（D）16 mm

40. ZD6 系列电动转辙机内齿轮与其减速器壳处于同心位置，两者磨耗间隙超过（　　）时应报废。

（A）0.5 mm　　（B）0.6 mm　　（C）0.7 mm　　（D）0.8 mm

41. ZD6 系列电动转辙机锁闭齿轮圆弧与削尖齿弧间隙不得大于（　　）。

（A）0.03 mm　　（B）0.05 mm　　（C）0.08 mm　　（D）0.1 mm

42. ZD6 系列电动转辙机齿条块顶楔与移位接触器触头间隙为（　　）。

（A）1.5 mm　　（B）2 mm　　（C）2.5 mm　　（D）3 mm

43. ZD6 系列电动转辙机移位接触器的触头行程为（　　）。

（A）0.7 mm±0.1 mm　　（B）0.8 mm±0.1 mm

（C）0.9 mm±0.1 mm　　（D）1 mm±01 mm

44. ZD6 系列电动转辙机速动片与启动片间隙为（　　）。

（A）0.4～2 mm　　（B）0.5～2 mm

（C）0.6～2 mm （D）0.8～2 mm

45. ZD6 系列电动转辙机动接点与静接点的接触深度，两侧相差不大于（ ）。

（A）1.5 mm＋0.5 mm （B）1.5 mm－0.5 mm

（C）1.5 mm±0.5 mm （D）1.5 mm

46. ZD6 系列电动转辙机自动开闭器动接点与第二排或第三排静接点接触时，小拐肘与连接板夹角约为（ ）。

（A）75° （B）90° （C）105° （D）120°

47. ZD6 系列电动转辙机自动开闭器动接点与第一排第四排静接点接点接触时，小拐肘与连接板夹角约为（ ）。

（A）75° （B）90° （C）105° （D）120°

48. ZD6 系列电动转辙机自动开闭器静接点要求主簧片平行，其间距为（ ）为宜。

（A）10.5～11 mm （B）11～11.5 mm

（C）11.5～12 mm （D）12～12.5 mm

49. ZD6系列电动转辙机摩擦联接器出所时，应将摩擦电流调整到额定电流值的（ ）。

（A）1.1 倍 （B）1.2 倍 （C）1.3 倍 （D）1.4 倍

50. 为保证 ZD6 系列电动转辙机减速壳与内齿轮的同心度，二者配合间隙应在（ ）。

（A）0.1～0.25 mm （B）0.1～0.5 mm

（C）0.2～0.5 mm （D）0.3～0.5 mm

51. ZD6 系列电动转辙机速动爪抬高时，与速动片之间的间隙为（ ）。

（A）0.2～0.8 mm （B）0.3～1 mm （C）1～2 mm （D）1～3 mm

52. ZD6 系列电动转辙机速动爪落下时，与速动片缺口间隙为（ ）以上。

（A）0.5 mm （B）0.7 mm （C）0.8 mm （D）1.0 mm

53. ZD6 系列电动转辙机自动开闭器的动接点打入静接点内，其摆动量不大于（ ）。

（A）2.5 mm （B）3 mm （C）3.5 mm （D）4 mm

54. ZD6 系列电动转辙机直流电动机的换向火花应不大于（ ）。

（A）1.25 级 （B）1.5 级 （C）1.75 级 （D）2 级

55. 为防止 ZD6 系列电动转辙机速动片跟动，应在其外径靠近缸口两侧 14 mm 处，铣削深 0.5 mm，长（ ）的弧段。

（A）15 mm （B）20 mm （C）25 mm （D）30 mm

56. ZD6 系列电动转辙机的空载电流应不大于（ ）。

（A）0.5 A （B）0.7 A （C）0.8 A （D）1.0 A

57. ZD6 系列电动转辙机动作杆主挤切销被切断后，这时齿条块与动作杆相对位移距离为（ ）。

（A）1.5～2 mm （B）2～2.5 mm （C）2.5～3 mm （D）3～3.5 mm

58. 由于 ZD6 系列电动转辙机的动作杆在齿条块内位移，顶杆被挤出锥形坑，并随之上升（ ）以上，将移位接触器顶开，切断表示电路。

（A）1.5 mm （B）2.5 mm （C）3.5 mm （D）4.5 mm

59. 在 ZD6 系列电动转辙机顶杆上放上（ ）厚的垫帽，移动动作杆，移位接触器接点不应顶起。

（A）1.0 mm （B）1.5 mm （C）2 mm （D）2.5 mm

60. 在ZD6系列电动转辙机顶杆上放上（　　）厚的垫帽，移动动作杆，移位接触器接点应顶开。

（A）2 mm　　（B）2.5 mm　　（C）3 mm　　（D）3.5 mm

61. ZD6系列电动转辙机解锁时，速动爪与速动片的间隙为不小于（　　）。

（A）0.1 mm　　（B）0.2 mm　　（C）0.3 mm　　（D）0.4 mm

62. ZD6系列电动转辙机锁闭时，速动爪与速动片缺口间隙为（　　）。

（A）1～3 mm　　（B）1～2.5 mm　　（C）1～2 mm　　（D）0.5～2 mm

63. 用塞尺检查两工件结合面间隙时，应在结合的（　　）进行。

（A）一段长度上　　（B）全长上　　（C）一处　　（D）两处

64. ZD7-A型电动转辙机的检查柱落下，检查块缺口内两侧间隙为（　　）。

（A）1.5 mm±0.5 mm　　（B）2 mm±0.5 mm

（C）3 mm±1 mm　　（D）4 mm±1 mm

65. 稳压二极管与一般二极管不同，它的反向击穿是（　　）。

（A）不可逆的　　（B）可逆的　　（C）毁坏的　　（D）不可发生的

66. （　　）关于接地导线说法是错误的。

（A）接地导线上严禁设置开关　　（B）接地导线上严禁设置熔断器或断路器

（C）可以用钢轨代替地线　　（D）严禁用钢轨代替地线

67. 百分尺的刻度原理是：当活动套管转一圈时，轴杆前进（　　）。

（A）0.5 mm　　（B）1 mm　　（C）1.5 mm　　（D）2 mm

68. 百分尺的活动套管的圆周上有50等分的刻度线，轴杆与活动套管是紧固在一起的，活动套管转一小格，轴杆移动（　　）。

（A）0.000 1 mm　　（B）0.001 mm　　（C）0.01 mm　　（D）0.1 mm

69. 精度为0.1 mm的游标卡尺，主尺刻度间隔为1 mm，副尺上刻度间隔应为（　　）。

（A）0.6 mm　　（B）0.7 mm　　（C）0.8 mm　　（D）0.9 mm

70. 用百分表进行测量时，测量杆应有（　　）左右的初升量。

（A）0.1 mm　　（B）0.2 mm　　（C）0.3 mm　　（D）0.4 mm

71. 兆欧表在读数时应待发电机摇柄速度达到额定转速，这时转速均匀，指针也随着稳定下来，可进行读数，一般采用（　　）以后的读数为准。

（A）30 s　　（B）1 min　　（C）1 min30 s　　（D）2 min

72. 判断一对齿轮是否正确啮合，要根据它们的（　　）来决定。

（A）齿高相等　　（B）直径相同　　（C）模数相等　　（D）齿数相等

73. 稳压二极管工作处于（　　）状态时，在电路中能起稳压作用。

（A）饱和　　（B）截止　　（C）正向导通　　（D）反向击穿

74. 单相整流电路按其电路结构特点来分，有半波、全波、（　　）三种整流电路。

（A）频率　　（B）相位　　（C）桥式　　（D）调制

75. ZD7-A型电动转辙机表示杆的动程为（　　）。

（A）86～147 mm　　（B）86～157 mm

（C）86～167 mm　　（D）86～177 mm

76. 直流电动机中电枢的主要作用是（　　）。

（A）将交流电变为直流电　　（B）实现电能和机械能转换

（C）改善直流电机转向　（D）在气隙中产生磁通

77. 碳素工具钢是含碳量不少于（　　）的高碳钢。

（A）0.7%　（B）0.8%　（C）0.9%　（D）1%

78. 锡焊中助焊剂可以清除（　）表面的氧化物。

（A）金属　（B）非金属　（C）烙铁头　（D）焊锡

79. 半圆头铆钉的留头长度为铆钉直径的（　）。

（A）1.0～1.2 倍　（B）1.25～1.5 倍　（C）1.4～1.6 倍　（D）1.2～1.4 倍

80. 用于电子设备装配的导线常用（　）。

（A）聚氯乙烯导线　（B）圆铝线　（C）单丝电缆　（D）聚氯丙烯导线

81. 大量地用来制造车刀、铣刀、刨刀和钻头等切削刀具的钢是（　）。

（A）高速钢　（B）合金工具钢　（C）碳素工具钢　（D）锰钢

82. （　　）用来制造一些结构复杂，强度和韧性要求较高的小截面铸件，如管子接头、低压阀门、螺纹铰板、折角塞门手柄及道岔配件等。

（A）灰口铸铁　（B）球墨铸铁　（C）可锻铸铁　（D）合金铸铁

83. 中温回火的回火温度为（　　）。

（A）250～400 ℃　（B）300～450 ℃

（C）350～500 ℃　（D）400～550 ℃

84. 绝缘老化的主要原因是（　）。

（A）电压过高　（B）环境湿度大　（C）温度过高　（D）电流过大

85. 将钢加热到某一温度（含碳量大于0.8%的碳钢为753～850 ℃左右），保温一段时，然后在空气中冷却的操作叫做（　）。

（A）淬火　（B）回火　（C）退火　（D）正火

86. 矫正工作只能对（　）材料才能进行。

（A）脆性　（B）塑性　（C）塑性低　（D）塑性好

87. 具有冷作硬化现象的材料，只有进行（　）处理才能恢复它原有的力学性能。

（A）淬火　（B）回火　（C）退火　（D）正火

88. 工件弯形后，由于弹性变形的恢复，使弯形角度和半径发生变化，这叫做（　）。

（A）回火　（B）回弹　（C）弹性变形　（D）塑性变形

89. 要使工件定位，就得采用适当的定位元件，约束工件的（　　）自由度。

（A）3个　（B）4个　（C）5个　（D）6个

90. 孔的精度要求较高和表面粗糙度值要求较小时，应选用主要起（　）作用的切削液。

（A）润滑　（B）冷却　（C）冷却和润滑　（D）摩擦

91. 保证工件在夹具中具有正确加工位置的工件，称为（　）。

（A）引导元件　（B）夹紧装置　（C）定位元件　（D）夹具体

92. 最小极限尺寸与基本尺寸的代数差，叫（　）。

（A）极限偏差　（B）上偏差　（C）下偏差　（D）偏差

93. 树脂类助焊剂主要是由（　）酿成。

（A）松香　（B）氯化锌　（C）磷酸　（D）有机酸

94. 标准直齿圆柱齿轮传动中，齿顶间隙应为模数的（　）。

（A）0.25 倍　　（B）0.5 倍　　（C）0.75 倍　　（D）1 倍

95. 铆接时铆钉直径一般等于板厚的（　）。

（A）1.2 倍　　（B）1.8 倍　　（C）2.0 倍　　（D）2.5 倍

96. 一对直齿圆锥齿轮的正确啮合的条件是（　）。

（A）$m_1=m_2$　　（B）$\alpha_1=\alpha_2$

（C）$m_1=m_2$；$\alpha_1=\alpha_2$　　（D）$m_1=m_2$；$\alpha_1=\alpha_2=\alpha$

97. 在基孔制配合中，轴的基本偏差为下偏差时的绝对值大于或等于孔的标准公差时，应是（　）配合。

（A）过盈　　（B）过渡　　（C）间隙　　（D）动

98. 带传动的优点是（　）。

（A）传动比准确　　（B）结构紧凑　　（C）传动平稳　　（D）效率很高

99. （　）碳素工具钢用于制造高硬度低韧性的工具，如冲头、中心冲等。

（A）T7　　（B）T9　　（C）T11　　（D）T13

100. 硬度、强度、塑性、韧性都较好，经调质处理更能提高机械性能，广泛地应用到各种机器零件上，如轴、齿轮、齿条、键以及重要的销子、螺母、螺栓等，这种钢叫做（　）。

（A）低碳钢　　（B）118　　（C）中碳钢　　（D）高碳钢

101. 在表面粗糙度的评定参数中，轮廓算术平均偏差代号是（　）。

（A）Ry　　（B）Ra　　（C）Rz　　（D）Rx

102. 钻头的规格和标号一般标在钻头的（　）。

（A）柄部　　（B）颈部　　（C）异向部分　　（D）切削部分

103. 三角带传动中，新旧带一起使用，会（　）。

（A）发热过大　　（B）传动比恒定

（C）缩短新带寿命　　（D）增大承载能力

104. 中心距较大，温度不高又要求传动平稳时应采用（　）。

（A）链传动　　（B）带传动　　（C）齿轮传动　　（D）蜗杆传动

105. 按（　）分，钢可分为普通钢、优质钢和高级优质钢。

（A）质量　　（B）用途　　（C）化学成分　　（D）含碳量

106. 使用兆欧表测量时，摇柄速度（　）左右，可达到额定输出电压。

（A）60 次/min　　（B）80 次/min　　（C）100 次/min　　（D）120 次/min

107. 根据被测电阻的大概范围和精度要求，选择适当的量限和精度的电桥。所用电桥的精度应高于被测电阻的精度，误差应小于被测电阻的允许误差的（　）。

（A）1/6　　（B）1/5　　（C）1/4　　（D）1/3

108. 两圆弧之间的圆弧连接有（　）。

（A）2 种　　（B）3 种　　（C）4 种　　（D）5 种

109. 滚动轴承有（　）不同的精度等级。

（A）3 个　　（B）4 个　　（C）5 个　　（D）6 个

110. 一般轴与孔的配合可分成（　）。

（A）2 类　　（B）3 类　　（C）4 类　　（D）5 类

111. 装配精度或装配技术要求，常指装配尺寸链的（　）。

（A）增环　　（B）减环　　（C）封闭环　　（D）组成环

112. 密贴调整杆、表示杆、尖端杆和各种连接杆、接杆的弯度，为了不影响其应有的强度，须满足一般不大于100 mm，曲折角不大于（　　）的要求。

（A）25°　　（B）28°　　（C）30°　　（D）32°

113. 将机件的某一部分向基本投影面投影所得的视图，叫（　　）。

（A）基本视图　　（B）斜视图　　（C）旋转视图　　（D）局部视图

114. 三视图的投影规律，长对正的是（　　）两个视图。

（A）主、俯　　（B）主、左　　（C）俯、左　　（D）主、右

115. 常用的剖视图有（　　）。

（A）5 种　　（B）6 种　　（C）7 种　　（D）8 种

116. 剖面图有（　　）。

（A）2 种　　（B）3 种　　（C）4 种　　（D）5 种

117. 接地体的连接应采用（　　）。

（A）搭接焊　　（B）螺栓连接　　（C）对焊接　　（D）缠绕接

118. 机件上与视图处于（　　）关系的平面或直线，它在该视图上反映实形。

（A）垂直　　（B）平行　　（C）倾斜　　（D）平行或垂直

119. 标注形位公差代号时，形状公差项目符号应写入形状公差框内（　　）。

（A）第一格　　（B）第二格　　（C）第三格　　（D）第四格

120. 关于保护接零，（　　）的说法是正确的。

（A）用于1 000 V以下三相四线制中性点绝缘系统中

（B）主要是用来降低触电电压和限制流经人体电流

（C）当电气设备发生碰壳或接地短路时，可使短路电流经零线而闭合回路，使其造成单相短路故障

（D）在 1 000 V 以下中性点直接接地电网系统中不容许采用保护接零

121. 通过划线确定加工时的最后尺寸，在加工过程中，通过（　　）来保证尺寸的准确性。

（A）测量　　（B）划线　　（C）加工　　（D）看样冲眼

122. 通常将物体放在三个互相垂直的投影面体系中，分别投影，得到三个视图，三个视图的名称分别称为（　　）。

（A）俯视图、左视图和右视图　　（B）左视图、右视图和主视图

（C）右视图、主视图和俯视图　　（D）主视图、俯视图左视图

123. ZY 系列电动液压转辙机分为（　　）和快速型。

（A）普通型　　（B）高速型　　（C）低速型　　（D）缓慢型

124. 电液转辙机分为（　　）大系统。

（A）3　　（B）4　　（C）5　　（D）6

125. 色灯信号机灯泡的端电压为（　　）。

（A）10.2～11.2 V　　（B）10.2～11.4 V

（C）10.4～11.2 V　　（D）10.4～11.4 V

126. 各种信号设备的电气器件用 500 V 兆欧表测量时其绝缘电阻不小于（　　）。

（A）2 MΩ　　（B）5 MΩ　　（C）10 MΩ　　（D）15 MΩ

127. ZD6-E 型电动转辙机的电动机小齿轮为（　　）。

（A）12 齿　　（B）14 齿　　（C）16 齿　　（D）18 齿

128. 在道岔区段，设于警冲标内方的的钢轨绝缘，距警冲标不得小于（　　）。

（A）2.5 m　（B）3 m　（C）3.5 m　（D）4 m

129. 直流反馈是指反馈到输入电路的是输出电路中（　　）的直流电流或直流电压。

（A）基极　（B）发射极　（C）集电极　（D）旁路电容

130. 进站、出站、进路和通过信号机的灯光熄灭，显示不明或显示不正确时，均视为（　　）信号。

（A）正常行进　（B）减速　（C）停车　（D）错误

131. 电池 A 电动势为 2 V，内阻为 1 Ω，电池 B 电动势为 2.5 V，内阻为 2.5 Ω，先后用 A、B 作电源向同一电阻供电，电流相等，这个电阻阻值 R=（　　）。

（A）0.5 Ω　（B）1.25 Ω　（C）2.5 Ω　（D）5 Ω

132. ϕ212 透镜的设计分值为（　　）。

（A）112 mm　（B）122 mm　（C）132 mm　（D）142 mm

133. ϕ139 透镜的设计分值为（　）。

（A）45 mm　（B）55 mm　（C）65 mm　（D）75 mm

134. ϕ163 透镜的设计分值为（　　）。

（A）65 mm　（B）75 mm　（C）85 mm　（D）95 mm

135. （　　）就是利用划线工具，使工件上有关的表面处于合理的位置。

（A）吊线　（B）找正　（C）借料　（D）辅助

136. 按展开原理划放样图时，对于管件或弯形断面的工件，应以板厚的（　　）尺寸为准。

（A）中心层　（B）外层　（C）内层　（D）内外层结合

137. 划线在选择尺寸基准时，应使划线时尺寸基准与图样上（　　）基准一致。

（A）测量基准　（B）装配基准　（C）设计基准　（D）工艺基准

138. 通常所指孔的深度为孔径（　　）倍以上的孔，称为深孔。

（A）2 倍　（B）3 倍　（C）5 倍　（D）10 倍

139. 造成机件热变形的主要因素是机件表面层存在（　　）。

（A）温差　（B）应力　（C）摩擦热　（D）压力

140. 车床床身导轨面硬度应（　　）溜板导轨面的硬度。

（A）高于　（B）低于　（C）等于　（D）等于或低于

141. 车床装配后，进行切槽试验的目的是考核车床主轴系统及刀架系统的（　　）性能。

（A）切削　（B）抗振　（C）负荷　（D）转速

142. 将部件、组件、零件联接组合成为整台机器的操作过程，称为（　　）。

（A）零件装配　（B）组件装配　（C）总装配　（D）部件装配

143. 将需要修理的部件拆卸下来，换上事先准备好的同类部件，叫（　　）修理组织法。

（A）部件　（B）分部　（C）同步　（D）顺序

144. 拆卸精度较高的零件时，采用（　　）。

（A）击卸法　（B）拉拔法　（C）破坏法　（D）挤压法

145. 当液压缸的截面积一定时，液压缸（或活塞）的运动速度取决于进入液压的液体的（　　）。

（A）流速　（B）压力　（C）流量　（D）功率

146. 在高温下，能够保持量具材料切削性能的能力，称为（　）。

（A）硬度　（B）耐热性　（C）耐磨性　（D）强度和韧性

147. 贯通地线任一点的接地电阻不得大于（　）。

（A）1 Ω　（B）2 Ω　（C）4 Ω　（D）5 Ω

148. 贯通地线在信号机房建筑物一侧采用 50 mm^2 裸铜线与环形接地装置连接，信号楼两端各连接（　）。

（A）一次　（B）两次　（C）三次　（D）四次

149. 使用电剪刀剪切时，两刀刃的间距需根据材料厚度进行调试，当剪切厚材料时，二刃口的间距为（　）。

（A）0.2～0.3 mm　（B）0.3～0.4 mm

（C）0.3～0.4 mm　（D）0.3～0.5 mm

150. 发现钻床有异声应（　）通知有关人员处理。

（A）工作完后　（B）立即　（C）随时　（D）停电

151. 使用手电钻时，导线及把手应该绝缘良好，导线应（　）使用，操作人员应戴绝缘手套。

（A）固定　（B）放在地上　（C）架空　（D）没有规定

152. 当麻花钻后角磨得偏大时，（　）。

（A）横刃斜角减小，横刃长度增大　（B）横刃斜角增大，横刃长度减少

（C）横刃斜角和长度同时减小或增大　（D）横刃斜角和长度不变

153. 发现精密量具有不正常现象时，应（　）。

（A）自己修理　（B）继续使用

（C）进行报废　（D）及时送交计量检修

154. 在夹具中用一个平面对工件平面定位，它可限制（　）自由度。

（A）2 个　（B）3 个　（C）4 个　（D）5 个

155. 砂轮机的托板与砂轮的距离，一般应保持在（　）之内，过大则可能造成磨削件被砂轮轧入而发生事故。

（A）1 mm　（B）2 mm　（C）3 mm　（D）4 mm

156. 金属弓锯机的定期保养为（　）一次。

（A）1 个月　（B）2 个月　（C）3 个月　（D）6 个月

157. 砂轮机的工作托架与砂轮的距离不得大于（　）。

（A）3 mm　（B）4 mm　（C）5 mm　（D）6 mm

158. 金属弓锯机的班前保养中规定空运转（　），排除液压系统中的空气。

（A）5 min　（B）10 min　（C）15 min　（D）20 min

159. 立式钻床操作规程：检查确认各手柄位置无误，再空运转（　），认真检查各部动作、音响是否正常。

（A）5 min　（B）10 min　（C）15 min　（D）20 min

160. 台钻的工作台可在立柱上做上、下移动及绕立柱轴可转动到（　）位置。

（A）任意　（B）一个固定　（C）几个固定　（D）二个固定

161. 标准麻花钻，修磨后的横刃长度为原来的（　）。

（A）1/2～1/3　（B）1/3～1/5　（C）1/4～1/6　（D）1/6～1/8

162. 在钻孔时，夹紧力的作用方向，应与钻头轴线的方向（　）。

（A）垂直　（B）平行　（C）倾斜　（D）相交

163. 刀具的几何角度中，起控制排屑方向作用的主要角度是（　）。

（A）前角　（B）后角　（C）刀尖角　（D）刀倾角

164. 技术要求严、工艺难度大的零件，称为（　）。

（A）主要零件　（B）工艺关键件　（C）典型零件　（D）专用件

165. 当磨钝标准相同时，刀具寿命愈低，表示刀具磨损（　）。

（A）愈快　（B）愈慢　（C）不变　（D）很慢

166. 用钢、纯铜材料，加工螺纹直径 12 mm，螺距 1.75 mm 的普通螺纹，攻螺纹钻底孔的钻头直径为（　）。

（A）10 mm　（B）10.1 mm　（C）10.2 mm　（D）10.3 mm

167. 用铸铁、青铜材料，加工螺纹直径 12 mm，螺距 1.75 mm 的普通螺纹，攻螺纹钻底孔的钻头直径为（　）。

（A）10 mm　（B）10.1 mm　（C）10.2 mm　（D）10.3 mm

168. 刮削不存在车、铣、刨等机械加工中不可避免的振动、热变形等因素，所以能获得很高的尺寸精度、形状精度等，但不能获得很高的（　）。

（A）位置精度　（B）接触精度　（C）传动精度　（D）表面粗糙度

169. 平面长度为 100～500 mm，平面宽度为 100 mm 以下，刮削余量为（　）。

（A）0.05 mm　（B）0.08 mm　（C）0.10 mm　（D）0.12 mm

170. 在停留列车、车辆前部或尾部通过时，应与其保持（　）以上距离。

（A）3 m　（B）4 m　（C）5 m　（D）6 m

171. 热处理是将金属材料在固态下加热、保温和冷却，以改善金属材料（　）的一种工艺。

（A）物理性能　（B）化学性能

（C）物理性能和化学性能　（D）机械性能

172. 在额定电压和额定功率条件下，主灯丝经过（　），副灯丝经过 1 h 的点灯试验良好。

（A）1.5 h　（B）2 h　（C）2.15 h　（D）3 h

173. 密贴调整杆、锁杆等各种连接杆的直径，因锈蚀磨耗的减少量不得超过（　）。

（A）5/100　（B）8/100　（C）1/10　（D）1.5/10

174. S700K 型电动转辙机上下两检测杆无张嘴和左右偏移现象，检测杆头部的叉形连接点销孔的磨损旷量不大于（　）。

（A）0.5 mm　（B）0.8 mm　（C）1.0 mm　（D）1.5 mm

175. 导向板与钢轨顶面应吻合，其中部分允许（　）以下的间隙。

（A）0.8 mm　（B）1 mm　（C）1.2 mm　（D）1.5 mm

176. 当脱轨器经过一次脱轨后，导向板两端与钢轨顶面间的间隙应不大于（　）。

（A）1.5 mm　（B）2 mm　（C）2.5 mm　（D）3 mm

177. 贯通地线引接线焊接时，焊接长度不小于（　）。

（A）50 mm　（B）100 mm　（C）150 mm　（D）200 mm

178. 加工直径为 M16，螺距为 2 mm 的螺杆时，其圆杆直径为（　　）。

（A）15.5 mm　（B）15.74 mm　（C）16 mm　（D）16.26 mm

179.（　　）不在手持电动砂轮禁止砂磨之列。

（A）非金属　（B）软金属　（C）硬金属　（D）铸铁

180. 用几个互相平行的剖切平面切开机件，所得的视图称（　　）。

（A）阶梯剖视　（B）旋转剖视　（C）半剖剖视　（D）局部剖视

181. 当 ZD6 系列电动转辙机顶杆上升（　　）时，移位接触器仍保持良好。

（A）1 mm　（B）1.5 mm　（C）2 mm　（D）2.5 mm

182. 当 ZD6 系列电动转辙机动作杆在齿条块内产生移位，顶杆上升至（　　）及其以上时，将移位接触器接点顶开。

（A）1.5 mm　（B）2 mm　（C）2.5 mm　（D）3 mm

183. ZD6 系列电动转辙机尖爪上的小滚轮爬上启动片的顶面时，尖爪的下弧面高出速动片上弧面（　　）。

（A）0.1 mm　（B）0.2 mm　（C）0.3 mm　（D）0.4 mm

184. ZD6 系列电动转辙机自动开闭器拉簧的自由长度为 68 mm，有效圈为（　　）。

（A）26 圈　（B）25 圈　（C）24 圈　（D）23 圈

185. ZD6 系列电动转辙机自动开闭器静接点簧片的接触压力不小于（　　）。

（A）4 N　（B）4.9 N　（C）6.68 N　（D）8.82 N

186. 在我国铁路的主要线路上多数使用（　　）三个型号道岔。

（A）6、9、12 号　（B）9、12、16 号

（C）6、12、18 号　（D）9、12、18 号

187. 避雷带（网）、引下线、避雷针无腐蚀及机械损伤，锈蚀部位不得超过截面的（　　）。

（A）1/3　（B）1/2　（C）3/5　（D）2/3

188. 工艺文件的归档是在（　　）进行的。

（A）生产同时　（B）生产定型以后

（C）生产之前　（D）生产结束以后

189. 元器件的装插应遵循（　　）、先低后高、先里后外的原则。

（A）先小后大，先轻后重　（B）先小后大，先重后轻

（C）先大后小，先轻后重　（D）先大后小，先重后轻

190. 控制台表示灯光源使用直流 6 V 或（　　）两种。

（A）直流 12 V　（B）交流 24 V　（C）直流 24 V　（D）交流 12 V

191. 6502 电气集中每个组合中安全型继电器的插座一般不能超过（　　）。

（A）10 个　（B）12 个　（C）13 个　（D）15 个

192. 贯通地线与信号电缆同沟埋设于电缆（槽）下方土壤中时，距电缆（槽）底部不小于（　　）。

（A）300 mm　（B）400 mm　（C）500 mm　（D）600 mm

193. 电气化区段减小两轨间不平衡电流应采取的措施，是改善两根钢轨的纵向（　　）不平衡。

（A）电流　（B）电压　（C）电导　（D）电阻

194. 联锁表中道岔栏填写符号（　　），表示将 10 号道岔带动到定位。

（A）{10}　　（B）[10]　　（C）（10）　　（D）{（10）}

195. 在联锁表道岔栏填写的［（5/7）］表示（　　）。

（A）5/7 号道岔带动到反位　　（B）5/7 号道岔防护在反位

（C）5/7 号道岔带动到定位　　（D）5/7 号道岔防护在定位

196. 电气化区段相邻吸上线的装设间距不得小于（　　）闭塞分区。

（A）1 个　　（B）2 个　　（C）3 个　　（D）4 个

197. 进路的性质与方向，由进路的（　　）按钮决定。

（A）始端　　（B）终端　　（C）始端和终端　　（D）道岔按钮

198. 当办理向侧线的接车进路且信号开放后，若第二位黄灯因故灭灯，此时进站信号机显示（　　）。

（A）红灯　　（B）红灯和月白灯　　（C）黄灯　　（D）绿灯

199. 自动闭塞区间通过色灯信号机编号为 2434 的是指（　　）。

（A）第 2434 架信号机　　（B）第 2 434 km 处的信号机

（C）上行 243 km300～500 m 处的信号机　　（D）下行 243 km320 处信号机。

200. 水泥信号机柱的埋设深度，色灯信号机为柱长的（　　），但不得大于 2 m。

（A）10%　　（B）20%　　（C）30%　　（D）40%

201. 进站信号机的点灯电路至少需要（　　）电缆。

（A）5 芯　　（B）6 芯　　（C）7 芯　　（D）8 芯

202. 信号地线与电力、房屋建筑地线（包括接地体和引接线）之间的距离应不小于（　　）。

（A）11 m　　（B）14 m　　（C）17 m　　（D）20 m

203. 在计算机操作系统 Windows 中，对话框是一种特殊的窗口，它（　　）。

（A）既不能移动，也不能改变大小　　（B）仅可以改变大小，不能移动

（C）既能移动，也能改变大小　　（D）仅可以移动，不能改变大小

204. 在计算机操作系统 Windows 中，记事本中保存的文件，系统默认的文件扩展名是（　　）。

（A）TXT　　（B）DOC　　（C）WPS　　（D）DOS

205. 在计算机操作系统 Windows 中，“回收站”是（　　）。

（A）软盘上的一块区域　　（B）硬盘上的一块区域

（C）内存中的一块区域　　（D）光盘中的一块区域

206. ZYJ7 型电液转辙机的开关滚轮离开动接点架动作斜面的间隙不小于（　　）。

（A）0.5 mm　　（B）1 mm　　（C）1.5 mm　　（D）2 mm

207. ZYJ7 型电液转辙机动作电流不大于 2.0 A，道岔因故不能转换到位时，电流不得大于（　　）。

（A）2.3 A　　（B）2.5 A　　（C）2.6 A　　（D）2.9 A

208. 严禁采用锻接和焊接工艺接长各种道岔杆件和安装角钢等。带有弯度的杆件，其弯角不大于（　　），弯高不大于 100 mm。

（A）30°　　（B）40°　　（C）50°　　（D）60°

209. 弹簧按其结构，分为（　　）。

（A）左旋弹簧和右旋弹簧　　（B）螺旋弹簧和板弹簧

（C）拉伸弹簧和压缩弹簧　　（D）拉压弹簧和扭转弹

210. 道岔按其锁闭方式，可分为（　　）。

（A）2 种　（B）3 种　（C）4 种　（D）5 种

211. 对于 30 号提速道岔，采用各种外锁闭装置和转辙机时，均为每个牵引点（　　）转辙机牵引。

（A）1 台　（B）2 台　（C）3 台　（D）4 台

212. ZD6-E 型、J 型电动转辙机双机配套时，单机摩擦电流为（　　）。

（A）2.0～2.5 A　（B）2.3～2.9 A

（C）2.5～3.0 A　（D）3.0～3.5 A

213. ZD6-H 型电动转辙机的额定转换力为（　　）。

（A）3 420 N　（B）3 430 N　（C）4 410 N　（D）3 430 N

214. ZD6-H 型电动转辙机动作杆的动程为（　　）。

（A）165^{+2}_{0} mm　（B）190^{+2}_{-2} mm　（C）130^{+2}_{-2} mm　（D）160^{+2}_{-2} mm

215. ZD6-G 型电动转辙机的额定转换力为（　　）。

（A）3 420 N　（B）3 432 N　（C）4 413 N　（D）5 884 N

216. ZD（J）9 系列电动转辙机摩擦联接器采用干摩擦，主动片是（　　）外摩擦片，用钢带加工。

（A）3 片　（B）4 片　（C）5 片　（D）6 片

217. ZD（J）9 系列电动转辙机摩擦联接器采用干摩擦，被动片为（　　）内摩擦片，用 12 个弹簧加压。

（A）3 片　（B）4 片　（C）5 片　（D）6 片

218. 分度头的手柄转一周，装夹在主轴上的工件转（　　）。

（A）1/40 周　（B）1 周　（C）20 周　（D）40 周

219. 环形接地装置必须与建筑物四角的主筋焊接，并应在地下每隔（　　）与机房地网或建筑物基础接地网连接。

（A）3～5 m　（B）5～10 m　（C）10～15 m　（D）10～20 m

220. 划阿基米德螺旋线准确度较高的划法是（　　）划线法。

（A）逐点　（B）圆弧　（C）分段　（D）渐开线

221. 当工件有两个以上不加工表面时，应选择其中面积（　　），较重要或外观质量要求较高的面作为主要划线找正依据。

（A）较小　（B）较大　（C）分段　（D）渐开线

222. 计算机联锁双机均发生故障时，允许办理引导总锁闭，此时切断本咽喉的（　　）。

（A）道岔启动电路电源　（B）道岔表示电路电源

（C）信号机点灯电源　（D）控制台表示

223. 一次安装在方箱上的工件，通过方箱翻转，可划出（　　）方向上的尺寸线。

（A）1 个　（B）2 个　（C）3 个　（D）4 个

224. 凿削用的锤子是碳素工具钢制成，并经淬硬处理，其规格用（　　）表示。

（A）长度　（B）体积　（C）高度　（D）重量

225. 凿削硬钢或铸铁等硬材料时，楔角取（　　）。

（A）30°～50°　（B）50°～60°

（C）60°～70°　（D）70°～90°

226. 加工零件的特殊表面用（　　）。

（A）普通锉　　（B）整形锉　　（C）特种锉　　（D）板锉

227. （　　）用于最后修光工件表面。

（A）粗齿　　（B）细齿　　（C）硬齿　　（D）软齿

228. 磨麻花钻顶角时，一般磨成（　　）。

（A）106°　　（B）118°　　（C）126°　　（D）128°

229. 标准群钻是在标准麻花钻钻头的后刀面上对称地磨出月牙槽，形成凹形圆弧刃，把主切削刃分成为（　　）制成的。

（A）2 段　　（B）3 段　　（C）4 段　　（D）5 段

230. 当麻花钻后角磨得偏大时，会产生（　　）现象。

（A）横刃斜角养活，横刃长度增大　　（B）横刃斜角增大，横刀长度减少

（C）横刃斜角和长度不变　　（D）螺旋角增大

231. 一般工件钻直径 30 mm 的大孔，可分两次钻削，先用（　　）孔径的钻头钻孔，然后再用所要求孔径的钻头钻孔。

（A）0.3～0.4 倍　　（B）0.5～0.7 倍　　（C）0.8～0.9 倍　　（D）1～1.2 倍

232. 钻削精度较高的铸铁孔时，采用（　　）冷却润滑液。

（A）菜油　　（B）煤油　　（C）猪油　　（D）世削油

233. 铰孔时，选择铰削余量也不宜太大，如太大，则使孔的内壁表面粗糙度变粗和直径尺寸（　　）。

（A）胀大　　（B）缩小　　（C）不变　　（D）可能大或小

234. 钻削同一规格螺纹底孔直径时，脆性材料底孔的直径应（　　）韧性材料底孔的直径。

（A）稍大于　　（B）等于　　（C）稍小于　　（D）可能大或小

235. 螺纹公称直径是指螺纹大径的基本尺寸，即（　　）尺寸。

（A）外螺纹牙顶和内螺纹牙底　　（B）外螺纹牙底和内螺纹牙顶

（C）内外螺纹牙顶　　（D）内外螺纹牙底

236. 标准丝锥的前角为（　　）。

（A）5°～6°　　（B）6°～7°　　（C）8°～10°　　（D）12°～16°

237. 套丝时，应保持板牙的端面与圆杆的轴线成（　　）位置。

（A）水平　　（B）垂直　　（C）倾斜　　（D）有一定的角度要求

238. 如果英制螺纹大径与米制螺纹大径相等，那么英制螺纹底孔直径与米制螺纹孔直径相比，前者（　）后者。

（A）稍大于　　（B）稍小于　　（C）等于　　（D）可能大或小

239. 刮削的作用是用刮刀在工件表面刮去一层（　　）。

（A）厚金属　　（B）薄金属　　（C）很薄金属　　（D）矿物油

240. 显示剂的种类有红丹粉和（　　）。

（A）铅油　　（B）蓝油　　（C）机油　　（D）矿物油

241. 凡是以吸起状态为常态的继电器，在电路图中的该继电器线圈和接点处均以（　　）的箭头符号标记。

（A）向下　　（B）向上　　（C）向左　　（D）向右

242. 检验曲面刮削的质量，其校准工具一般是与被检查曲面配合的（　　）。

（A）孔　　（B）轴　　（C）孔和轴　　（D）轴瓦

243. 刮削中，正研往往会使平板产生（　　）。

（A）平面扭曲现象　　（B）研点达不到要求

（C）一头高一头低　　（D）凹凸不平

244. 刮削机床导轨时，以（　　）为刮削基准。

（A）尾座导轨　　（B）压板导轨　　（C）溜板下导轨　　（D）溜板燕尾导轨

245. 研磨的基本原理包含着物理和（　　）的综合作用。

（A）化学　　（B）数学　　（C）科学　　（D）电学

246. 研具材料与被研磨的工件相比要（　　）。

（A）稍软　　（B）硬　　（C）软硬均可　　（D）相同

247. 在研磨中，起调和磨料、冷却和润滑作用的是（　　）。

（A）研具　　（B）磨料　　（C）研磨剂　　（D）研磨液

248. 轴类的校直一般在（　　）上面进行。

（A）平面　　（B）铁砧　　（C）台虎钳　　（D）压力机

249. 如果薄板发生翘曲等不规律变形，就锤击（　　）。

（A）翘曲的对角线　　（B）没有翘曲的对角线

（C）四周边沿线　　（D）从中间向四周

250. 相同材料的弯曲，弯曲半径越小，变形（　　）。

（A）越大　　（B）越小　　（C）不变　　（D）也可能大也可能小

251. 弯管时最小的弯曲半径，必须大于管子直径的（　　）。

（A）2 倍　　（B）3 倍　　（C）4 倍　　（D）5 倍

252. 当轴瓦的磨损量尚未超过允许的极限值时，可以用（　　）修复轴瓦。

（A）刮研法　　（B）浇注法　　（C）焊被法　　（D）调整法

253. 轴颈与轴瓦表面的接触点越多，越细，越均匀越好，但接触点越密越多，刮研难度越大，一般当主轴轴颈小于或等于 12 mm，在 25 mm×25 mm 面积内，平均接触点数，普通机床控制在（　　）。

（A）8 点　　（B）12 点　　（C）16 点　　（D）20 点

254. 对于高转速滑动（500 r/min 以上），接触角应采用（　　）。

（A）60°　　（B）90°　　（C）120°　　（D）140°

255. 滚动轴承的疲劳剥落是轴承工作表面因（　　）引起的鳞片状剥落。

（A）滚动变形　　（B）滚动摩擦　　（C）滚动疲劳　　（D）滚动温升

256. 滚动轴承的装配游隙（　　）原始游隙。

（A）大于　　（B）小于　　（C）等于　　（D）多余

257. 合理调整轴承间隙，能保证轴承寿命，提高轴的（　　）。

（A）旋转速度　　（B）旋转精度　　（C）旋转方向　　（D）粗糙度

258. 对静压轴承而言，通常我们把外载荷变化与偏心距变化的比值称作（　　）。

（A）轴承的强度　　（B）轴承的硬度

（C）轴承的耐用度　　（D）转承的刚度

259. 多元式动压滑动轴承，只允许（　　）。

（A）轴单向旋转　　（B）轴间歇运动　　（C）轴双向旋转　　（D）轴向移动

260. 当轴颈的磨损量小于 0.2 mm 时，用（　　）法修复。

（A）镀铬　　（B）堆焊　（C）研磨　　（D）精车

261. 转速高的大齿轮装在轴上后应作（　　）检查，以免工作时产生过大的振动。

（A）精度　　（B）两齿轮配合精度　　（C）平衡　　（D）齿面接触

262. 零部件只在径向上有偏重时的不平衡叫（　　）。

（A）静不平衡　　（B）动不平衡　　（C）调整工作　　（D）精度试验

263. 过盈属于装配精度中的（　　）。

（A）距离精度　　（B）位置精度　　（C）运动精度　　（D）配合精度

264. 离心式压缩机机壳的试验压力为 1.5 倍的工作压力，保压时间不少于（　　）。

（A）10 min　　（B）15 min　　（C）20 min　　（D）30 min

265. 地网的水平接地体的埋深不小于（　　）。

（A）0.5 m　　（B）0.7 m　　（C）1 m　　（D）1.2 m

266. 齿轮油泵前、后端盖端面平面度允差和端面对孔的垂直度允差都为（　　）。

（A）0.002 mm（B）0.015 mm　（C）0.01 mm　（D）0.05 mm

267. CB 型齿轮泵轴间隙，一般取泵体大于齿轮（　　）。

（A）0.01～0.02 mm　（B）0.02～0.03 mm

（C）0.03～0.04 mm　（D）0.04～0.05 mm

268. 地网的水平接地体距建筑物的外墙间距不小于（　　）。

（A）0.5 m　（B）0.7 m　（C）1 m　（D）1.2 m

269. 液压装置装配时，Y 形、V 形、L 形等密封圈的唇口应（　　）压力油腔，不能装反。

（A）背着　　（B）对着　（C）侧对　（D）旁对

270. 某容器内压力为 1 MPa，应选用量程为（　　）的压力表测量。

（A）0～1.0 MPa　（B）0～1.6 MPa　（C）0～3 MPa　（D）0～4 MPa

271. 阀门密封面的缺陷一般小于（　　）时，可用研磨方法加以消除。

（A）0.03 mm　　（B）0.05 mm　　（C）0.08 mm　　（D）0.10 mm

272. 采用蒸汽透平驱动的压缩机，透平的调速保安装置都是用（　　）进行控制的。

（A）气压　　（B）水压　　（C）油压　　（D）电压

273. 对于限压式变量泵，当系统中压力达到一定值后，其输出流量可随压力的升高而（　　）。

（A）不变　　（B）增加　　（C）减少　　（D）倍增

274. 刮汽轮机迷宫式汽封环齿尖时，应在齿尖的（　　）下刀。

（A）进气侧　（B）上气侧　（C）回气侧　　（D）出气侧

275. 视频信号传输线选用冲击通流量不小于 1.5 kA，工作电压 5 V，限制电压不大于（　　）的浪涌保护器。

（A）10 V　　（B）30 V　（C）50 V　（D）60 V

276. 缸筒较长时，采用的液压缸形式是（　　）。

（A）活塞式　　（B）柱塞式　　（C）摆动式　　（D）无杆液压缸

277. 油缸两边的泄漏不等或单边泄漏，油缸两端的排气孔不等以及油缸两端的活塞杆变曲不一致，都会造成工作台（　　）。

（A）往复运动速度降低　　（B）往复运动速度误差大

（C）低速爬行　　（D）往复运动速度升高

278. 对设备的各项机能进行检查和测定的检查，叫（　　）。

（A）日常检查　　（B）定期检查　　（C）机能检查　　（D）精度检查

279. 用来测量导轨在垂直平面内直线度误差的水平仪，其量程最大的是（　　）。

（A）框式水平仪　　（B）条形水平仪

（C）光学合像水平仪　　（D）钳工水平仪

280. 光学合像水平仪的水准管在测量中起（　　）作用。

（A）定位　　（B）读数　　（C）示值　　（D）重合

281. 磁粉探伤法可检测表面（　　）范围内的裂纹和缺陷。

（A）4～5 mm　　（B）5～6 mm　　（C）6～7 mm　　（D）10～20 mm

282. 装配精度检验包括工作精度检验和（　　）的检验。

（A）几何精度　　（B）密封性　　（C）功率　　（D）灵活性

283. 测量高压压力时，压力表的最大工作压力不应超过量程的（　　）。

（A）1/3　　（B）1/2　　（C）2/3　　（D）4/5

284. 离心式压缩机的叶轮焊道金属被腐蚀掉的厚度，超过原厚度的（　　）时，应更换。

（A）20%　　（B）30%　　（C）40%　　（D）50%

285. 阀门电动装置应能承受频率为 25 Hz、振幅为（　　）的振动。

（A）0.1 mm　　（B）0.2 mm　　（C）0.3 mm　　（D）0.4 mm

286. 带陷入槽底，是因为带轮槽磨损造成的，此时的修理方法是（　　）。

（A）更换轮　　（B）更换三角带　　（C）带轮槽镀铬　　（D）车深槽轮

287. 为了消除零件因偏重引起振动，必须要进行（　　）。

（A）平衡试验　　（B）水压试验　　（C）气压试验　　（D）密封试验

288. 经过修复后的机床，应进行空转试验，一般运转时间不得少于（　　）。

（A）15 min　　（B）30 min　　（C）45 min　　（D）60 min

289. 机床进行定期清洗时，重点应放在（　　）。

（A）机床导轨　　（B）机床润滑系统

（C）机床传动零件　　（D）齿轮部位

290. 机床的泄漏，当每 6 min 滴一滴油时视为（　　）。

（A）流油　　（B）滴油　　（C）渗油　　（D）冒油

291. 测量时应尽量使环境温度（　　）于工件温度，以保证测量结果的准确。

（A）相同　　（B）高　　（C）低　　（D）无关

292. 利用启动设备将电压适当降低后，加到电动机定子绕组上进行启动，待启动完毕后，再使电动机恢复到额定值，这叫（　　）。

（A）降压启动　　（B）升压启动　　（C）全压启动　　（D）常压启动

293. 装配图的读图方法，首先看（　　），并了解部件的名称。

（A）零件图　　（B）明细表　　（C）标题栏　　（D）技术文件

294. 读装配图时，要分清接触面与非接触面，非接触面用（　　）表示。

（A）1 条线　（B）2 条线　（C）3 条线　（D）4 条线

295. 机件上与视图呈（　　）的平面（或直线），它在该视图上的视图，积聚成 1 条直线（或 1 个点）。

（A）平行　（B）倾斜　（C）垂直　（D）平行或垂直

296. 在直齿圆柱齿轮的规定画法中，齿顶圆及齿顶线用（　　）划。

（A）粗实线　（B）细实线　（C）虚线　（D）点划线

297. 电力电缆与信号电缆平行敷设时的间距应不小于（　　）。

（A）300 mm　（B）400 mm　（C）500 mm　（D）600 mm

298. 孔的最大极限尺寸与轴的最小极限尺寸的代数差为负值叫（　　）。

（A）过盈值　（B）最小过盈　（C）最大过盈　（D）最大间隙

299. 采集驱动信号传输线选用冲击通流量 1.5 kA，工作电压 24 V，限制电压不大于（　　）的浪涌保护器。

（A）60 V　（B）80 V　（C）110 V　（D）220 V

300. 金属材料在载荷作用下产生变形而不破坏，当载荷去除后，仍能使其变形保留下来的性能叫作（　　）。

（A）刚度　（B）强度　（C）硬度　（D）塑性

301. 一般说来，金属材料组织结构的晶粒越（　　），金属材料的力学性能越好。

（A）细小　（B）粗大　（C）紧密　（D）松散

302. 低合金钢的合金元素的含量为（　　）。

（A）小于 5%　（B）5%～10%　（C）10%～15%　（D）大于 15%

303. 含碳量在 0.25%～0.6%的钢称为（　　）。

（A）低碳钢　（B）中碳钢　（C）高碳钢　（D）合金钢

304. 热膨胀是金属材料的（　　）。

（A）化学性能　（B）力学性能　（C）自然性能　（D）物理性能

305. 在 500～650 ℃进行的回火工艺叫（　　）。

（A）低温回火　（B）再结晶回火　（C）中温回火　（D）高温回火

306. 钢淬火要得到（　　）。

（A）珠光体　（B）马氏体　（C）奥氏体　（D）铁素体

307. 含碳量小于（　　）的钢件，常用正火代替退火。

（A）0.05%　（B）0.08%　（C）0.5%　（D）0.8%

308. 铁碳平衡图上的 ACD 线是（　　）。

（A）固相线　（B）共析转变线　（C）共晶转变线　（D）液相线

309. 适用于制造丝锥、板牙等形状复杂工具的材料是（　　）。

（A）碳素工具钢　（B）合金工具钢　（C）高速钢　（D）硬质合金

310. 牌号为 T12 A 的碳素工具钢的含碳量是（　　）。

（A）0.012%　（B）0.12%　（C）1.2%　（D）12%

311. 钳工常用的刀具材料有高速钢、硬质合金钢、合金工具钢和（　　）。

（A）高碳钢　（B）低碳钢　（C）碳素工具钢　（D）中碳钢

312. 车刀主切削刃和副切削刃在基面上投影之间的夹角为（　　）。

（A）切削角　（B）主偏角　（C）副偏角　（D）刀尖角

313. 当刀具前角增大时，切屑容易从前刀面流出，且变形小，因此应（　）。
（A）增大切削力　（B）降低切削力
（C）切削不变　（D）大大地增加切削力

314. 金刚石磨料的切削能力和硬度比氧化物、碳化物磨料（　）。
（A）低　（B）高　（C）相同　（D）很低

315. 当磨钝标准相同时，刀具寿命愈高，表示刀具磨损（　）。
（A）愈快　（B）愈慢　（C）不变　（D）很慢

316. 铣削时，铣刀的旋转是（　）运动。
（A）主　（B）进给　（C）辅助　（D）相对

317. 直流电源浪涌保护器的选取：工作电压 220 V 时，限制电压（　）。
（A）≤75 V　（B）≤110 V　（C）≤220 V　（D）≤800 V

318. 尖轨、心轨、基本轨的爬行、窜动量不得超过（　）。
（A）10 mm　（B）15 mm　（C）20 mm　（D）25 mm

319. 人工拨动尖轨、心轨，刨切部分应与基本轨、翼轨密贴，其间隙不大于（　）。
（A）1 mm　（B）2 mm　（C）3 mm　（D）4 mm

320. 改变输给电动机的三相电源相序，就可改变电动机的（　）。
（A）转速　（B）功率　（C）旋转方向　（D）电压

321. 在异步电动机中，常采用（　）的正反转控制线路。
（A）继电器　（B）熔断器　（C）接触器　（D）断路器

322. 在力系的作用下，如果物体处于静止状态，则该力系的合力（　）。
（A）不等于零　（B）等于零　（C）为一定值　（D）大于零

323. 当圆轴转动时，横截面上产生的内力称为（　）。
（A）转矩　（B）扭矩　（C）力偶矩　（D）力矩

324. 内力的大小随外力的增大而（　）。
（A）增大　（B）减小　（C）不变　（D）可增大也可减小

325. 胡克定律指出，当应力不超过比例极限时，应力与（　）成正比。
（A）应变　（B）绝对变形　（C）总变形　（D）局部变形

326. 对于塑性材料，许用压应力（　）许用拉应力。
（A）大于　（B）小于　（C）等于　（D）少于

327. 在用滚杠移动机械设备过程中需要用手移动钢管时，手指应放在（　）。
（A）管内　（B）管外　（C）滚动方向下面　（D）滚动方向前面

328. 吊装物体时，使用缆风绳不少于（　）。
（A）2 根　（B）3 根　（C）4 根　（D）5 根

329. 塑料制品的安全帽一般使用年限为（　）。
（A）1 年　（B）3 年　（C）5 年　（D）7 年

330. 罐内作业的设备含氧量应达到（　）的要求。
（A）16%～18%　（B）18%～21%　（C）21%以上　（D）80%以上

331. 遇水燃烧物品火灾应用（　）灭火器扑救。
（A）干粉　（B）酸碱　（C）泡沫　（D）碱水

332. 经过防腐蚀处理的麻绳，其允许拉力应降低（　　）使用。

（A）5%～15%　　（B）10%～20%

（C）20%～30%　　（D）30%～40%

333. 使用手电钻时应穿（　　）。

（A）胶鞋　　（B）凉鞋　　（C）拖鞋　　（D）高跟鞋

334. 水蒸气灭火的作用主要是降低燃烧区域内的（　　）。

（A）含氧量　　（B）温度　　（C）浓烟　　（D）空气

335. 磨削时，工件在头架的带动下所作的圆周运动为（　　）。

（A）主运动　　（B）进给运动　　（C）副运动　　（D）相对运动

336. 磨具的组织是磨粒、结合剂、气孔三者间的（　　）。

（A）重量关系　　（B）密度关系　　（C）体积关系　　（D）混合关系

337. 在四杆机构中，如果只能做来回摆动，则称为（　　）。

（A）连杆　　（B）摆杆　　（C）曲柄　　（D）机架

338. 金属在垂直于加压方向的平面内作径向流动，这种挤压叫（　　）。

（A）正挤压　　（B）反挤压　　（C）复合挤压　　（D）径向挤压

339. 带传动是依靠传动带轮之间的（　　）来传递动力的。

（A）作用力　　（B）重力　　（C）摩擦力　　（D）张紧力

340. 链传动中，链和链轮磨损较严重，用（　　）方法修理。

（A）修轮　　（B）修链　　（C）链、轮全修　　（D）更换链、轮

341. 压缩机每（　　）活塞行程（相当曲轴旋转一周）内完成一次循环，每次循环包括压缩、排气、膨胀和吸气四个过程。

（A）一个　　（B）二个　　（C）三个　　（D）四个

342. 在某机构中，需要从动件沿凸轮轮廓曲线作径向直线往复运动，应选用（　　）凸轮。

（A）盘状　　（B）圆柱状　　（C）块状　　（D）条状

343. 将能量由（　　）传递到工作机的一套装置称为传动装置。

（A）汽油机　　（B）柴油机　　（C）原动机　　（D）发动机

344. 液压传动的特点有（　　）。

（A）可与其他传动方式联用，但不易实现远距离操纵和自动控制

（B）速度、转矩、功率可作无级调节

（C）能迅速转向，变速，传动准确，效率高

（D）不能实现系统过载的保护与保压

345. 液压传动是依靠液体（　　）来传递动力和进行控制的一种传动方式。

（A）流量　　（B）流动速度　　（C）压力　　（D）流动动能

346. 液压系统一般由动力元件、辅助元件（　　）和控制元件组成。

（A）执行元件　　（B）被执行元件

（C）执行元件和被执行元件　　（D）执行元件和控制元件

347. 依靠高速旋转的叶轮而使液体获得压头的是（　　）。

（A）叶片泵　　（B）柱塞泵　　（C）齿轮泵　　（D）离心泵

348. 油泵与原动机之间的同轴度误差一般不大于（　　）。

（A）0.01 mm （B）0.1 mm （C）1 mm （D）2 mm

349. 刮研修复分度蜗杆副时，蜗轮刮研量的计算一般以齿距值（ ）的齿面为基准，以确保其余齿面对这个基准齿面有正值刮研量。

（A）最大 （B）中等 （C）最小 （D）横向

350. 当拆卸精度比较高的零件时，一般都采用（ ）拆卸。

（A）击卸法 （B）加热法

（C）拉拔法 （D）气焊切割法

351. 工作负荷稳定，一旦发生事故会危及全厂安全和造成巨大损失的设备，宜选择（ ）修理方式。

（A）检查后 （B）周期性 （C）标准 （D）灵活

352.（ ）由于采用了监测技术，因而具有更大的优越性。

（A）预知维修 （B）预防维修 （C）事后修理 （D）紧急抢修

353. 双头螺栓与机体联接时，其轴心线必须与机体表面垂直，可用（ ）检查。

（A）角尺 （B）百分表 （C）游标卡尺 （D）块规

354. 对于用铜、铸铁、轴承合金制成的轴套的拆卸，可用（ ）拉出。

（A）螺旋拉卸器 （B）专用工具 （C）拔销器 （D）液压拉拔器

355. 零件的拆卸方式有很多种，适用场所最广泛，不受条件限制，一般零件几乎都可用的一种方法是（ ）。

（A）压卸法 （B）击卸法 （C）拉卸法 （D）液压法

356. 粘结的修复方法与其他的修复方法相比较，具有（ ）的特点。

（A）适用零件材料广泛 （B）与基体金属结合强度高

（C）能承受较大冲击 （D）不受条件限制

357. 直流电源浪涌保护器的选取：工作电压 24 V 时，限制电压（ ）。

（A）≤450 V （B）≤110 V （C）≤220 V （D）≤500 V

358. 蜗杆传动的侧隙规范不是按蜗轮传动精度等级规定，而是按（ ）。

（A）蜗杆制造精度 （B）蜗轮制造精度

（C）较大保证侧隙 （D）标准保证侧隙

359. 直流电源浪涌保护器的选取：工作电压 48 V 时，限制电压（ ）。

（A）≤75 V （B）≤110 V （C）≤220 V （D）≤500 V

360. 内径千分尺的刻线方向与外径千分尺的刻线方向（ ）。

（A）相反 （B）相同 （C）垂直 （D）交叉

361. 万能角度尺，仅能测量（ ）的外角和 40°～180° 的内角。

（A）0°～90° （B）0°～320°

（C）90°～180° （D）0°～360°

362. 百分表可用来检验（ ）和测量工件尺寸、形状和位置误差。

（A）机械精度 （B）机构精度 （C）机器精度 （D）机床精度

363. 自准直仪中像的偏移量由反射镜和（ ）决定。

（A）前角 （B）后角 （C）转角 （D）夹角

364. 用来提供测量用的光学基准视线的精度仪器是（ ）。

（A）自准直仪 （B）经纬仪

（C）光学平直仪　　（D）测微准直望远镜

365. 精度量仪按规定（　　）检修一次。

（A）3 个月　　（B）半年　　（C）1 年　　（D）2 年

366. 角度直尺用来（　　）两个刮削面成角度的组合平面，如机床燕尾导轨的角度。

（A）校检　　（B）比较　　（C）研点　　（D）刮削

367. 直流电源浪涌保护器的选取：工作电压 110 V 时，限制电压（　　）。

（A）≤75 V　　（B）≤110 V　　（C）≤600 V　　（D）≤500 V

368. 在车床上研磨外圆柱面，当出现与轴线大于 45° 交叉网纹时，说明研磨环的往复移动速度（　　）。

（A）太快　　（B）太慢　　（C）适中　　（D）快

369. 安装单台的机械设备，主要是把机械设备找到（　　）。

（A）同轴　　（B）平行　　（C）水平　　（D）垂直

370. 垫铁位于设备底座和基础之间，起承担设备（　　）和拧紧地脚螺栓预紧力的作用。

（A）调整　　（B）水平　　（C）连接　　（D）重量

371. 减小温度误差，就是减少温度对测量精度的（　　）。

（A）影响　　（B）差别　　（C）确定　　（D）高低

372. 考虑到热膨胀的需要，离心压缩机隔板剖分面应比汽缸剖分面低（　　）。

（A）0.01～0.02 mm　（B）0.02～0.03 mm

（C）0.04～0.11 mm　　（D）大于 0.5 mm

373. 易燃液体是指闪点为（　　）或此温度以下容易燃烧的液态物质。

（A）20 ℃　　（B）35 ℃　　（C）45 ℃　　（D）60 ℃

374. 测量氧气压力时，不能使用（　　）垫片及有机化合物垫片。

（A）纸　　（B）铁　　（C）铜　　（D）浸油

375. 凡在易燃易爆场所检修时，应使用（　　）工具防止产生火花。

（A）防爆　　（B）防水　　（C）防腐　　（D）防火

376. 检修机器、设备前，必须进行清理或（　　），经分析检验合格。

（A）检验　　（B）置换　　（C）拆卸　　（D）清洗

377. 润滑剂能防止漏水、漏气的作用，称为（　　）作用。

（A）润滑　　（B）冷却　　（C）防锈　　（D）密封

378. 润滑油选用的一般原则是温度高、负荷大时要选用（　　）润滑脂。

（A）石墨　　（B）钙基　　（C）锂基　　（D）铝基

379. 机械油选用中量数大的适用于（　　）。

（A）高速轻载　（B）低速重载　（C）高温　　（D）低温

380. 检查和维护（　　）的完好是防止容器腐蚀的关键。

（A）防腐层　　（B）渗漏　　（C）管路　　（D）基础

381. 离心压缩机的叶轮浙道金属被腐蚀掉的厚度超过原厚度的（　　）时应更换。

（A）20%　　（B）30%　　（C）40%　　（D）50%

382. 大型机床的基础的地质强度一般要求以（　　）以上为标准。

（A）1.5 t/m^2　　（B）2 t/m^2　　（C）4 t/m^2　　（D）5 t/m^2

383. 由九段的大型机床床身拼装时，各接合面间（　　）塞尺不得塞入。

（A）0.01 mm　（B）0.02 mm　（C）0.04 mm　（D）0.08 mm

384. 修理设备，进行两件配刮时，应按（　　）的顺序进行修理。

（A）先刮大作用面　（B）先刮小作用面

（C）同时刮削　（D）大小面随意刮削

385. 室外架空交流电源浪涌保护器，冲击通流容量不小于 20 kA，限制电压应单相不大于（　　）。

（A）380 V　（B）500 V　（C）1 000 V　（D）1 500 V

386. 依靠流体流动的能量来输送液体的泵是（　　）。

（A）容积泵　（B）叶片泵　（C）流体作用泵　（D）齿轮泵

387. 齿轮油泵的两个齿轮厚度差和两端的平行度允差应在（　　）。

（A）0.003 mm　（B）0.005 mm　（C）0.01 mm　（D）0.02 mm

388. 齿轮油泵滚针轴承与长、短轴装配时，应具有的（　　）的配合间隙。

（A）0.01 mm　（B）0.02 mm　（C）0.03 mm　（D）0.04 mm

389. 单作用叶片泵，当转子和定子的偏心距 e 调至最小时，流量则趋近于（　　）。

（A）最大　（B）最小　（C）零　（D）恒定

390. 双作用叶片泵的定子内孔是呈对称的（　　）。

（A）圆形　（B）椭圆形　（C）方形　（D）长方形

391. 叶片泵的叶片与叶片槽配合间隙应在（　　）范围内。

（A）0.025～0.03 mm　（B）0.01～0.02 mm

（C）0.035～0.04 mm　（D）0.04～0.06 mm

392. 溢流阀用来调节液压系统中的恒定的（　　）。

（A）流量　（B）压力　（C）方向　（D）位置

393. 油泵与原动机之间应有较高的同轴度，倾斜角不得大于（　　）。

（A）30″　（B）1°　（C）30′　（D）1° 30′

394. 压力阀的装配要点：活塞上带 O 形密封圈的配合间隙应为（　　）。

（A）0.01～0.02 mm　（B）0.02～0.04 mm

（C）0.05～0.10 mm　（D）0.10～0.05 mm

395. 球形管接头的装配，当压力较大时，接合球面应当配研，涂色检查时，接触面宽度应不小于（　　）。

（A）0.05 mm　（B）0.1 mm　（C）0.5 mm　（D）1 mm

396. 液压阀（方向阀）长期使用后，滑阀外圆表面及阀体孔表面磨损，间隙增大，一般采用（　　）。

（A）研修阀体孔径，换新的滑阀芯　（B）研修滑阀

（C）阀体与滑阀同时修磨　（D）阀体与滑阀任换一个

397. 要做好划线工作，找正和借料必须（　　）。

（A）单独进行　（B）相互兼顾

（C）先找正后借料　（D）先借料后找正

398. 电源防雷箱的的功率应不大于被保护设备总用电量的（　　）。

（A）1.2 倍　（B）2 倍　（C）2.2 倍　（D）2.5 倍

399. 箱体工件第一次划线位置应选择待加工孔和面（　　）的一个位置。

（A）最多　　（B）最少　　（C）适中　　（D）不用加了

400. 盘类形端面沟槽凸轮划线时，应先将（　　）划出。

（A）理论轮廓曲线　　（B）圆弧相切线

（C）过渡曲线　　（D）过渡圆弧线

401. 用千斤顶支承工件时，3 个支承点所组成的三角形应该（　　）。

（A）尽量大　　（B）尽量小　　（C）最小　　（D）不大

402. 在大型工件的划线中，首先需要解决的就是划线用的支承基准问题。除了可以利用大型机床的工作台划线以外，一般较为常用的有（　　）。

（A）工件移位法

（B）工件移位法和平台接长法

（C）工件移位法，平台接长法，导轨与平尺的调整法和水准法拼凑平台

（D）吊线法

403. 拉线与吊线的划线方法，适用于（　　）工件的划线。

（A）畸形　　（B）大型　　（C）一般　　（D）复杂

404. 钻孔时选择切削用量的基本原则是在允许范围内，尽量选较大的（　　）。

（A）吃刀深度　　（B）进给量　　（C）切削速度　　（D）切削刀具

405. 钻壳体与其相配衬套之间的骑缝螺纹底孔时，孔中心的样冲眼要冲在（　　）。

（A）略偏于硬材料一边　　（B）两材料中间

（C）略偏于软材料一边　　（D）样冲眼要大些

406. （　　）不是并联谐振电路的特征。

（A）电容中电流等于电感中的电流

（B）电阻上的电压等于电路中的端电压

（C）电感、电容上的电流 $I_C=I_L=QI$（Q 为品质因数）

（D）谐振时电路阻抗最大，$Z=L/RC$，电流最小

407. 在斜面上钻孔时应（　　），然后再钻孔。

（A）电焊补平　　（B）铣出一个平面

（C）锯出一个平面　　（D）用榔头敲出一个平面

408. 三个电容器 C_1（100 V、20 μF）、C_2（100 V、30 μF）和 C_3（100 V、40 μF）串联接到直流 150 V 的电压上，则（　　）两端承受的电压较少。

（A）C_1　　（B）C_2　　（C）C_3　　（D）C_1 和 C_3

409. 刮削属于（　　）方法。

（A）粗加工　　（B）粗加工　　（C）机械加工　　（D）热加工

410. 粗刮时要采用（　　）。

（A）短刮法　　（B）长刮法　　（C）点刮法　　（D）混合法

411. 刮削花纹时，如刮成斜花纹，刮刀与工件成（　　）左右的角。

（A）25°　　（B）35°　　（C）45°　　（D）55°

412. 刮削机床导轨时，先刮削基准面，再刮削溜板用水平面导轨，第三步应刮削（　　）。

（A）尾座导轨　　（B）压板导轨

（C）溜板下导轨　　（D）溜板燕尾导轨

413. 轴承内孔的刮削精度除要求有一定数目的接触点，还应根据情况考虑接触点的（　　）。

（A）合理分布　（B）大小情况　（C）软硬程度　（D）高低分布

414. 研磨表面拉毛的原因是（　　）。

（A）研料太粗　（B）研磨时没有掉头

（C）研磨剂中混入杂质　（D）研磨液不当

415. 研磨时，圆柱孔有锥度是由于（　　）。

（A）磨料太粗　（B）工作温度过高

（C）研磨剂混入杂质　（D）研磨时没有掉换方向

416. 用三块平板采取互相研刮的方法，刮削成精密的平板，这种平板称（　　）。

（A）标准平板　（B）校准平板　（C）原始平板　（D）划线平板

417. 用于碳素工具钢、合金工具钢、高速钢和铸铁工件研磨的磨料是（　　）。

（A）氧化铝系　（B）碳化物系　（C）金刚石系　（D）其他类

418. （　　）不是串联谐振电路的特征。

（A）电容中电流等于电感中的电流

（B）电阻上的电压等于电路中的端电压

（C）电感、电容上的电压 $U_C = U_L = QU$（Q 为品质因数）

（D）谐振时电路阻抗最小，为纯阻性，电流最大

419. 环氧黏合剂属于（　　）。

（A）无机黏合剂　（B）有机黏合剂

（C）多分子黏合剂　（D）低分子黏合剂

420. 粘接件的结合处表面应尽量（　　）。

（A）粗糙些　（B）光滑些　（C）干燥些　（D）湿润些

421. 滑动轴承的主要特点之一是（　　）。

（A）减少装配难度　（B）获得所需要的旋转精度

（C）抗蚀性好　（D）获得一定速比

422. 对滑动轴承的装配要求，主要是轴颈与轴承孔之间获得所需要的间隙和（　　）。

（A）良好的接触　（B）效率高　（C）较小的摩擦力　（D）低噪声

423. 常用的轴承合金有锡基合金和（　　）。

（A）铜合金　（B）铝合金　（C）铅基合金　（D）镁合金

424. 对于轴承合金产生局部剥落或裂纹时可用（　　）方法修理。

（A）焊补　（B）电镀　（C）刮削　（D）研磨

425. 一般由金属或非金属粉末压制烧结而成，在热油浸润后具有润滑性的轴承是（　　）。

（A）尼龙轴承　（B）铜基合金轴承

（C）含油轴承　（D）铸铁轴承

426. 在轴的两端支承点，用轴承盖单向固定。为了避免轴受热伸长使轴承卡住，在右轴承外圈与端盖间留有间隙，其间隙为（　　）。

（A）0～0.5 mm　（B）0.5～1 mm　（C）1～1.5 mm　（D）2 mm

427. 轴承内圈与主轴，轴承外圈与箱体孔装配时，采用定向装配方法是适用于精度要

求（　　）。

（A）较低的主轴　（B）一般的主轴

（C）较高的主轴　（D）很低的主轴

428. 对于小型滚动轴承，过盈量较大，用（　　）安装。

（A）敲击法　（B）轴冷缩法　（C）压入法　（D）温差法

429. 定向装配的目的是抵消一部分相配尺寸的（　　）。

（A）加工误差　（B）装配误差　（C）加工上偏差　（D）加工下偏差

430. 滚动轴承严重磨损后，采用（　　）方法保证机器正常运转。

（A）焊补　（B）镀铬　（C）更换新轴承　（D）镀镍

431. 圆锥面过盈联接是依靠孔、轴相对（　　）位移而实现相互压紧达到过盈。

（A）轴向　（B）径向　（C）旋向　（D）同步

432. 离心压缩机一般都在（　　）叶轮上最先发生旋转失速。

（A）第一个　（B）第二个　（C）第三个　（D）最后一个

433. 高速机器新安装或大修后，对润滑系统油循环用的过滤网的网眼数应为每平方厘米不少于（　　）孔。

（A）400　（B）600　（C）800　（D）500

434. 浮环密封腔中所注入的密封油压力，一般控制在比气体压力高（　　）左右。

（A）0.05 MPa　（B）0.08 MPa　（C）0.1 MPa　（D）0.15 MPa

435. 离心式压缩机的汽缸中心线与轴承中心线同轴度偏差不应大于（　　）。

（A）0.02 mm　（B）0.03 mm　（C）0.05 mm　（D）0.06 mm

436. 高速旋转机器的启动试运转，通常不能突然（　　），也不能在短时间内升速至额定工作转速。

（A）加载　（B）停机　（C）加速　（D）停电

437. 密封及间隙动力失稳，对机器工作介质的压力及负荷变化很敏感，当工作转数达至大于或等于一阶临界转速的（　　）时，一般突然发生失稳而强烈振动。

（A）1 倍　（B）2 倍　（C）3 倍　（D）4 倍

438. 工业汽轮机叶片安装角的装配误差应不大于出气角的（　　）。

（A）0.5%　（B）1%　（C）1.5%　（D）2%

439. 串联谐振又叫（　　）。

（A）电流谐振　（B）电压谐振　（C）电感谐振　（D）电容谐振

440. 由于单独使用迷宫密封时的泄漏量较大，在密封有毒害易燃易爆气体时，仅可作为（　　）密封。

（A）辅助　（B）部位　（C）级间　（D）低压

441. 高速旋转机器中的叶轮及密封装置，由于密封压差及（　　），在转子与定子小间隙处容易产生较大激振力。

（A）高转速　（B）低转速　（C）压差大　（D）压差小

442. 并联谐振又叫（　　）。

（A）电流谐振　（B）电压谐振　（C）电感谐振　（D）电容谐振

443. 噪声过大属于（　　）。

（A）偶发性故障　（B）规律性故障

（C）振动异常故障　　（D）温升过高故障

444. 圆锥齿轮接触斑点的检查：空载时，接触斑点的正确位置应靠近轮齿的（　　）。

（A）大端　　（B）小端　　（C）中部　　（D）顶部

445. 针对点检和定期检查发现的问题，拆卸有关的零部件，清洗设备，检查、调整、更换或修复失效的零件，以恢复机器设备正常性能，满足生产工艺要求的设备修理方式属于（　　）。

（A）大修　　（B）中修　　（C）小修　　（D）项修

446. 动静压轴承在装配、安装、使用、维护等各环节都要把油液中杂质料度控制在轴承间隙的（　　）以下。

（A）1/2～1/3　　（B）1/3～2/5　　（C）2/5～4/5　　（D）3/4～3/5

447. 表示物体振动着的部分对其他振动着的部分的相对位置关系的物理量，称为（　　）。

（A）振幅　　（B）相位　　（C）频率　　（D）等幅

448. 数控车床操作不当引起的撞车，属于（　　）型故障。

（A）动作　　（B）功能　　（C）使用　　（D）性能

449. 在数控机床上加工零件，从分析零件图开始，一直到制作出穿孔带为止的全过程，称为（　　）。

（A）程序　　（B）程序编制　　（C）代码　　（D）代码制作

450. 部件移动时的运动精度是（　　）单项精度的反映。

（A）组件　　（B）部件　　（C）基础零件　　（D）整机

451. 一个 10 kΩ、0.5 W 的电阻，使用时允许通过的最大电流是（　　）。

（A）0.05 mA　　（B）0.707 mA　　（C）2.23 mA　　（D）7.07 mA

452. 评定机械振动水平时的测点位置总是确定在（　　）上。

（A）基础　　（B）轴　　（C）基座　　（D）管子

453. 在高速清载的情况下，（　　）轴承常会发生半速涡动或油膜振荡的不稳定现象。

（A）圆柱形　　（B）椭圆形　　（C）可倾瓦　　（D）三块瓦

454. 磁力探伤法可检测表面以下（　　）范围内的裂纹缺陷。

（A）4～5 mm　　（B）5～6 mm　　（C）6～7 mm　　（D）8～10 mm

455. 测量轴类工件的径向圆跳动误差，端面圆跳动误差，应选用（　　）进行测量。

（A）水平仪　　（B）百分表　　（C）千分尺　　（D）正弦规

456. 用框式水平仪可以检测导轨（　　）的直线度误差。

（A）在水平面内　　（B）在倾斜面内

（C）在垂直平面内　　（D）在任何平面内

457. 合像水平仪是用来测量水平位置或垂直位置微小角度误差的（　　）。

（A）线值量仪　　（B）角值量仪　　（C）比较量仪　　（D）精密量仪

458. 用假轴检测同轴度时，若只能检测半缸，则以应用（　　）法检测为宜。

（A）一点　　（B）二点　　（C）三点　　（D）多点

459. 测量气封的假轴套直径与转子轴颈直径之差不得大于（　　）。

（A）0.02 mm　　（B）0.03 mm　　（C）0.05 mm　　（D）0.10 mm

460. 测量脉动压力时，压力表的最大工作压力不应超过量程的（　　）。

（A）1/3　　（B）1/2　　（C）2/3　　（D）4/5

461. 液压机床开动时，运动部件产生突然冲击的现象通常是（　　）。

（A）正常现象，随后会自然消除　　（B）油液混入空气

（C）液压缸的缓冲装置出故障　　（D）系统其他部分有故障

462. 转子转数很高时（超过一阶临界转数很多），振动高点的滞后角可接近于（　　）。

（A）120°　　（B）150°　　（C）180°　　（D）240°

463. 系统的平衡被破坏，只靠其弹性恢复力来维持的振动为（　　）振动。

（A）自激　　（B）受迫　　（C）自由　　（D）刚性

464. 静不平衡所产生的离心力使旋转件产生（　　）于旋转轴线方向的振动。

（A）倾斜　　（B）垂直　　（C）偏离　　（D）增加

465. 用来平衡长度与直径比小于 0.2 的盘形零件采用（　　）。

（A）静平衡　　（B）动平衡　　（C）静动平衡　　（D）动静平衡

466. 动平衡是在零、部件旋转状态下进行的。为了避免剧烈振动，在动平衡前必须先进行（　　）。

（A）静平衡　　（B）低速动平衡

（C）高速动平衡　　（D）零、部件找重心

467. 声级计测量噪声的范围是（　　）。

（A）10～20 dB　　（B）20～80 dB

（C）60～100 dB　　（D）110～120 dB

468. 平衡精度就是指转子经平衡试验后，允许存在（　　）的大小。

（A）不平衡量　　（B）平衡力的力矩　　（C）偏心距　　（D）平衡重力

469. 用心轴检测深小孔同轴度时，选配的心轴与孔的配合间隙不应超过受检孔实际工作间隙的（　　）。

（A）1/2　　（B）1/3　　（C）1/4　　（D）4/5

470. 在振荡回路中，当外加电源的频率与回路固有振荡频率相同时所发生的现象，称为（　　）。

（A）谐振　　（B）振荡　　（C）耦合　　（D）互感应

471. 在数控机床的数控装置上，按一定规律排列的信息，称为（　　）。

（A）程序　　（B）程序编制　　（C）代码　　（D）功能

472. 采用接地的金属线槽或钢管防护的电力电缆，与信号电缆平行敷设时的间距应不小于（　　）。

（A）300 mm　　（B）400 mm　　（C）500 mm　　（D）600 mm

473. 在产品质量检验中，以（　　）检验为最终检验。

（A）自检　　（B）互相　　（C）专职　　（D）抽样

474. 以工序为单位说明一个工件的全部加工过程，叫（　　）。

（A）工序卡　　（B）工艺卡　　（C）过程卡　　（D）技术检查卡

475. 在视图上积聚成一条直线（或一个点）的平面（或直线）与该视图成（　　）关系。

（A）平行　　（B）垂直　　（C）倾斜　　（D）平行或垂直

476. 在直齿圆柱齿轮的规定画法中，分度圆及分度线用（　　）画。

（A）粗实线　　（B）点划线　　（C）虚线　　（D）细实线

477. 国家标准中，（　）级公差精度用于非配合尺寸。

（A）IT01～IT5　　（B）IT6～IT10　　（C）IT11～IT13　　（D）IT14～IT18

478. 为了便于画零件图，首先要对零件进行（　）处理。

（A）材料分析　　（B）形体分析　　（C）位置分析　　（D）性能分析

479. 流速与管路截面积大小成反比，截面大的管路流速（　）。

（A）不变　（B）很大　（C）小　（D）大

480. 液流方向的迅速改变或停止，致使流体速度也发生急剧变化，这将会造成（　）。

（A）液压冲击　（B）泄漏　（C）系统爬行　（D）噪声

481. 一台设备的液压系统，不论它的复杂程度如何，总是由几个基本的（　）组成的。

（A）液压元件　　（B）辅助元件　　（C）液压回路　　（D）方向阀和压力阀

482. 公差等级选择的原则是在满足使用要求的前提下，选择尽可能（　）公差等级。

（A）低的　　（B）高的　　（C）中等的　　（D）相对的

483. 车刀在主截面内，前刀面与后刀面的夹角为（　）。

（A）前角　　（B）后角　　（C）楔角　　（D）刃倾角

484. 当磨钝标准相同时，刀具寿命越低，表示刀具磨损（　）。

（A）越快　　（B）越慢　　（C）不变　　（D）很慢

485. 标准麻花钻修磨分屑槽时，是在（　）上磨出分屑槽。

（A）前刀面　　（B）后刀面　　（C）副后刀面　　（D）基面

486. 刀具刃磨后，由于后刀面微观不平及刃磨后的表面层组织不耐磨，刚开始切削时磨损产生（　）。

（A）较快　　（B）缓慢　　（C）正常　　（D）很慢

487. 切削用量是切削深度、进给量和（　）的总称。

（A）切削时间　　（B）切削量　　（C）切削速度　　（D）切削力

488. 当切削深度确定后，增大进给量会使切削力增大，工件表面粗糙度（　）。

（A）降低　　（B）升高　（C）不变　（D）变化明显

489. 切削过程中的变形和摩擦所消耗的功转化为（　），叫做切削热。

（A）机械能　　（B）电能　（C）热能　（D）动能

490. 金属材料在载荷作用下抵抗变形和破裂的能力叫（　）。

（A）硬度　　（B）刚度　　（C）强度　　（D）弹性

491. 金属再结晶温度与金属变形程度有关，变形速度越快，再结晶温度（　）。

（A）越低　　（B）越高　　（C）很高　　（D）不变

492. 铁碳平衡图上 PSK 线是（　）。

（A）液相线　　（B）固相线　　（C）共晶转变线　　（D）共析转变线

493. 钢处理后得到的马氏组织是（　）热处理工艺。

（A）正火　（B）退火　（C）回火　（D）淬火

494. 将高温的钢件放入一种淬火介质中，冷却至转变结束是（　）。

（A）分级淬火　　（B）等温淬火　　（C）单液淬火　　（D）双液淬火

495. 对于脆性材料，应根据（　）来确定许用应力。

（A）σ_p　（B）σ_s　（C）σ_b　（D）σ_{bb}

496.（　）描述的只是空间每一点的磁场。

（A）磁感应强度　（B）磁通量　（C）磁场强度　（D）矫顽力

497. 平板变形的根本原因是（　）。

（A）重力　（B）应力　（C）压力　（D）拉力

498. 平面铰链四杆机构中，各构件以（　）相联接。

（A）转动副　（B）移动副　（C）螺旋副　（D）高副

499. 汇交于一点，互不平行的三个力，作用于某一刚体，该刚体（　）状态。

（A）一定处于平衡　（B）一定处于不平衡

（C）不一定处于平衡　（D）呈平衡稳定

500. 材料弯曲后，它的中性层长度（　）。

（A）伸长　（B）缩短　（C）不变　（D）太缩

501. 夹具的六点定位原则是用适当分布的 6 个支承点，限制工件的（　）自由度。

（A）3 个　（B）4 个　（C）5 个　（D）6 个

502. 用已加工的平面定位时，工件的平面定位时的定位误差（　）。

（A）不考虑　（B）考虑　（C）一般不考虑　（D）一定考虑

503. 定位基准相对于夹具上定位元件的起始基准发生位移而产生的误差属于（　）。

（A）定位误差　（B）定位副不准误差

（C）基准不重合误差　（D）尺寸误差

504. 夹紧力的方向应正对着（　）。

（A）主要定位基准面　（B）导向基准面

（C）正推基准面　（D）工件表面

505. 对于全波整流电路，整流系数为（　）。

（A）0.45　（B）0.65　（C）0.75　（D）0.9

506. 钻床变速前应（　）。

（A）停车　（B）取下钻头　（C）取下工件　（D）断电

507. 移动灯具使用的安全电压为（　）。

（A）6 V　（B）36 V　（C）110 V　（D）220 V

508. 在计算机操作系统 Windows 菜单中，暗淡的选项按钮表示该选项（　）。

（A）暂时不能使用　（B）正在执行

（C）包含下一层菜单　（D）包含对话框

509. 化工生产设备的（　）是由化工介质、电化学腐蚀和应力腐蚀造成的。

（A）蚀损　（B）污损　（C）老损　（D）磨损

510. 扑救电器精密仪器火灾应选（　）作为灭火剂。

（A）水蒸气　（B）二氧化碳　（C）泡沫　（D）砂子

511. 传动装置设防护罩宽度一般要求大于皮带轮宽的（　）。

（A）20 mm　（B）50 mm　（C）100 mm　（D）150 mm

512. 用来提高液压系统中某一支路的压力需采用（　）。

（A）压力保持回路　（B）减压回路

（C）多级压力回路　（D）增压回路

513. 高压胶管装配时，将胶管剥去一定长度的外层胶皮层，剥离处倒角（　　）。

（A）5°　　（B）10°　　（C）15°　　（D）20°

514. 叶片泵装配后，在额定压力和流量下试验，压力波动值应在±（　　）以内。

（A）0.1 MPa　　（B）0.15 MPa　　（C）0.2 MPa　　（D）0.5 MPa

515. 变压器的满载测试是检验变压器的（　　）。

（A）功率因数　　（B）输出功率　　（C）输出电压　　（D）输出电流

516. 容积节流调速回路（　　）。

（A）主要包括定量泵和调速阀

（B）工作稳定效率较高

（C）比进油、回油两种节流速度回路的平稳性差

（D）比进油、回油两种节流速度回路的平稳性好

517. 液压传动装置是一种能量转换装置，是停靠油液通过密封容器变化的（　　）来传递能量的。

（A）电力能　　（B）机械能　　（C）压力能　　（D）热能

518. Microsoft Office Word 中，设定打印纸张大小时，应当使用的命令是（　　）。

（A）视图菜单中的“工具栏”命令　　（B）视图菜单中的“页面”命令

（C）文件菜单中的“打印预览”命令　　（D）文件菜单中的“页面设置”命令

519. 在计算机操作系统 Windows 环境下，若资源管理器左窗口中的某文件夹左边标有“＋”标记则表示（　　）。

（A）该文件夹为空　　（B）该文件夹中含有子文件夹

（C）该文件夹中只包含有可执行文件　　（D）该文件夹中包含系统文件

520. 对功率放大电路的最基本要求是（　　）。

（A）输出信号电压大　　（B）输出信号电流大

（C）输出信号电压和电流均大　　（D）输出信号电压大，电流小

521. 对于盘形端面沟槽凸轮，凸轮的实际轮廓线，由（　　）构成。

（A）内槽曲线　　（B）外槽曲线　　（C）过渡圆弧线　　（D）过渡曲线

522. 为了使 PNP 型晶体三极管工作于饱和区，必须保证（　　）。

（A）发射极正偏，集电极正偏　　（B）发射极正偏，集电极反偏

（C）发射极正偏，集电极零偏　　（D）发射极反偏，集电极正偏

523. 离心机是用于（　　）单元操作的机械。

（A）分离　　（B）流体输送　　（C）蒸馏　　（D）压缩

524. 塔设备可用于（　　）这一单元操作。

（A）分离　　（B）流体输送　　（C）蒸馏　　（D）压缩

525. （　　）是活塞式压缩机所有零部件的安装基准。

（A）机体　　（B）主轴　　（C）曲轴　　（D）十字头体。

526. 螺旋机构可将旋转运动变换为（　　）运动。

（A）主　　（B）进给　　（C）直线　　（D）垂直

527. 无论哪种形式的联轴器，装配的主要技术要求是（　　）。

（A）保证转动灵活　　（B）保证两轴的同轴度

（C）保证两端轴心相互垂直　　（D）保证两联轴器的平行度

528. 当一对标准圆锥齿轮传动时，必须使两齿轮的分度圆锥相切，两锥顶（　　）。

（A）重合　　（B）平行　　（C）垂直　　（D）相交

529. 蜗杆传动常用于转速（　　）变化的场合。

（A）上升　　（B）急剧上升　　（C）降低　　（D）急剧降低

530. 电解加工时，工件是正极，工具电极为负极，工件与工具电极之间保持（　　）的距离。

（A）0.01～0.02 mm　　（B）0.02～0.03 mm

（C）1～2 mm　　（D）3～4 mm

531. PNP 型三极管处在放大工作区时，各 PN 结的偏置情况为（　　）。

（A）发射结反偏，集电结反偏　　（B）发射结正偏，集电结反偏

（C）发射结正偏，集电结正偏　　（D）发射结反偏，集电结正偏

532. 旋转机械振动的故障诊断应在（　　）进行。

（A）机械运行中　　（B）机械停止运行后

（C）机械损坏后　　（D）装配过程中

533. 采用低温镀铁的修复方法，可以获得（　　）的修复表面。

（A）镀层与基体金属结合强度低　　（B）硬度较高

（C）镀层本身强度较低　　（D）镀层薄

534. 半导体是（　　）介于导体和绝缘体之间的物质。

（A）密度　　（B）比重　　（C）导热能力　　（D）导电能力

535. 按照使用的材料，黏合剂分为无机黏合剂和（　　）两大类。

（A）有机黏合剂　　（B）双氧黏合剂

（C）501 黏合剂　　（D）502 黏合剂

536. 采用（　　）修复工艺，可以得到较厚的修补层。

（A）镀铁　　（B）振动电弧堆焊　　（C）涂度　　（D）镶套

537. 泄漏故障的检查方法有超声波检查、涂肥皂水、涂煤油和（　　）等多种方法。

（A）升温检查　　（B）加压试验　　（C）性能试验　　（D）超速试验

538. ZYJ4 型电液转辙机由（　　）组成。

（A）3 部分　　（B）4 部分　　（C）5 部分　　（D）6 部分

539. 共发射极放大器的输出电压和输入电压在相位上的关系是（　　）。

（A）同相位　　（B）相位差 90°　　（C）相位差 180°　　（D）不能确定

540. S700K 型电动转辙机通常安装在道岔正线一侧，检查与正线基本轨平行，其偏移量在转辙机外壳两端的距离内不大于（　　）。

（A）2 mm　　（B）3 mm　　（C）4 mm　　（D）5 mm

541. ZK3-A 型电空转辙机的油雾器使用三通阀油，黏度为 2.5～7E，其工作温度为（　　）。

（A）0～20 ℃　　（B）0～30 ℃　　（C）0～40 ℃　　（D）0～50 ℃

542. ZK3-A 型电空转辙机电磁阀线圈线径为（　　）。

（A）0.32 mm　　（B）0.38 mm　　（C）0.43 mm　　（D）0.52 mm

543. ZK3-A 型电空转辙机电磁阀线圈的匝数为（　　）。

（A）4 000 N　　（B）4 200 N　　（C）4 300 N　　（D）4 500 N

544. 晶体三极管按构造分，有（ ）两种类型。

（A）PPN 和 NPN （B）PPN 和 PNN

（C）PNP 和 NPN （D）PNP 和 PNN

545. ZD7-C 型电动转辙机的摩擦电流范围为（ ）。

（A）2.6～2.9 A （B）3.0～5.0 A （C）7.8～8.7 A （D）13.5～16 A

546. 在调整钩型外锁闭道岔时，其尖轨开程相差应不超过（ ）。

（A）2 mm （B）3 mm （C）4 mm （D）5 mm

547. ZD7-C 型电动转辙机的动作电流为（ ）。

（A）≤5.0 A （B）≤6.0 A （C）≤8.0 A （D）≤11 A

548. ZD7-C 型电动转辙机的额定转换力为（ ）。

（A）1470 N （B）2450 N （C）2500 N （D）3000 N

549. ZD7-C 型直流电动机的转速（ ）。

（A）≥960 r/min （B）≥1 350 r/min

（C）≥3 000 r/min （D）≥3 250 r/min

550. ZK3-A 型电空转辙机单向阀工作完毕，切断风源后，气缸内的气压可保持（ ）。

（A）2 min （B）3 min （C）4 min （D）5 min

551. ZY 系列电液转辙机直流电动机的转速为（ ）。

（A）≥670 r/min （B）≥910 r/min

（C）≥1 350 r/min （D）≥3 000 r/min

552. ZYJ 系列电液转辙机交流电动机的转速为（ ）。

（A）≥670 r/min （B）≥910 r/min

（C）≥1 350 r/min （D）≥3 000 r/min

553. ZYJ7 型电液转辙机动作杆的轴向锁闭力（ ）。

（A）≥90 kN （B）≥95 kN （C）≥98 kN （D）≥100 kN

554. ZYJ7 型电液转辙机锁闭杆的轴向锁闭力（ ）。

（A）≥40 kN （B）≥50 kN （C）≥55 kN （D）≥60 kN

555. ZYJ7 型电液转辙机动作杆的断面尺寸为（ ）。

（A）40 mm×44 mm （B）40 mm×45 mm

（C）40 mm×50 mm （D）40 mm×52 mm

556. ZYJ7 型电液转辙机锁闭杆的断面尺寸为（ ）。

（A）17 mm×34 mm （B）20 mm×40 mm

（C）20 mm×45 mm （D）20 mm×50 mm

557. 计算机联锁要求计算机电源必须由信号电源屏单独一路供给，在接入计算机前必须经过净化，并采用不间断供电电源（UPS），UPS 通电（ ）后，方可加负载。

（A）10 s （B）20 s （C）30 s （D）60 s

558. 30 kVA 继电联锁智能电源屏的直流 24 V 电源供给继电器电路用电，总电流为（ ）。

（A）30 A （B）40 A （C）50 A （D）60 A

559. 交流电通过整流电路后，所得到的输出电压为（ ）。

（A）交流电压 （B）稳定的直流电压

（C）脉动直流电压　（D）平滑的直流电

560. 组合的排列顺序不准任意颠倒，因为组合的排列顺序实际上是代表两组合（　　）环节的衔接顺序。

（A）电路　（B）设计　（C）工艺　（D）技术

561. 6502 电气集中电路的 DXF 为（　　）辅助组合。

（A）调车信号　（B）一方向列车信号

（C）二方向列车信号　（D）引导信号

562. 97 型 25 Hz 轨道电源屏输入电源为交流 50 Hz、（　　）。

（A）160～260 V　（B）220 V　（C）380 V　（D）320～420 V

563. 6502 电气集中电路的列车信号组合分为（　　）信号组合、列车信号主组合和列车信号辅助组合。

（A）引导　（B）进站　（C）出站　（D）调车

564. 15 kVA 电源屏直流 220 V 电源的总电流为（　　）。

（A）30 A　（B）40 A　（C）50 A　（D）60 A

565. 电源屏两路输入电源的切换电时间不超过（　　），以保证已吸合自保的继电器不致释放衔铁。

（A）0.15 s　（B）0.2 s　（C）0.25 s　（D）0.3 s

566. 大站电源屏直流和交流电路的电源及负载线对地绝缘电阻用 500 V 兆欧表测量（在 20 ℃±5 ℃、相对湿度 95%～98%的环境），应不小于（　　）。

（A）0.5 MΩ　（B）1 MΩ　（C）2 MΩ　（D）5 MΩ

567. 三相电动机电源线中任意两根线对调，会使电动机（　　）。

（A）转速变慢　（B）转速变快　（C）不转　（D）反转

568. 电源屏前后以及一侧距墙壁及其他设备均不少于（　　）的净空。

（A）0.8 m　（B）1 m　（C）1.2 m　（D）1.5 m

569. 继电器室内第一排组合架距分线盘和电缆柜应留有不少于（　　）的活动余地。

（A）1 m　（B）1.2 m　（C）1.5 m　（D）2 m

570. 为了便于维修，控制台背面距墙净空不少于（　　）。

（A）0.8 m　（B）1 m　（C）1.2 m　（D）1.5 m

571. 三个灯泡额定电压均为 110 V，额定功率分别为 60 W、50 W、40 W，串联接到 110 V 电源上，三个灯泡的亮度：（　　）。

（A）40 W 灯泡较亮　（B）50 W 灯泡较亮

（C）60 W 灯泡较亮　（D）一样亮

572. 电气化区段的轨道电路，当不平衡牵引电流在规定值以下时，应保证（　　）状态时轨道继电器可靠落下。

（A）调整　（B）分路　（C）故障　（D）开路

573. 电力牵引电流回流自电力机车车轮传递至钢轨起即分成两部分回流，一部分由钢轨回流，另一部分经（　　）回归牵引变电所。

（A）地线　（B）专线　（C）大地　（D）电缆

574. 电气化区段轨道电路适配器对于超过 10 A 以上的强大电流，由（　　）熔断器给以防护，使轨道电路受电端的设备不受损害。

（A）10 A　（B）20 A　（C）30 A　（D）40 A

575. 计算机联锁系统的功能的核心部分是（　）。

（A）人机对话功能　（B）系统维护功能

（C）与其他系统交换信息的功能　（D）联锁功能

576. 在计算机联锁系统中，安全性逻辑变量有（　）表达式。

（A）1 种　（B）2 种　（C）3 种　（D）4 种

577. 在计算机联锁系统中，为了提高进路控制过程的可靠性，对于涉及进路控制的微机一般采用了（　）。

（A）避错技术　（B）屏蔽技术　（C）切换技术　（D）容错技术

578. 计算机联锁采用双套互为备用的系统时，备用系统有（　）工作状态。

（A）2 种　（B）3 种　（C）4 种　（D）5 种

579. 如果用万用表的大量程去测量小电压，那么（　）。

（A）无法读数　（B）读数更准确　（C）读数不准确　（D）有烧表危险

580. 钳形表可以在不断电的情况下测量（　）。

（A）电阻　（B）电流　（C）电压　（D）电流和电压

581. 在测量电缆对地的绝缘电阻或被测设备的漏电压较严重时，要使用兆欧表的（　）端，并将其接屏蔽层或外壳。

（A）"L"　（B）"E"　（C）"G"　（D）不限

582. 500 型万用表的表头上有（　）刻度线。

（A）2 条　（B）3 条　（C）4 条　（D）5 条

583. 500 型万用表共有（　）量程。

（A）20 挡　（B）21 挡　（C）22 挡　（D）23 挡

584. 500 型万用表面板装有（　）转换开关。

（A）1 个　（B）2 个　（C）3 个　（D）4 个

585. 500 型万用表表盘（　）（从上到下）标有 R 或 Ω，指示的是电阻值。

（A）第一条　（B）第二条　（C）第三条　（D）第四条

586. 500 型万用表表盘（　）标有∽和 VA，指示的是交、直流电压和直流电流值。

（A）第一条　（B）第二条　（C）第三条　（D）第四条

587. 500 型万用表表盘（　）标有 10 V，指示的是 10 V 的交流电压值。

（A）第一条　（B）第二条　（C）第三条　（D）第四条

588. 500 型万用表表盘（　）标有 dB，指示的是音频电平。

（A）第一条　（B）第二条　（C）第三条　（D）第四条

589. 500 型万用表表盘符号∽表示（　）。

（A）交流　（B）直流　（C）交直流　（D）电阻

590. 500 型万用表表盘符号含义 A－V－Ω 表示可测量（　）。

（A）电压和电阻　（B）电流和电压

（C）电流、电压及电阻　（D）功率、电压及电阻

591. 500 型万用表表盘符号含义 45—65—1 000 Hz 表示使用频率范围为（　）。

（A）1 000 Hz 以下，工作电压为 45～65 V

（B）1 000 Hz 以上，工作电压为 45～65 V

（C）1 000 Hz 以下，标准工频范围为 45～65 Hz
（D）1 000 Hz 以上，标准工频范围为 45～65 Hz

592. 500 型万用表表盘符号含义 2 000 Ω/V DC 表示（ ）。
（A）直流挡的量限为 2 000 V （B）交流挡的量限为 2 000 V
（C）直流挡的灵敏度为 2 000 Ω/V （D）交流挡的灵敏度为 2 000 Ω/V

593. 500 型万用表电阻挡采用 1.5 V 2 号电池一节，（ ）电池一节。
（A）1.5 V 5 号 （B）5 V （C）9 V （D）15 V

594. MF14 型万用表共有（ ）量程。
（A）30 挡 （B）31 挡 （C）32 挡 （D）33 挡

595. 在计算机操作系统中，将文件名转换为文字存储地址，对文件实施控制管理都是通过（ ）来实现的。
（A）文件目录 （B）PCB 表 （C）路径名 （D）文件名

596. MF14 型万用表表盘（ ）标有～指示的是交流电压值。
（A）第一条 （B）第二条 （C）第三条 （D）第四条

597. MF14 型万用表面板装有转换开关一只、零欧姆调零器一只和接线端子（ ）。
（A）1 个 （B）2 个 （C）3 个 （D）4 个

598. MF14 型万用表电阻挡采用 1.5 V 2 号电池一节，（ ）电池一节。
（A）1.5 V5 号 （B）5 V （C）9 V （D）15 V

599. MF47 型万用表具有（ ）基本量程和 7 个附加量程。
（A）24 个 （B）25 个 （C）26 个 （D）27 个

600. MF47 型万用表的表头上有（ ）刻度线。
（A）3 条 （B）4 条 （C）5 条 （D）6 条

601. MF47 型万用表表盘（ ）（从上到下）标有 R 或 Ω，指示的是电阻值。
（A）第一条 （B）第二条 （C）第三条 （D）第四条

602. MF47 型万用表表盘（ ）标有∽和 VA，指示的是交、直流电压和直流电流值。
（A）第一条 （B）第二条 （C）第三条 （D）第四条

603. MF47 型万用表电阻挡采用 1.5 V 2 号电池一节，（ ）电池一节。
（A）1.5 V 5 号 （B）5 V （C）9 V （D）15 V

604. 用数字万用表测量交直流电流时（ ）。
（A）红表笔插入 V/Ω 孔，黑表笔插入 COM 孔
（B）红表笔插入 DB 孔，黑表笔插入 COM 孔
（C）红表笔插入 MACX 孔，黑表笔插入 COM 孔
（D）红表笔插入 mA 孔或 10 A 孔，黑表笔插入 COM 孔

605. 用数字万用表测量电阻时（ ）。
（A）红表笔插入 V / Ω 孔，黑表笔插入 COM 孔
（B）红表笔插入 DB 孔，黑表笔插入 COM 孔
（C）红表笔插入 MACX 孔，黑表笔插入 COM 孔
（D）红表笔插入 mA 孔或 10 A 孔，黑表笔插入 COM 孔

606. 如果被测电阻值超出所选择量程的最大值，数字万用表将显示（ ），这时应选择更高的量程。

（A）“1”　（B）“000”　（C）“－”　（D）无显示

607. 用ZC-8型接地电阻测试仪测量接地电阻值时，接线方式为（　）。

（A）E端钮接5 m导线，P端钮接20 m线，C端钮接40 m线

（B）P端钮接5 m导线，C端钮接20 m线，E端钮接40 m线

（C）C端钮接5 m导线，E端钮接20 m线，P端钮接40 m线

（D）P端钮接5 m导线，E端钮接20 m线，C端钮接40 m线

608. 用ZC-8型接地电阻测试仪测量接地电阻值时，导线的另一端接线方式为（　）。

（A）E、P、C端分别接被测物接地极E′，电位探棒P′和电流探棒C′

（B）E、P、C端分别接被电位探棒E′，电流探棒P′和测物接地极C′

（C）E、P、C端分别接被电流探棒E′，电位探棒P′和测物接地极C′

（D）E、P、C端分别接被测物接地极E′，电流探棒P′和电位探棒C′

609. ZC-8型接地电阻测试仪的E′、P′、C′应保持直线，其间距为（　）。

（A）10 mm　（B）20 mm　（C）30 mm　（D）40 mm

610. 在兆欧表“线路L”端的外围，有一个铜质圆环，称为（　）。

（A）保护环　（B）接地环　（C）防护环　（D）安全环

611. 微型计算机的微处理器包括（　）。

（A）CPU和存储器　（B）运算器和累加器

（C）CPU和控制器　（D）运算器和控制器

612. 微型计算机的性能主要由微处理器的（　）决定。

（A）质量　（B）控制器　（C）CPU　（D）价格性能比

613. 一般用微处理器的（　）进行分类。

（A）字长　（B）规格　（C）性能　（D）价格

614. 计算机之所以能实现自动连续运算，是由于采用了（　）原理。

（A）布尔逻辑　（B）存储程序　（C）数字电路　（D）集成电路

615. 计算机在制图设计、广告、动画等中的应用属于（　）。

（A）科学计算　（B）实时控制

（C）数据处理　（D）辅助设计和辅助制造

616. 用于电源电路的浪涌保护器，应单独设置，应具有阻断续流的性能，工作电压在（　）以上的应有劣化指示。

（A）60 V　（B）80 V　（C）110 V　（D）220 V

617. 在多媒体计算机系统中，不能存储多媒体信息的是（　）。

（A）光盘　（B）磁盘　（C）磁带　（D）光缆

618. 计算机中信息存储的最小单位是（　）。

（A）位　（B）字长　（C）字　（D）字节

619. 计算机中信息的传递是以（　）为单位。

（A）位　（B）字长　（C）字　（D）字节

620. 计算机技术中，CGA、EGA和VGA标志着（　）的不同规格和性能。

（A）打印机　（B）存储器　（C）显示器　（D）硬盘

621. 在电感线圈中，采用磁芯可使线圈圈数大大减少，从而（　），而且还可以缩小线圈的体积。

（A）减少了线圈电阻，有利于 Q 值的提高
（B）减少了线圈电阻，有利于 Q 值的降低
（C）增加了线圈电阻，有利于 Q 值的提高
（D）增加了线圈电阻，有利于 Q 值的降低

622. 当用晶体三极管做调制型直流放大器的调制器时，有人把管子的 e 反接，这种做法是（　　）。
（A）不正确的，易于损坏晶体管　　（B）调制器时，e 正接和反接均可
（C）正确的，可减少残余电压　　（D）无关紧要

623. 一台微型计算机的字长为 4 个字节，它表示（　　）。
（A）在 CPU 中运算的结果为 8 的 32 次方
（B）能处理的数值最大为 4 位十进制数 9999
（C）能处理的字符串最多为 4 个 ASCⅡ码字符
（D）在 CPU 中作为一个整体加以传送处理的二进制代码为 32 位

624. 计算机病毒主要是造成（　　）破坏。
（A）软盘　（B）磁盘驱动器　（C）硬盘　（D）程序和数据

625. 发现计算机病毒后，比较彻底的清除方式是（　　）。
（A）格式化磁盘　　（B）删除磁盘文件
（C）用杀毒软件处理　　（D）用查毒软件处理

626. 计算机防病毒卡能够（　　）。
（A）杜绝病毒对计算机的侵害　　（B）自动消除已感染的所有病毒
（C）自动发现病毒入侵的某些迹象　　（D）自动发现并阻止任何病毒的入侵

627. 微型计算机性能指标中，内存容量是指（　　）。
（A）RAM 的容量　　（B）RAM 和 ROM 的容量
（C）软盘的容量　　（D）ROM 的容量

628. 在晶体三极管放大电路中，晶体三极管最高位的一端应该是（　　）。
（A）PNP 型的基极　　（B）NPN 型的基极
（C）PNP 型的发射极　　（D）NPN 型的发射极

629. 计算机的 CPU 每执行一个（　　），就完成一步基本运算或判断。
（A）语句　（B）指令　（C）程序　（D）软件

630. 计算机能按照人们的意图自动、高速地进行操作，是因为采用了（　　）。
（A）程序存储在内存　（B）高性能的 CPU
（C）高级语言　　（D）机器语言

631. 对于半波整流电路，整流系数为（　　）。
（A）0.45　（B）0.60　（C）0.75　（D）0.9

632. 计算机操作系统的主要功能是（　　）。
（A）进行数据处理　　（B）实现软、硬件转换
（C）把源程序转换为目标程序　　（D）管理系统所有的软、硬件资源

633. 关于 ROM 的说法中，不正确的是（　　）。
（A）CPU 不能向 ROM 随机写入数据
（B）ROM 是只读存储器的英文缩写

（C）ROM 中的内容在断电后不会消失

（D）ROM 是只读的，所以它不是内存而是外存

634. 放大电路的静态工作点，是指输入信号（　　）晶体三极管的工作点。

（A）为零时　（B）为正时　（C）为负时　（D）很小时

635. 雷害严重的站（场）或电子设备集中的区域，可在距电子设备和机房（　　）以外的地点安装一支或多支独立避雷针。

（A）5～15 m　（B）10～20 m　（C）15～25 m　（D）15～30 m

636. 浪涌保护器接地线的长度应不大于（　　）。

（A）0.8 m　（B）1 m　（C）1.5 m　（D）2 m

637. 光盘驱动器通过激光束来读取光盘上的数据时，光学头与光盘（　　）。

（A）直接接触　（B）不直接接触

（C）播放时接触　（D）有时接触有时不接触

638. 计算机能直接执行的程序是（　　）。

（A）源程序　（B）机器语言程序

（C）高级语言程序　（D）汇编语言程序

639.（　　）不属于多媒体硬件。

（A）光盘驱动器　（B）视频卡　（C）音频卡　（D）加密卡

640. 计算机中对数据进行加工与处理的部件，通常称为（　　）。

（A）运算器　（B）控制器　（C）显示器　（D）存储器

641. 微型计算机键盘中 Shift 键称为（　　）。

（A）控制键　（B）上挡键　（C）退格键　（D）交替换挡键

642. 计算机操作系统 Windows 中，使用屏幕保护程序是在控制面板的（　　）中设置。

（A）接口　（B）桌面　（C）驱动器　（D）386 增强方式

643. 放大器中的电流负反馈电路，主要起稳定工作点和（　　）的作用。

（A）抗干扰　（B）直接耦合　（C）输入阻抗高　（D）限流

644. NPN 型三极管放大导通必须满足这样的条件，即（　　）。

（A）发射极加正向电压，集电极加反向电压

（B）发射极加反向电压，集电极加正向电压

（C）基极加反向电压，集电极加正向电压

（D）基极加正向电压，集电极加反向电压

645. 普通放大电路中集电极电阻 R_c 乘放大倍数 β 大于基极电阻 R_b 数值，这时晶体管处于（　　）。

（A）放大状态　（B）截止　（C）饱和区　（D）导通状态

646. 如果把电解电容器的极性接反，则会使（　　）。

（A）电容量增大　（B）电容量减少

（C）容抗增大　（D）电容器击穿损坏

647. 线圈中的感应电动势大小与线圈中（　　）。

（A）磁通的大小成正比

（B）磁通的大小成反比

（C）磁通的大小无关，而与磁通的变化率成正比

（D）磁通的大小无关，而与磁通的变化率成反比

648. 三相电路中，流过各相火线的电流称为（　　）。

（A）线电压　（B）相电压　（C）线电流　（D）相电流

649. 连接两个节点的一段电路称为（　　）。

（A）回路　（B）开路　（C）断路　（D）支路

650. 计算机网络接口卡是一个计算机与（　　）相连的设备。

（A）接口　（B）存储器　（C）计算机　（D）传输介质

651. （　　）不是路由器的特点。

（A）用于连接大型的网络　（B）用于互联多个类型互不相同的网络

（C）具有协议转换的功能　（D）信息处理速度比网桥快

652. 电阻串联可以（　　）。

（A）分压　（B）分流　（C）阻抗　（D）容抗

653. 接口数是集线器的一个参数，12 口集线器中的 12 是指（　　）。

（A）可以连接的网络个数　（B）集线器中所有的端口数

（C）所能连接的工作站数目　（D）所能连接的服务器的数目

654. 计算机网络技术中，IP 地址是（　　）。

（A）Internet 中的子网地址　（B）接入 Internet 的主机地址

（C）接入 Internet 的局域网编号　（D）Internet 中网络资源的地理位置

655. ISP 是指（　　）。

（A）一种传输协议　（B）Internet 服务提供商

（C）Internet 的另一种名称　（D）一种 Internet 网上的域名

656. 个人计算机申请了账号并采用 PPP 拨号方式接入 Internet 网后，该机（　　）。

（A）拥有固定的 IP 地址　（B）没有自己的 IP 地址

（C）拥有独立的 IP 地址　（D）拥有 Internet 服务商主机的 IP 地址

657. 电阻并联可以（　　）。

（A）分压　（B）分流　（C）阻抗　（D）容抗

658. 把两个 5 Ω 的电阻串联与 10 Ω 的电阻并联，则总电阻为（　　）。

（A）30 Ω　（B）20 Ω　（C）10 Ω　（D）5 Ω

659. 双绞线是成对线的扭绞，旨在（　　）。

（A）易辨认　（B）提高数据传输速度

（C）便于与网络设备连接　（D）使电磁辐射和外部电磁干扰减至最低

660. 在计算机局域网中各个节点计算机之间的通信线路是通过（　　）接入计算机的。

（A）串行输入口　（B）第一并行输入口

（C）第二并行输入口　（D）网卡

661. （　　）不属于局域网设备。

（A）网络交换机　（B）集线器　（C）令牌环网卡　（D）MODEM

662. 调制解调器的作用是（　　）。

（A）为了上网与接电话两不误

（B）将模拟信号转换成计算机的数字信号，以便接收

（C）半计算机的数字信号转换成模拟信号，以便发送

（D）将计算机数字信号与模拟信号互相转换，以便传输

663. 关于互联设备的叙述中，（　　）说法是错误的。

（A）集线器是一种网络互联设备

（B）路由器是网络层的互联设备

（C）网桥是数据链路层的互联设备

（D）网关是需要对网络各层协议进行转换的互联设备

664. （　　）不属于防火墙技术。

（A）数据包过滤　　（B）应用级网关　　（C）代理服务器　　（D）IPSec 技术

665. 滤波电容器的数值一般在几微法到几百微法，其耐压应大于负载的输出电压的（　　）。

（A）平均值　　（B）有效值　　（C）最大值　　（D）最小值

666. Microsoft Office Word 剪切的键盘快捷键是（　　）。

（A）Ctrl+A　　（B）Ctrl+V　　（C）Ctrl+X　　（D）Ctrl+C

667. 数据双向传输不能同时进行的通信模式叫（　　）。

（A）全双工　　（B）单向通信　　（C）半双工　　（D）混合通信

668. （　　）网络类型属于局域网。

（A）以太网　　（B）X.25　　（C）Internet　　（D）ISDN

669. 微分电路 RC 时间常数τ（　　）输入波形周期。

（A）大于　　（B）小于　　（C）等于　　（D）近似于

670. 计算机局域网的网络硬件主要包括网络服务器、工作站、（　　）、通信介质。

（A）计算机　　（B）网卡　　（C）网络拓朴结构　　（D）网络协议

671. 传输介质中传输带宽最大的是（　　）。

（A）双绞线　　（B）基带同轴电缆　　（C）光纤　　（D）宽带同轴电缆

672. 在计算机网络互联设备中，（　　）主要用于将局域网与广域网互联。

（A）路由器　　（B）网关　　（C）网桥　　（D）中继器

673. 互联网 Internet 中采用的数据交换技术是（　　）。

（A）电路交换　（B）报文交换　　（C）分组交换　　（D）信元交换

674. 两个以上的（不包括两个）同类型的网络互联时，则选用（　　）进行网络互联。

（A）中继器　　（B）网桥　　（C）路由器　　（D）集线器

675. 对局域网来说，网络控制的核心是（　　）。

（A）工作站　　（B）网卡　　（C）网络服务器　（D）网络互连设备

676. 在 Microsoft Office Word 中，用鼠标拖拽方式进行复制和移动操作时，它们的区别是（　　）。

（A）移动时直接拖拽，复制时需要按住 Ctrl 键

（B）移动时直接拖拽，复制时需要按住 Shift 键

（C）复制时直接拖拽，移动时需要按住 Ctrl 键

（D）复制时直接拖拽，移动时需要按住 Shift 键

677. 计算机中运算器的作用是（　　）。

（A）控制数据的输入/输出　　（B）控制主存与辅存间的数据交换

（C）完成各种算术运算和逻辑运算　　（D）协调和指挥整个计算机系统的操作

678. 一台计算机要连入 Internet，必须安装的硬件是（　　）。

（A）调制解调器或网卡　　　（B）网络操作系统
（C）网络查询工具　　　　（D）WWW 浏览器

（二）判 断 题

1. ZD7-A 型电动转辙机的额定直流电压为 160 V。 （ ）
2. ZD7-A 型电动转辙机的动作电流小于或等于 5 A。 （ ）
3. ZD7-A 型电动转辙机的转换时间小于或等于 0.8 s。 （ ）
4. ZD7-A 型电动转辙机动作杆的动程为 165 mm±2 mm。 （ ）
5. ZD7-A 型电动转辙机表示杆的动程为 86～167 mm。 （ ）
6. ZD7-A 型直流电动机的额定电流小于或等于 5.6 A。 （ ）
7. ZD7-A 型直流电动机的摩擦电流为 7.8～8.7 A。 （ ）
8. 内锁式转换设备已不能适应提速的需要，必须采用分动外锁闭道岔转换设备。 （ ）
9. 道岔按其锁闭方式可分为内锁闭和外锁闭两种。 （ ）
10. ZD6 系列电动转辙机当顶杆上升 1.5 mm 及其以上时，移位接触器应可靠切断表示电路，并不得自复。 （ ）
11. 百分表是根据指针在表盘上指出的刻线得出读数的。 （ ）
12. 用塞规测量孔径时，如果通端不能通过，则此孔是合格的。 （ ）
13. 用塞规测量孔径时，如果止端能通过，则此孔是合格的。 （ ）
14. 读数值为 0.02 mm 的游标卡尺，游标每格刻线间距 0.09 mm。 （ ）
15. ZD6 系列电动转辙机采用的电动机为短时工作制直流并激可逆转电动机。 （ ）
16. 从 ZD6 系列电动转辙机的传动原理可知，动作杆和表示杆的走向与自动开闭器动接点的运动方向是相反的。 （ ）
17. ZD6 系列电动转辙机行星齿轮减速器的优点是占用空间小，但它的外齿轮公转所消耗的力是无功的。 （ ）
18. ZD6 系列电动转辙机中，减速器输出轴的转向与电动机轴的转向是相同的。 （ ）
19. ZD6 系列电动转辙机输入轴和输出轴的轴向串动不大于 1 mm。 （ ）
20. ZD6 系列电动转辙机的动接点与静接点组的接触深度，两侧相差不大于 1.2 mm。 （ ）
21. ZD6 系列电动转辙机的电动机应能承受频率为 50 Hz、有效值为 1 000 V 的交流正弦波电压试验 1 min 不被击穿或有闪络现象。 （ ）
22. ZD6 系列电动转辙机速动衬套内外圈都有油槽其主要原因是：速动衬套一般是钢质的，安装在主轴头部，其 47 mm－0.17 mm 扁方部分安装在接点座中间 48 mm 槽内；转辙机转换时，主轴在内圆转动，速动片在外圆转动，所以速动衬套内外圈均应有油槽，并及时注油。 （ ）
23. ZD6 系列电动转辙机自动开闭器连动轴弯曲的原因是因为检查柱过长。 （ ）
24. ZD6 系列电动转辙机炭刷弹簧的长度为 48 mm，弹力试验当弹簧长度被压力为 23 mm 时，弹力应为 2.32 N。 （ ）
25. ZD6 系列电动转辙机转子轴不可有轴头弯曲、轴颈磨损、轴裂纹等损坏。 （ ）
26. ZD6 系列电动转辙机定子机体机件应完整、无裂纹、无脱落、磁极和线圈固定良好，磁极铁芯无锈蚀斑点，连接螺栓牢固。 （ ）

27. ZD6 系列电动转辙机炭刷引线应无破皮、开焊，断股不超过 1/5。 （ ）

28. ZD6 系列电动转辙机在启动片通槽一面，车圆台 2× ϕ75 mm 台阶，可以避免与减速器内齿轮摩擦。 （ ）

29. ZD6 系列电动转辙机偏心套与外齿轮的装配（通过轴承）及偏心套与输入轴的配合应采用过渡配合，不能采用紧配合。 （ ）

30. 电动转辙机的电气特性试验台是在额定电压下，用来测试转辙机的转换时间、工作电流、摩擦电流、转换力是否符合技术要求的测试设备。 （ ）

31. 在组装表示杆时，两检查块缺口外侧边距应调为 69 mm。 （ ）

32. ZD6 系列电动转辙机锁闭齿轮轴向窜动不大于 0.8 mm。 （ ）

33. ZD6-D 型电动转辙机扩大了表示杆动程的可调范围，既能适应普通道岔尖轨动程，也能适应交分道岔或单开可动心轨辙叉的小动程需要。 （ ）

34. ZD6 系列电动转辙机采用两级减速封闭式减速器减速。 （ ）

35. ZD6 系列电动转辙机减速器两片外齿轮在制造时是成对加工的，在组装或更换时均需成对。 （ ）

36. ZD6 系列电动转辙机启动片上的梯形凹槽的斜面推动尖爪上的滚轮，使尖爪爬到速动片的顶面的目的是：在道岔转换前，先切断表示电路。 （ ）

37. ZD6 系列电动转辙机自动开闭器调整动接点打入静接点片深度时，应在第二排或第四排静接点接触时调整。 （ ）

38. ZD6 系列电动转辙机自动开闭器静接点的补强片与主簧片为点接触。 （ ）

39. ZD6 系列电动转辙机自动开闭器调整（加大）接点压力时，以调补强片为主，尤其不可调整主簧片根部。 （ ）

40. ZD6 系列电动转辙机启动片的作用之一是连接输出轴与主轴起传动作用。 （ ）

41. ZD6 系列电动转辙机的动作杆与齿条块轴向位移量和圆周方向转动量大于 0.3 mm，是造成挤切销非挤折断的主要原因。 （ ）

42. 为了防止电动机损坏，所以电动转辙机只能做负载试验，而不能做空载试验。 （ ）

43. ZD6 系列电动转辙机速动衬套内外圈均应有油槽，并及时注油，使其处润滑状态。否则易发生干摩擦，损伤甚至抱死主轴。 （ ）

44. ZD6 系列电动转辙机当主挤切销被切断，动作杆与齿条块相对位移达 2.5～3 mm 时，还不能使移位接触器的接点弹开。 （ ）

45. ZD6 系列电动机换向器偏心或刷握角度不正，炭刷不在中性线上，就会造成电动机炭刷下火花过大。 （ ）

46. ZD6 系列电动机的绝缘电阻下降原因之一是，炭刷被不断研磨产生粉尘，借旋转离心力甩出，久而久之，在刷握和机壳间形成导电层。 （ ）

47. ZD6 系列四线制电机用于三线制控制电路时，把配线改接后，使两个定子线圈并联运用。 （ ）

48. ZD6 系列电动转辙机的摩擦电流是额定电流的 1.5 倍，并保证摩擦接触面不少于摩擦带表面的 4/5。 （ ）

49. 电动机换向火花是由电磁效应产生的，与机械效应无关。 （ ）

50. 为了减小换向器火花，ZD6 系列电动转辙机炭刷位置应放在中性面上，并要与换向器圆弧吻合。 （ ）

51. 加工工件，在选择划线基准时，要根据图纸上尺寸的标注、工件的形状及加工的情况来确定。（　）

52. 火花法鉴定低碳钢、中碳钢和高碳钢时，是将需要鉴别的钢材与高速旋转的砂轮接触，根据产生火花的形状和颜色来鉴别。（　）

53. 向心轴承主要承受径向载荷，或同时承受较小的轴向载荷。（　）

54. 圆柱度公差带是半径差为公差值 t 的两同轴圆柱面之间的区域。（　）

55. 对于工作时有相对运动或虽无相对运动却要求装拆方便的孔、轴，应该选用过盈配合。（　）

56. 实际生产中，有相对运动要求的孔和轴必须采用间隙配合。（　）

57. 在零件满足使用要求的前提下，其表面粗糙度值应选低而不选高。（　）

58. 对精度要求高的、密封性能好的以及高速运转的零件，其表面粗糙度一般较小。（　）

59. 剖视图是假想用剖切平面在适当的位置将机件剖开，然后将处于观察者和剖切平面之间的部分机件移出，而将其余那部分向相应的投影面投影所得到视图。（　）

60. 按剖切范围的大小，剖视可分为全剖视图和半剖视图。（　）

61. 电动机绕组经预热后就立即可以浸漆。（　）

62. 以平面为基准时，无论被测要素是线还是面，其平行度公差带都是距离为公差值 t，且平行于基准平面的两平行面之间的区域。（　）

63. 蜗杆传动是用来传递空间垂直交错轴间的转矩和运动。（　）

64. 按照国家标准规定，形位公差分为形状公差和位置公差两大类。（　）

65. 零件图上除了视图和尺寸以外，不需注明制造和检验零件时所需的全部技术要求。（　）

66. 极限尺寸是允许尺寸变化的两个界限值，它以实际尺寸为基数来确定。（　）

67. 为了提高钢制品的钢性和韧性，通过加热保温和冷却等手段改变钢的内部组织结构，这种手段称为热处理。（　）

68. 材料在外力的作用下，总要发生变形，如果外力解除后全部消失，这种变形称为弹性变形。（　）

69. 标准螺纹可分为三角螺纹、梯形螺纹和锯齿形螺纹三类。（　）

70. ϕ32 表示基本尺寸为 32，上偏差为 0.059，下偏差为 0.043，最大极限尺寸为 32.059，最小极限尺寸为 32.043，公差为 0.016。（　）

71. 未注公差尺寸，就是没有公差要求的尺寸。（　）

72. 相互配合的孔与轴，其基本尺寸必须相同。（　）

73. 过盈配合中，孔的公差带一定在轴的公差带之下。（　）

74. 平面可由不同一直线上的三点、两条相交或平行的直线以及平面图形来确定，因此平面的投影也是以点、线的投影为基础的。（　）

75. 公差是指允许尺寸的变动量。也等于上偏差与下偏差代数差的绝对值。（　）

76. 图样中的尺寸一般以 mm 为单位，图中还需要标注计量单位或名称。（　）

77. 表面粗糙度代号在图样上用粗实线注在可见轮廓线尺寸线、尺寸界线或它的延长线上。（　）

78. 基本尺寸一定时，公差等级越高，公差值越小，工件精确程度越高。（　）

79. 弯形的过程是使材料产生塑性变形的过程，因此，只有弹性变形好的材料，才能进行弯形。 （ ）

80. 退火是将钢加热到临界温度以上 20～40 ℃，保温一段时间，然后在炉内或埋入导热性差的介质中，缓慢地冷却下来的过程。 （ ）

81. 将钢加热到 AC3 或 AC3 以上 30～50 ℃保温后快速冷却的一种操作，称为淬火。 （ ）

82. 将机件从前、后、左、右、上、下六个方向，分别向这六个投影面进行投影，所得的六个视图称为基本视图。 （ ）

83. 将机件的倾斜部分不平行于任何基本投影面的平面投影所得的视图，称为斜视图。 （ ）

84. 一张完整的零件图应具有以下内容：一组图形、完整的尺寸、技术要求、标题栏和代号栏。 （ ）

85. 表达装配体中的部件与部件、部件与零件或零件间装配、连接关系的图样，称为装配图。 （ ）

86. 套 10 mm 以上的螺纹时，为了防止板牙扭裂，最好用可调节的板牙，分两三次切成。 （ ）

87. 韧性材料在经过矫正以后也会变硬和变脆，必要时，在经矫正加工后，应进行退火，以恢复其原有性能。 （ ）

88. 高碳钢含碳量大于 0.60%。 （ ）

89. 在配制助焊剂中，酒精主要是将树脂，活性剂、扩散剂全部溶解为液态焊剂。 （ ）

90. 松香酒精助焊剂采用 70%松香和 30%酒精加以配制而成。 （ ）

91. 优质碳素钢的硫磷含量较高。 （ ）

92. 铰孔是用铰刀对粗加工的孔，进行精加工。 （ ）

93. 钻床运转时，操作者不得离开。如需离开或仃电时，应升起钻杆，使钻头离开工件。 （ ）

94. 为在机械加工时有较好的工艺性和经济性，所以一般采用基孔制。 （ ）

95. 进给时要注意用力的大小和感觉，以防钻头折断。 （ ）

96. 钻削过程中，需及时提配钻头进行排屑，并借此使孔中输入切削液和使钻头在空气中得到冷却。 （ ）

97. 手用丝锥是碳素工具钢的滚牙丝锥，螺纹公差节为 H2。 （ ）

98. 不可用湿布去揩抹电气装置和电器具。 （ ）

99. 冲床操作规程规定：应检查销、键及各部紧固件有无松动，离合器是否灵活，启动、操纵机构和制动装置是否正确。 （ ）

100. 工作中冲头、模具要经常抹油，防止发热卡住；工件被卡住时，应立即停车处理。 （ ）

101. 工作后必须检查、清扫设备，做好日常保养工作，并将各操纵手柄（开关）置于空挡（零位），达到整齐、清洁、润滑、安全。 （ ）

102. 钻孔时，禁止在进刀手柄上加接套筒增力，不准超负荷加工零件。 （ ）

103. 扩孔是用扩孔钻对工件上已有的孔进行精加工。 （ ）

104. 钻头的两个主切削刀刃磨不对称或工件材料不均匀，也会导致钻头弯曲。（　）

105. 立式钻床能适应于各种中型工件的钻孔、扩孔、锪孔、铰孔、攻螺纹等加工工作。（　）

106. 使用钻床必须穿戴好工作服、工作帽和工作手套，以免发生事故。（　）

107. 使用设备前，必须经过安全技术教育和考试合格方可进行独立操作。（　）

108. 钳工常用的台式虎钳，可夹持工件进行锉、锯、攻丝及矫平等工作。（　）

109. 量具在使用过程中，不要和工具、刀具等堆放在一起，以免擦伤、碰伤，或挤压变形。（　）

110. 夹具的制造误差及磨损误差，均是影响零件加工精度的主要误差。（　）

111. 运动着的工件绝不能用量具进行测量，否则会加快量具磨损，而且容易发生事故，测量误差也相当大。（　）

112. 用百分表测量机床和工件的误差时，应在两端位置上进行，测得的两读数之差即为测量误差。（　）

113. 测量圆柱形工件时，百分表测量杆轴线要与工件轴线垂直，否则百分表测量头移动不灵活，测量结果不准确。（　）

114. 在某种情况下，要用游标卡尺测量精度要求高的工件时，必须用量块校对游标卡尺，确定其误差数值。（　）

115. 台转的转速较高，可以进行锪孔、铰孔和攻螺纹等加工。（　）

116. 钻孔时，加切削液的目的主要是为了润滑。（　）

117. 麻花钻主切前刃上各点的前角大小是相等的。（　）

118. 用麻花钻改制的锪钻要尽量短，以减少振动。（　）

119. 碳素工具钢最适合作高速切削刀具用。（　）

120. 平垫圈的作用是保护被连接件表面，增大螺母与被连接件之间的接触面积。（　）

121. 钻削时，应频繁退出钻头排屑，防止切屑堵塞折断钻头和擦伤孔壁。（　）

122. 扩孔钻的切削条件比麻花钻差。（　）

123. 在钳工工作中，锉削、锯割、钻孔等都会产生很多切屑物，消除切屑物可用抹布和手直接清除。（　）

124. 锪孔速度应比钻孔速度低。（　）

125. 锉刀长度规格选择取决于工件锉削面积的大小。（　）

126. 刮削具有切削量小、切削力小、产生热量小、装夹变形小等特点。（　）

127. 电磨头使用前应开机空转 2～3 min，检查旋转声音是否正常。若有异常，则应排除故障后再使用。（　）

128. 使用电剪刀剪切时，两刀刃的间距需根据材料厚度进行调试，当剪切薄材料时的间距为 0.2～0.3 mm。（　）

129. 清除较长的钻屑时，应停车或用铁钩及适当的工具消除。（　）

130. 凸透镜对光有发散作用。（　）

131. 凹透镜对光有会聚作用，跟主轴平行的光线，反射后聚到一点叫凹镜的焦点。（　）

132. S700K-A13 型电动转辙机的转换时间为不大于 6.6 s。（　）

133. S700K-A15 型电动转辙机的转换时间为不大于 5.5 s。（　）

134. 手工盘弹簧时，心棒的直径应等于被加工弹簧的内径。（ ）

135. 砂轮不准磨削有色金属，如铜、铝、铅、锡以及木材、纤维板等。（ ）

136. ZD6-D 型电动转辙机适用于牵引道岔尖轨,它扩大了表示杆的功能，使之对尖轨也有机械锁闭作用，构成双锁闭。（ ）

137. ZD6-E 型电动转辙机适用于特种断面的道岔、大号码道岔。（ ）

138. ZD6-E 型电动转辙机将单侧圆弧锁闭改进为卧式圆柱体下方两侧对称圆弧接触面，实现双圆弧组成的圆槽锁闭，提高了锁闭的可靠性。（ ）

139. ZD6-F 型电动转辙机在 ZD6-E 型基础上研制而成，将动程缩短为 150 mm，适用于可动心轨道岔的心轨。（ ）

140. ZD6-J 型电动转辙机适用于 AT 道岔的第二牵引点，用来辅助牵引尖轨。（ ）

141. ZD6-G 型电动转辙机，额定转换力的 5 884 N，动作杆动程为 165 mm，双锁闭，可挤型，适用于 60 kg/m 单开道岔。（ ）

142. ZD7-A 型电动转辙机是 ZD6 系列的快动转辙机，供驼峰调车场分路道岔用，也适用于交分道岔。（ ）

143. ZD7-A 型电动转辙机的额定转换力为 1 470 N。（ ）

144. ZD6 系列电动转辙机锁闭齿轮启动齿与齿条块缺槽的两边间隙为 2 mm±1 mm，不足这个尺寸可用不同厚度的垫圈调整锁闭齿轮的安装位置。（ ）

145. 用测力计测试 ZD6 系列电动转辙机移位接触器接点弹片压力时，测力计测杆尖部放在接点弹片上，施力时测杆应与接点弹片成垂直角度。（ ）

146. 防止第一类回火脆性的方法是重新加热到回火温度，然后快速冷却到室温。（ ）

147. 透镜式的信号灯座是不可以调整的。（ ）

148. 偏散镜的作用是将光系统产生的不平行光比较均匀地聚集到所需要的可视范围内。（ ）

149. 实现工艺过程所必须的刀具、夹具、模具、辅具、计量器具和工位器具等，总称为工艺装备。（ ）

150. 道岔本身没有对向和顺向的区别，对向和顺向只是根据列车的运行方向而说的。（ ）

151. 信号电源保安装置是为了防止电源线短路或过负载而引起的电线路或电气设备烧损而设置的。（ ）

152. 设备修理的目的是使设备的精度、性能和效率等得以恢复。（ ）

153. 操作带电设备时勿触及到安全电压的导电部分。（ ）

154. 在非安全电压条件下作业时，应尽可能用双手操作，双脚踏在绝缘物上。（ ）

155. 画剖面图时，国家标准规定，被剖切到的部分画上与水平线成 45° 的虚线。（ ）

156. 在设备运行使用中可以对设备进行检查修理和校正工作。（ ）

157. 零件图上不必注出生产过程的技术要求。（ ）

158. 计算机的性能指标完全由 CPU 决定。（ ）

159. 造成触电事故的原因主要是安全组织措施不健全和安全技术措施不完善。（ ）

160. 在 Microsoft office Excel 中，图表一旦建立，其标题的字体、字形是不可改变的。

（　　）

161. 计算机技术中，ROM 中存储的信息断电即消失。（　　）

162. 绘制零件图分五个阶段：①形体分析；②选择视图；③画出各个视图；④标注尺寸；⑤填写技术要求。（　　）

163. 标注形位公差代号时，形状公差项目符号应写入形状公差框内第二格。（　　）

164. 圆柱度是指圆柱面加工后，任一横截面上圆的不圆程度。（　　）

165. 国家规定电源的安全电压是 36 V，在潮湿环境中为 24 V 或 12 V。（　　）

166. 在计算机操作系统 Windows 中，将鼠标指针指向菜单栏，拖动鼠标能移动窗口位置。（　　）

167. 短路保护是指线路或设备发生短路时，迅速切断电源。（　　）

168. 当人体通过的工频交流电流超过 20～25 mA 或直流电流超过 80 mA 时，人没有感觉，呼吸正常，自己能够摆脱电源，没有生命危险。（　　）

169. 对于发生的质量缺陷会影响产品整体性能及使用安全性，会造成质量隐患的，会在用户发现后引起诉讼，会酿成重大经济损失的特性，任何人无权迁就，一律报废。（　　）

170. 计算机网络技术中，FTP 是 Internet 中的一种文件传输服务，它可以将文件下载到本地计算机中。（　　）

171. 为防止裂纹的产生，工件感应加热淬火后应尽快回火。（　　）

172. 表面淬火是指将工件表面淬硬到一定深度，而心部仍然保持未淬火状态的一种局部淬火方法。（　　）

173. 球化退火，多适用于高碳钢、高碳合金钢。（　　）

174. 不能用热处理方法改善工件的加工工艺性能，否则，加工质量得不到提高。（　　）

175. 零件的被加工表面上，所具有的较小间距和微小峰谷的高低不平现象称，表面粗糙度。（　　）

176. 高温下刀具材料硬度越高，则红硬性越好。（　　）

177. 刀具前角增大时，能使切削力增大，产生热量多，同时增强了刀刃的强度。（　　）

178. 刀具在高温、高压作用下发生塑性变形，叫卷刀。（　　）

179. 一把新磨好的刀具从开始切削直至达到磨损限度为止的时间，叫刀具耐用度。（　　）

180. 磨削外圆时砂轮的旋转是进给运动，工件的轴向移动和旋转都是主运动。（　　）

181. 装配时的调整工作是调节零件或机构的相互位置，配合间隙，结合松紧等。（　　）

182. 计算机网络技术中，WWW 是一种基于超文本方式的信息查询工具，可在 Internet 网上组织和呈现相关的信息和图像。（　　）

183. 计算机操作系统 Windows 中，双击任务栏上显示的时间，可以修改计算机时间。（　　）

184. 在计算机操作系统 Windows 的资源管理器中，利用“文件”菜单中的“重命名”既可以对文件改名，也可以对子目录改名。（　　）

二、信号钳工中级练习题参考答案

(一)选择题

1. B	2. B	3. B	4. B	5. C	6. C	7. A	8. B
9. B	10. D	11. B	12. A	13. B	14. C	15. C	16. A
17. C	18. A	19. C	20. D	21. A	22. C	23. B	24. B
25. C	26. C	27. A	28. A	29. C	30. A	31. B	32. C
33. B	34. C	35. A	36. D	37. C	38. A	39. A	40. A
41. B	42. A	43. A	44. B	45. D	46. C	47. A	48. C
49. C	50. C	51. A	52. D	53. C	54. B	55. B	56. C
57. C	58. B	59. B	60. B	61. B	62. A	63. B	64. C
65. B	66. C	67. A	68. C	69. D	70. C	71. B	72. C
73. D	74. C	75. C	76. B	77. A	78. A	79. B	80. A
81. A	82. C	83. B	84. C	85. D	86. D	87. C	88. B
89. D	90. A	91. C	92. C	93. A	94. A	95. B	96. D
97. A	98. C	99. B	100. C	101. B	102. B	103. C	104. B
105. A	106. D	107. A	108. B	109. C	110. B	111. C	112. C
113. D	114. A	115. B	116. A	117. C	118. B	119. A	120. C
121. A	122. D	123. A	124. B	125. B	126. B	127. A	128. C
129. C	130. C	131. D	132. C	133. C	134. D	135. B	136. A
137. C	138. C	139. A	140. A	141. B	142. C	143. A	144. B
145. C	146. B	147. A	148. B	149. A	150. D	151. C	152. A
153. D	154. B	155. C	156. C	157. A	158. C	159. B	160. A
161. B	162. B	163. D	164. B	165. A	166. C	167. B	168. D
169. C	170. C	171. D	172. B	173. C	174. C	175. B	176. B
177. B	178. C	179. D	180. A	181. B	182. C	183. B	184. D
185. A	186. D	187. A	188. B	189. A	190. B	191. A	192. A
193. C	194. A	195. B	196. B	197. A	198. A	199. C	200. B
201. D	202. D	203. D	204. A	205. B	206. A	207. A	208. A
209. B	210. A	211. A	212. A	213. B	214. A	215. B	216. B
217. A	218. D	219. B	220. A	221. B	222. A	223. C	224. D
225. C	226. C	227. A	228. B	229. B	230. A	231. B	232. B
233. A	234. C	235. A	236. C	237. B	238. B	239. C	240. B
241. B	242. B	243. A	244. A	245. A	246. A	247. D	248. D
249. B	250. A	251. C	252. A	253. D	254. A	255. C	256. B
257. B	258. D	259. A	260. A	261. C	262. A	263. D	264. D

265. B　266. C　267. B　268. C　269. B　270. B　271. B　272. C
273. C　274. D　275. A　276. B　277. B　278. C　279. C　280. A
281. B　282. A　283. C　284. D　285. A　286. D　287. A　288. B
289. B　290. C　291. A　292. A　293. C　294. B　295. C　296. A
297. D　298. B　299. A　300. D　301. A　302. A　303. B　304. D
305. D　306. B　307. C　308. D　309. B　310. C　311. C　312. D
313. B　314. B　315. B　316. A　317. D　318. C　319. A　320. C
321. C　322. B　323. B　324. A　325. A　326. C　327. A　328. B
329. B　330. B　331. A　332. B　333. A　334. A　335. B　336. C
337. B　338. D　339. C　340. D　341. A　342. A　343. C　344. B
345. C　346. A　347. D　348. B　349. C　350. C　351. C　352. A
353. A　354. B　355. B　356. A　357. A　358. D　359. D　360. A
361. B　362. D　363. C　364. D　365. B　366. A　367. C　368. B
369. C　370. D　371. A　372. C　373. C　374. D　375. A　376. B
377. D　378. A　379. B　380. A　381. A　382. D　383. C　384. A
385. C　386. C　387. B　388. A　389. A　390. B　391. B　392. B
393. B　394. C　395. B　396. A　397. B　398. A　399. A　400. A
401. A　402. C　403. B　404. B　405. A　406. B　407. B　408. C
409. B　410. C　411. C　412. A　413. A　414. C　415. D　416. C
417. A　418. A　419. B　420. A　421. B　422. A　423. C　424. A
425. C　426. B　427. C　428. D　429. A　430. C　431. A　432. D
433. C　434. A　435. C　436. C　437. B　438. B　439. B　440. C
441. A　442. A　443. B　444. B　445. C　446. B　447. B　448. C
449. B　450. C　451. D　452. B　453. A　454. B　455. B　456. C
457. B　458. C　459. C　460. B　461. B　462. C　463. C　464. B
465. A　466. A　467. D　468. A　469. B　470. A　471. C　472. A
473. C　474. B　475. B　476. B　477. D　478. B　479. C　480. A
481. C　482. A　483. C　484. A　485. B　486. A　487. C　488. B
489. C　490. C　491. A　492. D　493. D　494. C　495. C　496. A
497. B　498. A　499. C　500. C　501. D　502. C　503. B　504. A
505. D　506. A　507. B　508. A　509. A　510. B　511. B　512. D
513. C　514. C　515. B　516. B　517. C　518. D　519. B　520. C
521. A　522. A　523. B　524. A　525. A　526. C　527. B　528. A
529. D　530. B　531. B　532. A　533. B　534. D　535. A　536. B
537. B　538. A　539. C　540. D　541. D　542. B　543. B　544. C
545. D　546. B　547. D　548. B　549. D　550. B　551. A　552. B
553. C　554. B　555. D　556. D　557. C　558. C　559. C　560. A
561. A　562. A　563. A　564. A　565. A　566. B　567. D　568. C
569. D　570. C　571. A　572. B　573. C　574. A　575. D　576. C
577. D　578. B　579. A　580. B　581. C　582. C　583. D　584. B

585. A	586. B	587. C	588. D	589. A	590. C	591. C	592. C
593. C	594. D	595. A	596. C	597. B	598. C	599. C	600. D
601. A	602. B	603. C	604. D	605. A	606. A	607. A	608. A
609. B	610. A	611. D	612. C	613. A	614. B	615. D	616. C
617. D	618. A	619. C	620. C	621. A	622. C	623. D	624. D
625. A	626. C	627. A	628. A	629. B	630. A	631. A	632. D
633. D	634. A	635. D	636. B	637. B	638. B	639. D	640. A
641. B	642. B	643. A	644. D	645. C	646. D	647. C	648. C
649. D	650. D	651. D	652. A	653. D	654. B	655. B	656. C
657. B	658. D	659. B	660. D	661. D	662. D	663. D	664. D
665. C	666. C	667. C	668. A	669. B	670. B	671. C	672. A
673. C	674. C	675. C	676. A	677. C	678. A		

(二)判断题

1. ×	2. ×	3. √	4. ×	5. √	6. √	7. √	8. √
9. √	10. ×	11. √	12. √	13. ×	14. √	15. ×	16. √
17. ×	18. √	19. ×	20. ×	21. √	22. √	23. √	24. √
25. √	26. √	27. ×	28. √	29. ×	30. ×	31. √	32. ×
33. √	34. √	35. √	36. √	37. ×	38. ×	39. √	40. √
41. √	42. √	43. √	44. ×	45. √	46. √	47. √	48. ×
49. ×	50. √	51. ×	52. ×	53. ×	54. √	55. ×	56. √
57. ×	58. √	59. √	60. √	61. ×	62. √	63. √	64. √
65. ×	66. ×	67. √	68. √	69. ×	70. √	71. ×	72. √
73. √	74. ×	75. √	76. √	77. ×	78. √	79. ×	80. √
81. ×	82. ×	83. √	84. ×	85. √	86. ×	87. √	88. √
89. √	90. √	91. ×	92. √	93. ×	94. √	95. √	96. √
97. √	98. √	99. √	100. √	101. ×	102. √	103. ×	104. √
105. √	106. √	107. ×	108. √	109. √	110. √	111. √	112. ×
113. √	114. √	115. ×	116. ×	117. √	118. √	119. ×	120. √
121. ×	122. ×	123. ×	124. √	125. √	126. √	127. √	128. √
129. √	130. ×	131. √	132. √	133. ×	134. ×	135. √	136. √
137. √	138. √	139. ×	140. √	141. √	142. ×	143. √	144. √
145. ×	146. √	147. ×	148. √	149. √	150. √	151. √	152. √
153. √	154. ×	155. ×	156. √	157. ×	158. ×	159. √	160. ×
161. ×	162. √	163. ×	164. ×	165. √	166. ×	167. √	168. ×
169. √	170. √	171. √	172. √	173. √	174. ×	175. √	176. √
177. ×	178. √	179. √	180. ×	181. √	182. √	183. √	184. √

第三部分　高　级　工

一、信号钳工高级练习题

（一）填 空 题

1. 表面粗糙度是指加工后的________表面上所形成的具有较小间距和微小峰谷不平的程度。

2. 热处理是将金属材料在固态下加热、保温和冷却，以改善金属材料________的一种工艺。

3. 根据加热温度的冷却速度不同，热处理的基本工艺有：淬火、________、退火、正火等几种。

4. 具有理想几何形状，并以其理想形状去________实际形状的工具，称为工件样板。

5. 电液转辙机分为动力系统、液压系统（油路系统）、________和表示系统。

6. 齿轮传动主要失效形式有：轮齿折断、齿面点蚀、________、齿面胶合、齿面塑性变形。

7. 纠正措施是为了防止________不合格、缺陷或其它不希望的情况的再次发生，消除其原因所采取的措施。

8. 色灯信号机具有________，控制简便、受气候条件影响小、安全稳定和便于维修等优点。

9. ZD6 系列电动转辙机减速器内采用 SY1412-75________润滑。

10. ZD6 系列电动转辙机内齿轮与其减速壳处于同心位置，两者________间隙超过 0.5 mm 时应报废。

11. ZD6 系列电动转辙机自动开闭器的动接点与静接点沿进入方向中分线________不大于 0.5 mm。

12. ZD6 系列电动转辙机自动开闭器各接点片压力均匀，接触压力不小于________。

13. ZD6 系列电动转辙机自动开闭器的动接点打入静接点后，用手扳动接点，其________不大于 3 mm。

14. ZD6 系列电动转辙机动作杆与齿条块相对的轴向________不大于 0.3 mm。

15. ZD6 系列电动转辙机动作杆与齿条块相对圆周方向的________不大于 0.3 mm。

16. ZD6 系列电动转辙机锁闭齿轮圆弧和削尖齿圆弧的________应不大于 $R1.5$ mm。

17. ZD6 系列电动转辙机检查柱落进检查块缺口后，两侧间隙总和最小 3 mm，最大________mm。

18. ZD6 系列电动转辙机表示杆高度小于 33.7 mm 时________。

19. ZD6 系列电动转辙机动作杆与圆孔套旷量（指圆心径向旷动）应小于________mm。

20. ZD6 系列电动转辙机表示杆与方孔套旷量（指圆心径向旷动）应小于________mm。

21. ZD6 系列电动转辙机换向器与电动机轴两端轴承的不同轴度应不大于________mm。

22. ZD6系列电动转辙机电动机炭刷间水平连线必须与穿过磁极的中分线________，正、反两个旋转的各项特性偏差不超过 5%。

23. ZD6 系列电动转辙机炭刷的长度应不小于________mm。

24. ZD6 系列电动转辙机电动机的额定电压为________。

25. ZD6 系列电动转辙机电动机的额定电流不大于________。

26. 整机检查时，ZD6 系列电动转辙机速动片与启动片之________为 0.5～2 mm。

27. 确定炭刷中性位置的方法有两种，分别为感应法和________。

28. ZD6 系列电动转辙机自动开闭器机械联动机构由启动片、速动片、速动爪、调整架、拉簧、________、检查柱和支架等零件组成。

29. ZD6 系列电动转辙机监督挤岔的装置是________。

30.. ZD6 系列电动转辙机锁闭齿轮上的启动齿与齿条块槽应保持两侧各________的侧隙。

31. 直流电动机换向器的作用是________并减少电刷下面的火花。

32. ZD6 系列电动转辙机的控制电路，通常采用改变电枢的________，来改变电动机的旋转方向。

33. ZD6 系列电动转辙机自动开闭器接点的动作过程是________。

34. 转辙机从________来分，可分为电动转辙机、电空转辙机和电液转辙机。

35. ZD6 系列电动转辙机具有________大，维修简便等优点。

36. ZD6 系列电动转辙机正反装方式都有两种状态，即________。

37. 色灯信号机根据光学系统的不同，可分为________和探照式两种。

38. ZD6 系列电动转辙机配用的电动机为断续工作制________电动机。

39. 在铁路灯光信号系统中所使用的各种透镜都是________。

40. 摩擦机构是电动转辙机的保护机构，从摩擦性质上分湿摩擦与________两种。

41. 为了便于司机瞭望信号，规定所有信号机构设在运行方向线路的________侧。

42. 电空转辙机动接点和静接点沿插入方向的中分线偏差________，各接点片压力要均匀。

43. ZD6 系列电动转辙机减速器采用两个外齿轮，其偏心距相差________。

44. ZD6 系列电动转辙机在道岔转换前，先切断表示电路，速动片在这一段时间内________。

45. ZD6 系列电动转辙机自动开闭器尖爪上的小滚轮一旦压上速动片弧面，________便与小滚轮脱离接触。

46. ZD6 系列电动转辙机安装圆孔套后，________与底壳间隙不得大于 0.3 mm。

47. ZD6 系列电动转辙机自动开闭器的拉簧________为 68 mm。

48. ZD6 系列电动转辙机是以齿轮为主动，将锁闭齿轮的旋转运动，带动________做直线运动来转辙道岔。

49. ZD6 系列电动转辙机当动作杆顶杆上升 2.5 mm 及其以上时，移位接触器应可靠切断表示电路，并________。

50. ZD6 系列电动转辙机自动开闭器速动爪每侧落下后，与速动片缺口的间隙为________。

51. ZD6系列电动转辙机自动开闭器的拐肘与________夹角为48°±12′。

52. ZD6系列电动转辙机自动开闭器调整动接点打入深度时，应在第一排或第四排静接点________时调整。

53. ZD6型电动转辙机整机试验摩擦联接器摩擦电流应调整到额定电流的1.3倍，________不大于0.3 A（仅允许上偏差）。

54. ZD6-D型系列电动转辙机特点之一是扩大________可调范围，既能适应普通道岔尖轨动程，也能适应交分道岔或单开可动心轨辙岔的小动程需要。

55. ZD7系列电动转辙机的主副挤切销孔内均使用了连接销，进而取消了______。

56. ZD7系列电动机炭刷长度不少于全长的________，与换向器为同心圆接触。

57. 锯割中等硬度钢、厚壁钢管、铜管应选用________齿锯条。

58. 基本尺寸相同的，相互结合的孔和轴公差带之间的关系叫做________。

59. 在孔与轴的配合中，孔的尺寸减轴的尺寸，此代数差为负值时叫做________。

60. 在孔与轴的配合中，孔的尺寸减轴的尺寸，此代数差为正值时叫做________。

61. 平面立体图中一般应标注________三个方向尺寸。

62. 在机械制图中，主要用________来表达物体的形状和大小。

63. 根据零件的要求，配合分为________类。

64. 具有间隙或过盈的配合，此时孔的公差带与轴的公差带相互交迭，叫做________。

65. 对间隙配合或过渡配合，孔的最大极限尺寸减轴的最小极限尺寸所得的代数差，叫做________。

66. 对间隙配合，孔的最小极限尺寸减轴的最大尺寸所得的代数差，叫做________。

67. 对过盈配合或过渡配合，孔的最小极限尺寸减轴的最大极限尺寸所得的代数差，叫做________。

68. 对过盈配合，孔的最大极限尺寸减轴的最大极限尺寸所得的代数差，叫做________。

69. 滚动轴承内径与________的配合应为基孔制。

70. 板牙按照其结构不同，可分为固定式板牙、相对调节式板牙、圆形调节式板牙和________。

71. 公称尺寸又称名义尺寸，它是对零件设计时指定的尺寸。例如图纸上注有一轴尺寸为$\phi\ 40_{-4}^{+1}$，其中________就是公称尺寸。

72. 表面粗糙度是评定零件________的一项重要技术指标。

73. 剖面图有两种，即________和重合剖面。

74. 配合可分三大类即：间隙配合、过盈配合和________。

75. 最大极限尺寸与公称尺寸之间的差，叫________。

76. 最小极限尺寸与公称尺寸之间的差，叫________。

77. 滚动轴承的配合游隙________原始游隙。

78. 装配工艺过程的最后一阶段是________阶段。

79. 装配工艺规程拟定其中一条需要________和主要零件的工作图。

80. 锯削管子和薄板工件，必须用________锯条。

81. 钻孔时，依靠钻头与工件之间的________来完成钻削加工。

82. 电钻的规格是以________来表示的。

83. 要达到装配精度，不能只依赖于提高零件的加工精度，在一定程度上必须依赖于________。

84. 工艺文件包括工艺方案、工艺规程、________和工艺管理明细表等技术文件。

85. 型号 Z525 指的是最大钻孔直径为________的立式钻床。

86. 刀具磨损到一定程度后需要刃磨或更换新刀，因此对磨损程度规定一个合理的程度，即称刀具的________。

87. 常用的千分尺测微螺距为________。

88. 螺纹防松的目的就是防止摩擦力矩减小和螺母________。

89. 丝杠的回转精度用丝杠的________和轴向窜动量的大小表示。

90. 工艺文件要做到正确、________、统一、清晰、可行。

91. 划线盘又叫做划线针，由盘座、盘柱、夹头和________四部分组成。

92. 台式钻床是加工孔直径不超过________的主要机械。

93. 切削速度、转速、________，通称为钻孔的切削用量。

94. 钳工常用油光锉、________、油石来打磨零件表面。

95. 卡钳用于测________尺寸和内径尺寸。

96. 以轴为基准，即轴的极限尺寸一定，与不同极限尺寸的孔配合，这种配合叫做________。

97. 形位公差是零件表面的________和位置公差的简称。

98. 公差带的________是由标准公差确定的。

99. 零件基本尺寸的精确程度，是根据尺寸的________确定的。

100. 标准公差的大小与________和公差等级有关。

101. 具有互换性的零件应是相同________的零件。

102. 零件的实际尺寸在两个极限尺寸范围内，则该零件是________品。

103. 金属弓锯机操作规程：金属弓锯机的日常保养，包括班前保养，班中保养和________。

104. 钻削用量包括切削速度________和切削深度。

105. 在锡焊助焊剂中，________的作用是将树脂、活性剂、扩散剂全部溶解为液态焊剂。

106. 刀具磨损的原因有机械磨损、相变磨损和________。

107. 三角带工作一段时间后将产生塑性变形，使________下降，需重新调整。

108. 三角带由强力层、伸张层、压缩层和________四部分组成。

109. 助焊剂中，树脂的作用是保护金属表面及熔触状态的焊料不易________。

110. 选用精度较高的钻床，采用相应的________钻夹头。

111. 开始进给时，进给力要小，防止________弯曲和滑移，以保证钻孔的正确位置。

112. 钻斜孔有三种情况：在斜面上钻孔、在平面上钻孔和在________钻孔。

113. 钻孔加工时，钻孔前做好________，划线要划得非常准确，划线误差不超过 0.1 mm。

114. 操作人员经考试合格取得操作证，方准进行操作，操作者应________本机的性能、结构等，并要遵守安全和交接班制度。

115. 工作前，对所用钻床和________进行全面检查，确认无误方可操作。

116. 不准________不熟悉的机床和工具。

117. 严格按照润滑图进行注油（脂），并保持________适当，油路畅通。

118. 切断过程中，冷却液应充足，________未提起前，不得停车。

119. 工作中应经常注意各传动部位的状态及润滑与温升情况，如有异常现象，________检查处理。

120. 保养砂轮机时，擦洗砂轮机外表及各死角，________尘屑、油污。

121. 保养砂轮机时，要检查紧固________及工作托架。

122. 装卸工件时必须________，装卸较重工件时要合理选用吊具和吊装方法。

123. 钻床________时严禁变速，变速时不准强力板手柄。

124. 修理 Z525 型钻床工作台前，要检查工作台面的平面度，以及________的垂直度，以确定修理方案。

125. 机械设备修理时的工作过程一般包括：修前、拆卸、修复或更换部件，装配调整和________等步骤。

126. 机械设备拆卸时，应按照与装配________的顺序进行。

127. 将钢材加热到________以上，然后放入水、油、空气中急速冷却，提高钢的强度和硬度，增加钢件的坚固性，这种热处理操作称为淬火。

128. 硬度是指材料抵抗硬物压力的能力，是表明材料________的一种性质。

129. 螺纹要素包括牙型、公称直径、螺距（或导程）、头数、________，旋向和旋合长度等。

130. 引导丝板的作用是在套丝时能使________在工件上保持稳定。

131. 生产过程中出现的各种质量缺陷，按其产生原因可分为，一种为操作者可控缺陷，另一种为________可控缺陷。

132. 通过凸透镜两个球面的球心的直线叫________。

133. 跟主轴________的光通过凸透镜后全聚在主轴上的一点，叫凸透镜的焦点。

134. 电动转换道岔、机械转换道岔其杆件均由密贴调整杆、________和表示杆组成。

135. 用研磨工具和研磨剂从零件表面磨掉极薄的一层金属，这种表面加工方法叫做________。

136. 钻头的刃磨可以在________上进行，也可以用手持钻头在砂轮上进行。

137. ZK3-A 型电空转辙机梭阀的作用是配合电磁阀来操纵________，以解锁滑阀。

138. 专用工具主要包括：压轴机、拨轴器、________、炭刷研磨机和移位接触器行程调整仪。

139. 专用设备测试台主要包括：信号专用灯泡老化台、信号专用灯泡测试台、信号灯光综合测量台、电机综合测试台和________综合测试台等。

140. 使用手电钻工作时所使用的钻头必须锋利，钻孔时不宜用力过猛。当孔将钻穿时，需相应________，以防事故发生。

141. 在信号机上站在梯子架外侧作业时，须使用________。

142. 在高柱信号机上作业时，不准上下抛递工具、________。

143. 在高柱信号机上作业时，禁止上、下同时________。

144. 不准人扛、手提笨重物品攀登________。

145. 光的反射定律：反射光线、入射光线和法线，在同一平面上，反射光线、入射光线分居在法线的两侧，反射角________入射角。

146. 光在________物质里传播路线是直的。

147. 不能再分解的光叫单色光，由单色混合成的光叫________。

148. ZY（J）4、ZY（J）6 型电液转辙机在________落下前，动接点在静接点内窜动时，应保证接点接触深度不小于 2 mm。

149. ZY（J）4、ZY（J）6 型电液转辙机溢流阀应符合道岔在正常转换时，保证液压系统有足够的________。

150. ZY（J）4、ZY（J）6 型电液转辙机溢流阀应符合道岔尖轨因故不能转换到位时，溢流阀应________。

151. ZY（J）4、ZY（J）6 型电液转辙机挤岔装置应符合：在接点组调整好时，使挤岔板上的滚轮与挤岔组斜面接触后再移进 8 mm，________必须快速进入挤岔板下方。

152. SH5 型转换锁闭器当道岔被挤时，接点应能可靠断开。挤岔后应整机更换，现场不得________。

153. S700K 型电动转辙机正常转换道岔时，滚珠丝杠________平稳，无噪声。

154. 分析缺陷产生的原因时，应尽力寻找形成________的共同原因。

155. ZYJ7 型电液转辙机及 SH6 型转换锁闭器开关滚轮在动接点凸轮上时，________应可靠接通。

156. ZYJ7 型电液转辙机及 SH6 型转换锁闭器开关滚轮在动接点凸轮落下时，________应可靠接通。

157. 道岔辙岔心上的导电销，由电务部门检查，________由电务部门通知工务部门焊修。

158. 提速道岔的外锁闭是指提速道岔的________在转辙机外部。

159. 三相交流异步电动机在启动时，启动电流可达额定电流的________倍。

160. 将淬火后的钢件再加热到 723 ℃以下的适宜温度，然后在油中、水中或空气中冷却，达到消除________，提高韧性的目的，这种热处理方法称为回火。

161. 松开摩擦带紧固螺栓，在输出轴不旋转条件下，测试 ZD6 系列电动转辙机________不大于 0.8 A，且转动灵活，无异常噪声。

162. 面对岔尖按设备的实际位置安装装置，可分为左直股、右直股、左弯股和________四种安装形式。

163. 表示产品部件或组件的零件组合图样，称为________。

164. 最大极限尺寸与最小极限尺寸之间的差数，称为________。

165. 钻床在作业前，必须检查________的外观和作用是否良好。

166. ZD6 系列转辙机电机综合测试台专用测试该种电动机在稳态工况下的转矩、________、机械功率、电压和电流等参数，以全面评价被测电机的各种性能。

167. 新产品质量鉴定的主要内容包括产品图样和设计文件的质量，产品的外观质量和主要零、部、组件制造质量及________质量。

168. 一般欧姆表的高阻挡，采用既提高电池电压又提高线路灵敏度的双得办法，以保证________不受影响。

169. 工序能力是指衡量________能够稳定生产出合格品的能力。

170. 6502 电气集中采取________排列进路的方法。

171. 微机监测系统对电源屏实行监测，监测点选在电源屏的输入、________端。

172. 可靠性是指产品在规定的时间内，在规定的条件下，完成规定________的能力。

173. 微机监测系统的主要任务是对联锁系统和室内外信号设备进行监控和________。

174. 联锁计算机在一次错误办理和发生一处故障时，不应有________侧输出。

175. 联锁计算机是指计算机联锁系统中实现________联锁功能的系统。

176. 工序处于控制状态，必须同时满足两个条件：一是点子没有超出________，二是界限内点子没有缺陷性排列。

177. 产品缺陷分级指导书中缺陷内容一般包括对________的影响，对外观质量的影响和对包装质量的影响。

178. 6502 电气集中进路按钮采用________按钮。

179. ZK3-A 型电空转辙机小锁闭阀的作用是锁闭________，防止其误动。

180. ZK3-A 型电空转辙机单向阀的作用是使滑阀输入的压缩空气不能倒流，以保证整机的________在断风源后仍起作用。

181. 质量控制是为了达到________所采取的作业技术和活动。

182. 产品的质量特性包括五个方面，分别是性能、寿命、________、安全性、经济性。

（二）选择题

1. Z525 立式钻床立轴变速分为（　　）。

（A）6 级　（B）7 级　（C）8 级　（D）9 级

2. 对于紧固件以及实心轴、手柄、连杆、球、钩子键等零件，在装配图的剖视图中，剖切平面通过基本轴线时，这些零件均按（　）绘制。

（A）不剖　（B）半剖　（C）局剖　（D）全剖

3. 在 ZD6 系列电动转辙机摩擦电流为 2.3～2.9 A 条件下，摩擦弹簧相邻最小间隙不小于（　　）。

（A）1.0 mm　（B）1.2 mm　（C）1.5 mm　（D）1.8 mm

4. 轴承内圈与主轴、轴承外圈与箱体孔装配时，采用定向装配方法是适用于（　　）。

（A）精度要求较低的主轴　（B）精度要求一般的主轴

（C）精度要求较高的主轴　（D）任意精度的主轴

5. ZD6 系列电动转辙机电动机换向器云母绝缘片低于铜排表面（　　）。

（A）0.2～0.4 mm　（B）0.3～0.4 mm　（C）0.3～0.5 mm　（D）0.4～0.5 mm

6. ZD6 系列电动转辙机锁闭齿轮启动齿应在齿条块缺槽的中间，两边间隙为（　　）。

（A）1.5 mm　（B）1.5 mm±1 mm　（C）2 mm　（D）2 mm±1 mm

7. 粉末静电喷涂涂膜质量的好坏，很大程度取决于（　　）的质量。

（A）涂前处理　（B）机械处理　（C）化学处理　（D）物理处理

8. 放大电路产生零点漂移的主要原因是（　　）影响。

（A）温度　（B）湿度　（C）电压　（D）电流

9. 97 型 25 Hz 分频器线圈对地绝缘电阻应不小于（　　）。

（A）25 MΩ　（B）50 MΩ　（C）100 MΩ　（D）200 MΩ

10. 6502 电气集中电路中，凡是根据工程实际需要增设的继电器，都可以分别纳入（　）组合。

（A）定型　（B）联锁型　（C）零散　（D）集中

11. 控制台上（　　）光带亮，表示列车进入进路，信号机关闭进路占用。

（A）绿色　（B）黄色　（C）红色　（D）白色

12. 在编制电气集中联锁表时，对于防护道岔的填写应在道岔号码外加（　　）符号。

（A）{　}　（B）[　]　（C）（　）　（D）〈　〉

13. 联锁表的编制程序一般是先填写（　　）。

（A）方向栏　　（B）进路栏　　（C）进路方式栏　　（D）敌对信号栏

14. TJWX-2000 型信号微机监测系统 CPU 板将采集的状态数据暂存在缓冲单元（CPU 板上的存储器）内，通过（　　）总线完成站机的数据交换。

（A）CAN　　（B）CAM　　（C）CAP　　（D）CAR

15. TJWX-2000 型信号微机监测系统根据技术要求，开关量采集机应向站机发送两种信息，一是传送全部开关量的目前状态，二是传送开关量的（　　）状态信息。

（A）过去　　（B）变化　　（C）定位　　（D）恢复

16. TJWX-2000 型信号微机监测系统每块开关量输入板输入（　　）开关量信息。

（A）18 路　　（B）28 路　　（C）38 路　　（D）48

17. ZD6 系列电动转辙机，表示杆移动（　　）（推或拉，在检查柱与检查块每侧间隙为 1.5 mm 条件下），动接点应退出静接点组，切断表示电路。

（A）5.7～7.5 mm　　（B）5.7～8 mm　　（C）5.7～8.5 mm　　（D）5.7～9 mm

18. 如果转换完毕 ZD6 系列电动转辙机不进行锁闭，那么齿条块及动作杆在外力的作用下，即可造成“（　　）”，这是很危险的。

（A）二开　　（B）三开　　（C）四开　　（D）五开

19. 为了在挤岔时能及时切断道岔表示电路，在 ZD6 系列电动转辙机自动开闭器的检查柱和表示杆中段上特制成（　　）。

（A）凸面　　（B）凹面　　（C）平面　　（D）斜面

20. ZD6 系列电动转辙机的（　　）是由启动片上的拨钉带着转动的。

（A）静接点　　（B）动接点　　（C）启动片　　（D）速动片

21. ZD6-E 系列电动转辙机偏心套两端压入（　　）轴承。

（A）205　　（B）205EA　　（C）6205　　（D）Nup205E

22. ZD6 系列电动转辙机的（　　）既是输出轴和主轴之间传动的联接机件，又是控制自动开闭器的一个机件。

（A）启动片　　（B）速动片　　（C）静接点　　（D）动接点

23. ZD6 系列电动转辙机的摩擦联接器的（　　）压力必须能够进行调节，使道岔在正常工作情况下，电动机能够带动转辙机工作。

（A）接点　　（B）保持　　（C）转换　　（D）摩擦

24. 在细刮、精制刮时，一般都用（　　）。

（A）酒精　　（B）松节油　　（C）兰油　　（D）红丹粉

25. （　　）是 ZD6 系列电动转辙机所特有的，其接点串联在表示电路中，为进一步确保挤岔时切断表示电路用。

（A）自动开闭器　　（B）减速器　　（C）移位接触器　　（D）锁闭齿轮

26. 电动机作为 ZD6 系列电动转辙机的动力，在通（　　）工作电流 20 min 的规定时间内，电动机温升不超过的绝缘等级温度，电机不受损坏。

（A）1 倍　　（B）1.5 倍　　（C）2 倍　　（D）2.5 倍

27. ZD6 系列电动转辙机自动开闭器主要由（　　）静接点、2 排动接点、2 个速动爪、2 个检查柱及启动片、速动片等组成。

（A）2 排　　（B）3 排　　（C）4 排　　（D）5 排

28. 电动转辙机因受体积和重量的限制，它所用的电动机的功率也不可能很大，一般只有（　　）。

（A）150～250 W　（B）200～300 W　（C）300～400 W　（D）400～500 W

29. 道岔挤岔装置挤岔时，能及时切断（　　）表示电路。

（A）道岔　（B）电机　（C）信号　（D）指示灯

30. 发生挤岔表示杆被推动时，表示杆上的斜坡顺着检查柱的斜面移动，从而将（　　）顶起，使其中一排动接点离开静接点，切断了表示电路。

（A）检查柱　（B）检查块　（C）支架　（D）连接板

31. ZD6 系列电动转辙机齿条块上面共有 6 个齿，（　　）齿槽。

（A）5 个　（B）6 个　（C）7 个　（D）8 个

32. 可挤式电动转辙机内设有（　　）装置，当发生挤岔时，能保护道岔尖轨及电动转辙机机件不受损坏。

（A）转换　（B）减速器　（C）挤岔　（D）锁闭

33. 为了转换道岔克服尖轨与滑板间的最大摩擦，要求电动机有较大的启动（　　）。

（A）电流　（B）电压　（C）速度　（D）转矩

34. 挤岔装置在挤岔时能切断（　　）与电动转辙机之间的机械联系。

（A）电源　（B）减速器　（C）摩擦带　（D）道岔

35. 后表示杆的后伸端设有调整杆，固定螺栓装在后表示杆的长孔与相对应的前表示杆圆孔里，利用长孔的空隙调整前后表示杆的位置，以满足不同道岔开程的需要，调整范围为（　　）。

（A）86～167 mm　（B）96～177 mm　（C）106～187 mm　（D）116～19 mm

36. 在轴两端的支承点，用轴承盖单向固定轴承分别限制两个方向的（　　）。

（A）径转动　（B）径向移动　（C）轴向移动　（D）轴向转动

37. 在尺寸链中，当其他尺寸确定后，新产生的一个环是（　　）。

（A）增环　（B）减环　（C）封闭环　（D）补偿环

38. 为了使 ZD6 系列电动转辙机动接点快速地倒向内侧，切断电动机电路，所以使用（　　）。

（A）21 位巨型插座　（B）静接点组　（C）动接点组　（D）拉簧

39. 动力转辙机从转换时间可分为：快速 0.5～1.5 s，中速 3～6 s，低速（　　）三种。

（A）8～20 s　（B）20～28 s　（C）30～40 s　（D）40～50 s

40. 高速旋转机构中，轴承的间隙过大，则有可能（　　）。

（A）烧坏轴承　（B）引起振动　（C）温升过高　（D）增加刚度

41. 作为转换器必须将电动机的旋转运动变成尖轨的往复直线运动，作为锁闭器必须在尖轨动作前先（　　），尖轨动作后对它进行锁闭。

（A）启动　（B）自转　（C）锁闭　（D）解锁

42. ZD6 系列转辙机对减速器的要求是：一要足够大的（　　）；二要传动效率高；三要占用空间小；四要容易与其他部件相结合。

（A）转矩　（B）转速　（C）功率　（D）减速比

43. ZD6 系列电动转辙机的（　　）还起到副机械锁闭的作用。

（A）锁闭杆　（B）连接杆　（C）调整杆　（D）表示杆

44. ZD6系列电动转辙机的自动开闭器是电动转辙机中用来及时地和正确地反映道岔的位置及控制（　　）的机构。

（A）电动机　（B）表示杆　（C）动作杆　（D）锁闭齿轮

45. ZD7系列电动转辙机是驼峰编组场用以快速转换道岔、锁闭道岔尖轨、反映尖轨位置状态的设备，适用于转换力不大于（　　）的非弹性单开、对称道岔。

（A）1.077 kN　（B）1.17 kN　（C）1.27 kN　（D）1.47 kN

46. 在组装锁闭杆组时，调整两锁闭杆缺口间尺寸为（　　）。

（A）41 mm　（B）69 mm　（C）110 mm　（D）141 mm

47. ZD6系列电动转辙机的主轴组由主轴套、止挡栓、锁闭齿轮、主轴、挡圈（　　）组成。

（A）滚动轴承　（B）启动片　（C）速动片　（D）接点块

48. 在组装过程中，轴承抹黄油其用量应为轴承空间的（　　）。

（A）100%　（B）80%　（C）1/2　（D）2/3

49. ZD6系列电动转辙机的减速器总减速比为（　　）。

（A）156.4　（B）157　（C）158　（D）158.4

50. ZD6系列电动转辙机的减速器的传递效率为（　　）左右。

（A）70%　（B）75%　（C）80%　（D）85%

51. ZD6系列电动转辙机的主轴上共使用了206及（　　）两种轴承。

（A）4174106　（B）4164107　（C）4174107　（D）4164106

52. 工序能力不定常见的原因有（　　）、量具仪表配置不足、工序偏移、工序不稳定、产品混合。

（A）工序指导上的错误　（B）操作失误

（C）材料质量不良　（D）设备不精

53. 在基孔制中，（　　）用于间隙配合。

（A）A～F　（B）A～H　（C）A～K　（D）A～P

54. 粉末静电喷涂涂膜性能优越，牢固耐用与同等厚度的油漆相比，各种物理机械性能均优于（　　）。

（A）油漆　（B）颜料　（C）塑料　（D）胶木

55. 60 kg/m 钢轨 12 号道岔尖轨第一牵引点，采用代号（　　）的 S700K 型电动转辙机。

（A）A13/A14　（B）A15/A16　（C）A17/A18　（D）A33/A34

56. 60 kg/m 钢轨 12 号道岔尖轨第二牵引点，采用代号（　　）的 S700K 型电动转辙机。

（A）A13/A14　（B）A15/A16　（C）A17/A18　（D）A33/A34

57. 60 kg/m 钢轨 18 号道岔尖轨第一牵引点，采用代号（　　）的 S700K 型电动转辙机。

（A）A13/A14　（B）A15/A16　（C）A17/A18　（D）A33/A34

58. 60 kg/m 钢轨 18 号道岔尖轨第二牵引点，采用代号（　　）的 S700K 型电动转辙机。

（A）A13/A14　（B）A15/A16　（C）A17/A18　（D）A33/A34

59. 60 kg/m 钢轨 18 号道岔尖轨第三牵引点，采用代号（　　）的 S700K 型电动转辙机。

（A）A13/A14　　（B）A15/A16　　（C）A17/A18　　（D）A33/A34

60. 60 kg/m 钢轨 18 号道岔心轨第一牵引点，采用代号（　　）的 S700K 型电动转辙机。

（A）A31/ A32　　（B）A33/A34　　（C）A35/A36　　（D）A17/A18

61. 60 kg/m 钢轨 18 号道岔心轨第二牵引点，采用代号（　　）的 S700K 型电动转辙机。

（A）A31/ A32　　（B）A33/A34　　（C）A35/A36　　（D）A17/A18

62. S700K 型电动转辙机动作杆动程有（　　）三种。

（A）120 mm、220 mm、240 mm　　（B）130 mm、200 mm、220 mm

（C）150 mm、220 mm、240 mm　　（D）200 mm、220 mm、240 mm

63. 转辙机直流电动机实现反转，通常使用（　　）。

（A）改变电枢电流方向　　（B）不同的励磁线圈

（C）改变励磁电流方向　　（D）增加换向器

64. 直流电动机按励磁方式的不同，可以分为（　　）类型。

（A）1 种　　（B）2 种　　（C）3 种　　（D）4 种

65. ZD6 系列电动转辙机锁闭齿轮的锁闭圆弧与齿条块削尖齿圆弧均应具有 HRC（洛氏）（　　）硬度。

（A）25～35　　（B）35～45　　（C）45～50　　（D）58～64

66. ZD6 系列电动转辙机齿条块被锁闭后，锁闭齿轮锁闭圆弧与齿条块两削尖齿应同时接触，最大间隙不得超过（　　）。

（A）0.05 mm　　（B）0.06 mm　　（C）0.08 mm　　（D）0.10 mm

67. 机械制造中用作轴材料的最常用是（　　）钢。

（A）30 号　　（B）40 号　　（C）45 号　　（D）50 号

68. ZD6 系列电动转辙机电动机换向器云母槽的宽度为（　　），槽内应无炭刷粉和严重烧痕。

（A）0.8～0.9 mm　　（B）0.8～1 mm　　（C）0.7～0.9 mm　　（D）0.7～1 mm

69. 对于某些重要表面，为保证其工序余量均匀，以便获得硬度和耐磨性好的表面，应选（　　）为划线基准。

（A）不加工表面　　（B）该重要表面

（C）余量小的表面　　（D）已加工表面

70. 装配时，使用可换垫片、衬套和镶条等，以消除零件的累积误差和配合间隙的方法是（　　）。

（A）修配法　　（B）选配法　　（C）调整法　　（D）互换法

71. 联接键主要用于连接轴与轴上的零件，实现周向固定并（　　）。

（A）定位　　（B）传递转矩　　（C）连为一体　　（D）增加强度

72. 工序能力指数表示工序能力满足产品质量标准或工艺规范要求的程度，它是（　　）和工序能力的比值。

（A）工艺要求　　（B）技术要求　　（C）检查要求　　（D）自检要求

73. 当孔的精度要求较高和表面粗糙度值要求较小时，加工中应取（　）。

（A）较大的进给量，较小切削速度　　（B）较小的进给量，较大的切削速度

（C）较大的切削深度　　（D）较小的切削深度

74. 喷涂设备由（　）、粉末回收、电气挖掘系统、高压发生器和喷枪、供粉装置等组成。

（A）粉末　（B）脱水　（C）固化　（D）喷室

75. ZD6 系列电动转辙机主轴与输出轴在转换过程中，速动爪滚轮在速动片上滚动时，动接点在静接点内摆动量不大于（　）。

（A）0.5 mm　（B）0.6 mm　（C）0.8 mm　（D）1 mm

76. 经电火花强化法强化后的金属表面硬度，可高达 HRC（　）。

（A）800～1 100　（B）900～1 200　（C）1 000～1 300　（D）1 100～1400

77. 喷涂层与加工件表面结合应牢固，被喷涂零件表面直接可达到（　）以上硬度。

（A）HRC30　（B）HRC40　（C）HRC50　（D）HRC60

78. 喷涂可以提高零件的防腐、防锈性能和零件的（　）。

（A）硬度　（B）强度　（C）弹性　（D）冲击韧性

79. 采用先喷后熔喷粉时，将火焰调节成略带碳化焰，喷枪与工件距离应为（　）（太近，温度高，工件易产生变形；太远，结合强度不高）。

（A）50～80 mm　（B）50～100 mm　（C）100～130 mm　（D）100～150 mm

80. ZD6 系列电动转辙机锁闭圆弧的锁闭齿轮在喷涂时，应使喷涂面厚薄均匀，喷层厚度应不小于（　）。

（A）0.5 mm　（B）1.0 mm　（C）1.5 mm　（D）2.0 mm

81. 固体渗碳的方法是将零件与渗碳剂（主要是木炭与碳酸盐的混合物）一起装到箱中，密封后热至（　）保温数小时。

（A）850～900 ℃　（B）900～950 ℃

（C）950～1 000 ℃　（D）100～1 050 ℃

82. 固体渗碳时，渗碳层的深度与保温时间有关，可按每小时（　）计算。

（A）0.1 mm　（B）0.2 mm　（C）0.25 mm　（D）1.15 mm

83. 液体渗碳是将零件放入温度（　）左右的渗碳盐液（碳酸钠、食盐和碳化硅）中，保温时间一般为 40～45 min。

（A）800 ℃　（B）850 ℃　（C）900 ℃　（D）950 ℃

84. 氮化的温度一般是（　），需几十小时，渗入负名氮与钢中的铝、铬等合金元素化合成极硬的氮化物，故氮化不用碳素钢而用合金钢。

（A）400～460 ℃　（B）500～600 ℃

（C）600～660 ℃　（D）700～760 ℃

85. ZYJ7-F180/4000 型电液转辙机的一动动程为（　）。

（A）150 mm　（B）180 mm　（C）220 mm　（D）280 mm

86. ZYJ7-G220+170+100/1800+1800+4200 型电液转辙机的一动动程为（　）。

（A）150 mm　（B）180 mm　（C）210 mm　（D）280 mm

87. ZYJ7-G220+170+100/1800+1800+4200 型电液转辙机的二动动程为（　）。

（A）150 mm　（B）180 mm　（C）220 mm　（D）280 mm

88. ZYJ7-G220+170+100/1800+1800+4200 型电液转辙机的一动额定转换力为（　　）。

（A）1 470 N　（B）1 810 N　（C）2 552 N　（D）9 800 N

89. ZYJ7-G220+170+100/1800+1800+4200 型电液转辙机的三动额定转换力为（　　）。

（A）2 552 N　（B）3 432 N　（C）4 070 N　（D）5 884 N

90. ZYJ7-G220+170+100/1800+1800+4200 型电液转辙机的工作电流不大于（　）。

（A）1.8 A　（B）3.3 A　（C）3.4 A　（D）3.8 A

91. ZYJ4 型电液转辙机单线串联电阻不大于（　）。

（A）10 Ω　（B）20 Ω　（C）30 Ω　（D）40 Ω

92. ZYJ4 型电液转辙机的动作时间不大于（　）。

（A）8 s　（B）9.3 s　（C）10.2 s　（D）11.2 s

93. ZYJ4-G 型电液转辙机的动作时间不大于（　）。

（A）8 s　（B）9.3 s　（C）10.2 s　（D）11.2 s

94. ZD6-E、ZD6-J 型电动转辙机在卧式圆柱体下方，采用两侧对称圆弧接触面对岔尖实施机械阻挡，实现双圆弧的圆槽锁闭，槽深（　），有效地增强了锁闭性能。

（A）7 mm　（B）7.4 mm　（C）8 mm　（D）8.4 mm

95. ZD6-E、ZD6-J 型电动转辙机优选热处理工艺参数，提高拐点处接触疲劳强度。锁闭齿轮拐点处的淬火深度不小于（　　）。

（A）2.5 mm　（B）3 mm　（C）3.5 mm　（D）4 mm

96. ZD6-E 型电动转辙机前、后表示杆间的锁闭块，增加了两个（　）的锁闭销。

（A）11.7～14.6 kN　（B）12.7～15.6 kN

（C）13～16.6 kN　（D）14.7～17.6 kN

97. ZD6-J 型电动转辙机的额定转换力为（　　）。

（A）3 924 N　（B）4 905 N　（C）5 884 N　（D）6 867 N

98. 联接表面之间，在外力的作用下，接触部位产生较大的接触应力引起变形时，即零件的接触（　）较差。

（A）强度　（B）刚度　（C）硬度　（D）应力

99. ZD6-J 型电动转辙机的额定电压为（　）。

（A）160 V　（B）180 V　（C）200 V　（D）220 V

100. ZD6-J 型电动转辙机的动作电流不大于（　）。

（A）0.8 A　（B）1.8 A　（C）2 A　（D）2.2 A

101. ZD6-J 型电动转辙机的转换时间不大于（　）。

（A）5.5 s　（B）8 s　（C）9 s　（D）10.2 s

102. 丝锥螺纹公差带 H2 适用于加工内螺纹公差带等级（　　）。

（A）4H、5H　（B）5G、6H　（C）6H、7H　（D）7G、8H

103. ZD7-A 型电动转辙机的电动机额定转速为（　）。

（A）≥2 400 r/min　（B）≥2 600 r/min

（C）≥2 800 r/min　（D）≥3 000 r/min

104. ZD7-A 型电动转辙机的额定转矩为（　）。

（A）2.0 N・m　（B）2.2 N・m　（C）2.403 N・m　（D）2.6 N・m

105. ZD6 系列电动转辙机出所前整机必检项目和技术要求有（　）。

（A）34 条　　（B）40 条　　（C）44 条　　（D）50 条

106. 主要用于碳素工具钢、合金工具钢、高速钢和铸铁工件研磨的磨料是（　　）磨料。

（A）碳化物　　（B）氧化物　　（C）金刚石　　（D）氮化物

107. 环境温度为 40 ℃的条件下，做电动机温升试验，要求一次通电（　　）后，绕组温升不超过 95 ℃。

（A）10 min　　（B）15 min　　（C）20 min　　（D）25 min

108. ZD6 系列电动转辙机拨出主销，移动动作杆，顶杆上升行程不小于（　　）。

（A）1.3 mm　　（B）1.5 mm　　（C）2.0 mm　　（D）2.5 mm

109. ZD6 系列电动转辙机的齿条块被锁闭后，锁闭齿轮锁闭圆弧与齿条块两前尖齿同时接触，最大间隙不得超过（　　）。

（A）0.05 mm　　（B）0.1 mm　　（C）0.15 mm　　（D）0.2 mm

110. 电动机换向器表面（　　）应达到无明显可见划痕和凹点要求。

（A）光洁度　　（B）粗糙度　　（C）精度　　（D）研磨度

111. ZD6 系列电动转辙机速动片与启动片间隙的综合指标是（　　）。

（A）0.3～1.7 mm　　（B）0.5～1.7 mm

（C）0.3～2 mm　　（D）0.5～2 mm

112. ZD6 系列电动转辙机由于输出轴与主轴不同心，（　　）摩擦电流。

（A）会影响到定位　　（B）会影响到反位

（C）会影响到定反位　　（D）不会影响

113. ZD6 系列电动转辙机减速器的外齿轮是由偏心套迫使它（　　）。

（A）转动　　（B）移动　　（C）摆动　　（D）窜动

114. ZD6 系列电动转辙机减速器减速比为（　　）。

（A）40:1　　（B）41:1　　（C）42:1　　（D）43:1

115. ZD6 系列电动转辙机减速器的外齿轮是 41 齿，与它啮合的内齿轮是（　　）。

（A）40 齿　　（B）41 齿　　（C）42 齿　　（D）43 齿

116. 用手摇动的是 ZD6 系列电动转辙机减速器的（　　）齿轮传动。

（A）第一级　　（B）第二级　　（C）第三级　　（D）第四级

117.（　　）常用来做齿轮、凸轮、活塞等。

（A）合金渗碳钢　　（B）低合金高强度钢

（C）合金调质钢　　（D）合金弹簧

118.（　　）状态下的道岔，在转换过程中，会使动作杆扭动加重牵引负载。

（A）道岔不方　　（B）道岔反弹　　（C）尖轨拱曲　　（D）吊板

119.（　　）是工厂组织生产活动的基础，它可以保证产品的质量。

（A）生产计划　　（B）工艺规程　　（C）工序原则　　（D）工具设备

120. 工艺规程是制定（　　）的依据。

（A）生产计划　　（B）工作计划　　（C）工序原则　　（D）工时定额

121. 工艺规程上规定的切削刀具的所允许的切削量是为了保证设备（　　）。

（A）安全使用　　（B）合理使用　　（C）小心使用　　（D）可靠使用

122. 工艺规程必须保证工件达到图纸要求，在加工过程中，采用适宜的设备和工具，来保证产品的质量，这是工艺规程应满足的（　　）。

（A）生产条件　　（B）工艺条件　　（C）设计条件　　（D）经济条件

123. 工装设计及编制工艺规程时，必须考虑（　　）的大小。

（A）产品结构　　（B）产品堆放场所　　（C）生产规模　　（D）生产场所

124. 刮削加工后，常用的检定工具不包括（　　）。

（A）平板　　（B）检验平尺　　（C）角度平尺　　（D）水平尺

125. 刮刀刃口不锋利或不光滑会产生（　　）。

（A）波浪纹　　（B）撕纹　　（C）刮削平面不准确　　（D）深坑

126. 具有良好的机械、物理和化学性能，工艺灵活、操作方便等特点的金属维修技术是（　　）。

（A）焊接技术　　（B）喷涂　　（C）槽渡　　（D）涂渡

127. 锁闭齿轮锁闭圆弧与齿条块削尖齿圆弧在补焊消磨加工后，表面达（　　）后，方可进行电火花强化作业。

（A）HRC40～45　（B）HRC45～50　（C）HRC50～55　（D）HRC55～60

128. 一个轴套的外径尺寸为$\phi\ 32^{+0.059}_{+0.043}$，它的公差为（　　）。

（A）0.016　　（B）0.043　　（C）0.059　　（D）0.102

129. 基本偏差的代号用拉丁字母表示，大写字母的代表孔，小写字母的代表轴，各（　　）。

（A）22 个　　（B）24 个　　（C）26 个　　（D）28 个

130. 当工件各个表面都需要加工时，为保证各表面都有足够的余量，应选用（　　）为划线基准。

（A）不加工表面　　（B）该加工表面

（C）余量小的表面　　（D）已加工表面

131. 畸形工件划线基准可以借助（　　）作为参考基准。

（A）原始基准　　（B）辅助基准　　（C）某个面和孔　　（D）几个面和几个孔

132. 大型工件划线常用（　　）作为辅助划线基准。

（A）拉线和吊线　　（B）外形　　（C）某个面或孔　　（D）几个面和几个孔

133. 大型工件划线常用拼接平板的方法时，常用（　　）来检测平板。

（A）水准法或经纬仪　　（B）平尺　　（C）专用工具　　（D）平尺或角尺

134. 高速机械的（　　）是可能引起振动的主要部件。

（A）支架　　（B）轴承　　（C）转子　　（D）电机

135. 提高齿轮的安装精度，主要是提高安装时的（　　）精度，对减少齿轮运行中的噪声有很大作用。

（A）位置度　　（B）平行度　　（C）同轴度　　（D）直线度

136. 只要能满足零件的经济精度要求，无论何种生产类型，都应首先考虑采用（　　）装配。

（A）调整装配法　　（B）选配装配法

（C）修配装配法　　（D）互换装配法

137. 硬质合金的耐热温度为（　　）。

（A）300～400 ℃　　　　（B）500～600 ℃

（C）800～1 000 ℃　　　（D）1 100～1 300 ℃

138. 在切削塑性较大的金属材料时会形成（　　）切屑。

（A）带状　（B）挤裂　（C）粒状　（D）崩碎

139. 在切削脆性材料时会形成（　　）切屑。

（A）带状　（B）挤裂　（C）粒状　（D）崩碎

140. （　　）是针对某一工件的某一工序而专门设计和制造的。

（A）专用夹具　（B）成组夹具　（C）通用夹具　（D）特殊夹具

（三）判 断 题

1. 铸铁齿轮最容易发生过载折断，但高硬度的钢制齿轮不容易发生过载折断。（　　）

2. 齿轮的轮齿受到短期过载或严重冲击而骤然折断，其折断面是粗晶粒组织，颇类似铸铁的断口外观，称为过载折断。（　　）

3. 电动机的温升试验应在额定电压 160 V，1.3 倍工作电流（即 2.6 A），环境温度为 60 ℃的条件下进行。（　　）

4. 操作不当，齿轮传动设计不合理，齿轮加工、装配工艺及材料质量不能满足要求是造成过载折断的唯一原因。（　　）

5. 齿轮的轮齿受力时，其根部产生的弯曲应力最大，特别是交变应力超过疲劳极限时，则可能产生疲劳裂缝。（　　）

6. 对齿轮热处理不当，轮齿淬硬层过浅或心部太软，都会导致硬化层下产生裂纹并向齿面扩展。（　　）

7. 齿面在规定的磨损界限内，并不影响齿轮的工作能力。（　　）

8. 磨料的颗粒较大，齿面就会出现显著的刮痕，齿面金属磨损更快，这种严重刮伤齿面的磨损，称为刮伤。（　　）

9. 偏心夹紧机构的优点是夹紧行程受偏心距的限制，夹紧力也较大。（　　）

10. 对于低速齿轮传动，已发生过载磨损，若润滑油黏度高，则更容易加速过载磨损。（　　）

11. 固定钻套主要用于大批生产条件下，孔加工的多种工序。（　　）

12. 电火花强化法具有材料消耗少、设备简单、操作方便和成本低等优点，但性能可靠度较低。（　　）

13. 列车通过道岔时，由于尖轨拱曲造成尖轨因反弹力给动作杆、表示杆一种较大的冲击力，增大锁闭力度。（　　）

14. 尖轨因多种原因与基本轨间存在反弹，使转辙机正常锁闭、解锁困难，严重时会影响正常使用或造成挤切销异常损坏。（　　）

15. 工艺规程是制定生产计划的依据。（　　）

16. 工艺规程应满足工艺条件、工场条件、经济条件三个基本条件。（　　）

17. 工序的集中原则可使工艺过程的工序数目少些，提高劳动生产率。（　　）

18. 电动转辙机总装后，需进行全面的调测，检查后交付验收。（　　）

19. 当圆轴上只受两个外力偶作用用时，危险截面一定在轴直径最小的截面处。（　　）

20. 金属喷涂的涂层是多孔性的，能在微细的孔中容纳润滑油，润滑性能良好，有较高

的抗磨性。（ ）

21. 渗碳是在钢件的表面以碳元素渗入，使钢件表面的含碳量提高，得到耐磨、耐压性和高硬度的表面。（ ）

22. 为了使表层得到高的硬度及耐磨性，零件渗碳后，必须经过淬火处理。（ ）

23. 氮化后的钢必须淬火及回火处理。（ ）

24. 氰化是同时向钢表面渗碳和渗氮的过程。（ ）

25. 低温氰化所得氰化层含碳量大而含氮量较低。（ ）

26. 低温氰化后不需再进行热处理。（ ）

27. 电火花强化法能够改善工件表面的物理化学性能，提高表面硬度、耐磨性、耐蚀性和红硬性。（ ）

28. 电火花强化法能够提高基本硬度、强度和韧性等机械性能，达到延长工件使用寿命的一种方法。（ ）

29. ZYJ7 型电液转辙机的额定电压为 380/220 V。（ ）

30. ZD6-E 型电动转辙机为不可挤型，故在锁闭功能上实施了两杆锁闭。（ ）

31. ZD6-J 型电动转辙机具有监督尖轨位移、挤岔断表示的功能。（ ）

32. ZD6-E、ZD6-J 型电动转辙机采用合齿启动，提高水平输动。（ ）

33. ZD6-E 型电动转辙机动作杆与齿条块采用 60 号钢制成的联接销连接。（ ）

34. ZD6-E 型电动转辙机表示杆除选用 45 号钢外，将前表示杆改为 34 mm×34 mm 整体结构，增长方孔套，以提高抗弯强度。（ ）

35. ZD6-J 型电动转辙机齿条块、转换齿轮均采用 20° 标准压力角，齿模数采用模数 8，以适应转矩和动程的需要。（ ）

36. ZD6-J 型电动转辙机为实现监督尖轨位移，挤岔断表示功能，在表示杆上设置有测位块，该块不起锁闭作用。（ ）

37. 行星减速器的原理是引入了自转和公转的运动概念。（ ）

38. 物体的平动，是指物体在运动时，它上面的任意两点所连成的直线作平行移动。（ ）

39. 当电动机的电枢绕组中有电流通过时，电枢磁场使主磁场发生变化，使主磁场的波形发生畸变，这种现象称为电枢反应。（ ）

40. 电动机负载减小时，电枢电流也减少，而电枢反应越加严重。（ ）

41. ZD6 系列电动转辙机入所修，修后检查包括目测直观检查和手动转动试验两个工作步骤。（ ）

42. ZD6 系列电动转辙机速动衬套与主轴长期处于不良状态下工作，使表面粗糙度遭到破坏，久而久之发生燃轴。（ ）

43. 齿根圆角半径过小或有深粗刀痕时，在工作中或热处理时最易在齿根处发生裂纹，这种因制造原因造成断齿，称缺折断。（ ）

44. 电动机转子绕组电气特性测试是指短路、断路和接地三项测试。（ ）

45. 工艺规程是工厂组织生产活动的基础。因此，根据工艺规程加工，可以保证产品质量。（ ）

46. 工艺规程可以提高机床的利用率，发挥车间的技术能力，又是制订生产计划的依据。（ ）

47. 工艺规程规定了要使用的一切工具，这就可以按工艺规程事先做好计划，保证有计划地供应。 （ ）

48. 在工装设计及编制工艺规程时是不考虑生产规模的。 （ ）

49. 工艺规程应保证支出最少的人力、物力和财力，而能最大限度地生产出更多的产品，并达到工艺要求，这就是工艺规程的经济条件。 （ ）

50. 在编制工艺过程时，力求将可能多的表面加工集中到一道工序中来完成，这就是工序的集中原则。 （ ）

51. 工序集中的原则只适用于大批量生产。 （ ）

52. 工序检验是指在本工序加工完毕时的检验，目的是防止不合格品流入下道工序中。 （ ）

53. 滚动轴承的外圈与轴承座孔的配合采用基孔制。 （ ）

54. 工序分散原则是用增加工序数目的方法，来简化工艺过程中每道工序的工件内容。 （ ）

55. 简化工艺的极限是每道工序只包含一个工步。 （ ）

56. 确定工艺过程的工时定额，只需考虑本厂的机床、工具设备和工人的技术等级就可以了。 （ ）

57. 弯曲作用的大小与轴的强度有关，与轴承间的距离关系不大。 （ ）

58. 蜗杆传动摩擦损失小，传动效率高，而且传动比大，结构紧凑。 （ ）

59. 蜗杆传动平稳，无噪声，主要是蜗杆的齿是连续不断的螺旋齿。 （ ）

60. 当手动推杆行程不够时，活动铁芯封不住固定铁芯的中心通孔，不能换向，此时可调整螺套，调整好后上紧背紧螺母。 （ ）

61. ZK3-A 型电空转辙机连续扳动时，动作时间慢的主要原因是负载过重。 （ ）

62. 金属涂镀层的形成，从本质讲和电镀是相同的，都是在直流电场的作用下，带正电的金属离子向工件（负极）迁移，得到电子后结晶沉积而形成镀层。 （ ）

63. 圆锥齿轮传动是用来传递两相交轴间的运动和动力，但两轴交角 $\Sigma=A+B=90°$ 。 （ ）

64. 速动衬套内外油槽应无毛刺，清除棱角，内外圈光滑、干净。 （ ）

65. 手摇把摇动 ZD6 系列电动转辙机减速器输入轴时，输出轴有转矩输出，但减速器内有噪声或振动声的原因是减速器内齿轮啮合不良或滚动轴承故障。 （ ）

66. ZD6 系列电动转辙机自动开闭器第二次变位时，动接点无法打到底是因为检查柱座孔内动作不畅。 （ ）

67. 正常控制电压送至电动机端子后，电动机不转动。大致原因是电动机定子绕组或转子绕组断线；或连接电路中断；或炭刷与换向器接触中断所致。 （ ）

68. 电动机转子绕组多组断线是造成电动机正常转动后，转速过慢的原因之一。 （ ）

69. 研磨时产生表面拉毛的原因是研磨剂选择不当。 （ ）

70. 静电粉末喷涂的涂膜性能优越、牢固耐用，与同等厚度的油漆相比，各种物理机械性能均优于油漆。 （ ）

71. ZD6 系列电动转辙机入所修，启动片与内齿轮端面之间的间隙应不小于 0.5 mm。 （ ）

72. 凹镜有焦点，而凸镜没有焦点。 （ ）

73. 信号透镜就是利用凹镜反射后成平行光这种性质制成的。（　　）

74. Z4012 型台钻主轴最大行程为 120 mm。（　　）

75. 电磨头适用于零件的修理、修磨和除锈，在夹具的装配调整中也可使用。（　　）

76. Z525 立式钻床主轴最大行程为 200 mm。（　　）

77. 大批生产和单件生产，它们的准备时间与基本时间的比例基本相同。（　　）

78. 相互啮合的一对大小齿轮，因为压力角和模数相同，所以它们的齿形也相同。（　　）

79. 一种产品在试制或大批生产时最好采用同种工艺方案加工，这样比较节约。（　　）

80. 蜗轮蜗杆传动的效率高于带传动的效率。（　　）

81. 决定滑动轴承稳定性好坏的根本原因，在于轴在轴承中的偏心距大小，偏心距越小，稳定性越好。（　　）

82. 同步电动机的定子绕组与三相异步电动机的定子绕组的排列和接法不一样。（　　）

83. 根据封闭环在使用和维修过程中减小的变化规律，应选择尺寸链中的减环作为补偿件。（　　）

84. 他励直流电动机启动时，必须先给励磁绕组机加上电压再加电枢电压。（　　）

85. 三角带轮的计算直径是带轮的外轮。（　　）

86. 直流电动机的机械特性是指电动机端电压和剩磁电流等于额定值时，电动机转速和转矩之间的关系。（　　）

87. ZD6-E 型电动转辙机齿条块与动作杆是由挤切销和椭圆副连接销组成的，它是不可挤型的。（　　）

88. 运用方差分析、回归分析等方法，对质量缺陷进行分析。（　　）

89. 开展工序管理，对预防生产不良品，保证产品质量起决定性作用。（　　）

90. 减速器可将电动机输入的高转速转矩变成低转速转矩。（　　）

91. 自动开闭器是 ZD6 系列电动转辙机中用来及时地和正确地反映道岔的位置及控制电动机的机构。（　　）

92. 组合的排列顺序可任意颠倒，因为组合的顺序实际上是代表两组合电路环节的衔接顺序。（　　）

93. 转换锁闭装置是一个把旋转运动改变为曲线运动，带动道岔尖轨位移，并最后完成内部锁闭的装置。（　　）

94. 粉末静电喷涂的基本工作原理是采用高压发生器，工件接地形成电场。（　　）

95. 粉末喷涂最大优点是不采用溶剂涂料。（　　）

96. 道岔转换完毕，应自动地切断电动机的电路。（　　）

97. 只要选用适当功率的电动机或设计合适的机械结构，都可以获得不同转换速度的转辙机。（　　）

98. ZD6 系列电动转辙机配用的电动机为断续工作制直流串激可逆电机。（　　）

99. ZD6 系列电动转辙机的转换锁闭装置主要由锁闭齿轮、齿条块等组成。（　　）

100. 挤岔后，只要更换动作杆，道岔即可恢复使用。（　　）

101. 为了获得较大的转矩来转换道岔，必须经过减速，从一般的 2 000 r/min 以上的转速降到符合要求的转速，因此，需要有减速器。（　　）

102. ZD6 系列电动转辙机的表示杆与道岔的表示连接杆相连随道岔动作，主要起检查尖轨是否密贴的作用。（　　）

103. 直流电动机正转和逆转可利用改变磁极磁场方向的电压来实现。（　）

104. 电动转辙机的摩擦联接器是一种吸收转动惯量和保护电动机的联接装置。（　）

105. 道岔控制电路分为动作电路和表示电路两部分。（　）

106. 钻床夹具一般都装有钻套，通过它引导刀具可以保证被加工孔的坐标位置，并防止钻头在切入时引偏。（　）

107. ZD6 系列电动转辙机的动作杆动程为：D 型 165 mm；E 型 190 mm；F 型 135 mm；J 型 165 mm；H 型 165 mm。（　）

108. 锁闭齿轮随主轴正时针方向旋转。（　）

109. ZD6-E 型电动转辙机的最大负载为 450 kN。（　）

110. ZD6-E 型转辙机具有双锁闭功能。（　）

111. 电动转辙机的电动机有直流电动机，也有交流单相和三相感应电动机。（　）

112. 我国生产的电动转辙机所采用的电动机均为交流单相电动机。（　）

113. ZD6 系列电动转辙机的炭刷与换向器的接触面积达到 2/3，方可出厂。（　）

114. ZD6 系列电动转辙机通过数个齿轮组的组合，而达到减速目的的。（　）

115. 在铁芯上套铜环能使继电器达到缓吸缓放。（　）

116. ZD 型转辙机电机综合测试台的台架由 CZ 型转矩转速传感器、被测电动机、负载及工夹具等部分组成。（　）

117. ZS 型电动转辙机综合测试台的台架由底架、拉压转感器、油缸、液压控制系统等部件组成。（　）

118. 最先进入装配的零件，称为基准零件或基准部件。（　）

119. 用以保证机器（或部件）的工作性能和工作精度的尺寸，表示部件各组成零件装配关系就叫做装配尺寸。（　）

120. 凡分母（或第 2 项）标有 H 的均属基轴制配合。（　）

121. 两相邻零件的接触面和基本尺寸相同的配合面，只画一条线。（　）

122. 我国规定的常用安全电压是 110 V。（　）

123. 直流电动机的制动有机械制动和电力制动两种方法。（　）

124. 生产过程控制主要有生产进度的动态控制和生产进度的静态控制两大部分，以及生产成本和产品质量等的控制。（　）

125. 对生产作业过程进行检查测定，并将检查测定结果与计划、目标等指标及要求进行比较，可找出偏差及薄弱环节。（　）

126. 在控制线路中，用接触器联锁，控制电动机的正、反转不安全，不可靠。（　）

127. 应力的大小与杆件材料的力学性能无关。（　）

128. 工序能力（或工程能力）是指工序处于稳定状态（控制状态）下生产合格品的能力，或者说明是工序保证质量的能力。（　）

129. 作用力与反作用力大小相等，方向相反。所以作用力也是一对平衡力。（　）

130. 行星减速器的外齿轮是 41 齿，内齿轮是 42 齿，所以外齿轮每公转一周，它就逆时针方向转过一齿，因此，减速比为 41:1。（　）

131. 刃磨硬质合金刀具应选用绿色碳化硅砂轮。（　）

132. ZD6 系列转辙机速动片与启动片间隙小于 0.5 mm，会造成两片粘连，使速动片在启动片上的拨片钉拨动之前，就随启动片一起旋动。（　）

133. 电气控制系统在运行中，操作人员可通过听、闻、看、摸等直接感觉进行监视。（　）

134. ZD6 系列转辙机速动片与启动片的间隙大于 2.5 mm 时，有可能造成速动爪滚轮压不住速动片而失控。（　）

135. 代表国际标准化组织的符号是 ISO。（　）

136. 对同一种材料来说，许用应力是一个不变的定值。（　）

137. 根据缺陷分级确定权数是为了使产品的评价定量化，按缺陷级别从 A 级到 D 级排列，其缺陷权数为 100-50-10-1。（　）

138. 分析产品缺陷的原因，应把有关的指导人员和实施人员集中起来进行研究，推想各种可能的原因，并一一做好记录。（　）

139. 返修是对不合格产品所采取的措施，虽然不符合原规定要求，但能使其满足预期的使用要求。（　）

140. 可能严重影响产品功能或引起产品局部功能失效的产品质量缺陷级别是 B 级。（　）

141. 在零件部件加工过程中，当只控制一侧界限时，经常出现孤岛型直方图。（　）

142. 质量特性重要性分级应综合考虑政府法规，有关技术标准产品功能，对用户的影响等要素，随着客观条件的变化，质量特性重要性分级也要进行调整或修订。（　）

143. 当过程能力不充分时，应分析分散程度大的原因，制订措施加以改进，在不影响产品质量情况下放宽公差范围，加强质量检验，全数检验或增加检验频次。（　）

144. 符合标准的产品，一定是高质量的产品，一定适合用户要求。（　）

145. ZD6-J 型电动转辙机，主销使用 3 t 挤切销，副销使用 5 t 连接销。（　）

146. $\overline{X}$-R 控制图是把用以观察平均值 $\overline{X}$ 变化的控制图和用以观察极差 R 变化的控制图结合在一起的控制图。（　）

147. 国际上通用的产品缺陷分级方法是将缺陷分为四级：A 级，轻微缺陷；B 级，一般缺陷；C 级，重大缺陷；D 级，严重缺陷。（　）

148. 质量记录是质量体系文件最基础的组成部分，是质量活动的真实记载，是对满足质量要求的程序提供的客观证据，记录可以是书面的，也可以贮存在任何媒体上。（　）

149. 信号微机监测系统中,从道岔启动至动作结束，电流测控 CPU 将不断地进行电流采样，并且具有足够的采样密度。（　）

150. 联锁是指信号机与其所防护的进路之间，有关的信号机之间及有关进路之间，所建立的互相制约的关系。（　）

151. 信号微机监测系统每种 CPU 板都管理各种功能的接口电路板。（　）

152. 信号微机监测系统电流测控 CPU 板电参量是测量电动转辙机在整个动作过程中的电流变化。（　）

153. 任何材料在图纸上标出的剖面线均为 45° 剖面线。（　）

154. 根据组合体画法规定，当两形体的表面相切时，在相切处划线。（　）

155. 投影线垂直于投影面时得到的投影叫正投影。（　）

156. 识读零件图时，首先分析尺寸。（　）

157. 球面是可展开曲面，能准确地画出展开图。（　）

158. 装配前，根据装配图了解主要机构的工作原理，零部件之间的相互关系，以保证

装配要求。（　）

159. 工件加工后所得到的实际尺寸与图纸规定尺寸不一致，其差值就是尺寸误差。（　）

160. 同一公差等级，公差值随基本尺寸大小而变化，但认为具有不同等的精确程度。（　）

161. 国家标准中 IT6～IT10 级公差精度用于非配合的尺寸。（　）

162. 表面粗糙度是指加工表面上具有的较小间距和峰谷所组成的微观几何形状特征。（　）

163. 红硬性高的钢，必定有较高的回火稳定性。（　）

164. 各种钢的淬火加热温度主要由钢的物理结构决定。（　）

165. 电镀是将镀件作为阴极，欲镀的金属作为阳极。（　）

166. 钢渗碳处理是为了提高钢件表面硬度、耐磨性及疲劳程度，而心部仍保持韧性状态。（　）

167. 按用途分类，40Cr 属于中碳钢范畴。（　）

168. 刀具材料在切削性能方面应满足高硬度、高耐磨性、足够的强度和韧性、高的耐热性。（　）

169. 合金钢 9SiCr 主要用于低速细长刀具。（　）

170. 刃磨精加工车刀时，可把前角和后角减小。（　）

171. 当磨钝标准相同时，刀具寿命越高，表示刀具磨损得越快。（　）

172. 切削过程是指工件上多余的金属被刀具切除的过程，及刀具与工件做相对运动的过程。（　）

173. 工件在夹具中定位时，不允许存在欠定位状况。（　）

174. 轨床夹具一般至少由夹具体，定位组件和夹紧装置 3 部分组成。（　）

175. 主要定位基准的 3 个支承点，一定要放在同一直线上。（　）

（四）简 答 题

1. 什么叫公差？公差与偏差有什么区别？
2. 助焊剂应具备哪些条件？
3. 锡焊中助焊剂的作用是什么？
4. 锡焊前对被焊件有哪些要求？
5. 什么叫做带的弹性滑动？
6. 什么叫保护接地？适用于什么场合？
7. 什么叫保护接零？适用于什么场合？
8. 直流电动机的工作原理是什么？
9. 什么是接地、接地体、接地线和接地装置？
10. 检验平面的平面度有哪几种方法？
11. ZK3-A 型电空转辙机梭阀的工作原理是什么？
12. 转辙机入所修为什么要预检？
13. ZD6 系列电动转辙机的自动开闭器有什么作用？
14. ZD6 系列电动转辙机速动衬套为什么内外圈都要有油槽？

15. ZD6 系列电动转辙机启动片起什么作用?
16. ZD6 系列电动转辙机启动片整修时应注意哪几点?
17. ZD6 系列电动转辙机移位接触器触头断电行程如何组调?
18. 拆卸电动转辙机部件应注意哪些事项?
19. 什么是 ZD6 系列电动转辙机电动机的负载试验?
20. 为保证直流电动机正常启动可采用何种限流措施?
21. 为什么转辙机的电动机不能做空载试验?
22. ZD6 系列电动转辙机怎样达到减速的目的?
23. ZD6 系列电动转辙机空载电流过大的原因是什么?
24. ZD6 系列电动转辙机速动片起什么作用?
25. ZD6 系列电动转辙机自动开闭器速动爪滚轮不能正常滚动是什么原因?
26. ZD6 系列电动机炭刷下火花过大的原因有哪些?
27. ZD6 系列电动机的绝缘电阻下降的原因是什么?
28. ZD6 系列电动转辙机自动开闭器接点旷动量大于 3 mm 的主要原因是什么?
29. 装配图应包括哪些方面的内容?
30. 什么叫淬火?钢的淬火常用的冷却介质是什么?
31. S700K 型电动转辙机的动作杆动程和检测杆行程有什么不同?
32. 怎样做好量具的维护保养?
33. 在使用千分表时应注意哪些事项?
34. 放置仪表、工具、产品时,应注意哪些问题?
35. 读数值为 0.05 mm 的游标卡尺的读数原理是什么?
36. 测力计的使用方法有哪些?
37. 测力计使用的注意事项有哪些?
38. 锉刀的使用有哪些规则?
39. 钻孔过程应注意哪些事项?
40. 钻孔时,怎样才能获得钻孔的准确位置?
41. 什么是齿面点蚀?
42. 什么是过渡配合?其特点是什么?
43. 什么是划线?
44. 划线的作用和种类是什么?
45. 钻孔的基本原理是什么?
46. 几何作图的方法是什么?
47. 装配图中的技术要求有哪些?
48. 铁路现场选用色灯信号机构及灯光配列方式应注意些什么?
49. 如何使用 TDL 铁路信号专用灯泡老化台?
50. 经修配后的 ZD6 系列电动转辙机,手摇动时减速器输入轴不能滚动是何原因?
51. 经修配后的 ZD6 系列电动转辙机,手摇动时减速器输入轴不能滚动如何处理?
52. 砂轮机日常保养的内容有哪些?
53. ZD6 系列电动转辙机为什么要设移位接触器?
54. ZD6 系列电动转辙机入所修履历卡应记录哪些内容?

55. 什么是退火？退火的目的是什么？
56. 什么是正火？正火的目的是什么？
57. 钻直径 3 mm 以下的小孔时,必须掌握哪些要点？
58. 为什么不能用一般的方法钻斜孔？
59. 钻斜孔可采用哪些方法？
60. 装配工作的重要性反映在哪些方面？
61. 装配工作对于机械设备性能和质量有哪些影响？
62. 做好装配工作有哪些要求？
63. 钻孔时选择切削用量的基本原则是什么？
64. 滚动轴承与滑动板轴承相比，具有哪些特点？
65. S700K 型电动转辙机的摩擦联接器的结构原理是什么？
66. ZD6 系列电动转辙机启动片整修时，应注意哪几点？
67. ZD6 系列电动转辙机自动开闭器机械联动机构由哪些零件组成？
68. 工件划线的过程是什么？
69. 刃磨结果的检查方法有哪些？
70. DTS-2 型透镜式色灯装校仪的功能是什么？
71. 对电气集中机械室电源熔断器及运转室的应急照明有什么规定？
72. 平面投影有何特点？
73. 什么是回火?回火的目的是什么？
74. ZY 系列电液转辙机包括哪些机构？
75. ZYJ6 型电液转辙机由哪几部分组成?各部分的作用是什么？
76. ZYJ7 型电液转辙机由哪几部分组成?各部分的作用是什么？
77. 交流电动机的作用是什么?与直流电动机相比有什么优缺点？
78. 电液转辙机手动装置工作时有什么安全措施？
79. 什么叫道岔外锁闭装置?其作用是什么？
80. 电液转辙机采用了几种挤岔保护装置？
81. 尖轨爬行对道岔的转换有何影响?如何消除？
82. 电液转辙机故障“准确判断”有哪些方法？
83. 查找电液转辙机的电气故障通常使用哪几种方法？
84. ZD6 系列电动转辙机自动开闭器接点调整应遵循什么原则?如何调整？
85. ZK3-A 型电空转辙机过滤器的工作原理是什么？
86. ZK3-A 型电空转辙机小锁闭阀的工作原理是什么？
87. ZK3-A 型电空转辙机电磁阀的工作原理是什么？
88. ZK3-A 型电空转辙机单向阀的工作原理是什么？
89. ZK3-A 型电空转辙机滑阀的工作原理是什么？
90. 在三相交流电动机的维修中应注意哪些事项？
91. S700K 型电动转辙机齿轮组的组成与作用是什么？
92. 电动转辙机为什么要设置减速器？
93. 在 S700K 型电动转辙机齿轮组的日常维修中应注意哪些事项？
94. 滚珠丝杠与轴套脱离是怎样造成的?有什么危害？

95. 滚珠丝杠与轴套脱离的故障如何提前判断和预防?
96. 在检测杆的维修中有哪些技术要求?
97. S700K 型电动转辙机检测杆张嘴和左右偏移的现象是怎样产生的?
98. 对 S700K 型电动转辙机检测杆怎样涂润滑脂及注润滑油?
99. S700K 型电动转辙机的导向法兰如何拆装?
100. S700K 型电动转辙机的外表示杆是如何分类的?作用是什么?
101. S700K 型转辙设备执行什么维护制度?

(五)计 算 题

1. 电路如题图 1 所示，已知 $E=4$ V，分别求开关打开和闭合时 a 点、b 点的电位。

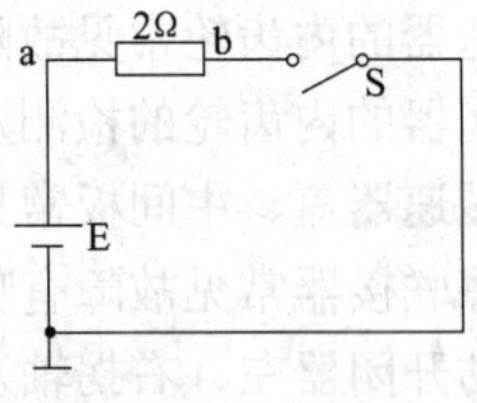

图 1

2. 有一台电动机的输出功率为 8 kW，效率为 80%，问这台电动机的输入功率和功率损失各是多少?

3. 如图 2 所示，已知 $C_1=100$ μF，$C_2=C_3=50$ μF，求 A、B 间的等效电容。

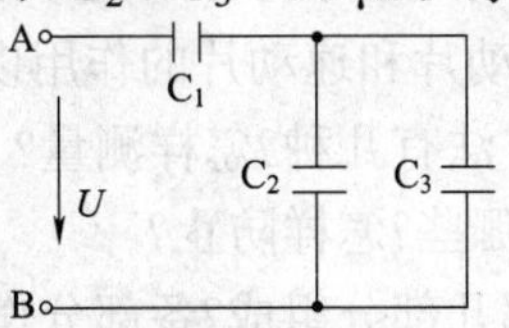

图 2

4. 一个单相桥式整流电路，要求输出电压为 110 V，电流为 3 A，试选择整流元件。

5. 某单相半波整流电路，负载电阻 $R_L=200$ Ω，变压器副边电压有效值 $U_2=40$ V，求：(1) 负载上的整流电压和整流电流平均值；(2) 二极管承受的最高反向电压及平均电流。

(六)论 述 题

1. ZK3-A 型电空转辙机油雾器的工作原理是什么?

2. ZD6 系列电动转辙机整机装配完毕测试时，转辙机两个方向都无法转换。经查，动作电压已送至电动机 3、4 端子。该故障如何进行查找、修复?

3. ZD6 系列电动转辙机测试台故障实例：连接测试连线，扳动道岔手柄后，转辙机不转换，直流电压表指示动作电压正常，直流电流表指针指零，该故障如何查找?

4. 电动机绕组浸漆时，为什么要控制绝缘漆的黏度？绕组经预热后为什么要冷却到 60°～70° 时才能浸漆?

5. 如何对 DTS-2 透镜式色灯装校仪进行保养与维护?

6. MF14 型万用表的使用方法及注意事项是什么?

7. 立式钻床技术操作规程有哪些?

8. ZD6 系列电动转辙机的基本作用是什么?

9. ZD6 系列电动转辙机配用的是何种电动机？为什么？
10. ZK3-A 型电空转辙机大锁闭阀的工作原理是什么？
11. 焊接质量对整机性能的影响有哪些？
12. 如何使用与维护保养立式钻床？
13. 电液转辙机日常检修作业的主要项目是什么？
14. ZD6 系列直流电动机整修组装后，机械特性检测哪些内容？
15. ZD6 系列直流电动机整修组装后，绕组绝缘测试有哪些内容？
16. ZD6 系列直流电动机电源开关合上后，电动机不启动的原因有哪些？
17. ZD6 系列直流电动机转速不符合标准的原因有哪些？
18. ZD6 系列直流电动机换向器上发生大量火花的原因有哪些？
19. ZD6 系列电动转辙机减速器的内齿轮常见故障有哪些？
20. ZD6 系列电动转辙机减速器的内齿轮的检测及整修工艺标准有哪些？
21. ZD6 系列电动转辙机的减速器盖、中间板常见故障、检测和整修工艺标准有哪些？
22. ZD6 系列电动转辙机摩擦联接器常见故障有哪些？
23. ZD6 系列电动转辙机自动开闭器左、右拐轴及连接板常见故障有哪些？
24. 如何按组装顺序组装 ZD6 系列电动转辙机自动开闭器？
25. ZD6-D 型电动转辙机的主要特点是什么？
26. ZD6 系列电动转辙机自动开闭器拉簧有哪些技术要求?怎样检测?
27. ZD6 系列电动转辙机的装配顺序可分成几个部分?各包括哪些内容?
28. ZD6 系列电动转辙机启动片和速动片的作用以及它们之间的动作关系是什么?
29. 什么是工件样板?测量方法有几种?怎样测量?
30. 划线产生偏差的原因有哪些?怎样防止?
31. ZYJ4 型电液转辙机由哪几部分组成?各部分作用是什么?
32. ZK3-A 型电空转辙机调压阀的工作原理是什么?
33. 道岔外锁闭装置有几种?其区别是什么?
34. 什么叫单向阀?由哪些零件组成?作用是什么?
35. 电液转辙机的油缸和推板是怎样组成的？其作用是什么？
36. 电液转辙机各条控制线在电路动作时是怎样分工的？此种接法有什么特点？
37. 电液转辙机的启动电路定位和反位启动有什么不同？电动机的旋转方向是怎样改变的?
38. 电液转辙机常见的油路故障有哪些?
39. S700K 型电动转辙机主要由几部分组成?
40. 对于 S700K 型电动转辙机为什么现场维修人员不得随意调整摩擦力?
41. S700K 型电动转辙机如何安装?
42. S700K 型电动转辙机产生锁舌卡阻的故障现象是什么?如何处理?
43. 怎样查找三相交流电动转辙机表示电路故障?
44. ZD6 系列电动转辙机的摩擦联接器有什么作用和技术要求?

（七）绘 图 题

1. 补全三视图的缺线，如图 3 所示。

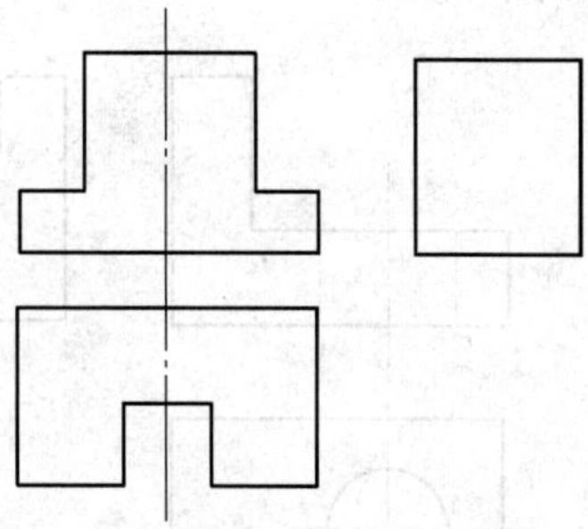

图 3

2. 补全三视图的缺线，如图 4 所示。

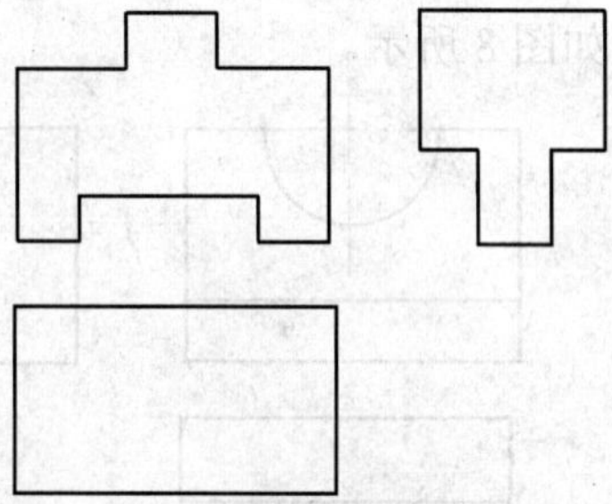

图 4

3. 补全三视图的缺线，如图 5 所示。

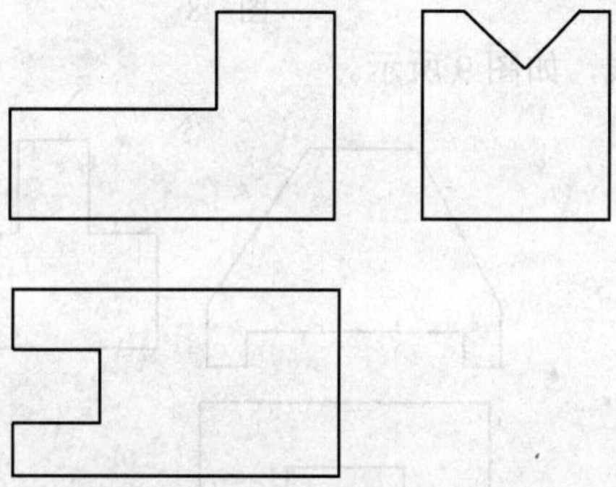

图 5

4. 补全三视图的缺线，如图 6 所示。

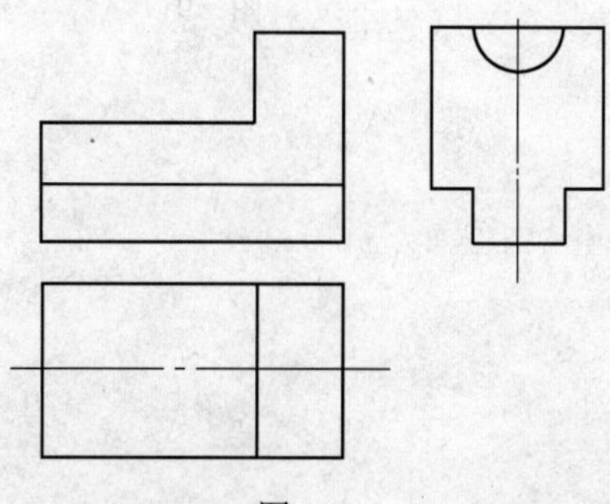

图 6

5. 补全三视图的缺线，如图 7 所示。

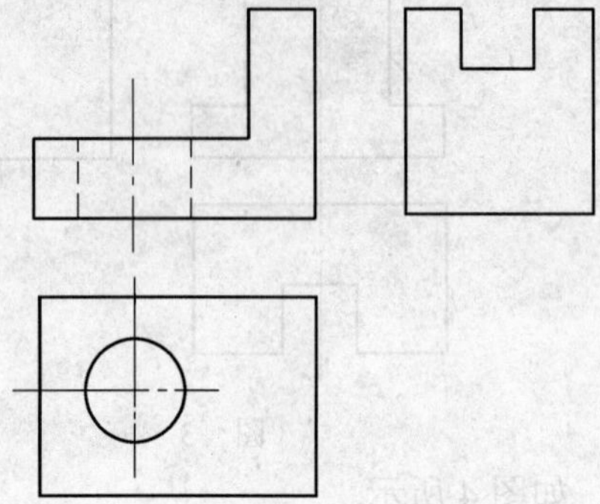

图 7

6. 补全三视图的缺线，如图 8 所示。

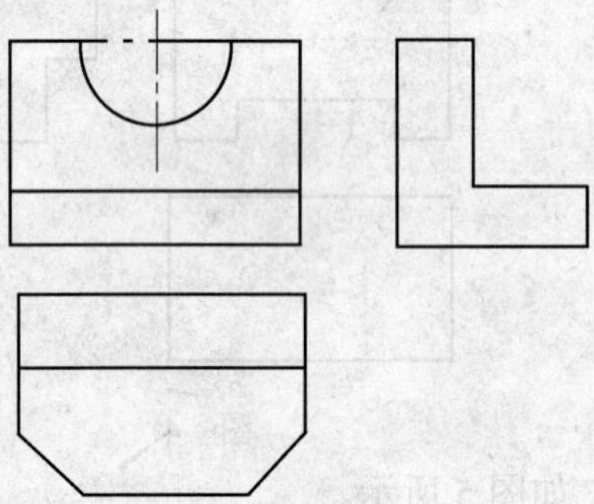

图 8

7. 补全三视图的缺线，如图 9 所示。

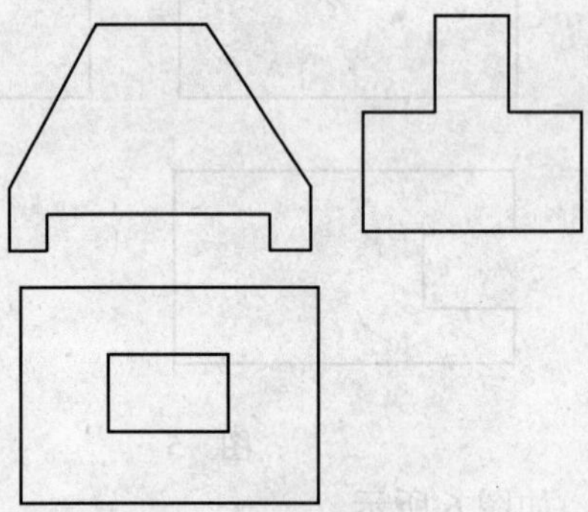

图 9

二、信号钳工高级练习题参考答案

(一)填 空 题

1. 零件
2. 机械性能
3. 回火
4. 检验工件
5. 转换锁闭系统
6. 齿面磨损
7. 已出现
8. 显示距离远
9. 铁路二号锂基脂
10. 磨耗
11. 偏差
12. 4.0 N
13. 摆动量
14. 错移量
15. 转动量
16. 棱角磨耗
17. 3.28
18. 应报废
19. 0.5
20. 0.5
21. 0.1
22. 垂直
23. 13 mm
24. 160 V
25. 2 A
26. 间隙
27. 正反转法
28. 检查柱拐轴
29. 移位接触器
30. 2 mm±1 mm
31. 改善换向性能
32. 电流方向
33. 先分后合
34. 动力
35. 牵引力
36. 拉入与伸出
37. 透镜式
38. 直流串激可逆
39. 凸透镜
40. 干摩擦
41. 左
42. 不大于 0.5 mm
43. 180°
44. 不应转动
45. 启动片
46. 齿条块
47. 自由长度
48. 齿条块变换
49. 不得自复
50. 1～3 mm
51. 拐轴扁方
52. 接触
53. 定反位偏差
54. 表示杆
55. 移位接触器
56. 3/5
57. 中
58. 配合
59. 过盈配合
60. 间隙配合
61. 剖视图
62. 正投影
63. 三
64. 过渡配合
65. 最大间隙
66. 最小间隙
67. 最大过盈
68. 最小过盈
69. 轴
70. 管子板牙
71. 40
72. 表面质量
73. 移出剖面
74. 过渡配合
75. 上偏差
76. 下偏差
77. 小于
78. 检验和试验
79. 产品装配图
80. 细齿
81. 相对运动
82. 最大钻孔直径
83. 装配工艺技术
84. 材料工艺消耗定额
85. 25 mm
86. 磨钝标准
87. 0.5 mm
88. 回转
89. 径向跳动
90. 完整
91. 划针
92. 12 mm
93. 走刀量
94. 砂布
95. 外径
96. 基轴制
97. 形状公差
98. 大小
99. 公差等级

100. 基本尺寸　101. 规格　102. 合格
103. 班后保养　104. 进给量　105. 酒精
106. 化学磨损　107. 紧张力　108. 包布层
109. 氧化　110. 小型　111. 钻头
112. 曲面上　113. 基准　114. 熟悉
115. 工、夹、量具　116. 擅自使用　117. 油量
118. 锯条　119. 立即停车　120. 消除
121. 轴端　122. 停车　123. 运转
124. 工作台台面与导轨　125. 试车验收　126. 相反
127. 临界温度　128. 软硬程度　129. 螺纹公差带
130. 板牙架　131. 管理者　132. 凸透镜的主轴
133. 平行　134. 尖端杆　135. 研磨
136. 专用机械　137. 小锁闭阀　138. 液压拆装台
139. 电动转辙机　140. 减轻压力　141. 安全带
142. 材料　143. 作业　144. 信号机
145. 等于　146. 同一种　147. 复色光
148. 启动片　149. 压力　150. 溢流
151. 速动爪　152. 随意调整　153. 动作
154. 缺陷　155. 常开接点　156. 常闭接点
157. 导电销脱落时　158. 锁闭地点　159. 4～7
160. 内应力　161. 空载电流　162. 右弯股
163. 装配图　164. 公差　165. 电气开关
166. 转速　167. 装配　168. 表头灵敏度
169. 工序　170. 双按钮进路式　171. 输出
172. 工作任务　173. 故障诊断　174. 危险
175. 微型计算机　176. 控制界限　177. 产品功能
178. 二位自复式　179. 滑阀阀芯　180. 软锁闭
181. 质量要求　182. 可靠性

（二）选择题

1. D	2. A	3. C	4. C	5. C	6. D	7. A	8. A
9. A	10. C	11. C	12. B	13. A	14. A	15. B	16. D
17. B	18. C	19. D	20. D	21. D	22. A	23. D	24. D
25. C	26. B	27. C	28. A	29. A	30. A	31. C	32. C
33. D	34. D	35. A	36. C	37. C	38. D	39. A	40. B
41. B	42. D	43. A	44. A	45. D	46. A	47. A	48. D
49. A	50. B	51. C	52. C	53. B	54. A	55. A	56. B
57. A	58. C	59. D	60. A	61. C	62. C	63. B	64. D
65. C	66. A	67. C	68. B	69. D	70. C	71. B	72. B
73. B	74. D	75. D	76. D	77. C	78. B	79. D	80. C

81. B　82. A　83. C　84. B　85. B　86. C　87. B　88. B
89. C　90. A　91. C　92. A　93. C　94. D　95. A　96. D
97. C　98. B　99. A　100. D　101. C　102. A　103. D　104. C
105. C　106. B　107. C　108. D　109. A　110. A　111. D　112. C
113. B　114. B　115. C　116. B　117. B　118. A　119. B　120. A
121. C　122. B　123. C　124. B　125. B　126. D　127. B　128. A
129. D　130. C　131. B　132. A　133. A　134. C　135. C　136. B
137. C　138. A　139. D　140. C

（三）判断题

1. ×　2. √　3. ×　4. ×　5. √　6. √　7. √　8. √
9. ×　10. ×　11. ×　12. ×　13. √　14. √　15. √　16. ×
17. ×　18. ×　19. √　20. √　21. √　22. ×　23. √　24. √
25. ×　26. √　27. √　28. ×　29. ×　30. √　31. √　32. √
33. ×　34. ×　35. ×　36. √　37. ×　38. √　39. √　40. ×
41. ×　42. ×　43. √　44. √　45. √　46. √　47. √　48. ×
49. √　50. √　51. √　52. √　53. ×　54. √　55. √　56. ×
57. ×　58. ×　59. √　60. √　61. √　62. √　63. ×　64. √
65. √　66. √　67. √　68. √　69. ×　70. √　71. ×　72. ×
73. √　74. ×　75. √　76. ×　77. ×　78. ×　79. ×　80. ×
81. ×　82. ×　83. ×　84. √　85. ×　86. √　87. ×　88. √
89. √　90. √　91. √　92. ×　93. ×　94. √　95. √　96. √
97. √　98. √　99. √　100. ×　101. √　102. √　103. ×　104. √
105. √　106. √　107. ×　108. ×　109. ×　110. √　111. √　112. ×
113. √　114. ×　115. √　116. √　117. √　118. √　119. √　120. ×
121. √　122. ×　123. √　124. √　125. √　126. ×　127. √　128. √
129. ×　130. ×　131. √　132. √　133. √　134. √　135. √　136. ×
137. √　138. √　139. √　140. √　141. ×　142. √　143. √　144. ×
145. ×　146. √　147. ×　148. √　149. √　150. √　151. √　152. √
153. ×　154. ×　155. √　156. ×　157. ×　158. √　159. √　160. ×
161. ×　162. √　163. √　164. ×　165. √　166. √　167. ×　168. √
169. √　170. ×　171. ×　172. ×　173. √　174. √　175. ×

（四）简答题

1. 答：公差是指允许尺寸的变动量。也等于上偏差与下偏差代数差的绝对值。而偏差是某一尺寸所得的代数差。因为极限尺寸或实际尺寸之值可能大于、小于或等于基本尺寸，所以偏差可以为正值、负值或零值，而公差规定正好与偏差相反，公差没有正负的含义，因此公差值的前面不应出现＋号或－号。

2. 答：（1）有清洁被焊金属和焊料表面的作用；

（2）熔点比所有的焊料熔点低；

（3）能在焊接的温度下形成液状，具有保护金属表面的作用；

（4）熔化时不会产生飞测或飞沫；

（5）表面张力较焊料小，浸润扩散的速度较溶化的焊料更快；

（6）不产生有毒的气体或强烈的嗅味气体；

（7）深解前没有腐蚀性产生的残渣，不具有腐蚀性，不具有导电性和吸湿性；

（8）助焊剂的膜要光亮、致密、干燥快，不吸潮，热稳定性好。

3. 答：锡焊中助焊剂可以清除金属表面氧化物、硫化物、油和其他污染物，防止在加热过程中的母材和焊料继续氧化，并帮助焊料流展。

4. 答：（1）焊接的元件，导线要先加工浸锡，被焊部位应清洁，不应有氧化物或绝缘物。

（2）导线表面应无损伤，裸线元件应无刀痕。

（3）焊接部位浸锡时，元件上的穿孔不应被堵塞，对电气性能有影响的形状不应改变。

5. 答：带的弹性滑动是由于胶带本身的弹性变形引起的滑动。传动带是弹性体，在拉力作用下会产生弹性伸长；工作时，紧边拉力大于松边拉力，因此紧边的弹性伸长量大于松边的弹性伸长量；带在由紧边过渡到松边或由松边过渡到紧边时，由于伸长量的不同，导致带的速度和带轮的速度不等，两者之间出现微量的滑动，这种现象就称为弹性滑动。

6. 答：在三相三线制的电源，中性点不接地的低压电网，应将电气设备的金属外壳或框架和大地可靠地连接起来，称为保护接地。它适用于电压小于 1 000 V 电源中性点不接地的场合。

7. 答：在 1 000 V 以下的中性点接地良好的三相四线制系统中，将电气设备的金属外壳与电力系统的零线相接，就叫保护接零。它适用于 1 000 V 以下三相四线制中性点接地的电力系统。

8. 答：当给直流电动机的励磁绕组通入直流电时，便产生确定方向的磁场，而直流电流又通过换向器把一定方向的电流通入处于一定位置的电枢绕组中，确保产生一定方向的电磁转矩，于是转子使旋转起来。

9. 答：电气设备、配电装置以及电力系统中的某一点，与大地作良好的接地体的连接，称为接地。埋入地下或与大地接触的金属导体或导体组，称为接地体。电气设备接地部分与接地体的连接导体，称为接地线。接地体、接地线的总称为接地装置。

10. 答：检验平面的平面度常用的方法有：

（1）使用刀口直尺检查法；

（2）使用检验平板或直尺和塞尺检查法；

（3）使用百分表检查法；

（4）使用水平仪检查法；

（5）使用光学平直仪检查法。

11. 答：电磁阀通电吸起后，打开风路，压缩空气经单向阀外侧小孔进入梭阀体内，将阀芯推向另一侧，打开小锁闭阀的风路。

12. 答：通过预检，可详细地记录转辙机在一个使用周期内的运用状态，即机械、电气性能的变化情况。这些数据对转辙机的日常保养维修和科学合理地确定轮修周期，以及转辙机全寿命的管理，都有重要指导意义和参考价值。同时，也可为修配工作如工艺的安排和改进、工时的分配、掌握各零部件的磨损规律、确定重点修复的部件、计算材料消耗提供科学的依据。

13. 答：自动开闭器的主要作用是为了及时地和正确地接通与断开电动转辙机的启动与表示电路，自动开闭器上没有跟随转辙机一起动作的电气接点，它是一个与道岔控制电路和表示电路直接发生关系的部件。

14. 答：因为速动衬套一般是钢质的，安装在主轴头部，其 47～0.17 mm 扁方部分安装在接点座中间 48 mm 槽内。转辙机转换时，主轴在它的内圆转动，速动片在它的外圆转动，所以，速动衬套内外圈均应有油槽，注油，使其处于润滑状态。

15. 答：启动片的作用：一是起输出轴与主轴间的十字接头作用，使主轴随输出轴同时旋转；二是控制自动开闭器动作，在道岔转换前切断原表示电路，并为电动机反转电路准备条件。

16. 答：整修时，应注意以下四点：

（1）检查拨片钉位置是否正确，有无松动情况。

（2）为防止速动片跟动，应在其外径靠近缺口两侧 14 mm 处铣削深 0.5 mm，长 30 mm 的弧段。

（3）在启动片通槽一面，车圆台 $2\times\phi 75$ mm 台阶，以避免与减速器内齿轮摩擦。

（4）检查中心孔和十字连接槽是否都被启动片的中心线平分。否则可造成启动片动作时，影响滚轮和动接点动作。

17. 答：移位接触器触头断电行程的组调方法如下：

（1）转动调节筒，使触头上升至接点跳开为止。再将调节筒转退约半圈，用垫圈及扁螺母将调节筒初步固定。

（2）从人工恢复接点窗口压下接点弹片，使接点接通。

（3）细调调节筒配合触头与顶销距离，将触头断电行程调在 0.7 mm±0.1 mm，最后拧紧扁螺母。在弹力检查器上调试接点弹片弹力，调至接触压力不小于 0.49 N。测试时，测力计测杆尖部一定要触在接点弹片银触头位置，施力时测杆应与接点弹片成垂直角度。

18. 答：（1）应按其结构考虑操作程序，以免因拆卸次序不当，发生拆卸不下而猛拆猛敲，造成零部件损坏或变形。

（2）拆卸顺序应与装配顺序相反。一般先拆外部附件，再拆内部部件，从上到下依次拆卸。

（3）拆卸工具必须保证对合格零件不会造成损伤，应尽可能使用专用工具。严禁用手锤直接敲击零件的工作表面。

（4）工作场地应清洁整齐，拆卸的机件应放在专用的箱盒内或指定的地点。

（5）精密的应放置在木架或箱内，以防损伤或变形。

（6）拆卸的零件应做标记或按顺序码放，以免造成零件丢失。

19. 答：转辙机电动机的负载试验是指：在额定电压额定负载条件下，检查电动机换向火花是否在允许范围之内，转速、功率电流等是否符合技术标准的综合特性试验。

20. 答：可采用下列两种方法限流以保证直流电动机启动：

（1）在电枢电路中串联启动变阻器，随着电动机转速的上升再逐渐将变阻器切除（本方法适用于容量不大和不经常启动的直流电动机）。

（2）先降低电枢电压启动电动机，待启动后将电压逐渐提到额定值。

21. 答：因 ZD6 系列电动转辙机采用的电动机是串激式，其激磁电流和电枢电流相等。

电动机正常转动后，遇到电动机负荷减轻时，电枢转速加快，反电势增大，电枢电流和激磁磁场一起减小，电动机以较高的转速继续运转。如果电动机负载减轻到成为空载，电枢中的电流和磁通也降至很小，而转速可能达到飞速的程度，超过机械允许限度，极易造成电动机损坏。所以，不能做空载试验。

22. 答：转辙机通过减速器传动，将电动机输出的高转速、低转矩机械能，转变成低转速、大转矩的机械能，以此达到减速的目的，满足转辙机末级转换机构的需要。

23. 答：松开摩擦带紧固螺栓，在输出轴不旋转条件下，测试转辙机空载电流大于 0.8 A 的原因有：

（1）减速器内填充润滑脂过多。

（2）内齿轮与壳间隙过小。

（3）输出轴 8 个滚棒不垂直。

（4）两片外齿轮偏心不够 180°。

（5）内齿轮刮中间板。

（6）输入轴同轴承配合过紧。

（7）轴承内有异物。

（8）大齿轮与电动机齿轮配合不良。

（9）内齿轮与壳间有杂质。

（10）内齿轮擦中间板。

24. 答：速动片的作用是检查主轴解锁、转换和锁闭三个动作过程的完成，并最后使自动开闭器迅速切断电机动作电路，接通表示电路。

25. 答：自动开闭器速动爪滚轮不能下沉滚动的原因，有以下几条：

（1）启动片与速动片由于制造误差，安装后不在同一轴线上，组装后无法达到同心，即出现启动片或速动片偏心。

（2）滚轮轴铆接在速动爪上不相垂直，或铆接时加力不当使轴变形、弯曲等。

（3）滚轮内径和滚轮轴，粗糙度达不到△6 要求，有毛刺或杂物，加大摩擦力。

（4）拉簧弹力不够滚轮与速动片间压力过小等。

26. 答：转辙机电动机炭刷下火花过大的原因有：

（1）炭刷与换向器接触不良。

（2）刷握松动或炭刷与刷握配合不良。

（3）炭刷的压力大小不符合技术要求。

（4）换向器偏心或刷握角度不正，炭刷不在中性线上。

（5）换向器表面有油污、炭末，或片间云母凸出。

（6）炭刷腐蚀变短，或刷面磨损程度不同，受到的压力不均。

（7）炭刷牌号或尺寸不合格，或两刷牌号不一致。

（8）转子绕组断线，或焊接不良。

（9）电动机运行时不平稳，或转子转动平衡不良。

27. 答：电动机的绝缘电阻下降的原因有以下几条：

（1）使用过程中因周围环境的影响，例如空气湿度大、温度高、机内通风不良等因素，导致绝缘电阻下降。

（2）长期处于过载使用状态，或使用日期过长，绝缘材料老化使绝缘电阻下降。

（3）电动机运转时，换向器与炭刷不断研磨产生粉尘、借旋转离心力甩出，久之在刷握与机体间形成导电层。或者粉尘飞入转子绕组内部，造成绝缘电阻下降。

28. 答：按《铁路信号维护规则》规定，动接点打入静接点后，旷动量不大于 3 mm。旷动量大于 3 mm 的原因有：接点座拐轴孔磨耗；拐轴销、连接销、连接板孔及左、右支架扁方孔磨损等。其中主要原因是拐轴 $7^{+0.058}$ mm 和支架 $7_{-0.058}$ mm 扁方孔是应力集中的地方，发生过载变形的可能性较大。

29. 答：装配图包括以下四个方面的内容：

（1）必要数量的视图。说明机器或部件的工作原理，零件的装配关系以及连接和传动关系。

（2）几种必要的尺寸。表示机器或部件的规格以装配、检验安装时需要的一些尺寸。

（3）技术要求。说明机器或部件的性能和装配、调整、试验等所必须满足的技术条件。

（4）零件的编号、明细表和标题栏。说明机器中的部件中所包含的零件的名称、代号、数量和材料等。

30. 答：将钢材或钢件加热到相应温度以上，保持一定时间，然后快速冷却以获得不稳定组织的热处理工艺，称为淬火。钢的淬火常用的冷却介质是水和油。

31. 答：S700K 型电动转辙机的动作杆动程包括转辙机带动可动轨经过的道岔开程的距离，和外锁闭装置完成锁闭所经过的距离之和。

检测杆的行程是指转辙机带动可动轨经过道岔的开程的距离。

32. 答：（1）测量前应将量具的测量面和工件被测量面擦净，以免脏物影响测量精度和加快量具磨损。

（2）量具在使用过程中，不要和工具、刀具放在一起，以免碰坏。

（3）机床开动时，不要用量具测量工作，否则会加快量具磨损，而且容易发生事故。

（4）温度对量具精度影响很大，因此，量具不应放在热源（电炉、暖气片等）附近，以免受热变形。

（5）量具用完后，应及时擦净，涂油，放在专用盒中，保存在干燥处，以免生锈。

（6）量具应实行定期鉴定和保养，使用者发现量具有不正常现象时，应及时送交计量室检修。

33. 答：（1）千分表应固定在可靠的表架上，测量前必须检查千分表是否夹牢，并多次提拉千分表测杆，放下测杆与工件接触，观察其重复指示值是否相同。

（2）测量时，不准用工件撞击测头，以免影响测量精度及撞坏千分表，为了保持一定的起始测量力，测头与工件接触时，测杆应有 0.3～0.5 mm 压缩量。

（3）测量杆上不要加油，以免油污进入表内，影响千分表的灵敏度。

（4）钟表式千分表测杆与被测工件表面必须垂直，否则会产生误差。

34. 答：（1）放在案子上的零件、仪表、工具要放稳，摆放要整齐规整，不能压落。

（2）产品要放在规定的容器和料架上，放置时间较长的可用布罩罩起来。

35. 答：游标卡尺的主尺每格为 1 mm，副尺为 39 mm，内分成 20 格，每格长 1.95 mm，主尺 2 格与游标每格相关 2－1.95 mm＝0.05 mm。

36. 答：使用方法：

（1）被测力点应与测量杆中心线相垂直，此时读取读数。

（2）带有指示灯的，可先将引线夹夹到簧片引出端，然后将被测测量杆接到被测点上，若指示灯亮，说明有电流流过，测量杆已接到被测点上，此时应符合（1）的规定，读取读数。

37. 答：（1）测力计每三个月应打开后盖在每个轴孔中涂少许钟表油。

（2）双指示灯测量时，时间不得超过 1 min，电流不得超过 1.5 A。

（3）带电测量时，被测触点的闭合电压必须在安全电压以下（安全电压定义按有关部门规定）。

38. 答：（1）不得用新锉刀锉硬金属。

（2）有硬皮或砂粒的铸件、锻件，要用砂轮磨掉后，才可以用半锋利的锉刀或旧锉刀锉削。

（3）锉刀要先就一面使用，只有在该面磨钝后或必须用锐利的锉齿加工时才用另一面。

（4）不得用手摸刚锉过的表面，以免再锉时打滑。

（5）使用后的锉刀不可重叠，或者和其他工具堆放在一起。

（6）被锉屑堵塞的锉刀，要用钢丝刷把锉屑刷去，若嵌入的锉屑大，要用铜片剔去，注意要顺着锉齿的方向剔除。

39. 答：（1）钻通孔时，当孔即将钻透，必须减少进刀量。如果自动进刀，此时应改为手动进刀。

（2）孔径超过 30 mm 时，分两次钻成，先钻一个小孔，小孔直径应超过大钻头的横刀宽度，以减少轴向力。

（3）钻盲孔前，应按照所需要的深度调整钻床上主轴上的挡铁，或在钻头上套装一个定位环。

（4）材料较硬和钻孔较深时，应在工作过程中不断将钻头抽出孔外，以便排除钻屑，并防止钻头过热。

40. 答：为获得钻孔的准确位置，在钻孔前要划线冲眼，即按钻孔的位置，划好到位的十字中心线，并用样冲打出小的中心眼，按孔径的大小查孔的圆周线，然后再将中心眼打深扩大，按此中心眼进行钻削，即可得到准确的钻孔。

41. 答：闭式传动的一对齿轮在啮合过程中，齿面受交变接触应力的重复作用，其表面层会产生细微的疲劳裂纹。当润滑油进入裂纹后，齿面再次受力时，封闭在裂纹中的润滑油将产生高压而使裂纹扩展，长时间作用后使齿面形成麻点状的小坑，称为点蚀。

42. 答：可能具有间隙或过盈的配合称为过渡配合。其特点是：孔的实际尺寸减轴的实际尺寸有可能出现正值，也可能出现负值。

43. 答：划线是钳工的一种基本操作。根据图样或实物的尺寸，准确地在毛坯或已加工工件表面上划出加工界线，这种操作叫划线。

44. 答：作用：

（1）指导加工；

（2）检查被加工件的外形各部尺寸是否合乎要求。

种类：

①平面划线：在工件的一个表面上划线；

②立体划线：在工作的几个表面上进行划线。

45. 答：在钻床上钻孔，工件固定，用钻头从工件中钻出切屑是由切削运动（主运动）即钻头围绕轴心所作的旋转运动，以及进刀运动（辅助运动）即钻头对着工件所作的直线运动的同进配合。由上述二个因素构成钻孔的基本原则。

46. 答：准备工作：

（1）分析图形的尺寸及其线段；

（2）确定比例，选定图幅，固定图纸；

（3）确定画图的先后顺序。

绘制底稿：

（1）画主要基准线、轴线、中心线；

（2）画已知线段（直线、圆和已知圆弧及中间圆弧）；

（3）画连接弧和连接直线，完成图形；

（4）画尺寸界线和尺寸线；

（5）核对底稿，进行必要修改，擦去多余图线。

描底稿：图线描得深时，应按先粗后细，先曲后直和先水平后垂直的顺序。画箭头，填写尺寸数字，标题栏等，最后修饰校对，完成绘图。

47. 答：装配要求：

（1）装配后必须保证的准确度，如平行度、垂直度、位置度、同轴度等要求。

（2）装配中要求的加工说明。

（3）装配时的要求。

（4）指定的装配方法。

检验要求：

（1）基本性能的检验方法和条件。

（2）装配后达到准确度的检验方法。

（3）其他检验要求。

使用要求：对产品的基本性能、维护、保养的要求以及操作使用注意事项。

48. 答：（1）当依据实际情况可以减少灯位时，应以空位停用方式处理。

（2）以两个基本灯光组成一种信号显示时，应在一条垂直线上，并有一定间距，在透镜式色灯信号机上，间隔一个灯位；在高柱信号机上不得用三显示机构的上下两灯位显示同一颜色灯光。

（3）在以两个机构组成的矮型信号机上，应把最大限制信号放在靠近线路的机构中。

49. 答：（1）将老化台两侧门打开，装上准备老化的灯泡。

（2）根据所需调整主、副丝，振动的闪光时间继电器。

（3）按下台面电源开关。

（4）根据现场需要调节电压。

（5）将主、副丝开关分别转向左、右，进行主、副丝老化试验。在老化过程中，分别按下振动、闪光键，即可进行振动、闪光实验。

（6）老化完毕后，关闭电源开关。

50. 答：经修配后的转辙机，手摇动时减速器输入轴不能滚动的原因如下：

（1）减速器盖上方注油孔螺栓过长，顶住大齿轮。

（2）电动机左上角与减速器盖安装螺栓过长，顶住大齿轮。

51. 答：（1）检查减速器上方注油孔螺栓长度，遇有不符时，更换长为 16 m－2 mm 的螺栓。

（2）检查电动机左上角与减速器盖安装处螺栓是否过长，是否未加弹簧垫圈。更换螺栓或加装弹簧垫圈即可。

52. 答：（1）按规定加足润滑油质。

（2）检查电动机接线、电器装置是否安全。

（3）检查砂轮装置是否安全。

（4）检查防护装置是否安全整齐。

（5）运转中注意有无异常声响。

（6）注意擦拭机床，清扫地面。

53. 答：因道岔方面的某些原因，转辙机动作杆主挤切销 ϕ 12 的一段可能发生少量剪切，甚至被完全挤断，这时齿条块和动作杆相对应位置将会偏移 2.5～3 mm，道岔尖轨将不密贴。但这种偏移量较小，还不足以使表示杆上的斜面起作用，将检查柱顶起来，所以，转辙机的表示电路照常构通，转辙机依靠副挤切销起着辅助连接作用。这时转辙机的异常工作情况，应该发出报警，为此在转辙机内装设了移位接触器。

54. 答：（1）应有固定的编号；

（2）安装使用日期以及每次入所修日期；

（3）使用地点；

（4）故障或机件损坏记录；

（5）更换零部件或返所修记录；

（6）退出运用或报废记录。

55. 答：退火是将钢加热到与淬火时相同的温度，保温一段时间，然后在炉内或埋入导热性差的介质中，缓慢地冷却下来的过程，称为退火。退火的目的是消除铸件、锻件及焊接件的内应力和组织不均匀，以及细化晶粒，降低硬度，改善切削加工性。

56. 答：正火是将钢加热到某一温度（含碳量在 0.8% 以下的碳钢为 753～900 ℃左右；含碳量大于 0.8% 的碳钢为 753～850 ℃左右），保温一段时，然后在空气中冷却的操作，叫做正火也叫常化。正火的目的是细化晶粒，增加钢的强度与韧性，减少内应力，改善低碳钢的切削加工性。正火冷却速度较退火快，所以钢的强度、硬度、韧性都较退火时高，塑性则较低。

57. 答：钻小孔必须要掌握以下几点：

（1）选用精度较高的钻床和小型钻夹头。

（2）尽量选用较高的转速。

（3）开始进给时，进给量要小，进给时要注意手动和感觉，以防钻头折断。

（4）钻削过程中须及时提起钻头进行排屑，并在此时输入切削液或使钻头在空气中得到冷却。

58. 答：用一般的方法去钻斜孔时，钻头刚接触工件先是单面受力，使钻头偏斜滑移，造成钻孔中心偏位，钻出的孔也很难保证正直。如钻头刚性不足时，会造成钻头因偏斜而钻不进工件，使钻头崩刃或折断。故不能用一般的方法去钻斜孔。

59. 答：必须采用：

（1）先用与孔径相等的立铣刀在工件斜面上铣出一个平面后，再钻孔。

（2）用錾子在工件斜面上錾出一个小平面后，先用中心钻钻出一个较大的锥孔坑或小钻头钻出一个小浅孔，然后再用所需孔径的钻头去钻孔。

60. 答：装配工作是产品制造过程中的最后一道工序，装配工作的好坏，对整个产品质量起着决定性的作用，故必须认真细致地做好装配工作。

61. 答：对机械设备精度的影响；对机械设备完成预定使用功能的影响；对机械设备性能的影响。

62. 答：对装配时有严格的工艺纪律；装配时有认真细致的工作作风；装配时有专用的检测工具量仪和完整的检测手段；合理组织装配工作场地。

63. 答：选择切削用量的基本原则是：首先选取尽可能在的切削深度；然后在允许的范围内尽量选较大的进给量；当进给量受表面粗糙度和钻头刚度限制时，再考虑较大的切削速度。

64. 答：滚动轴承与滑动板轴承相比，具有启动阻力小，回转精度高，温升小，结构紧凑，调整迅速，装拆方便和具有互换性等特点。

65. 答：S700K 型电动转辙机的摩擦连接器内装有三对主、被金属摩擦片，分别固定在外壳和滚珠丝杠上，摩擦片的端面有若干个压力弹簧，通过调整弹簧的压力，可以调整摩擦片之间摩擦力的大小，以保证转辙机的可靠转换。

66. 答：启动片整修时应注意：

（1）检查拨片钉位置是否正确，有无松动情况。

（2）为防止速动片跟动，应在其外径靠近缺口两侧 14 mm 处铣削深 0.5 mm，长 30 mm 的弧段。

（3）在启动片通槽一面，车圆台 2×ϕ75 mm 台阶，以避免与减速器内齿轮摩擦。

（4）检查中心孔和十字连接槽是否都被启动片的中心线平分。否则可造成启动片动作时，影响滚轮和动接点动作。

67. 答：自动开闭器机械联动机构由启动片、速动片、速动爪、调整架、拉簧、检查柱拐轴、检查柱和支架等零件组成。其中启动片与主轴联动，反映转辙机转换过程的动作顺序。检查柱与表示杆的位置相关，起着监督、检查道岔尖轨与基本轨位置状态的作用。

68. 答：工件划线的过程如下：

（1）详细研究图纸，定划线基准。

（2）划线前检查确定毛坯是否适用，是否需要借料。

（3）清除毛坯表面的污物，并涂以适当的涂料。

（4）划基准线，再划水平线、垂直线、斜线、圆弧和曲线。

（5）检查划线的正确性，并打样冲眼。

69. 答：检查的方法很多，最简便的方法是板检查法和隙角检查法。用铜皮、铁皮、硬纸壳都可以做成锋角样板，用以检查刃磨后的锋角。隙角检查法是通过观察来完成的，因此准确程度较差，但用作初步检查十分方便。

70. 答：（1）对内、外梯型透镜玻璃进行筛选、分级。

（2）组装透镜组，调整高度。

（3）置灯泡光中心于透镜组的焦点上。

（4）确定透镜组的显示能力。

（5）判定透镜组各棱圈的对应情况。

（6）测量主灯丝在额定电压下的电流值。

（7）测量 TX12-25/25A 型灯泡光通量。

（8）检验 TX12-25/25A 型灯泡的光中心高度和左右偏差。

71. 答：各机械室电源熔断器要符合规定，照明完好，禁止私自乱接电线。供运转室应急灯自闭电须加装熔断器，只准一个灯使用，不得有分支电路，以确保电务设备用电正常。

72. 答：平面可由不在同一直线上的三点、两条相交或平行的直线以及平面图形来确定，平面的投影也是以点、线的投影为基础的。

73. 答：回火是将淬火后的零件，回热到 723 ℃以下某一温度，保温一定时间，然后在油中、水中或空气中冷却。回火的目的是减少或消除淬火零件的内应力，增加韧性，降低脆性，回火后，零件的强度下降，塑性、韧性提高。

74. 答：电液转辙机包括动力机构、传动机构（也称减速机构）、转换锁闭机构、蓄能机构、挤岔保护机构（或挤岔断表示装置）和操纵机构（也称控制机构）。

75. 答：ZYJ6 型电液转辙机由液压站和转辙机两部分组成。与 ZYJ4 型相比的区别只是没有副机，液压站是完全相同的。转辙机除了转换锁闭装置外，又加装了挤岔表示杆和挤岔断表示装置，其他各部基本相同。

76. 答：ZYJ7 型电液转辙机由转辙机、SH6 型转换锁闭器两部分组成。

交流电动机设在转辙机内，同样安装在道岔尖轨的第一连接杆处（即第一牵引点），作用也是按泵出液压油的方向来转换道岔尖轨，并动作锁闭装置锁闭尖轨。

SH6 型液压转换锁闭器安装在道岔第二牵引点处，其作用与 SH5 型基本相同。

77. 答：交流电动机作用是将电能转换成机械能。

交流电动机与直流电动机相比，因取消了换相器而使得构造简单，维修方便，运用可靠，寿命长，故障率低，正、反转便于控制。其缺点是少了直流电动机的软特性，启动力矩小，因而启动性能相对较差。另外，单线串电阻数，交流电动机最高可达 54 Ω，直流电动机只能是 20 Ω 左右。

78. 答：使用手动装置应有如下安全措施：

（1）当人工摇动道岔时，插人手摇把前需确认安全接点是否被断开。

（2）当使用扳动装置时，在插入方轴前应确认短路阀是否被打开。

79. 答：道岔外锁闭装置就是将密贴尖轨与基本轨直接进行锁闭的器件。它改变了转辙机经安装装置的间接锁闭方式，提高了尖轨与基本轨的密贴强度。

80. 答：电液转辙机采用了三种挤岔保护装置，即挤脱装置、挤岔断表示装置和 ZY2 型、ZY5 型挤岔保护装置。

81. 答：由于受气温的影响，尖轨会发生爬行现象，造成动作杆与锁闭杆不在一条直线上，产生夹角，这使得道岔转换时转换力分解，致使道岔转换受阻。

处理此类故障大多采取方钢枕的办法，使杆件平顺达到标准，也可采用调整 A、B 位置的方法解决。

82. 答：电液转辙机故障点较多，可能发生故障的面也较大。要能准确迅速地判断出故障的性质和范围，就要有简单可靠的判断方法。最常用的有三种：

（1）用“对分法”判断，缩小故障范围；

（2）用“测量法”判断故障；

（3）用“位置区分法”判断故障。

83. 答：（1）查找断路故障用“顺序测量法”；

（2）查找短路故障用“分段断路法”（也称甩线法）；

（3）查找接地故障用“疑点对地测量法”；

（4）查找错线故障用“全断路逐一测量法”。

84. 答：自动开闭器接点调整的原则就是保证其能可靠断接，接点片的弹力适中。既要防止因接点片弹力不足，而造成接点接触不良，还应注意不要因弹力调整过大，增加接点片和环的磨损。接点弹力不小于 3.92 N。同时还要注意，调整时应保证各组接点同一排的接点片要同时断接。一组接点的两侧静接点片在动接点环进入和退出时，两侧的涨开、缩回角度应一致。其中心线偏差不应大于 1 mm。

85. 答：压缩空气从外风管路进入转辙机内管路，首先进入过滤器的旋风叶子里，旋风叶子上有许多小缺口，迫使压缩空气沿切线方向强烈旋转，夹在压缩空气中的水滴、油污及灰尘在离心力的作用下与水杯内臂碰撞，从气体中分离出来，沉淀于水杯底部。气体再通过滤芯的过滤，最后变成洁净的压缩空气，从输出口流进调压阀。过滤器能滤去 50～75 mm 的灰尘，压力损失不超过 5 kPa。

86. 答：梭阀阀芯被推向另一侧后便接通了小锁闭阀的风路，气流由梭阀气孔进入小锁闭阀前腔室，气流克服弹簧的弹力将活塞推回，移动 3 mm 左右时滑阀阀芯被解锁。当滑阀阀芯动作到另一端后，小锁闭阀前腔内的余气经电磁阀、滑阀排气孔排出，小锁闭阀在弹簧的作用下又伸出，将滑阀阀芯锁闭。

87. 答：线圈通电后衔铁吸起，带动连接杆、阀杆及顶针，克服前部弹簧的压力，将前阀头打开，后阀头关闭，使压缩空气通过电磁阀气路进入滑阀和梭阀，进而控制道岔变位。电磁阀线圈线径 0.38 mm，匝数 4 200 N，线圈电阻 85 Ω ±4.25 Ω，衔铁动程 1.8 mm±0.3 mm。

88. 答：滑阀阀芯换向后，转辙机内压缩空气排出，使单向阀内外产生气压差，单向阀外的气压克服单向阀小弹簧的压力将阀打开，压缩空气进入气缸中，使转辙机转换位置。随着气缸中的压力增大，单向阀两端的气压逐渐变小，压差趋于平衡时，在弹簧的作用下，单向阀关闭，实现了软锁闭的功能。切断风源后，气缸内的气压可保持 3 min。

89. 答：滑阀是受电磁阀和小锁闭阀控制的。当电磁阀通电吸起，小锁闭阀解锁后，流向小锁闭阀的气流减小，通往滑阀阀芯的气流增加，推动阀芯向左（右）移动，阀芯左（右）腔室内的空气由排气管排往大气，从而使阀芯加速运动，直至到达左（右）端。此时，由于阀芯的转向，便打开通往气缸的气路，使压缩空气进入气缸推动活塞，进而使道岔变位。

90. 答：三相交流电动机的维修中应注意以下事项：

（1）电动机通电后应转动自如，齿轮啮合正常，无明显过大噪声。

（2）对绝缘电阻的检查，可每年一次。被水浸泡后必须对其绝缘进行检查。绝缘电阻明显下降时，应更换电动机。

（3）电动机在底壳上的固定螺栓，不允许松动。

（4）电动机上的齿轮被损伤而影响齿轮组啮合时，应予更换。

91. 答：齿轮组由摇把齿轮、电动机齿轮、中间齿轮及摩擦联接器齿轮组成。其中摇把齿轮与电动机齿轮是一个传递系统，其作用是能用手摇把对电动转辙机进行人工操纵。

电动机齿轮、中间齿轮与摩擦联接器齿轮是一个传递系统。它除了将电动机的旋转驱动力传递到摩擦连接器上外，更重要的是，它还是电动转辙机的第一级减速器。

92. 答：转动的物体，它所需要的功率 N 等于转矩 M 和转速 W 的乘积。若用表达式表达，即 $N=M \cdot W$。这就是说，在功率一定的条件下，物体的转速高，其转矩就小，转速低，转矩就大。电动转辙机用的电动机，其功率选定后是不变的。为了得到较大的转矩来带动道岔，必须要经过减速。

在 S700K 型电动转辙机中，齿轮组是第一级减速器，滚珠丝杠是第二级减速器。

93. 答：齿轮组的日常维修有以下注意事项：

（1）要避免外部对齿轮组的损伤，齿轮被损伤而影响齿轮组啮合时，要进行检修或更换。

（2）要按规定在转辙机静止时对四个齿轮涂润滑脂，保持清洁润滑，齿轮啮合正常。

94. 答：由于滚珠丝杠与轴套间的磨耗超限及挡圈材质不良，造成设备运用中有滚珠丝杠与轴套脱离的故障发生。

滚珠丝杠与轴套脱离严重时，会造成摩擦连接器碰转辙机外壳，致使道岔不能转换，严重危及行车安全。

95. 答：平时检修时如发现轴套与滚珠丝杠不能同步转动，说明滚珠丝杠与轴套已经脱离。要及时针对滚珠丝杠与轴套脱离的原因采取措施，以防止故障的发生。

96. 答：在检测杆的维修中有以下技术要求：

（1）上、下两检测杆无张嘴和左右偏移现象，检测杆头部的叉形连接头销孔的磨损旷量不大于 1 mm。

（2）检测杆的缺口调整为指示标对准检测杆缺口标记两侧各 1.5 mm±0.5 mm（第一牵引点转辙机）。定、反位缺口均须按此规定调整。

97. 答：产生这一现象主要由尖轨爬行、表示杆本身弯曲度不一致、尖端铁角度不对三个原因造成的。

通过对表示杆本身弯曲度不一致、尖端铁角度不对的调整，可以基本上解决检测杆张嘴的现象；检测杆左右偏移的现象必须解决尖轨爬行问题才能得到根治。针对长期受列车振动造成的检测杆张嘴现象，也可采用安装检测杆托架的办法来解决。

98. 答：检测杆的可及表面分别在两种状态下（伸出和拉入）涂润滑脂。此外，两个检测杆的贴合面通过上层检测杆的注油孔来注油：左装时在检测杆拉入状态，右装时在检测杆伸出状态。

99. 答：首先拆下检测杆，然后将密封法兰连同密封圈一起旋松取下，并取下动作罩筒及止挡板，然后松开其余的三个紧固螺栓，即可取下导向法兰。倘若更换导向法兰，那么务必装入新的密封圈，润滑脂注满油腔。

在组装前先做如下两项工作：

（1）清洁导向法兰和转辙机的密封面；

（2）将厚约 3 mm 的密封材料置于密封面上，上紧螺栓。

100. 答：外表示杆分为尖轨转辙机长、短表示杆，密贴检查器长、短表示杆四种，前者经尖端铁，后者经连接铁与尖轨相连。其作用是将尖轨的工作状态传递给转辙机或密贴检查器。

101. 答：S700K 型转辙设备在 15 年上道使用期内不是实行检修、轮修和集中修（即中修）制度，而是执行日巡视、季检查和年整治维护制度。

（五）计 算 题

1. 解：（1）开关打开时，电路中电流为零，a 点和 b 点等电位，$U_a=U_b=4$ V。

（2）开关闭合时，U_a ＝4 V。

b 点经开关接参考点与参考点等电位，U_b ＝0 V。

答：开关打开时，a、b 两点电位相等为 4 V；开关闭合时，a 点电位为 4 V，b 点电位为 0 V。

2. 解：根据$\eta=\dfrac{P_2}{P_1}$，式中 P_1 为输入功率，P_2 为输出功率。

输入功率 $P_1=P_2/\eta=8/0.8=10$ kW

$P_1=P_2-P$，P 为功率损失。

功率损失　$P=P_1-P_2=10-8=2$ kW

答：这台电动机的输入功率为 10 kW，功率损失为 2 kW。

3. 解：C_2 与 C_3 并联后的等效电容为：

$$C_{23}=C_2+C_3=100\ \mu F$$

C_{23} 与 C_3 串联后的等效电容为：

$$C_{AB}=C_1C_{23}/(C_1+C_{23})=100\times100/(100+100)=50\ \mu F$$

答：A、B 间的等效电容为 50 μF。

4. 解：根据已知条件可求得

$$U_2=\frac{U_C}{0.9}=\frac{110}{0.9}=122\ V$$

$$U_{vfm}=\sqrt{2}\ U_2=\sqrt{2}\times122=172\ V$$

$$I_V=I_C/2=3/2=1.5\ A$$

答：查晶体管手册，可选择最大整流电流为 3 A，最高反向电压是 300 V 的整流二极管。

5. 解：（1）负载上的整流电压、整流电流平均值：

$$U_L=0.45\ U_2=0.45\times40=18\ V$$

$$I_L=\frac{U_L}{R_L}=\frac{18}{200}=90\ mA$$

（2）流过二极管的平均电流：$I_V = I_L=90$ mA

二极管承受最高反向电压：$U_{vfm}=\sqrt{2}U_2=\sqrt{2}\times40=56.6$ V

答：整流电压为 18 V，平均电流为 90 mA，最高反向电压为 56.6 V。

（六）论 述 题

1. 答：油雾器是应用空吸喷射原理制成的润滑装置。它以压缩空气为动力，将润滑油喷射成雾状，随气流进入转辙机内部。所谓空吸喷射，是利用一股高压射流，将另一种可流物吸进来，相互混合后，一起流动的现象。压缩空气从油雾器输入口进入后经喷嘴上的小孔进入阀座的腔内，使截止阀的钢球上下表面形成压力差，此压力差被弹簧的压力所平衡，使钢球处于中间位置，截止阀被打开。压缩空气进入油杯的上腔，油面受压，压力油经吸油管将单向阀的钢球顶起，压力油经四方孔流入注视管内滴入喷嘴中，被主管道中的气流从中孔中引射出来，雾化后从输出口输出。

油雾器使用三通阀油，黏度为 2.5～7E，其工作温度为 0～50 ℃。

2. 答：在电动机 3、4 端子能测到动作电压，可判定故障在电动机转子范围内：

（1）与炭刷接触的绕组断线。

万用电表置电阻×1 挡，两端与电动机端子 3、4 相接，用手摇把缓缓摇动转子，测查单圈绕组电阻，至少能测出 1 组绕组断线。更换转子，故障排除。

（2）如电阻表始终指示高阻，说明电动机端子 3、4 至换向器面之间连接中断。

遇此，将一表棒分别与端子 3、4 连接，另一表棒直接与换向器面接触，即能查明是哪条连线中断。然后分段量电阻，不外乎连接线断线、炭刷与换向器接触不良、刷握或炭刷损坏，弹簧失效等等。接通连线或更换损坏零件，故障即可排除。

3. 答：从测试台测试电路分析，测试电路可分成：电源、控制继电器、测试引线、电秒表等四部分。直流电压表已证明电源部分良好，转辙机不转换的故障必定在控制继电器及测试引线范围内：

（1）道岔手柄 DS 或 FS 接点接触不良，未构成控制继电器 KJ 转极励磁电路。

（2）控制继电器故障：或与插座板接触不良；或降压电阻断线。

（3）道岔动作电源负极与电动机端子 4 的连线未接对或接触不良。

（4）转辙机第一排或第四排第一组动、静接点接触不良或电动机故障。

4. 答：绝缘漆的黏度是指它黏稠程度。黏度反映绝缘漆的流动性。黏度太大，漆液流动性差，浸漆液不易渗透到隙缝及微孔中去，使绕组浸漆不透；黏度太小，漆液流动性大，从漆液中取出绕组时，大部分漆液流离绕组，不能附着在隙缝、微孔以及绕组表面，形不成足够厚度的漆膜，使绝缘度下降。所以，浸漆时一定要控制绝缘漆的黏度。经预热后，绕组浸入绝缘漆内时，若温度过高，漆中的溶剂迅速挥发，绕组表面过早地形成漆膜，使浸漆不透；若温度过低，空气中的潮气又浸入绕组，加以浸入绝缘漆内后，漆的流动性和渗透性均较差，也使浸漆不透。

所以，绕组预热后要冷却到 60～70 ℃时才能浸漆。

5. 答：（1）仪器不许随意拆装，发现故障后，应停止使用，找出原因，可返厂或派人去进行修理。

（2）仪器使用过程中严防碰撞，保持清洁，用完后盖上防尘盖，附件不用时放入附件箱中，整个仪器用布或塑料罩罩好，每次使用完毕后要切断电源，防止烧坏电器部分。

（3）光学零件表面切勿手摸。有灰尘时用鼠毛刷轻轻掸去。

（4）附件使用时轻拿轻放，保持清洁，用完后按原来位置放入附件箱内，附件箱放在干燥处，阳光不要直射。

（5）金属零件表面应保持漆层的清洁，防止损伤漆层表面。

6. 答：（1）仪表在使用时，水平放置，检查指针是否在标度尺的起始端点上，若偏转，调节零位调节器，使其回到标度尺的起始点上。

（2）仪表在测量直流时，电流方向必须遵守在端钮上标志的极性，读数是第二条直流刻度。在测量交流时，额定频率为 45～1 000 Hz，其波形在任意瞬时值与基本正弦波差值，不应超过 2%，读数是第三条交流刻度。

（3）仪表在测量 5 A 电流时，其导线截面不应小于 2 mm^2。

（4）直流电阻的测量：尽量使用标尺中间一段，在两个黑点范围内，为测量工作部分。

（5）为了求得测量准确，量限选择应尽可能选择接近测量的数值，使指针有较大的偏转，减少测量示值的误差。

（6）仪表在测量时，不要旋转开关旋钮，特别是高电压和大电流时，严禁带电转换量程。

（7）在测量电路中的电阻阻值时，应切断被测电路的电源，电路中有电容器时，应先放电，后测量，禁止带电测量电阻。

（8）仪表用后，将选择开关放在电压的最大量程上，防止下一次使用时，偶然疏忽而损坏仪表，仪表应经常保持清洁和干燥，以免影响准确度和损坏仪表。

7. 答：（1）经考试合格并持有设备操作证者，方准进行操作，操作者必须严格遵守有关安全、交接班等制度。

（2）工作前应严格按照润滑规定进行注油，并保持油量适当。油路畅通，油标（窗）醒目，油杯、油线、油毡等清洁。

（3）检查确认各手柄位置无误，再空运转 10 min 左右，认真检查各部动作、音响是否正常。

（4）安装钻夹头、钻套、钻头时，锥柄应清洁无毛刺并装牢，拆卸时应用楔铁，禁止用手锤直接敲打夹头、钻套。

（5）钻通孔及薄板零件时，应垫起工件，以防钻坏工作台面。

（6）装卸工作时必须停车。装卸较重工件时要合理选用吊具和方法。

（7）工作台上禁止堆放工具、材料、杂物，严禁在工作台上曲、直工件。

（8）导轨面应经常保持清洁，有润滑油。

（9）钻床运转时严禁变速，变速时不准强力扳手柄。

（10）钻床运转中，操作者不得擅自离开。如需离开或停电时，应升起钻杆，使钻头离开工件，并拉开电源开关。

（11）钻孔时，禁止在进口手柄上加接套筒增力，不准超负荷加工零件。

（12）工作后必须、清扫设备，做好日常保养工作，并将各操作手柄（开关）置于空挡（零位），打开电源开关，达到整齐、清洁、润滑、安全。

8. 答：电动转辙机是在电气集中联锁车站与驼峰调车场用以转换道岔的设备，基本功能是：

（1）改变道岔位置，即根据操纵人员意图转于定位或反位。

（2）正确地反映道岔位置，即道岔尖轨密贴于基本轨后，才能有相对应的表示。

（3）道岔转到正确位置后，实行机械锁闭，防止外力转动道岔。

（4）道岔被挤或因故在四开位置时，应及时有报警表示。

9. 答：ZD6 系列电动转辙机配用的电动机为继续工作制直流串激可逆电动机。因为电动转辙机分散安装在站场道岔旁，而控制电动转辙机的设备却集中设在信号楼中，这对电动机的启动、调整、控制提出特殊要求。由于道岔的定、反位要求，电动机易于实现，既能正向旋转，又能反向旋转。还要求电动机在启动时转矩要大，使之能克服转辙机道岔尖轨的惯性。在气候变化时，道岔尖轨和基本轨之间可能落有积雪或泥沙，因而道岔转动产生了附加阻力，所以还要求电动机负载加大时，随着转速降低而转矩要急剧增加，以克服附加阻力，使道岔正常的动作。从直流串激电动机的转速特性和转矩特性看，它适用于电动转辙机的要求，所以选用这种电动机。

10. 答：电磁阀通电吸起后，便打开气路，转辙机内的压缩空气排向大气，使大锁闭阀两边产生压力差，这个压力差产生的压力足以克服弹簧的弹力时，便推动活塞使锁闭销缩回，道岔解锁。当道岔动作完后，单向阀截止，压力差为零，活塞在弹簧的作用下前移，使锁闭销伸出，道岔实行了机械锁闭。

11. 答：目前，焊接质量好坏，还只能从外观上判断。要想从众多的焊点中百分之百地查出有质量问题的焊点，可以说是不可能的。例如，由于焊接工艺掌握不当，使焊锡与被焊金属面未完全形成合金层的虚焊就很难从外观上发现。虚焊的接点在短期内可能也会可靠地通过额定电流；用仪器测量也可能发现不出问题；但时间一长，未形成合金的表面氧化，就会出现通过的电流变小或时断时续地通过电流，也可能通不过电流而造成断路。此时，焊点表面未发生变化，用眼睛仍然不容易检查出来，即使使用仪器检查，也不容易准确判断。

12. 答：（1）使用时必须先空转试车，检查有无异状况，待机床各部分均运转正常后方可进行加工操作。

（2）使用时，如不采用自动进给时，必须先脱开自动进给手柄。

（3）变换主轴转速或自动进给时，必须在停车后进行调整。

（4）机床应按“说明书”的各项规定进行润滑。滤油网定期清洗，以保持油液的清洁，并经常检查机床润滑系统的供油情况是否正常。

（5）床身导轨要经常用细纱布擦净注油，以免研伤。

（6）使用完毕后应清扫洁净，上油，并切断电源。

13. 答：电液转辙机日常维修作业的主要项目是：（1）准备工作；（2）联系登记；（3）变压器箱、电缆盒、液压站及转辙机的外部检修；（4）安装装置及三杆的检修；（5）转辙机的油路检查；（6）转辙机内部检修；（7）扳动试验；（8）复查及销点；（9）收尾，包括清点工具。这也是维修作业的主要程序。

14. 答：检查所有紧固螺钉是否紧固，电机转动是否灵活，转子轴向窜动是否超标，超标时允许在端盖轴承安装孔内加垫圈，垫圈应不影响轴承转动，整修后的电动机其转子轴向窜动不应大于 0.4 mm。换向器表面清洁无污物，表面粗糙度 Ra 达 0.8，引线编号与实际相符。

15. 答：绕组绝缘测试：绕组对机壳及绕组互相间缘缘电阻测试用 500 V 兆欧表测量。首先校对兆欧表是否正常。

测量时，首先去掉电动机外加电源，将电动机绕组引线接在 L 柱上，电动机外壳接在 E 柱上，摇动手柄时应由慢到快，速度均匀保持在 120 r/min 左右，直到指针稳定。如果电动机有短路存在，指针指向零点，应立即停止手摇，以免兆欧表过热烧坏。在摇动时，不能用手触动接线，以防高压触电。正常情况下，电动机在环境温度为 20 ℃±5 ℃和空气相对湿度为 50%～80%，放置时间不少于 24 h 条件下，绝缘阻值应不低于 20 MΩ。

16. 答：电源开关合上后电动机不启动的原因有：

（1）熔丝熔断；

（2）电刷不清洁；

（3）电枢电路中有开路；

（4）磁场电路开路；

（5）磁场线圈短路或接地；

（6）电枢或换向器短路；

（7）轴承损坏；

（8）刷握接地；

（9）过载；

（10）控制器损坏。

17. 答：（1）电枢或换向器短路；

（2）轴承损坏；

（3）电枢线圈开路；

（4）过载；

（5）电刷不在中性点位置；

（6）电压不符；

（7）定子磁场引起；

（8）电动机空载运转；

（9）磁场线圈短路或接地。

18. 答：（1）换向器与电刷接触不良；

（2）换向器不清洁；

（3）电枢中电路开路；

（4）磁场线圈短路或接地；

（5）电枢引线接反；

（6）电刷不在中性点位置；

（7）磁场电路开路；

（8）换向器表面高低不平；

（9）换向器表面云母片高起。

19. 答：内齿轮由灰铸铁 HT20-40 铸造。其常见故障有：内齿轮与机壳配合外径磨耗超限、齿轮齿部断裂、疲劳点、凹痕、台阶、内齿轮伸出端锈蚀、表面粗糙度高、轴承安装孔超差等。

20. 答：内齿轮与减速器壳两者应动配合，用精度为 0.02 mm 的游标卡尺测其外径应符合 ϕ 172 mm。检测时如发现磨耗超下偏时，为防止与壳配合超限，可采用电刷镀方法进行修复。如果测量时发现内齿轮外径超上偏时，为防止与壳配合时转动不顺利，可在车床上加工修整。

检测时如发现齿轮齿部断裂、有疲劳点、凹痕、台阶等难以修复的症状，应更换新件。

内齿轮伸出端锈蚀，表面粗糙度高时，可做除锈磨光处理，处理后的表面粗糙度 Ra 值应达到 6.3，直径不小于 $\phi\,120_{-0.23}$ mm。内齿轮 209 轴承安装部位超差时可采用电刷镀处理，可用内径百分尺或 0.02 mm 精度的游标卡尺检测。

21. 答：（1）常见故障：减速器盖、中间板均为灰铸铁（HT15-33）制成。常见故障有：金属裂纹、减速器盖上电动机安装止口超负差，紧固螺钉孔丝扣失效；中间板上止口损伤，轴承安装孔与轴承配合松动。

（2）减速器盖、中间板的检测和整修工艺标准：检查工件金属裂纹，可用锤敲、眼看、听异声来判断工件的破损、裂纹等缺陷，一旦发现工件金属裂纹、螺纹失效等难以修复的缺陷时，可做报废处理。

用精度为 0.02 mm 的游标卡尺测量减速器盖上电动机安装止口超负差时，可用锉刀或刮刀修整；中间板上止口发生碰伤时可用组锉修整，轴承安装孔与轴承配合松动时可做刷镀处理。

22. 答：摩擦联接器常见故障有：调整弹簧与夹板接触，造成电流调整失效；弹簧外端调整螺母松动，导致摩擦电流下降，道岔不能正常转换，摩擦带磨耗严重、断裂、紧固螺钉帽外露，造成摩擦电流调整失效；夹板轴窜动，引起夹板位移造成联接失效，道岔不能正常转换，定反位摩擦电流不均。

23. 答：左、右拐轴与接点座拐轴孔、与左、右支架扁方、与连接板配合超限是造成动接点旷动的主要因素。其常见故障有：拐轴与拐轴孔、拐轴与支架扁孔、拐轴与连接板连接销孔配合超限，拐轴弯曲，拐轴前端联接连接板部分与后端扁方角度不符，拐轴前端联接连接板部分与轴两体松动。

24. 答：各零部件整修完毕，检测验证达到修配标准后，开始组装：

（1）将检查柱装入接点座内，放入左、右支架，将检查柱挂在连动轴上。

（2）在左、右支架内分别放入支架拆装支撑器，在专用机具上分别压入左、右拐轴，取下支架拆装支撑器，装好拐轴垫圈和开口销。

（3）速动爪、调整架安装在速动爪轴上，压入速动爪轴、紧固顶丝。

（4）装连接销、拉簧等，连接好各部件，上好挡销板。

（5）装好动接点块、静接点组，安装接点环和挡环，初调动接点打入静接点组内深度。

（6）用手扳动两动接点块，看动作是否灵活、无卡阻。

25. 答：ZD6-D 型电动转辙机的主要特点有：

（1）增加了对岔尖的机械锁闭点，具有两组杆件对岔尖进行锁闭（称为双锁闭）的功能。

（2）扩大表示杆动程的可调范围（70～167 mm），既能适应普通道岔尖轨动程，也能适应交分道岔或单开可动心轨辙叉的小动程需要。

（3）保持 ZD6 系列转辙机原有的主要特点和改进项目，在不影响零件互换的条件下，又根据现场意见作了如下改进：动作杆头部加大；内齿轮改为球墨铸铁；左右支架改为铸钢件；牵引力加大为 3 432 N 等。

26. 答：自动开闭器拉簧使用ϕ 2.0 mm，长度 1 250 mm 钢丝右旋制成，表面涂黑色防护漆。弹簧自由长度为 68 mm，有效圈数为 23 圈，总圈数为 $33_{-0.5}$ 圈，绕制后低温回火处理。

检测拉簧时，先上好拉簧接头，将拉簧一头固定，另一头通过定滑轮倒向 90° 后悬挂 5.6 kg 重物，此时拉簧长度应增长 14 mm。一般情况下弹簧自由长度在 68 mm，拉簧无弯曲、锈蚀、变形，即可满足技术要求。

27. 答：转辙机的装配顺序大致可分为三个部分，即：铆件铆合，部件组装，整机组装。

（1）铆件铆合：包括动插头与拔扣的铆合，堵孔板与密封垫、开关轴的铆合，锁孔板与左右锁钩的铆合，静插头架与挡块的铆合，下锁扣与锁扣轴的铆合等内容。

（2）部件组装：包括减速器组装，自动开闭器组装，表示杆组装，主轴组装，齿条块组装，移位接触器组装等内容。

（3）整机组装：包括机体组装，齿条块安装，动作杆安装，主轴安装，移位接触器安装，表示杆安装，自动开闭器安装，减速器安装，摇动试验等内容。

28. 答：启动片的作用：一是连接输出轴与主轴，起传动作用，二是控制自动开闭器，在道岔转换前切断表示电路，并为电动机下一次反转电路准备条件。速动片的作用是检查主轴解锁、转换和锁闭三个动作过程的完成，并最后使自动开闭器迅速切断电机动作电路，接通表示电路。

启动片和速动片之间的动作关系是：

（1）在道岔转换前，先切断表示电路。这就靠启动片上的梯形凹槽的斜面推动尖爪上的滚轮，使尖爪爬到速动片的顶面，为此，速动片在这一段时间内应处于“等待”状态，不应转动。这是通过尖爪上的小滚轮压住速动片来保证的。

（2）尖爪上的小滚轮爬上启动片的顶面时，尖爪的下弧面高出速动片上弧面0.4 mm，因而尖爪能够顺利地进入速动片的上弧面。这时启动片上的拨片钉开始拨动速动片，使之同步转动。小滚轮一旦压上速动片弧面，启动片便与小滚轮脱离接触。这时主轴继续完成解锁和转换动作。

（3）道岔转换完毕，启动片和速动片已运动到另一个尖爪下方，主轴完成锁闭动作。当启动片的凹槽运动到小滚轮的下方时，小滚轮退出速动片的上弧面，尖爪的下弧面被速动片缺口处的上弧面承托，随着主轴锁闭过程的完成，尖爪因失去速动片的支承而跌入速动片的缺口内，完成自动开闭器的“速动”任务。

29. 答：具有理想几何形状，并以其理想形状去检验工件实际形状的工具，称为工件样板。属于专用量具之一。用工件样板测量检验时，将被检验零件的实际形状与样板的理想形状进行比较，所以样板属于比较测量工具。测量方法有接触法和等距法两种。

使用接触法测量工件时，将被检验的实际形状与样板的理想形状直接接触，若被检形状与样板的理想形状处处重合，说明被检形状无误差。如果不是处处重合，说明被检形状有误差。误差值的大小可用光隙、斑点来判定，当误差大时，可用塞尺测量。

使用等距法测量工件时，将被检验实际形状上的两处与样板理想形状保持相等的距离，若实际形状与样板的理想形状之间的距离处处相等，则说明实际形状无误差。反之，说明它有误差。

30. 答：划线作业中，造成划线质量不高或错误的原因以及防止方法如下：

（1）原工作图存在错误。防止的方法是划线前认真检查图纸，如发现问题应主动向有关人员问清，及时给予修正。

（2）作业人员未弄清图纸尺寸要求，就急于划线，这种情况极易出错。防止方法是作业前细致看图，真正看懂图纸要求，并按图纸所要求的工艺划线。

（3）作业人员缺乏工作经验和操作要领，导致量错或算错尺寸。防止的方法是加强基本功训练，提高技术水平。

（4）没有选定基准就盲目划线，或者因加工工件不精确而造成划线错误。防止的方法是划线前一定要选好基准。

（5）工件放置得不稳妥，划针固定不牢，划线时出现了移位，造成划线歪斜。防止的方法是划线前一定要将工件放置稳妥，紧固划针，防止移动。

（6）划线工具、量具本身有缺陷，划线前未能修理校正，致使划线造成差错。防止的方法是划线前对工具、量具进行认真检查。

31. 答：ZYJ4型电液转辙机由液压站、转辙机主机和SH5型液压转换锁闭器（俗称为副机）组成。

液压站装有交流电动机、油泵、油路板和油箱等。输出的两根油管与主机和副机的油缸连接。液压站的主要作用是通过电动机转动来动作油泵，随电动机的正反转泵出不同方向液压油。

转辙机的主机安装在道岔尖轨的第一连接杆处（即第一牵引点），其作用是根据液压站供出液压油的方向来转换道岔尖轨，并动作锁闭机构来锁闭尖轨。

SH5 型液压转换锁闭器（即副机）安装在道岔第三连接杆处（即第二牵引点），其作用也是根据液压站供出液压油的方向，与主机一起转换道岔尖轨，同时也进行锁闭。除此之外，在副机上还安装了挤脱器。当道岔被挤时，此装置被挤脱，并配合检查装置给出挤岔表示。

32. 答：调整气压是通过旋转手轮实现的。当顺时针旋转手轮时，螺丝杆向下移动，压缩弹簧，使之向下的弹力增大，进而推动膜片。阀杆向下移动，推开进气阀芯，压缩空气通过阀芯进入右端，气流的一部分（可谓取样气流）经阻尼管进入膜片室，给膜片一个向上的推力，当这个推力与弹簧向下的弹力相等时，进气阀保持一定的开度，使输出的压力保持平衡。当逆时针旋转手轮时，各部件的动作与上述相反，而使输出压力减小。

当输入压力发生波动时，如压力升高，则输出端的取样气流压力也高，作用在膜片上的压力相应增大，破坏了原来的平衡，使膜片上移，阀门开度缩小，从而使输出压力下降，直至达到新的平衡。输出又回到原来的数值。

从上面的讲述可以看出，调压阀实际是一个减压稳压阀，即能实现减压又可实现稳压。但输入压力低于调定值时调压阀就失去了作用。调压阀的调压范围为：0.05～1.0 MPa。

33. 答：道岔外锁闭装置现已安装使用的有两种。一种称为燕尾式外锁装置，另一种称为钩型外锁闭装置。

燕尾式外锁闭装置按锁闭方式属平面锁闭，而钩型外锁闭装置的锁闭方式为垂直锁闭。锁闭后的锁闭力通过锁闭铁、锁闭框直接传给基本轨。锁闭铁和锁闭框基本不承受弯矩，锁闭更加可靠。同时各配件全部是锻造调质处理，具有良好的综合机械性能，避免了原尖轨部分燕尾式外锁闭装置的锁闭铁因承受弯矩和铸造缺陷而出现的断裂现象。

34. 答：单向阀就像电子电路中的二极管单向导电那样，正向的液压油流畅通，反向的油流则被关闭而不能通过。

单向阀是由阀体、空心螺栓、钢球、O 形圈和挡圈组成。阀体内有两个钢球，装在空心螺栓同心的圆槽内，螺栓与油路板间经加垫的密封圈紧固连接。其作用是：可使液压油从螺栓底部顺利进入，此时，另一端的单向阀被油流冲击而使钢球堵在空心螺栓的圆槽内，即堵死了油流通道。这样就有效地保证了油流单方向通过。可以说，在油路中单向阀的通畅和堵塞性能的好坏直接影响着油路的正常工作。

35. 答：油缸由活塞杆、缸座、缸筒、缸套、接头体、连接螺栓和密封圈等组成。活塞杆两端的螺孔与连接螺栓的一端紧固。而连接螺栓另一端与杆架相连，杆架又连在机体外壳上。这样连接的动作系统使得活塞杆固定，用缸筒运动来推动道岔尖轨转换。油缸动程为动作杆动程加 50 mm。

油缸的作用就是将注入缸内的液压力转换成机械力，用以推动道岔尖轨转换。

推板是嵌在油缸套上的矩形钢板，其大部分嵌于缸套内，斜面凸起露在缸套外面。这一突起的斜面动作时与锁块相配合完成对道岔的转换锁闭功能。

36. 答：电液转辙机采用的是五线制控制电路，各条控制线在电路动作中是按如下分工的：

由定位向反位启动：X_1、X_3、X_4　　定位表示：X_1、X_2、X_4

由反位向定位启动：X_1、X_2、X_5　　反位表示：X_1、X_3、X_5

由此可见，此种接法 X_1 是启动、表示、定位、反位的共同线；X_2、X_3 是启动、表示交叉共用线；X_4 则是定位启动和表示的共用线；X_5 则是反位启动和表示的共用线。掌握了电路接法的这一特点，对电路发生故障时的分析、查找和处理是非常有帮助的。

37. 答：电液转辙机（包括所有三相五线制道岔）启动电路由定位向反位转动时是 X_1、X_3、X_4 供出三相交流电源的，而由反位向定位转动是 X_1、X_2、X_5 向电动机供出三相电源的。

改变交流三相电动机的旋转方向是靠改变三相电源中的两相的相位来实现的。只要改变任意两相的相位（即其中两线的极性），即可控制转辙机带动道岔向定位或反位转换。所以，要操纵道岔向定位或反位转换，只需在室内控制电路中变换启动控制线其中两条的极性便可操纵道岔了。

38. 答：常见的油路故障有：

（1）油泵转动正常，油路中压力变化不大，反方向压力表有所升高，这很可能是电动机三相电源相位错。

（2）压力表压力有些升高，但升高幅值太小。这种情况原因可能有：溢流压力调得过低或溢流阀固定螺母没固定，受振动变松；短路阀关闭不严，构成了回流；单向阀处可能有毛刺杂质等，将阀堵顶起造成关闭不严；溢流阀芯关闭不严或下端的 O 形圈密封不良；油箱内油量不足。

（3）压力表压力虽已升高，表针颤动，油缸动作不平稳，这种情况大多是油路掺入空气太多（注油时造成的），产生了气泡，造成油压不稳和噪声。

39. 答：主要由外壳部分、动力传动机构、检测和锁闭机构、安全装置、配线接口五大部分组成。

（1）外壳部分：主要由铸铁底壳、机盖、动作杆套筒、导向套筒、导向法兰等四部分组成。

（2）动力传动机构：主要由三相交流电机、齿轮组、摩擦联接器、滚珠丝杠、保持联接器、动作杆等六部分组成。

（3）检测和锁闭机构：主要由检测杆、叉形接头（用于内外检测杆的连接）、速动开关组、锁闭块和锁舌、指示标等五部分组成。

（4）安全装置：主要由开关锁、遮断开关、连杆、摇把孔挡板等四部分组成。

（5）配线接口：主要由电缆密封装置、接插件插座两部分组成。

40. 答：因为对于直流电动转辙机来说，其电磁转矩与其电枢电流的平方是成正比的。现场维修人员可以通过对其故障电流（在电动转辙机空转时直流串激式电动机的输入电流）测试来对摩擦连接器的摩擦力的大小进行调整。而对于三相交流电动转辙机来说，其动作电流不能直观地反映转辙机的拉力，所以现场维修人员不能通过三相交流输入电流的测试来对其摩擦力进行监测，必须由专业人员用专用器材才能进行这一调整。厂方在转辙机出厂时已对摩擦力进行了标准化测试调整，所以，现场维修人员不得随意调整摩擦力。

41. 答：安装方法及要求如下：

（1）连接基础托板，但各连接螺栓不要紧固。

（2）转辙机就位，连接各连接杆，调整基础托板位置使转辙机动作杆、连接杆和外锁闭装置锁闭杆在同一直线位置，转辙机高度可以在转辙机动作杆伸出端和外锁闭杆端进行检查，然后紧固连接螺栓。

（3）调整直连接杆长度，使外锁闭动程在尖轨（心轨）定位或反位时两侧均等，其两侧相差不超过 2 mm。

（4）调整表示连接杆连接铁，使转辙机表示杆缺口内两侧间隙相等。

（5）转辙机通常安装在道岔正线一侧，检查与正线基本轨平行，其偏移量在转辙机外壳两端的距离内不大于 5 mm。

（6）电动操作转辙机，检查 4 mm 不锁闭。

（7）检查、紧固全部螺栓并防松，丝扣余量为 5～10 mm。

42. 答：由于锁舌在导向挡板与锁闭块之间间隙太小，绝大部分是由于锁闭块上轴头压接不到位，造成锁舌在锁闭或解锁时动作受阻。

当产生锁舌卡阻后，电动转辙机向定位、反位都不能转换到底，直接影响行车。

处理方法是用紫铜棒（急用时用木棒代替）冲击锁舌，使轴头压接到位。平时应加强检查，发现锁舌上有磨痕时要及时处理，以减少对行车的干扰。

43. 答：由于三相交流电动转辙机是每一台转辙机设置一套表示电路，所以要首先确认是哪一台转辙机的表示电路故障后再去查找。

由于表示电路的电源和执行器件在室内，信号器件在室外，执行器件是直流的，电源是交流的，所以完全可以通过对分线盘端子的交、直流电压的测量来区分故障点在室内，还是室外。首先判断故障的性质，然后再具体查找。

44. 答：当电动机的动作电路被切断后，由于电动机的转动惯性，不能立即停转，所以应当设法把这个剩余动力消耗掉。另外，当尖轨在转换中途受阻不能继续转换时，不使电动机因不能转动而被烧毁。为此，电动机和转辙机之间不能硬性连接，在它们之间要装有摩擦联接器。摩擦联接器的摩擦力必须能够进行调节，使道岔在正常工作情况下，电动机能够带动转辙机工作；在道岔转换终了或尖轨被阻时，使电动机能够克服摩擦连接器的压力而空转，以保证电动机不致被烧毁。所以要求摩擦连接器调整好的摩擦压力必须要稳定在一个数值上基本不变，才能保证转辙机的可靠工作。

（七）绘图题

1. 答：如图 10 所示。

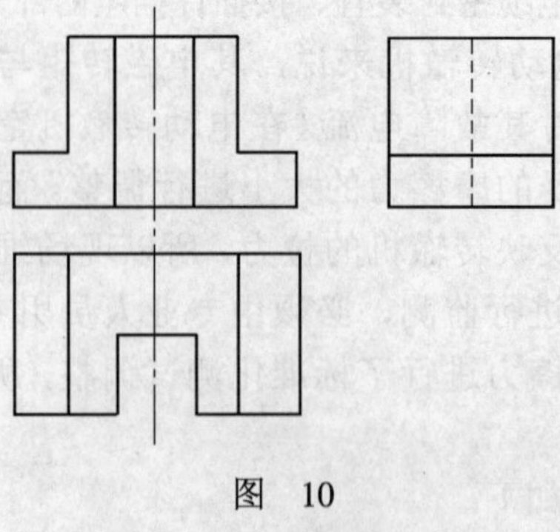

图 10

2. 答：如图 11 所示。

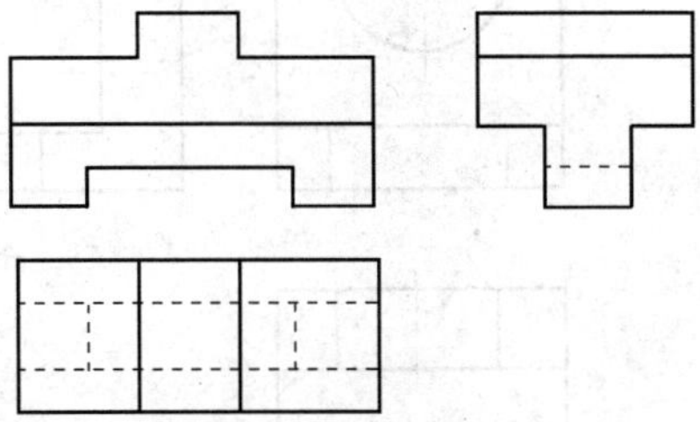

图 11

3. 答：如图 12 所示。

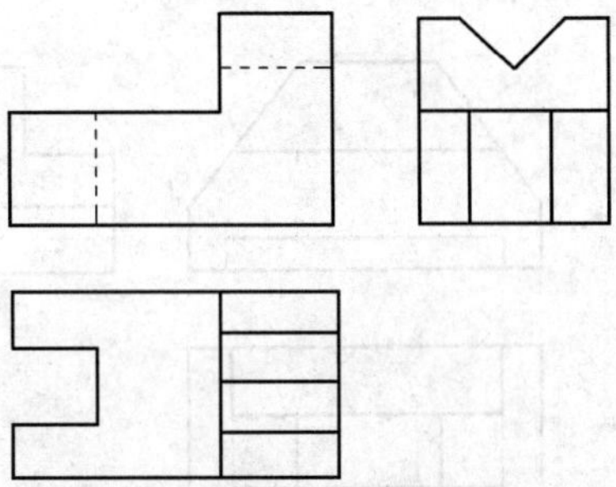

图 12

4. 答：如图 13 所示。

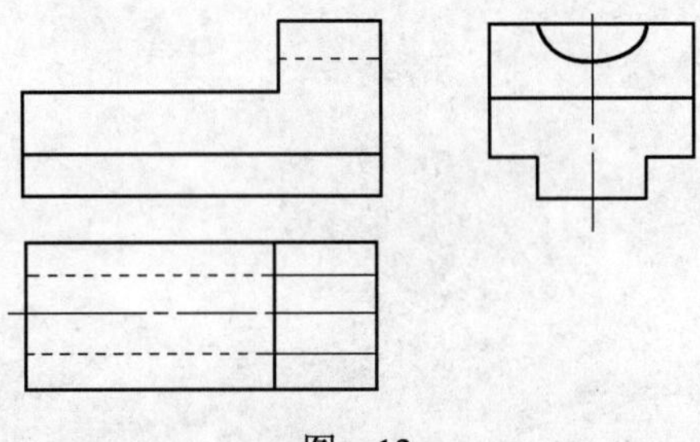

图 13

5. 答：如图 14 所示。

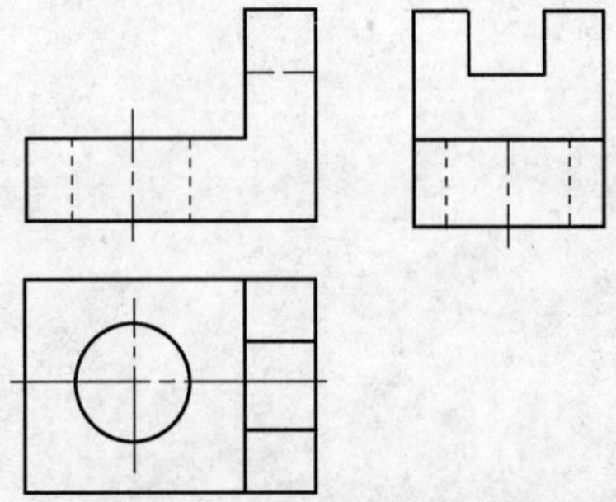

图 14

6. 答：如图 15 所示。

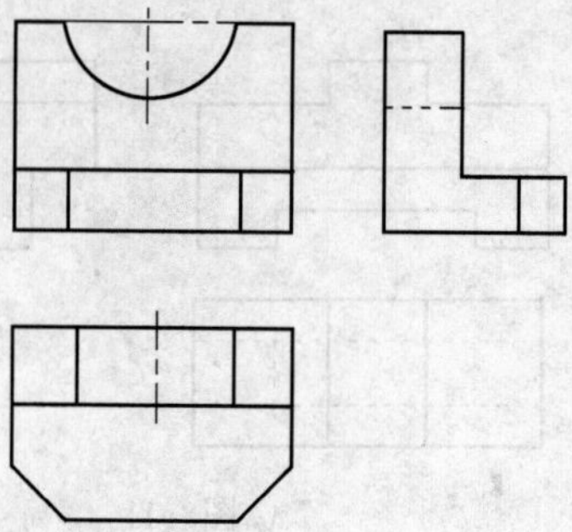

图 15

7. 答：如图 16 所示。

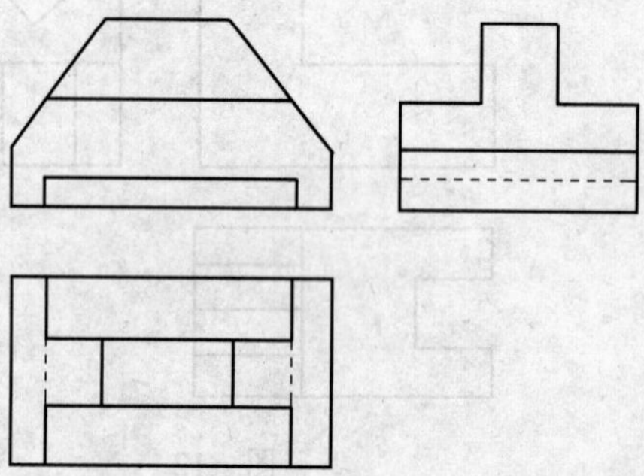

图 16

第四部分 技 师

一、信号钳工技师练习题

（一）填 空 题

1. 电烘干箱应安装________装置，并指定专人严格检查和控制温度。

2. 用易燃液体为溶剂喷涂、清洗、浸过的物件，必须________后再进行烘烤。

3. 透明体的颜色是由它透过的________决定的。

4. 不透明体的颜色是由它________的色光决定的。

5. ZD 型转辙机电机综合测试台由 SZ 型转矩转速显示仪和________组成。

6. ZS 型电动转辙机综合测试台由控制机柜和________两大部分组成。

7. Z4012 型台钻由机头、立柱、电动机、底座和________组成。

8. 可以独立进行装配的部件称为________。

9. 根据装配图的要求，需标注性能尺寸、装配尺寸、________、外形尺寸、其他尺寸。

10. 装配图中相同的组成部分（零件或组件）只应有一个序号和代号，一般只标注一次，必要时多处出现的相同组成部分，可以重复标注，但是序号要________。

11. 两零件的________或基本尺寸不同的装配应画出间隙一般要对称分配。

12. 转辙机出所后要填写由信号工区提供的使用地点，开始对该转辙机进行________跟踪管理。

13. 电动机温升试验，环境温度为 60 ℃条件下，一次通电 15 min，绕组温升应不超过________。

14. ZD6 系列电动转辙机减速器内各滚动轴承，不得________（不加外力轴承能自动落下时为不合格）。

15. ZD6 系列电动转辙机摩擦联接器的弹簧支垫大圆台，不得与夹板________。

16. ZD6 系列电动转辙机自动开闭器的动接点环，不得________静接点片。

17. ZD6 系列电动转辙机自动开闭器的静接点片，不得被动接点座圆柱凸出台________。

18. ZD6 系列电动转辙机表示杆移动 5.7～8 mm（推或拉，在检查柱与检查块每侧间隙为 1.5 mm 条件下），动接点应________，切断表示电路。

19. ZD6 系列电动转辙机速动爪滚轮在传动中应在速动片上顺利滚动，落下后不得与________相碰。

20. ZD6 系列电动转辙机齿条块被锁闭后，锁闭齿轮圆弧与齿条块两削尖齿应________，最大间隙不得超过 0.05 mm。

21. ZD6 系列电动转辙机锁闭齿轮起动齿应在齿条块缺槽的________，两边间隙为 2 mm ±1 mm。

22. ZD9 系列电动转辙机在额定电源电压、输出额定转换力条件下，滚珠丝杆应转动灵活，回珠无卡阻，________两端密封应良好。

23. ZD9 系列电动转辙机当滚轮在动作板上滚动时，启动片尖端离开速动片上平面的间隙应为________ mm。

24. ZD9 系列电动转辙机，当锁闭杆从终端位往回移动，锁闭杆斜面与检查柱斜面接触后，锁闭杆再移动 12 mm 时，表示接点组应可靠断开开关的________。

25. ZD9 系列电动转辙机，检查（锁闭）柱的下平面在接点组动作位时，离杆上平面应不小于________。

26. ZD9 系列电动转辙机，在检查（锁闭）位时进入表示杆检查块缺口应不小于________，并不打底面。

27. 齿轮的轮齿受力时，其根部产生的________最大。

28. 对齿轮热处理不当，会产生过大的________，齿轮负载后会很快出现裂纹。

29. 齿轮的轮齿折断分为过载折断、________、缺陷折断三种。

30. 正常磨损的齿面很________，没有明显的痕迹。

31. 灰砂等有害物质进入啮合轮齿间所造成的磨损，称为________。

32. 齿轮齿面发生刮伤时，往往出现温度升高和尖细的噪声，这时，必须迅速更换____和清洗各有关零件。

33. 对于低速齿轮传动，过载时往往在主动轮齿根或从动轮齿底顶，有时也可能沿整个齿面，有薄的金属层被严重磨掉，这种磨损称为________。

34. 齿轮齿面磨损分为正常磨损、研磨磨损、刮伤磨损、过载磨损和________五种。

35. 轴的设计方法有________和计算法两种。

36. 为使轴上零件（如齿轮、皮带轮轴承等）的固定和拆装方便，利于加工制造，减少生产费用起见，轴必须有________。

37. ZD6-E 型电动转辙机，适用于转换重轨铁路正线上________道岔、大号码道岔，以及严寒地区道岔。

38. ZD6-E 型电动转辙机具有两组杆件对尖轨实行锁闭，称为________功能。

39. ZD6-J 型电动转辙机适用于转换重轨道岔的________，用来辅助牵引尖轨。

40. ZD6-J 型电动转辙机具有挤岔________的功能。

41. ZD6-J 型电动转辙机表示杆，杆内以________代替原检查块，并且不装原副锁闭销。

42. ZD6-J 型电动转辙机与重轨道岔岔尖处的 ZD6-E 型转辙机配合在一起牵引尖轨，称为________制式。

43. ZD6 系列电动转辙机减速器的外齿轮顺时针每公转一周时，它就向逆时针方向旋转________。

44. ZD6 系列电动转辙机减速器的输入轴旋转________周时，外齿轮转一周。

45. ZD6 系列电动转辙机减速器的减速比为________。

46. ZD6 系列电动转辙机减速器外齿轮在传动时，既要受偏心套带动，作围绕输入轴的公转，又与内齿轮________完成自转。

47. 当电机电枢绕组中有电流通过时，电枢磁场使主极磁场发生变化，这种现象称为________。

48. 电枢反位扭曲了主磁场，给直流电机的换向带来了困难，使炭刷火花增大，________增长缓慢。

49. 速动衬套是套装在主轴尾部，与主轴速动片配合的________。

50. 为了减小换向器火花，炭刷位置应放在________，保持炭刷与换向器弧面啮合。

51. 道岔吊板严重磨损时，列车通过道岔上下振动使密贴调整杆既有上下振动，又有________的力。

52. 道岔不方，造成尖轨在转换过程中会使动作杆________，加重牵引负载。

53. 尖轨拱曲，当转换尖轨至锁闭时，锁闭齿轮的锁闭圆弧与锁闭齿之间的________增大，影响锁闭齿轮的正常使用年限。

54. 尖轨因多种原因与基本轨间存在反弹，使转辙机正常________困难。

55. 由直流电动机工作原理可知，只要改变磁通方向和________中的任何一个，就可以改变电磁转矩的方向。

56. 机械强度是零件抵抗整体断裂、表面接触疲劳及________的能力。

57. 退火和正火工序应安排在机械加工________进行。

58. 三相半波可控整流电路各相触发脉冲相位差是120°，触发脉冲不能在________之前加入。

59. 在零件表面的几何形状突然变化处，常产生很大的局部应力，该局部应力远大于名义应力，这种现象称为________。

60. 常用的机械防松法有两种：一种是槽形螺母和开口销防松；另一种是________。

61. 平面轴承是指________，它仅承受轴向载荷。

62. 独立原则是在图样上给定的尺寸公差和形位公差之间相互________的一种公差原则。

63. 在机械加工时，机床、夹具、刀具和工件构成一个完整系统，称为________。

64. 电动机从空载到额定负载时转速下降不多，称为________特性。

65. 相关原则是形位公差和尺寸公差相互________的一种公差原则。

66. 大小和方向不随时间变化或变化缓慢的载荷称为________。

67. 产品的可靠性是指产品在规定的条件下和规定的时间内，完成________的能力。

68. 门电路的输入信号与输出信号之间存在着一定的________。

69. 双向晶闸管具有两个方向轮流________的特性。

70. 定位基准的作用主要是用来保证加工表面之间的________精度。

71. 合格的两公称直径相同的标准螺钉和螺母不能旋合，其主要原因是________。

72. 变更接点组（不改变联锁条件），________由电务段批准。

73. 门电路可以由二极管、三极管和电阻构成，也可以由________构成。

74. 双向晶闸管的主要缺点是承受________的能力较低。

75. 并励电动机适用于对________要求不高，且负载变化时要求转速稳定的场合。

76. 应加强对轨道电路分路不良区段的安全管理，坚持定期测试、________制度，向车务部门明示，制定严格的卡控措施，纳入站细，规范管理。

77. 以被加工面本身作为精基准面的称为________原则。

78. 三线螺纹的螺距是2 mm，其导程是________。

79. 改变止片厚度可以改变继电器的落下时间，止片________落下时间减小。

80. 标准直齿圆柱齿轮________上的齿厚和齿槽宽相等。

81. 三相异步电动机中，它的转子所以会转动，是由于________的作用。

82. 三角带传动的张紧轮一般应压在________。

83. 改变止片厚度可以改变继电器的落下时间，减薄止片，落下时间________。

84. 变更信号设备联锁关系、修改电路图及________，由铁路局（公司）批准。

85. 控制台表示灯电源一般为交流________，用 JZ、JF 表示。

86. 电源屏对转换设备的基本要求之一是主、备用屏互相转换，供电必须________，保证供电不中断。

87. 轨道电路电源为交流 220 V，用________表示。

88. 控制台有单元拼装式的，简称________控制台。

89. 电动转辙机作为锁闭器，当尖轨与基本轨不密贴时，不应进行锁闭，不锁闭不应使________过程终了。

90. 为了克服尖轨与滑床板间的最大静摩擦，要求电动机必须具有足够大的________。

91. 利用列车追踪功能监督轨道电路的________。

92. 道岔被挤后，应有挤岔表示，转辙机________恢复前，不能再转换道岔。

93. 安全型继电器电源为直流________，用 KZ、KF 表示。

94. ZD6-D 型电动转辙机转动锁闭后两边摩擦电流应在________范围内。

95. 电动机作为电动转辙机的________。

96. ZD6 系列电动转辙机在调整接点座接点时，动接点在静接点片内的接触深度不得________mm。

97. 用电动转辙机反映道岔所处的________和状态。

98. 我国生产的电动转辙机吸收转动惯量和保护电机的联结装置，采用的是________。

99. 电动转辙机是道岔控制系统的________机构。

100. 微机监测系统可以________信号设备电气特性。

101. 粉末静电喷涂是当代________重点推广应用的新技术。

102. 电源屏长期使用时，屏内各种变压器温度不大于 100 ℃，硅整流元件温度不大于________。

103. 电动转辙机作为监督器应能反映道岔的________状态。

104. 我国目前所用的电动转辙机，多采用________减速器。

105. 车站信号微机监测设备能自动进行循环测量和自动跟踪及________所监督的对象。

106. 控制台有面板式的，简称________控制台。

107. 电动转辙机作为转换器应具有足够大的________以带动尖轨作往复直线运动。

108. 单元控制台操纵器件一律用________，不用手柄。

109. 电动转辙机动作电源为直流________V，用 DZ、DF 表示。

110. ZD6 系列电动转辙机采用的是________转换锁闭装置。

111. 电动转辙机用途为转换道岔和________道岔。

112. 为了说明整流电路直流输出脉动的大小程度，一般用脉动系数来衡量，脉动系数 S 为主要谐波的幅值与________的比值。

113. ZD6 系列电动转辙机总组装时，速动片与启动片之间的间隙________ mm。

114. S700K 型电动转辙机电源开关一旦被切断，非经人工恢复不得________。

115. S700K 型电动转辙机正常转换道岔时，________动作平稳无噪声，摩擦联接器作用良好。

116. S700K 型电动转辙机上下两检测杆________和左右偏移现象。

117. S700K 型电动转辙机检测杆头部的叉形连接头销孔的磨损旷量不大于________。

118. 交流磁路系统选用电阻率较高的铁磁性材料，使涡流影响减小从而缩短继电器的动作________。

119. ZD6 系列电动转辙机在调整接点座接点时，接点环与接点片接触良好状态时，其压力应在________之间。

120. ZD6 系列电动转辙机组装时，启动片与减速器内齿轮端面间隙________。

121. 粉末喷涂具有低公害、低耗能、涂装工艺简单、原材料利用率高、涂层坚固、________等特点。

122. ZD6 系列电动转辙机主轴锁闭齿轮的启动齿与齿条块槽两侧的间隙最小不得________。

123. 当尖轨被阻迫使电动机在过载情况下继续运转时，在规定时间内不应使________受损坏。

124. 信号点灯电源一般为交流________。

125. 道岔表示电源为交流 220 V，用________表示。

126. 直接涉及行车安全的 TDCS、CTC 等系统，必须自成体系，________，独立运行，严禁与其他系统直接联网。

127. 当尖轨在转换过程中________加大时，随着电动机转速的降低，其转矩应迅速增大。

128. 控制台是用以________和监督被控对象用的。

129. ZD6 系列电动转辙机，减速器与底壳装配前，应检查底面是否干净，并调整紧固减速器，使输出轴顺利装入________内。

130. 道岔组合分为单动道岔组合、双动道岔主组合和________辅助组合。

131. 信息设备软件由供应商负责，________保修。

132. 信号微机监测设备是非安全设备，当自身设备工作或故障时________信号设备的运行。

133. 信息设备软件维护规定：软件必须妥善保管，不得________，防止软件丢失、扩散和病毒侵害。

134. 各种电源屏的表示和________均应正常工作。

135. ZD6 系列电动转辙机在调整接点座接点时，每组静接点片的接触压力应不________ N。

136. 产品质量特性重要度分级表的内容的填写顺序是整机、组件、零件、________、原材料和辅助材料及其他。

137. 用手提堵孔板时，接点环与接点片的间隙应________，动接点插入静接点，其接触深度不小于 4 mm，沿插入方中心线允许偏差不大于 0.5 mm。

138. 改变主要器材规格、变更________方式、改变部颁标准设计，须经铁道部批准。

139. 电源屏电路是由交流接触器、中间继电器和________等组成。

140. ZD6 系列电动转辙机在调整接点座接点时，用手扳动动接点，其摆动量不________mm。

141. 严禁进路有关道岔________时开放信号、接发列车。

142. 电源屏结构应利于维修，一般采用________的方式。

143. 电源屏是电气集中联锁的________设备。

144. 熔断器是简便的而且是有效的短路保护电器。熔断器中的熔片或熔丝用电阻率较高的________制成。

145. 微机监测系统是一个专用的________系统。

146. 在控制台上装有________和监督器件。

147. 既有设备改造时，________必须及时修改，确保图纸正确，图实相符。

148. TJWX-2000 型信号微机监测系统有电压值、电流值、电缆对地绝缘电阻等多个显示窗，________测量数值及对象序号。

149. 粉末喷涂可分为热塑性粉末涂料和________粉末涂料两种。

150. 压力阀是用于控制液压系统中压力的阀类，有溢流阀和________。

151. 自动空气断路器也叫自动开关，是常用的一种低压保护电器，可实现短路、过载和________保护。

152. 防雷元件既要起到防雷作用，还必须不影响________的正常运用。

153. 粉末涂料由________、交联剂、颜料和流平剂及其他辅助材料组成。

154. 粉末喷涂是________涂料的换代产品。

155. ZD6 系列电动转辙机主轴装入后，要保证主轴用________顺利装卸。

156. 对信号电路图进行修改时，应在修改处加盖________，专用章应有“修改文号、修改人、修改日期”等内容。

157. 根据工艺规程加工，可以保证产品的________。

158. 计算机及网络安全设备应安装指定的防病毒软件，定期________，保证能查杀最新的病毒。

159. 工艺规程上规定了要使用的一切工具，这就可以按________事先做好计划，保证有计划的供应。

160. 工艺规程是符合________要求的，遵守工艺规程就能保证安全生产。

161. 工艺规程必须保证工件达到________，在加工过程中，采用适宜的设备和工具，来保证产品的质量。

162. 工序的集中原则，就是在编制工艺过程时，力求将尽可能多的________加工集中到一道工序中来完成。

163. 集中的极限是：零件的________只用一道工序来完成。

164. 涂渡是在工件表面指定的区域，快速________的一种技术手段。

165. 涂镀技术的作用主要有技术维护、________和改善工件表面性能三个方面。

166. 自熔性合金粉未氧乙炔喷涂常用边喷边熔和________两种基本操作方法。

167. 喷涂工件，表面必须________、无油。

168. 化学热处理是将钢件放在某种化学介质中，通过加热、保温、冷却的方法，使介质中的某些元素渗入钢件表面，改变钢表面的________。

169. 常用的化学热处理方法有：渗碳、氮化和________三种。

170. 氮化是向钢的表层渗氮的过程，其目的是提高表面硬度和耐磨性，以及提高________和抗腐蚀性。

171. 氰化分为低温氰化及________两种。

172. ZD6-J 型电动转辙机在道岔尖轨一旦位移，转换未到位或超出设定间隙时，________能可靠地通过自动开闭器切断表示。

173. 锁闭齿轮圆弧和齿条块削尖圆弧，必须________电火花强化处理，不允许两个配合使用的圆弧，只对其中单一弧面作强化处理。

174. 电火花强化后工件表面粗糙不符要求时，可用00号砂纸修磨，但用力不可过大，最好使用________衬上砂纸作业。

175. 空气压缩机压缩空气的过程包括吸入、________和压出三个过程。

176. 滚动轴承通常由内圈、外圈、滚动体和________四个元件组成。

177. 电务段应制定安全工作________，保证电务段干部每半年对所有车间、工区检查一遍。

178. 电务处、电务段应制定添乘检查计划，电务处长每季度、电务段长________添乘检查一次。

179. 电务处每月、电务段每周应有干部对管内信号设备运用状态进行一次________检查。

（二）选 择 题

1. 滑动轴承能够承受较大的（　　）。

（A）冲击载荷　　（B）扭转力矩　　（C）拉伸力　　（D）弯曲变形

2. 对动力机械所进行的功率试验属于试车中的（　　）。

（A）寿命试验　　（B）超负荷试验　　（C）性能试验　　（D）破坏性试验

3. 光学合像水平仪与框式水平仪比较，突出的特点是（　　）。

（A）通用性好　　（B）精度高　　（C）测量范围大　　（D）操作简便

4. 利用自准直光学量仪，可以测量反射镜对光轴（　　）的微小偏转。

（A）垂直方向　　（B）水平方向　　（C）前后位置　　（D）倾斜方向

5. 最小条件就是指：被测实际要素对其理想要素的最大变动量为（　　）。

（A）较小　　（B）零　　（C）最小　　（D）较大

6. 轴的轴向定位采用一端双向固定方式，如右端轴承双向轴固定，左端轴承可（　　）以适应轴的自由伸长。

（A）发生轴向窜动　　（B）发生径向圆跳动

（C）随轴游动　　（D）轴向跳动

7. 用弦线法检测同轴度，当水平布置且跨度较大时，弦线直径应选（　　）的钢丝。

（A）0.1～0.2 mm　　（B）0.3～0.4 mm

（C）0.5～1 mm　　（D）2～2.5 mm

8. 旋转机械中共振频率越高，振动位移的幅值越小，宜选用（　　）传感器进行测量。

（A）速度　　（B）加速度　　（C）位移　　（D）电压式

9. 用精密水平转台对比检验回转工作台分度精度时，必须使两转台的工作面处于（　　）状态。

（A）垂直　　（B）平行　　（C）重合　　（D）倾斜

10. 对于同一被测值进行多次测量，若测量结果偶然误差大，则应该（　　）。

（A）改变测量方法　　（B）增加测量次数

（C）更换测量工具　　（D）取算术平均值

11. 信号微机监测系统不能监督与（　　）结合部有关状态。

（A）电务　　（B）车务　　（C）机务　　（D）工务

12. 在信号微机监测系统车站系统，与人完成交互功能的是（　　）。

（A）上位机　　（B）下位机　　（C）采集机　　（D）CAN

13. 在信号微机监测系统车站系统上位机通过（　　）与外界进行数据交换。

（A）下位机　　（B）CAN 卡　　（C）高速串口　　（D）网卡

14. 信号微机监测系统 2DQJ 光电探头黄灯亮绿灯灭表示道岔在（　）。

（A）定位　　（B）反位　　（C）四开　　（D）采集故障

15. 信号微机监测系统车站采集柜最顶层称为（　　）层。

（A）C0　　（B）C1　　（C）C5　　（D）C10

16. 信号微机监测系统采集机所需各种工作电压是由（　　）板提供的。

（A）电源　　（B）开出　　（C）模入　　（D）CPU

17. 在信号微机监测系统人工测试（　　）项目时必须在天窗点内进行。

（A）漏流　　（B）绝缘　　（C）灯丝电压　　（D）电源相序

18. 当信号微机监测系统测试电缆绝缘值超出量程时，测试值显示（　　）。

（A）＞10 MΩ　　（B）＞20 MΩ　　（C）＞40 MΩ　　（D）＞50 MΩ

19. 在信号微机监测系统中，发出（　）报警时没有声音报警。

（A）一级　　（B）二级　　（C）三级　　（D）全部

20. 在信号微机监测系统中，不配备打印机的是（　）。

（A）服务器　　（B）终端机　　（C）车间机　　（D）站机

21. 计算机联锁系统机房温度超过（　　）时应开启空调。

（A）20 ℃　　（B）25 ℃　　（C）30 ℃　　（D）35 ℃

22. 电务维修机时钟误差超过（　　）必须进行调整。

（A）1 min　　（B）3 min　　（C）5 min　　（D）10 min

23. 计算机联锁应按联锁图表进行（　　）一次的联锁试验。

（A）一年　　（B）二年　　（C）三年　　（D）五年

24. JD-1A 型计算机联锁电务维修系统能记录（　　）月内车站运行情况。

（A）1 个　　（B）2 个　　（C）3 个　　（D）6 个

25. 在 JD-1A 型计算机联锁系统菜单条中点击（　　）按钮可以显示一个月内系统故障记录。

（A）按钮　　（B）故障　　（C）信息　　（D）再现

26. 在 JD-1A 型计算机联锁系统菜单条中点击（　　）按钮可以回放一个月内系统运行信息。

（A）按钮　　（B）故障　　（C）信息　　（D）再现

27. DS6-11 型计算机联锁系统中用光笔点压数字化仪时，数字化仪右上角的表示灯由红变（　）。

（A）灭　　（B）绿　　（C）黄　　（D）白

28. 计算机联锁采用（　）结构的实质在于用增加相同性能的模块来换取系统的可靠性和安全性。

（A）冗余　　（B）网络　　（C）并行　　（D）工业机

29. ZPW-2000A 型无绝缘移频自动闭塞是在（　）基础上改进而成的。

（A）UM71　　（B）WG-21A　　（C）微电子　　（D）移频

30. 当列车运行速度超过（　　）时，应采用预叠加电码化。

（A）80 km/h　　（B）100 km/h　　（C）120 km/h　　（D）150 km/h

31. ZPW-2000A 型无绝缘移频自动闭塞发送器采用（　　）冗余。

（A）双机热备　　（B）双机冷备　　（C）N+1　　（D）N+2

32. 分散安装的阻容元件，每（　　）测试一次，不良更换。

（A）1 年　　（B）3 年　　（C）5 年　　（D）7 年

33. 在快速旅客列车运行区段进行施工或作业时，电务人员应在快速列车到达前（　　）停止在列车通过的线路和相邻线路一侧的作业。

（A）5 min　　（B）6 min　　（C）8 min　　（D）10 min

34. 在线路上作业人员遇有旅客列车开来时，应在距钢轨头部外侧（　　）以外或安全处所避车。

（A）1.5 m　　（B）2.5 m　　（C）3 m　　（D）3.5 m

35. 各种高柱信号机及信号托架的安装，考虑基础下沉和道床抬高，预留（　　）余量。

（A）1 000 mm　　（B）1 200 mm　　（C）1 500 mm　　（D）2 000 mm

36. 高柱信号机应垂直于地面装设，在距离钢轨顶面 4500 mm 高处用吊线坠往下测量，倾斜量不应大于（　　）。

（A）10 mm　　（B）20 mm　　（C）26 mm　　（D）36 mm

37. 信号机无效标为（　　）的十字交叉板，安装在色灯信号机机构上。

（A）红色　　（B）黄色　　（C）灰色　　（D）白色

38. 道岔应方正，单开道岔（或对称道岔）两尖轨前后偏差不得大于（　　）。

（A）10 mm　　（B）15 mm　　（C）20 mm　　（D）30 mm

39. 道岔不符合安装标准时，应由（　　）部门整治，以达到转辙装置安装标准。

（A）电务　　（B）车务　　（C）工务　　（D）车站

40. 密贴调整杆动作时，其空动距离不得小于（　　）。调整丝扣的露出螺母部分，两边长度应大致相等。

（A）5 mm　　（B）10 mm　　（C）15 mm　　（D）20 mm

41. 道岔各种连接杆的调整丝扣的余量，不得小于（　　）。

（A）2 mm　　（B）5 mm　　（C）8 mm　　（D）10 mm

42. 电动转辙机、电空转辙机、电液转辙机等内部配线，应采用截面积不小于（　　）的多股铜芯塑料软线。

（A）1.0 mm^2　　（B）1.5 mm^2　　（C）2.0 mm^2　　（D）2.5 mm^2

43. 道岔尖轨与基本轨间有（　　）及其以上间隙时，道岔不得锁闭。

（A）2 mm　　（B）4 mm　　（C）6 mm　　（D）8 mm

44. ZD6系列电动转辙机自动开闭器检查柱落入检查块缺口内，两侧间隙为（　　）。

（A）0.5 mm　　（B）1～2 mm　　（C）3 mm　　（D）3.5 mm

45. 电液转辙机第一、第二牵引点间油管在出（入）地处应留有余量，油管弯曲半径不得小于（　　）。

（A）100 mm　　（B）120 mm　　（C）130 mm　　（D）150 mm

46. 程序编制内容之一是确定零件加工工艺，包括零件的毛坯形状、零件的定位和装夹、刀具的（　　）选择等。

（A）材料　　（B）几何角度　　（C）修磨方法　　（D）切削用量

47. 分动外锁闭转辙装置的各种基础螺栓紧固，丝扣露出螺母外的余量应为（　　），螺栓底部应有防转装置。

（A）2～5 mm （B）3～6 mm （C）4～7 mm （D）5～10 mm

48. 分动外锁闭转辙装置的尖轨、心轨第一、第二牵引点外锁闭两侧（定、反位）锁闭量，两者之差不得超过（ ）。

（A）0.5 mm （B）1 mm （C）2 mm （D）3 mm

49. 分动外锁闭转辙装置的尖轨第一、第二牵引点之间的中心位置有（ ）及其以上间隙时，道岔不得锁闭或不得接通道岔表示。

（A）3 mm （B）5 mm （C）8 mm （D）10 mm

50. TDCS 系统中使用非 UPS 电源的设备是（ ）。

（A）站机主机 （B）显示器 （C）交换机 （D）打印机

51. 高柱信号机的书写位置应在机柱的正面，距轨面（ ）为宜。

（A）1 000 mm （B）1 200 mm （C）2 000 mm （D）2 100 mm

52. 矮型信号机的书写位置应在机构门的（ ）。

（A）左侧 （B）右侧 （C）上边 （D）中间

53. 继电器箱、控制阀箱的书写位置应在箱体的（ ）。

（A）左侧 （B）正面门上 （C）右侧 （D）背面

54. 溢流阀调节灵活，溢流压力应调整为工作压力的（ ）。

（A）1.1～1.8 倍 （B）1.1～1.6 倍 （C）1.1～1.5 倍 （D）1.1～1.3 倍

55. ZY 系列转辙机，当滚轮在动作板上滚动时，启动片尖离开速动片上颊的间隙为（ ）。

（A）0.2～1.0 mm （B）0.3～1.3 mm （C）0.5～1.5 mm （D）0.5～2 mm

56. ZY 系列转辙机启动片上的动作滚轮在动作板上应能顺利滚动，落下后滚轮不得与动作板相碰，并与动作板斜面有（ ）以上间隙。

（A）0.5 mm （B）0.7 mm （C）1.0 mm （D）1.2 mm

57. ZY 系列转辙机在接点组调好时，使挤岔板上的滚轮与挤岔组斜面接触后再移进（ ），速动爪必须快速进入挤岔板下方。

（A）4 mm （B）6 mm （C）8 mm （D）10 mm

58. ZY 系列转辙机当滚轮在挤岔组上滚轮时，挤岔板下平面与挤岔组上平面的间隙应为（ ）。

（A）0.2～0.4 mm （B）0.3～0.5 mm （C）0.5～0.7 mm （D）0.5～0.8 mm

59. 道岔在任一极限位置，挤岔组斜面与挤岔板上滚轮的间隙应为（ ）。

（A）1～3 mm （B）1.5～3.5 mm

（C）2～4 mm （D）2.5～4.5 mm

60. ZY 系列转辙机动作杆在圆孔套内的旷动量不得超过（ ）。

（A）0.2 mm （B）0.3 mm （C）0.5 mm （D）0.8 mm

61. 电液转辙机在锁闭位，锁块与锁闭铁的接触面应不小于（ ）。

（A）2/3 （B）1/3 （C）1/4 （D）3/4

62. 电液转辙机在动作位，锁块与锁闭铁的间隙不大于（ ）。

（A）0.4 mm （B）0.5 mm （C）0.6 mm （D）0.7 mm

63. 电液转辙机锁闭柱打入锁闭缺口的深度应不小于（ ），并不打锁闭杆缺口底面。

（A）2 mm （B）4 mm （C）6 mm （D）8 mm

64. S700K 型电动转辙机的动作电流不大于（　　）。

（A）2.0 A　　（B）2.1 A　　（C）2.3 A　　（D）2.6 A

65. 当系统为非线性系统，工作转速（　　）一阶临界转速时，松动的振动响应比不松动时大。

（A）低于　　（B）等于　　（C）高于　　（D）极低于

66. ELP-319 型密贴检查器检测杆与接点座配合工作，可检测（　　）尖轨动程。

（A）30～190 mm　　（B）50～100 mm

（C）90～130 mm　　（D）170～190 mm

67. ELP-319 型密贴检查器叉形连接头销孔磨损旷量不大于（　　）。

（A）0.5 mm　　（B）1 mm　　（C）1.5 mm　　（D）2.0 mm

68. ZYJ7 型电液转辙机开关滚轮离开动接点架动作斜面的间隙不小于（　　）。

（A）0.5 mm　　（B）0.6 mm　　（C）0.7 mm　　（D）0.8 mm

69. ZYJ7 型电液转辙机因故不能转换到位时，电流不大于（　　）。

（A）2.3 A　　（B）2.5 A　　（C）2.6 A　　（D）2.9 A

70. 尖轨与基本轨密贴后，电液转辙机的锁闭柱缺口两侧间隙，外锁闭时为（　　）。

（A）1.5 mm±0.5 mm　　（B）2 mm±0.5 mm

（C）3 mm±0.5 mm　　（D）4 mm±0.5 mm

71. 尖轨与基本轨密贴后，SH6 型转换锁闭器检查柱缺口两侧间隙为（　　）。

（A）4 mm±1.5 mm　　（B）2 mm±1.5 mm

（C）3 mm±1.5 mm　　（D）6 mm±1.5 mm

72. ZD9 系列电动转辙机，当检查（锁闭）柱因故落在杆上平面时，动接点环的断电距离应大于（　　）。

（A）2.5 mm　　（B）3.0 mm　　（C）3.5 mm　　（D）4 mm

73. ZD9 系列电动转辙机，检查（锁闭）柱与表示杆检查块缺口之间间隙之和：B、D、E 型机为（　　）。

（A）6 mm　　（B）8 mm　　（C）10 mm　　（D）12 mm

74. ZD9 系列电动转辙机，当挤脱器在出厂时，挤脱力调整为 28 kN±2 kN，并用（　　）标记。

（A）红色　　（B）黄色　　（C）白色　　（D）黑色

75. ZD9 系列电动转辙机挤岔时，表示接点动接点环的断电距离应大于（　　）。

（A）1.0 mm　　（B）1.2 mm　　（C）1.3 mm　　（D）1.5 mm

76. 用振动烈度来评定机械振动的水平时，与机械的（　　）速度无关。

（A）运动　　（B）旋转　　（C）振动　　（D）临界

77. ϕ139 mm 外梯有色透镜有（　　）棱。

（A）5 个　　（B）6 个　　（C）7 个　　（D）8 个

78. ϕ163 mm 内梯无色透镜有（　　）棱。

（A）3 个　　（B）5 个　　（C）7 个　　（D）8 个

79. 列车速度超过 120 km/h 的区段，采用（　　）自动闭塞。

（A）二显示　　（B）三显示　　（C）四显示　　（D）五显示

80. ZD6-A 型电动转辙机的减速器总减速比为（　　）。

（A）27.8　　（B）41.2　　（C）103.5　　（D）156.4

81. ZD6-A 型电动转辙机减速器外齿轮上有（　　）圆孔，每个圆孔内插入一根套有滚套的滚棒。

（A）8 个　　（B）10 个　　（C）12 个　　（D）14 个

82. ZD6-A 型电动转辙机减速器，当输入轴顺时针旋转（　　），外齿轮逆时针旋转一周，带动输出轴逆时针方向旋转一周。

（A）41 周　　（B）40 周　　（C）42 周　　（D）43 周

83. ZD6-A 型电动转辙机减速器，内齿轮里有两个外齿轮，它们共同套在一个输出轴圆盘的八根滚棒上，两个外齿轮之间偏向成（　　）。

（A）45°　　（B）60°　　（C）90°　　（D）180°

84. ZD6-F 型电动转辙机的转换时间为（　　）。

（A）≤3.8 s　　（B）≤5.5 s　　（C）≤5.8 s　　（D）≤6.5 s

85. ZD6-F 型电动转辙机的动作杆的动程（　　）。

（A）190^{+2}_{-2} mm　　（B）165^{+2}_{-2} mm　　（C）156^{+2}_{-2} mm　　（D）130^{+2}_{0} mm

86. S700K 型电动转辙机单芯电缆控制距离可达（　　）。

（A）1.5 km　　（B）2.0 km　　（C）2.5 km　　（D）3.0 km

87. 修理周期是指相邻两次（　　）之间的时间间隔。

（A）小修　　（B）中修　　（C）大修　　（D）抢修

88. S700K 型电动转辙机代号 A13/A14 的动程为（　　）。

（A）120 mm　　（B）150 mm　　（C）220 mm　　（D）240 mm

89. S700K 型电动转辙机代号 A15/A16 的动程为（　　）。

（A）120 mm　　（B）150 mm　　（C）220 mm　　（D）240 mm

90.（　　）包括人工费、材料设备费、施工机械台班费。

（A）基本直接费　　（B）其他直接费　　（C）间接费　　（D）管理费

91. 设备在基础上就位后，应放置平稳，以防备（　　），对重心高的设备，应采取措施防止其摇动或倾倒。

（A）变形　　（B）移位　　（C）滑动　　（D）倾倒

92. S700K 型电动转辙机代号 A13/A14 的额定转换力为（　　）。

（A）2 000 N　　（B）2 500 N　　（C）3 000 N　　（D）3 500 N

93. S700K 型电动转辙机代号 A15/A16 的额定转换力为（　　）。

（A）2 000 N　　（B）2 500 N　　（C）3 500 N　　（D）4 500 N

94. S700K 型电动转辙机代号 A17/A18 的额定转换力为（　　）。

（A）2 500 N　　（B）3 000 N　　（C）3 500 N　　（D）5 000 N

95. S700K 型电动转辙机代号 A33/A34 的额定转换力为（　　）。

（A）2 000 N　　（B）2 500 N　　（C）4 500 N　　（D）5 000 N

96. 水泥信号机柱的埋设深度为柱长的（　　），但不得大于 2 m。

（A）5%　　（B）10%　　（C）15%　　（D）20%

97. 信号机柱培土直径距机柱外缘不小于（　　），并夯实。

（A）500 mm　　（B）600 mm　　（C）700 mm　　（D）800 mm

98. 点灯单元的防雷电压转移系数小于（　　）。

（A）1/200　　（B）1/300　　（C）1/400　　（D）1/500

99. 道岔为 60kg/m 及其以上钢轨时，其转辙设备安装装置应采用（　　）角钢。

（A）125 mm×80 mm×12 mm　（B）125 mm×80 mm×10 mm

（C）125 mm×85 mm×10 mm　（D）120 mm×80 mm×10 mm

100. ZPW-2000A 型无绝缘移频自动闭塞区间轨道区段调谐区长度为（　　）。

（A）19 m　（B）20m　（C）25 m　（D）29 m

101. 在 ZPW-2000A 型无绝缘移频自动闭塞系统中，补偿电容使传输通道趋于（　　）保证轨道电路良好传输性能。

（A）感抗　（B）稳定　（C）阻性　（D）容性

102. ZPW-2000A 型无绝缘移频自动闭塞系统（　　）用于实现主轨道电路、小轨道电路的调整。

（A）发送检测器　（B）侧线检测盘　（C）衰耗盘　（D）接收器

103. 圆锥式摩擦离合器在装配时必须用（　　）方法检查两圆锥面的接触情况。

（A）跑合　（B）压铅　（C）仪器测量　（D）涂色

104. ZPW-2000A 型无绝缘移频自动闭塞系统发送器能产生（　　）低频信号。

（A）14 种　（B）16 种　（C）18 种　（D）20 种

105. ZPW-2000A 型无绝缘移频自动闭塞系统电缆模拟网络用来补偿实际 SPT 数字信号电缆，使补偿电缆和实际电缆总距离为（　　）。

（A）5 km　（B）8 km　（C）10 km　（D）12 km

106. ZPW-2000A 型无绝缘移频自动闭塞系统发送器、接收器各引线端子与金属外壳导电部分绝缘电阻应（　　）。

（A）≥25 MΩ　（B）≥50 MΩ　（C）≥100 MΩ　（D）≥500 MΩ

107. 汽轮机叶片（　　）振动，是最危险的振动。

（A）径向　（B）轴向　（C）切向　（D）法向

108. 高速旋转机器的联轴器，内外圆的同轴度，端面与轴心线的垂直度，都要求做到十分精确，误差控制在（　　）以内较为理想。

（A）0.01 mm　（B）0.02 mm　（C）0.03 mm　（D）0.05 mm

109. 转子与固定件径向严重摩擦时，轴心轨迹才会（　　）涡动，转子的运动才会失稳。

（A）正向　（B）逆向　（C）轴向　（D）径向

110. 超高压卧式压缩机中检修期为（　　）。

（A）6 个月　（B）12 个月　（C）24 个月　（D）48 个月

111. 重新启动路由器，可通过（　　）来实现。

（A）重新开关机柜输入电源　（B）拔掉再插上网线

（C）重新开关路由器电源开关　（D）重启通信机

112. 在信号微机监测系统中，继电器光电探头主要用于（　　）状态采集。

（A）DBJ　（B）FBJ　（C）1DQJ　（D）2DQJ

113. 最常用判断网络连接好坏的命令是（　　）。

（A）IPconfig　（B）telnet　（C）net　（D）ping

114. 工业汽轮机装配时，相对 180° 两叶片重量（质量）差不能超过（　　）。

（A）0.2 g　（B）0.3 g　（C）0.4 g　（D）0.5 g

115. 零件的密封试验应在（　　）阶段进行。

（A）装配　（B）试车　（C）装配前准备　（D）调整工作

116. 定期诊断是以预防为目的的（　　）诊断。

（A）运行　（B）事故　（C）事前　（D）事后

117. 为了达到验收要求，必须对（　　）提出技术措施和规定。

（A）装配形式　（B）装配顺序　（C）装配单元　（D）装配工序

118. 各种复杂、精密、高速、关键机器的要求设备输出力达到铭牌能力的（　　）以上，或能满足正常生产需要。

（A）75%　（B）80%　（C）90%　（D）100%

119. 水平管道上的阀门宜（　　）安装。

（A）垂直向上　（B）倾斜　（C）水平向下　（D）水平向上

（三）判断题

1. 液压控制系统和液压传动系统最主要的不同点，即液压控制系统中具有反馈装置。（　　）

2. 液压系统中的控制元件所控制的流量和压力是通断变化的。（　　）

3. 数控车床主轴箱轴承损坏的原因，一般是轴承预紧力过大或无润滑。（　　）

4. 用同一规格的两根钢丝绳起吊，随两绳夹角的增大，安全起重量也越大。（　　）

5. 固定式钻床夹具，一般都装有钻套，通过它引导刀具可以提高孔的位置精度，并防止钻头在切入时引偏。（　　）

6. 固定式钻床夹具在立钻上使用时，只能加工单孔，在摇臂钻床上使用时，则可加工平面上的各种孔系。（　　）

7. 为了提高丝杠螺母副的精度，常采用消隙机构来调整径向配合间隙。（　　）

8. 采用圆锥面过盈联接，可以利用高压冷装配，使包容件内径胀大，被包容件外径缩小。（　　）

9. 任意齿轮在分度圆上齿厚与齿槽宽都相等。（　　）

10. 两啮合锥齿轮的齿两侧同在小端接触，说明轴线交角太小，反之，轴线交角太大。（　　）

11. 蜗杆传动机构装配时，通过改变调整垫片厚度的方法，调整蜗轮的轴向位置。（　　）

12. 所谓预紧，就是在安装轴承时，用某种方法产生并保持一轴向力，以消除轴承中的游隙。（　　）

13. 信号微机监测系统是监测铁路信号设备运用状态的重要设备。（　　）

14. 车站系统是信号微机监测系统的一个组成部分。（　　）

15. 信号微机监测系统能监测信号设备的主要电气特性，当电气性能偏离预定界限时，及时报警。（　　）

16. 信号微机监测系统不能监督信号设备与电力、车务、工务结合部的有关状态。（　　）

17. 信号微机监测系统的操作界面为字符界面。（　　）

18. 信号微机监测系统继电器光电探头指示灯绿灯亮则表示该道岔在反位。（　　）

19. 信号微机监测系统车站采集柜最底层称为C10层。（　　）

20. 信号微机监测系统模拟量输入板，简称模入板。（　　）

21. 信号微机监测系统车间机可以监测到本车间管内各站信号设备运用情况。（　）

22. 计算机联锁系统上位机也叫联锁机。（　）

23. 计算机联锁系统下位机也叫操作表示机。（　）

24. JD-1A 型计算机联锁电务维修系统能记录三个月内车站运行情况。（　）

25. 在 JD-1A 型计算机联锁系统电务维修机系统网络结构图中，黄色表示某机器正处于故障状态。（　）

26. 计算机联锁系统使用的不间断供电电源应设双套，互为备用。（　）

27. 正常情况下，严禁直接关闭计算机电源。（　）

28. 在计算机联锁系统中可以运行与系统无关的软件。（　）

29. 可以直接用手触摸计算机联锁系统板卡内部元器件引线、焊点、电路板插头。（　）

30. 为保证提速后铁路运输的安全，解决办法就是采用逐段预叠加电码化方式。（　）

31. 站内 25 Hz 相敏轨道电路预叠加 ZPW-2000 系列移频电码化，主要应用在非电气化区段。（　）

32. ZPW-2000A 型无绝缘移频自动闭塞正线检测盘属于电码化用设备。（　）

33. ZPW-2000A 型无绝缘移频自动闭塞减少了调谐区分路死区段。（　）

34. ZPW-2000A 型无绝缘移频自动闭塞系统中发送器采用“N+1”冗余。（　）

35. ZPW-2000A 型无绝缘移频自动闭塞发送器用于产生高精度、高稳定移频信号源。（　）

36. ZPW-2000A 型无绝缘移频自动闭塞衰耗盘用于实现主轨道电路、小轨道电路的调整。（　）

37. ZPW-2000A 型无绝缘移频自动闭塞中对于进站和出站口均设有非机械绝缘节。（　）

38. ZPW-2000A 型无绝缘移频自动闭塞匹配变压器用于钢轨（轨道电路）与 SPT 铁路数字信号电缆的匹配连接。（　）

39. ZPW-2000A 型无绝缘移频自动闭塞发送器工作表示灯设在衰耗盒内。（　）

40. 如果 ZPW-2000A 型无绝缘移频自动闭塞某一台接收器故障，则相应区段出现红光带。（　）

41. ZPW-2000A 型无绝缘移频自动闭塞衰耗盘在区段占用时，轨道灯点绿灯。（　）

42. 工具、卡具应放置得当，各类安全装置应配备齐全。（　）

43. 畸形工件划线时都应按原始基准进行。（　）

44. 畸形工件划线，因形状奇特，装夹必须借助于辅助的工夹具。（　）

45. 大型工件的划线，因其形大、体重，不易移动和翻转，故一般采用拉线、吊线或拼接平板等方法来进行。（　）

46. 大型工件划线也可用分段法进行，其精确度也很高。（　）

47. 有些畸形大型工件因考虑到加工划线的困难，故在毛坯上设计一些工艺孔或凸缘（工艺塔子），这样可以方便加工和划线。（　）

48. 装配工作对整个产品的质量起着决定性的作用。（　）

49. 精密机械零件制造精度与装配后组件所要求的精度相差比较悬殊。（　）

50. 有些过盈配合若孔不能用热胀的办法，也可用轴冷缩的办法。（　）

51. 对于整台机器而言，其工艺规程有两种，一是零件加工工艺规程，二是装配工艺规程。 ( )

52. 零件加工工艺规程是由各道工步所组成的。 ( )

53. 编制工艺规程既要合理，保证产品质量，但也要考虑其经济性。 ( )

54. 精密机械的装配，为保证精度，常用误差抵消的定向装配法。 ( )

55. 装配工艺规程是装配工作的指导性文件。 ( )

56. 装配工人在装配整台机器时，其主要工艺依据是机器的总装图。 ( )

57. 转子轴颈的圆度误差，较多的是产生椭圆形状。 ( )

58. 车床和磨床的振动主要是切削加工时的自激振动，即颤振。 ( )

59. 精密机床在其基础周围挖出防振沟，是一种积极隔振措施。 ( )

60. 在成组生产技术中，相似的零件使用同一个代码。 ( )

61. 在现代制造技术中，计算机起到了至关重要的作用。 ( )

62. 用直线度分段测量，每次测得越短，次数测得越多，则测量精度越高。 ( )

63. 用对角线法测量平面的平面度误差，对矩形被测平面的测量布线方式，其纵向和横向布线应不少于三个位置。 ( )

64. 轴颈的圆柱度误差较大的是出现锥度形状。 ( )

65. 液压传动的工作原理是：以液压油作为工作介质，依靠密封容器的体积的变化来传递运动，依靠液压油内部的压力传递动力。 ( )

66. 单位时间内流过管道或液压缸某一截面的液压油体积称为流速，其单位是 m/min。 ( )

67. 当管道的截面积一定时，液压油的流量越大，则其流速越小；反之，液压油流量越小，则其流速越大。 ( )

68. 由于液压油在管道中流动时有压力损失和泄漏，所以液压泵输入功率要小于输送到液压缸的功率。 ( )

69. 液压传动系统中，采用密封装置的主要目的是为了防止灰尘的进入。 ( )

70. 油路系统中，油的流量是流速与截面积的乘积。 ( )

71. 密封容器里的液体，当一处受到压力作用时，这个压力将通过液体传递到容器的各处，并且压力值到处相等。 ( )

72. 液压传动系统中，压力的大小取决于液压油流量的大小。 ( )

73. 液压系统的功率大小，与系统的流速和压力有关。 ( )

74. 刀具耐热性是金属切削过程中产生剧烈摩擦的性能。 ( )

75. 刀具材料的硬度越高，强度和韧性越低。 ( )

76. 高速钢是一种综合性能好，应用范围较广的刀具材料，常用来制造各种结构复杂的刀具。 ( )

77. 在刀具材料中，它们的耐热性由低到高次序排列是碳素工具钢、合金工具钢、高速钢和硬质合金。 ( )

78. 当粗加工、承受冲击载荷时，若要使刀具寿命延长，则必须减少刀具摩擦，所以后角应取得大些。 ( )

79. 切屑形成过程是金属切削层在刀具作用力的挤压下，经过剧烈的变形后，形成切屑脱离工件的过程。 ( )

80. 在精加工时要尽量避免积屑瘤的产生；在粗加工时尽管积屑瘤对切屑有一定的好处，但也不希望产生。（ ）

81. 在切削用量中，切削速度对切削温度的影响最大。（ ）

82. 刀具磨损的快慢影响刀具寿命的长短，其中关键是合理选择刀具材料。（ ）

83. 刀具磨损越慢，切削加工时间就越长，也就是刀具寿命越长。（ ）

84. 磨削加工可获得高精度和较细的表面粗糙度。（ ）

85. 磨削运动主要是由切削运动和进给运动组成。（ ）

86. 砂轮的切削性能分别由磨料、粒度、结合剂要素组成。（ ）

87. 成形磨削时，要求砂轮外形保持的时间长些，应选用粒度号较小的砂轮。（ ）

88. 砂轮的强度、耐冲击性、耐腐蚀性、耐热性主要决定于结合剂的性能。（ ）

89. 磨料的硬度越高表示砂轮的硬度也越高。（ ）

90. 夹紧误差主要指由于夹紧力使工件变形后，在加工中使加工表面产生的形状误差，一般情况下不计算此误差的大小。（ ）

91. 轴类零件在进行机械加工时，常用中心孔作为定位基准，所以中心孔是基本精基准。（ ）

92. 用两顶尖装夹细长轴车削外圆表面，由于受力变形的影响，工件加工后呈腰鼓形误差。（ ）

93. 机械加工后的表面质量是机械加工精度的组成部分。（ ）

94. 为了提高工件表面的耐磨性，工件表面的粗糙度值越小越好。（ ）

95. 轴孔配合面的粗糙度越小，则摩擦因数越小，零件的使用寿命肯定越长。（ ）

96. 工件应在夹紧后定位。（ ）

97. 工件以其经过加工的平面，在夹具的四个支承块上定位，属于四点定位。（ ）

98. 用划针或百分表对工件进行找正，也是对工件进行定位。（ ）

99. 使用夹具可改变和扩大原机床的功能。（ ）

100. V 形块定位的优点是对中性好。（ ）

101. 对于力源来自于人力的，则称为手动夹紧。（ ）

102. 螺旋夹紧的缺点是夹紧动作慢。（ ）

103. 灯泡是色灯信号机的光源，采用直丝双丝铁路信号灯泡。（ ）

104. 透镜式色灯信号机的每个灯位由灯泡、灯座、透镜组、遮檐组成。（ ）

105. 采用定焦盘式灯座，在调整好透镜组焦点后固定灯座，更换灯泡时无需再调整。（ ）

106. 遮檐用来防止阳光等光线直射时产生错误的幻影显示。（ ）

107. 透镜组装在镜架框上，由两块带棱的凸透镜组成，里面是有色带棱外凸透镜，外面是无色带棱内凸透镜。（ ）

108. ϕ 139 mm 透镜与 ϕ 212 mm 透镜组合，用于矮型信号机。（ ）

109. ϕ 139 mm 透镜与 ϕ 163 mm 透镜组合，用于高柱信号机。（ ）

110. 信号光学系统之所以采用梯形（带棱）透镜，是因为带棱透镜比不带棱的整块凸透镜重量轻，而且球面相差小。（ ）

111. 透镜式色灯信号机的主要优点是：结构简单，维修容易，昼夜显示一致，使用方便，因而广泛应用。（ ）

112. AT 型透镜组，从消除透镜各阶梯高度的中心光线球面像差入手，改善内梯透镜和外梯透镜的阶梯对应性，使光束分布更趋合理。（　）

113. AT 型透镜分为 AT139 外梯透镜、AT212 和 AT163 内梯透镜等，分别组成高柱信号机透镜组和矮型信号机透镜组。（　）

114. 组合式色灯信号机适用于瞭望困难的线路，适用于曲线半径 300～20 000 m 的各种曲线和直线轨道上，在距信号机 10～1 000 m 距离内得到连续信号显示。（　）

115. 为了防止信号机因反光造成信号误认，信号机的前表面玻璃罩设计成向前倾斜 15°。（　）

116. 组合式信号机构的外壳用硅铝合金压铸而成。（　）

117. 组合式信号机构内外表面均涂无光黑漆，可防止光反射。（　）

118. 组合式信号机构的遮檐采用玻璃纤维增强不饱和聚酯（俗称玻璃钢）制造。（　）

119. 组合式信号机构右下方有一个瞄准镜插孔，供调整信号机显示方向时使用。（　）

120. 组合式信号机主光主要用于曲线部分，光强较高。（　）

121. 组合式信号机偏光主要用于远距离显示。（　）

122. 色灯信号机主灯丝在下可避免主灯丝断丝时，灯丝落下碰到副灯丝，影响副灯丝正常工作，有利于安全使用。（　）

123. 为保证信号灯泡的质量，在使用前，必须对信号灯泡进行检验和点灯试验。（　）

124. 检验信号灯泡就是察看灯泡外观，并用必要的量具和器具检查灯泡灯丝，均应符合灯泡的技术标准。（　）

125. 信号灯泡点灯试验应在额定电压的条件下进行。（　）

126. 信号灯泡点灯试验时间：主灯丝 2 h，副灯丝 1 h。（　）

127. 与直丝信号灯泡配套的灯座是定焦盘式铁路信号灯座。（　）

128. 定焦盘灯座三维（上下、左右、前后）可调，可调整光源位置，使主灯丝位于透镜组的焦点上，获得最佳显示效果。（　）

129. 定焦盘灯座对提高信号显示的稳定性和减少维修工作量起着积极作用。（　）

130. 转辙机的类型较多，从动力方面分类，可分为旋转电动机型，直线电动机型，风压、油压直动型。（　）

131. 旋转电动型可分为机械传递和液压传递型。（　）

132. 电动转辙机根据使用电源的不同，可分为直流电动转辙机、单相交流电动转辙机、三相交流电动转辙机等。（　）

133. 电动转辙机根据机械传递的方式不同，可分为齿条传递和滚珠丝杠传递等类型。（　）

134. 内锁闭方式锁闭道岔是对道岔可动部分进行直接锁闭。（　）

135. 当道岔由转辙机带动转换至某个特定位置后，通过本身所依附的锁闭装置，直接把尖轨与基本轨或心轨与翼轨密贴夹紧并固定，称为道岔的外锁闭。（　）

136. 由于外锁闭道岔的两根尖轨之间没有连接杆，在道岔转换过程中，两根尖轨是分别动作的，所以又称分动外锁闭道岔。（　）

137. 分动外锁闭道岔尖轨转换采用分动方式，设多个牵引点，9 号和 12 号提速道岔均为两个牵引点。（　）

138. 分动外锁闭道岔尖轨转换采用分动方式，18 号提速道岔为四个牵引点。（　）

139. 分动外锁闭道岔尖轨转换采用分动方式，30 号和 38 号道岔均为五个牵引点，做到尖轨全程密贴，以防止尖轨反弹，还做到多点检查尖轨密贴情况。（　）

140. 分动外锁闭道岔可动心轨也采用多点牵引，18 号道岔为两点牵引。（　）

141. 分动外锁闭道岔可动心轨也采用多点牵引，30 号、38 号道岔均为三点牵引。（　）

142. 外锁闭道岔转换设备消除了内锁闭方式的缺陷，适应了列车提速的要求。（　）

143. 外锁闭装置先后出现了燕尾式和钩式两种。（　）

144. 燕尾式外锁闭装置属于垂直锁闭。（　）

145. 安全标志是由各种颜色、几何图形、图形和符号构成的。（　）

146. 起吊时，如操作者看不清指挥手势，应设中转助手，准确传递信号。（　）

147. 金属与空气中氧作用的腐蚀产物膜都能对金属起到保护作用。（　）

148. 大型机床的新浇注的基础施工后一个月内最好不要安装机床。（　）

149. 当切削余量太大时，可分几次切削，第一次进给应尽量将切削深度取小些。（　）

150. 切削加工时，主运动通常是速度较低，消耗功率较小的运动。（　）

151. 钻削中，钻头因高速旋转和较高切削温度，故磨损严重。（　）

152. 镗孔时，只须调整刀具便可获得不同尺寸的孔径。（　）

（四）简 答 题

1. 润滑对机床有什么作用？
2. 行星齿轮减速器的外齿轮的公转是怎样实现的？
3. 行星齿轮减速器有什么优点？
4. 蜗杆传动有哪些优点和缺点？
5. 工艺规程为什么能保证产品质量？
6. 工艺规程应满足哪些基本条件？
7. 工序简化的极限是什么？
8. 如何使用压铅法检查齿轮间隙？
9. 金属粉末喷涂工艺具有哪些特点？
10. 如何拆装 S700K 型电动机？
11. 疲劳破坏和疲劳损伤积累的概念是什么？
12. 什么是完全定位、欠定位和过定位？
13. 晶闸管对触发电路有何要求？
14. 机床导轨有哪几项基本精度要求？
15. 三相交流电动转辙机控制电路的电源是怎样提供的？
16. 对计算机联锁、调度集中、微机监测等设备作业，有什么要求？
17. 怎样调整表示杆与检查柱的位置关系？
18. 直流电动机的作用是什么？按励磁方式是如何分类的？
19. 防护盒在 25 Hz 相敏轨道电路中的作用是什么？
20. 制订零件的机械加工工艺规程的步骤有哪些？
21. 零部件结构设计中符合公差要求的构形准则是什么？
22. 电动机的正反转控制线路中为什么必须有互锁？
23. 电动机分为哪几类？

24. 保证产品装配精度有哪几种方法?

25. 三相异步电机的优缺点是什么?

26. 钻削工艺的特点有哪些?

27. 装配工艺规程的主要内容是什么?

28. 三相异步电动机中旋转磁场产生的条件是什么?

29. 什么是零件失效? 零件失效有哪几种形式?

30. 三相异步电动机的工作原理是什么?

31. 什么是质量指数?

32. 6502 电气集中组合的结构和划分组合的原则有哪些?

33. 在信号微机监测系统中，车间机应具有哪些功能?

34. ZD6 系列电动转辙机的摩擦联接器起什么作用?

35. 通常分析质量缺陷产生原因的步骤有哪几项?

36. 质量缺陷的可控分析有哪几种?

37. ZD6 系列电动转辙机的减速器起什么作用?

38. ZD6 系列电动转辙机的移位接触器起什么作用? 怎样起作用?

39. ZD6 系列电动转辙机的安全接点起什么作用?

40. 在信号微机监测系统中，车站监测设备采集机的主要功能有哪些?

41. 6502 电气集中道岔组合的类型有哪些?

42. 6502 电气集中信号组合的类型有哪些?

43. ZD6 系列电动转辙机的自动开闭器由哪些部件组成的?

44. ZD6 系列电动转辙机的自动开闭器起什么作用?

45. 怎样对有关缺陷原因进行验证?

46. 在信号微机监测系统中，车站监测设备站机的主要功能有哪些?

47. ZD6 系列电动转辙机的用途是什么?

48. ZD6 系列电动转辙机的速动衬套常见故障及故障原因有哪些?

49. ZD6 系列电动转辙机的检查柱常见故障有哪些?

50. ZD6 系列电动转辙机的检查柱常见故障的检测及整修工艺标准有哪些?

51. ZD6 系列电动转辙机的表示杆常见故障有哪些?

52. 如何调整 ZD6 系列电动转辙机移位接触器行程?

53. 如何测试 ZD6 系列电动转辙机移位接触器绝缘?

54. ZD6 系列电动转辙机的自动开闭器拉簧常见故障、检测及整修工艺标准有哪些?

55. 防止信号联锁失效的重点内容是什么?

56. 施工、检修作业时，必须执行列车三预告制度的内容是什么?

57. 对电气集中机械室电源熔断器及运转室应急照明有何规定?

58. S700K 型电动转辙机的基本功能是什么?

59. S700K 型电动转辙机的产品代号含义是什么?

60. S700K 型电动转辙机的机械传动机构是怎样工作的?

61. ZK3-A 型电空转辙机的表示部分由哪几部分组成? 以转辙机在伸出位为例，说明其工作原理。

62. 分动外锁闭道岔转换设备有什么特点?

63. 电液转辙机电气部分是由哪几部分组成的?

64. 电液转辙机的挤岔保护装置是如何起到保护作用的?

65. 变压器箱和电缆盒的内部检修包括哪些内容?

66. 电液转辙机和液压站外部检修的具体内容和要求是什么?

67. 电液转辙机油路部分的检修包括哪些内容和要求?

68. 道岔密贴的检查与调整应遵循什么原则?

69. 道岔的三杆安装有什么要求?

70. 对于道岔设备及其转辙设备的维修，车、工、电部门是怎样分工的?

71. S700K 型电动转辙机的锁舌为什么会回缩?如何处理?

72. S700K 型电动转辙机的锁舌为什么能产生卡阻?产生卡阻对设备有什么影响?如何预防和克服?

73. S700K 型电动转辙机的开关锁应符合哪些技术条件?

74. 为什么车削钢类塑性金属时要进行断屑处理？

75. 工件夹具中定位时，产生定位误差的原因是什么？

76. 立式钻床有什么用途？

（五）计 算 题

1. 有一被损坏的标准齿轮，齿数 $z=29$，轴孔直径为 25 mm，轴孔壁到齿顶之间的距离为 26 mm，该齿轮的齿顶圆直径及模数各为多少?

2. 已知：ZD6-A 型电动转辙机的大齿轮 $z_1=103$，小齿轮 $z_2=27$，电机转速 2 400 r/min，减速器减速比为 1/41，输出轴转动 324° 为一个解锁、转换、锁闭全过程。求完成一次全过程的时间 T 为多少？［齿轮传动顺序：小齿轮→大齿轮（带动输入轴）→输出轴］

3. 有 5 A 的电流通过长 100 m 和温度为 25 ℃的铜线，铜线上的电势降落（即铜线两端的电势差）为 2.4 V，求铜线的横截面积。（已知 $\rho_0=1.6\times10^{-8}\ \Omega\cdot m$，$\alpha=4.3\times10^{-5}$/℃）。

4. 室温 20 ℃时，要想在长 10 m 的锰铜线上通过 0.5 A 的电流，而在这条导线上所加的电压是 40 V，求这条导线的直径。（已知 $\rho_0=48\times10^{-8}\ \Omega\cdot m$，$\alpha=1\times10^{-5}$/℃）

5. 电动转辙机所用电机是直流串励电动机。已知：端电压 $U=160$ V，额定电流 $I_a=2$ A，电枢刷间电阻 $R_a=4.9\ \Omega$，励磁线圈电阻 $R_f=5.7\ \Omega$，炭刷接触压降 $\Delta U_b=1.5$ V。计算电动机的感应电势 E_a、电磁功率 P_M。

6. 已知圆锥体大端直径 30 mm，小端直径 20 mm，高 120 mm，圆锥体的锥度和斜度分别为多少?

（六）论 述 题

1. 装配图有哪些规定画法?

2. 怎样做电动机温升试验?

3. 在现场更换新出所的电动转辙机，手摇转换道岔中途时转辙机机械停止传动，摩擦联接器空转的原因是什么？如何处理?

4. 怎样检查直流电动机？怎样进行定子检查、修配?

5. ZD6 系列电动转辙机自动开闭器的接点第二次变位迟钝（甚至不变位）故障原因是什么?

怎样处理?

6. ZD6 系列电动转辙机锁闭齿轮锁闭圆弧与齿条块两削尖齿不同时接触，最大间隙超过 0.5 mm 时，应怎样检查处理?

7. ZD6 系列电动转辙机总装后怎样进行验收?

8. 用手摇把摇动 ZD6-A 型电动转辙机，分别摇多少圈开始解锁，切断表示电路和接通返回电源电路?

9. 用手摇把摇动 ZD6-A 型电动转辙机，分别摇多少圈检查柱完全退出表示杆上的缺口，速动片开始随启动片旋转和完全解锁?

10. 用手摇把摇动 ZD6-A 型电动转辙机，分别摇多少圈转换结束，动作电路被快速切断并接通表示电路和达到完全锁闭?

11. 调试 ZD6 系列电动转辙机摩擦电流时，摩擦电流不稳定的原因有哪些?

12. 如何调整 ZD6 系列电动转辙机移位接触器?

13. 克服 ZD6 系列电动转辙机摩擦电流不稳定的方法有哪些?

14. ZD6 系列电动转辙机减速器产生噪声的原因有哪些?

15. S700K 型电动转辙机的动作程序与 ZD6 系列电动转辙机的动作程序有什么不同?

16. 转辙机是怎样分类的?S700K 型电动转辙机属于哪一类型的转辙机?

17. ZD6 系列电动转辙机的齿条块和动作杆常见故障有哪些?

18. ZD6 系列电动转辙机的自动开闭器动接点组检测及整修工艺标准是什么?

19. ZD6 系列电动转辙机的自动开闭器静接点组检测及整修工艺标准是什么?

20. ZD6 系列电动转辙机的速动片与启动片间隙为什么要求在 0.5～2 mm 之间，这个尺寸与何机件有关?

21. 按组装顺序总组装 ZD6 系列电动转辙机的步骤是什么?

22. ZD6 系列电动转辙机入所修整机组装后，应进行的质量检测及其技术标准是什么?

23. 怎样排除电动机启动电路室外部分一般故障?

24. 怎样进行 S700K 型电动转辙机的锁闭块的拆装?

25. 经修配后的 ZD6 系列电动转辙机，手摇动时减速器输入轴不能滚动是什么原因?如何处理?

26. 为什么研具的材料要比工件的材料软一些?哪些材料适合做研具?

27. 电液转辙机的表示系统是怎样构成的?

28. 电液转辙机设置的手动装置作用是什么?其动作原理是怎样的?

29. 什么叫电液转辙机的正装和反装?

30. 联系登记工作的内容和要求是什么?

31. 道岔安装装置及三杆的检修内容和要求是什么?

32. 液压站的内部检修有哪些内容?其技术标准是怎样规定的?

33. 电液转辙机振动试验包括哪些内容?具体要求是什么?

34. 道岔转换设备中哪些连接件容易出现磨耗旷量?出现旷量后有什么危害?如何消除旷量?

35. 安装道岔安装装置时应注意什么?

36. 一般来说解决工艺问题常常受哪几个方面的影响?

37. S700K 型电动转辙机的开关锁有什么作用?

38. S700K 型外锁闭道岔开程不标准对道岔转换有何影响?如何消除?

39. 研磨产生废品的原因有哪些？如何防止？

40. ZD7-A 型电动转辙机在 ZD7 型基础上做了哪些改进？

（七）绘 图 题

1. 参考立体图，如图 17 所示，补画第三视图。

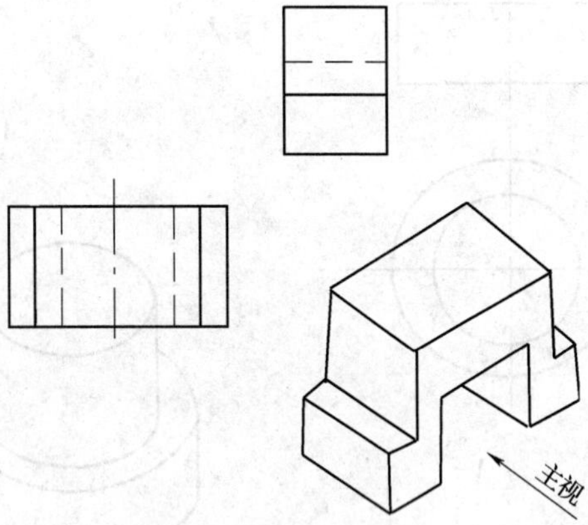

图 17

2. 参考立体图，如图 18 所示，补画第三视图。

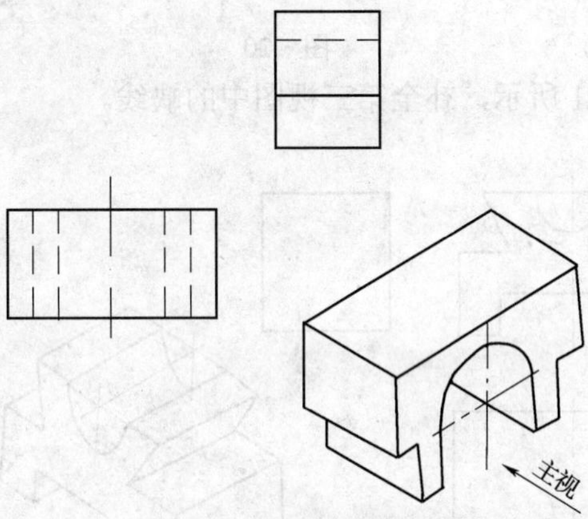

图 18

3. 参考立体图，如图 19 所示，补画第三视图。

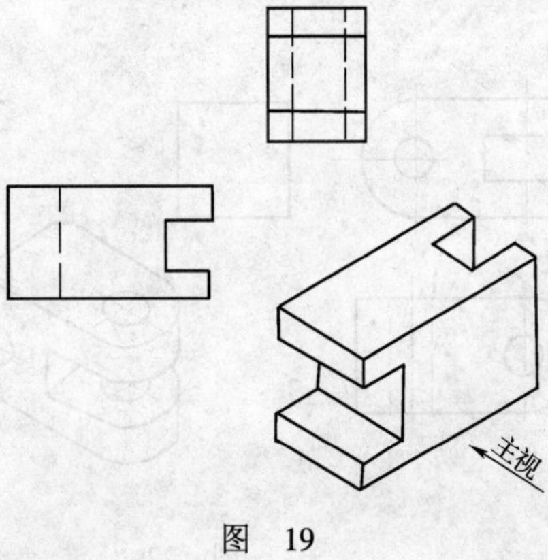

图 19

4. 参考立体图，如图 20 所示，补画第三视图。

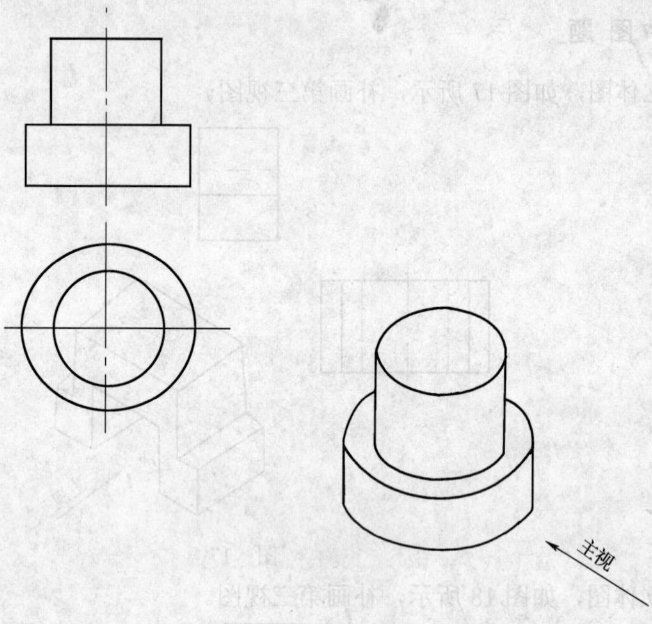

图 20

5. 参考立体图，如图 21 所示，补全第三视图中的缺线。

图 21

6. 参考立体图，如图 22 所示，补全第三视图中的缺线。

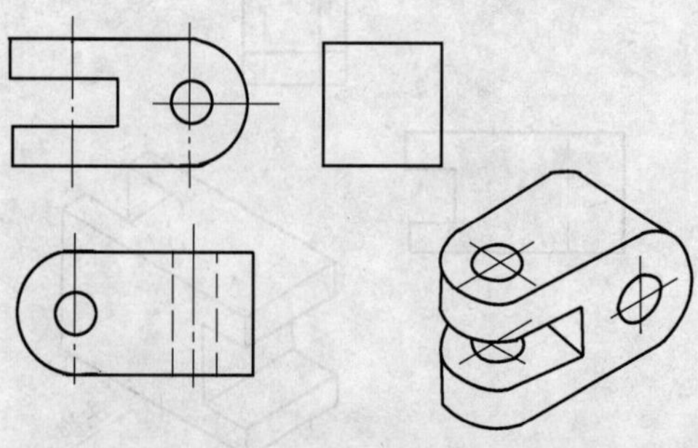

图 22

7. 参考立体图，如图 23 所示，补全第三视图中的缺线。

图 23

二、信号钳工技师练习题参考答案

(一)填 空 题

1. 测温
2. 晾干
3. 色光
4. 反射
5. 台架
6. 负载台架
7. 电气部分
8. 装配单元
9. 安装尺寸
10. 保持一致
11. 非接触面
12. 质量
13. 75 ℃
14. 松动
15. 接触
16. 低于
17. 撑开
18. 退出静接点组
19. 启动片缺口底部
20. 同时接触
21. 中心位置
22. 丝杠母
23. 0.3～0.8
24. 常闭接点
25. 1 mm
26. 6 mm
27. 弯曲应力
28. 残余应力
29. 疲劳折断
30. 光亮
31. 研磨磨损
32. 润滑油
33. 过载磨损
34. 干涉磨损
35. 类比法
36. 合理的结构
37. 特种断面的尖轨
38. 双锁闭
39. 第二牵引点
40. 报警并记录
41. 测位块
42. 双机牵引
43. 一齿的角度
44. 41
45. 41∶1
46. 啮合
47. 电枢反应
48. 转矩
49. 中间滑动套
50. 中性面上
51. 纵向冲击
52. 扭动
53. 锁闭力度
54. 锁闭、解锁
55. 电枢电流方向
56. 塑性变形
57. 之前
58. 自然换相点
59. 应力集中
60. 止动电圈防松
61. 推力轴承
62. 无关
63. 工艺系统
64. 硬机械
65. 有关
66. 静载荷
67. 规定功能
68. 逻辑关系
69. 导通、关断
70. 相互位置
71. 螺距不等
72. 配线图
73. 集成电路
74. 电压上升率
75. 启动转矩
76. 登记
77. 自为基准
78. 6 mm
79. 增厚
80. 分度
81. 旋转磁场
82. 松边内侧
83. 增加
84. 联锁软件
85. 24 V
86. 先接后断
87. GJZ、GJF
88. 单元
89. 转换
90. 启动转距
91. 工作状态
92. 人工
93. 24 V

94. 2.6～2.9 A　95. 动力装置　96. 小于 4 mm
97. 位置　98. 摩擦联接器　99. 执行
100. 自动甄别　101. 涂装行业　102. 140 ℃
103. 三种　104. 行星齿轮　105. 扫描
106. 面板　107. 拉力　108. 按钮
109. 220 V　110. 齿轮齿条块式　111. 锁闭
112. 直流成分　113. 不大于 2 mm　114. 接通电路
115. 滚珠丝杠　116. 无张嘴　117. 1 mm
118. 时间　119. 5～12 N　120. 不小于 0.5 mm
121. 使用安全　122. 小于 1 mm　123. 电动机
124. 220 V　125. DJZ、DJF　126. 单独成网
127. 阻力　128. 控制　129. 启动片十字槽内
130. 双动道岔　131. 终身　132. 不应影响
133. 擅自修改　134. 声光报警装置　135. 大于 2 N
136. 外购件　137. 不小于 2.5 mm　138. 信号显示
139. 按钮开关　140. 大于 1 mm　141. 未纳入联锁
142. 面板可开　143. 供电　144. 易熔合金
145. 遥测遥信　146. 操纵器件　147. 相关图纸
148. 自动显示　149. 热固性　150. 减压阀
151. 失压　152. 设备　153. 树脂
154. 溶剂型　155. 卸轴器　156. 图纸修改专用章
157. 质量　158. 升级病毒库　159. 工艺规程
160. 安全操作　161. 图纸要求　162. 表面
163. 全部加工　164. 电沉积金属　165. 修理
166. 先喷后熔　167. 无氧化皮　168. 化学成分
169. 气体碳氮共渗　170. 疲劳强度　171. 高温氰化
172. 测位块　173. 同时进行　174. *R*39 圆模
175. 压缩　176. 保持架　177. 检查计划
178. 每月　179. 添乘

（二）选 择 题

1. A　2. C　3. C　4. A　5. A　6. C　7. C　8. B
9. B　10. B　11. C　12. A　13. D　14. B　15. A　16. A
17. A　18. B　19. C　20. D　21. B　22. C　23. A　24. A
25. B　26. D　27. B　28. A　29. A　30. B　31. C　32. A
33. D　34. B　35. D　36. D　37. D　38. C　39. C　40. A
41. D　42. B　43. B　44. B　45. A　46. B　47. D　48. C
49. D　50. D　51. C　52. D　53. B　54. D　55. B　56. A
57. C　58. D　59. C　60. C　61. A　62. C　63. C　64. A
65. A　66. A　67. B　68. A　69. A　70. B　71. A　72. A

73. B	74. A	75. D	76. A	77. C	78. B	79. C	80. D
81. A	82. A	83. D	84. D	85. D	86. C	87. C	88. C
89. B	90. A	91. A	92. C	93. D	94. B	95. C	96. D
97. D	98. D	99. A	100. D	101. C	102. C	103. D	104. C
105. C	106. A	107. C	108. B	109. B	110. A	111. C	112. D
113. D	114. A	115. C	116. C	117. C	118. C	119. A	

（三）判 断 题

1. √	2. ×	3. √	4. ×	5. √	6. √	7. ×	8. √
9. ×	10. ×	11. √	12. √	13. √	14. √	15. ×	16. ×
17. ×	18. ×	19. ×	20. √	21. √	22. ×	23. ×	24. ×
25. ×	26. √	27. √	28. ×	29. ×	30. √	31. ×	32. √
33. √	34. √	35. √	36. √	37. ×	38. √	39. √	40. ×
41. ×	42. √	43. ×	44. √	45. √	46. ×	47. √	48. √
49. ×	50. √	51. √	52. ×	53. √	54. √	55. √	56. ×
57. √	58. ×	59. ×	60. √	61. √	62. ×	63. √	64. √
65. √	66. ×	67. ×	68. ×	69. ×	70. √	71. √	72. ×
73. √	74. ×	75. √	76. √	77. √	78. ×	79. √	80. √
81. √	82. √	83. √	84. √	85. √	86. ×	87. ×	88. √
89. ×	90. √	91. ×	92. √	93. ×	94. ×	95. ×	96. ×
97. ×	98. √	99. √	100. √	101. √	102. √	103. √	104. ×
105. √	106. √	107. √	108. ×	109. ×	110. √	111. √	112. √
113. √	114. ×	115. ×	116. √	117. √	118. √	119. √	120. ×
121. ×	122. √	123. √	124. √	125. ×	126. √	127. √	128. √
129. √	130. √	131. √	132. √	133. √	134. ×	135. √	136. √
137. √	138. ×	139. ×	140. √	141. √	142. √	143. √	144. ×
145. ×	146. √	147. ×	148. √	149. ×	150. ×	151. √	152. √

（四）简 答 题

1. 答：机床摩擦表面间形成润滑油膜后，可以减少摩擦与磨损，减少由摩擦阻力产生的能量损失及温升，冷却摩擦表面，避免因摩擦表面温度过高或工作零件的热变形而使机床的工作条件变坏。润滑还可以防止零件生锈，缓和冲击及振动，从而能较长时间地保持机床的工作精度和工作性能。

2. 答：为了使外齿轮公转，减速器输入轴上设一个偏心套，外齿轮通过轴承与偏心套连接。偏心套的轴心与外齿轮的轴心相距 2.4 mm±0.04 mm。当输入轴旋转时，偏心套使外齿轮做上下左右摆动，即实现了外齿轮围绕偏心套轴心的公转。更确切地说，外齿轮的轴心以偏心距 2.4 mm±0.04 mm 为半径，围绕输入轴的中心做公转运动。

3. 答：行星齿轮减速器的优点是：速比大，结构紧凑，体积小，重量轻，维修量小，自成组件，装拆方便。

4. 答：蜗杆传动有以下优点：

（1）传动比大，结构紧凑。

（2）传动平稳，无噪声。

（3）具有自锁性。

蜗杆传动有以下缺点：

（1）蜗杆传动摩擦损失大，传动效率低。

（2）发热量大，齿面容易磨损。

（3）传动功率不宜过大。

5. 答：工艺规程是工厂组织生产活动的基础，对各种加工方法进行了全面的分析，并总结以往的生产经验，吸取了先进的工艺方法，经过有实践的工人和技术人员仔细研究而制定的。因此，根据工艺规程加工，可以保证产品的质量。

6. 答：工艺规程应满足以下基本条件：

（1）工艺条件工艺规程必须保证工件达到图纸要求，在加工过程中，采用适宜的设备和工具，来保证产品的质量。

（2）生产规模生产规模对工艺规程影响很大，生产规模可分三大类：单件生产、成批生产和大量生产。不同的生产规模具有不同的特点，在工装设计及编制工艺规程时，都应考虑生产规模的大小。

（3）经济条件要求制成的零件所花的全部费用最少，也就是说工艺规程应该保证支出最少的人力、物力和财力，而能最大限度地生产出更多的产品，并达到工艺要求。

7. 答：简化的极限是：每道工序只包含一个工艺。这样就可以大大减少机床的调整次数，缩短辅助时间，在大批生产中，可显著提高生产率。

8. 答：压铅法常用于检查齿轮顶间隙和侧间隙。检查时，先在小齿轮上放置两段以上的铅丝，用干油粘住。对于宽的齿轮，铅丝并排的段数要增加。铅丝的端部大致放齐，使其同时进入啮合的两齿间。均匀地转动齿轮，使铅丝受到碾压。压过的铅丝中，薄的是齿的工作一侧的间隙，厚的是齿非工作的一侧间隙，两者相加就是齿啮合时侧间隙。顶间隙同样可用压铅法测出，一般正常齿的顶间隙等于（0.2～0.25）×M（模数）。压铅法一般只压几点，如果每个齿都压较为麻烦，所以，不便于反映每个齿的情况，反映问题不全面。它的优点是能够提供具体数字，为了慎重，可以在安装中与着色法同时使用。

9. 答：修配所对锁闭圆弧和削尖齿圆弧消磨补焊的方法很多。各种方法相比，金属粉末喷涂具有：设备简单、操作方便；喷涂过程中零件无需全部预热，喷涂后的零件变形很小或不发生变形；喷涂层与加工件表面结合牢固，被喷涂零件表面直接可达到HRC50以上硬度；金属喷涂的涂层是多孔性的，能在微细的孔中容纳润滑油，润滑性能良好，有较高的抗磨性；同时还具有提高零件的防磨、防锈性能和零件的强度等特点。

10. 答：松开速动开关组及遮断开关的配线端子，拔出手摇把儿挡板部件上的轴销，以便卸下通往遮断开关的连杆，松开电动机的4个紧固螺栓，就可方便地取出电动机。安装时一定要注意4个紧固螺栓的紧固（使用定力矩扳手和螺纹胶），齿轮组的啮合良好。

11. 答：当材料承受高于疲劳极限的应力时，每一次循环都使材料产生一定量的损伤，而损伤是可以积累的，当损伤积累到临界值时即发生疲劳破坏。机械零件在变应力的作用下，经过一段时间后，在局部高应力区形成微裂纹，再由微裂纹扩展，以至断裂的现象称为疲劳破坏。

12. 答：用相当于6个支承点来限制工件6个自由度的定位称为完全定位。若安装工件的定位支承点数目少于应限制的自由度数目，或者说工件应该限制的自由度未被限制时，这种定位称欠定位。

若安装工件的定位支承点多于应限制的自由度数目，或者说同一自由度用了 2 个或 2 个以上定位点来限制时，这种重复限制的定位称为过定位。

13. 答：（1）触发脉冲与施加在晶闸管上的电源电压要同步；

（2）触发脉冲应有足够宽的移相范围。

（3）触发脉冲的参数应符合要求。所说触发脉冲的参数一般是指：①触发脉冲的幅值应大于晶闸管的触发电压和触发电流的数值，但不能大于控制极的最大允许峰值电压和最大允许峰值电流。②触发脉冲应有足够的宽度。③触发脉冲前沿要陡，一般前沿陡度在 10 s 以下。此外，触发电路还应有足够的功率（电压和电流），以保证准确、可靠地触发晶闸管。

14. 答：导轨的基本精度有三项：垂直平面内的直线度误差，水平平面内的直线度误差，以及导轨在垂直平面内扭曲误差。

15. 答：S700K 型电动转辙机属于三相交流电动转辙机，它的控制电路的动作电源采用了 380 V 三相交流独立电源，由三相交流电源屏供电，它的道岔表示电源及 24 V 控制电源都由原电气集中电源屏供电。

16. 答：(1) 使用中的设备不准随意关机、扳动开关、按压按钮、拉拔配线；

(2) 严禁带电拔插机器内部的各种电路板及器件；

(3) 严禁运行与系统无关的软件，防止计算机病毒的干扰。

17. 答：如右端的检查柱在正常情况下不能落入检查块的缺口时，需要调整拉动表示杆的接续杆（前表示杆）；调整左端时，则调整后表示杆尾端的调整杆即可。

18. 答：直流电机是机械能和直流电能互相转换的旋转机械装置。直流电动机由于它的调速性能较好和启动转矩较大，因此对调速要求较高的生产机械或者需要较大启动转矩的生产机械，往往采用直流电动机。直流电动机按照励磁方式的不同可分为他励、并励、串励和复励四种。

19. 答：防护盒是由电感和电容串联而成的；并接在轨道继电器的轨道线圈上；可减少 25 Hz 信号在传输中的衰耗和相移；减少 50 Hz 频率的干扰电压。

20. 答：（1）对零件图进行工艺分析，即审查零件图的结构工艺性。

（2）根据生产纲领确定生产类型及组织形式。

（3）确定毛坯的种类和制造方法。

（4）选择定位基准和拟定零件加工工艺路线。

（5）确定各工序的加工余量，计算工艺尺寸及公差。

（6）选择机床工艺装备和切削用量。

（7）计算工时定额和确定工人技术等级。

（8）确定重要工序的检查项目和检查方法。

（9）填写工艺文件。

21. 答：符合公差要求的构形设计：

（1）采用弹性元件来避免小公差及间隙。

（2）采用较小的名义尺寸可获得低成本的小公差。

（3）较短的配合面比较长的配合面低成本地获得较小的公差。

22. 答：因为在电动机的正反转控制电路中，任何时候只允许其中的正转或反转控制电路中的一组电路工作。由于两者之间的互锁，保证正、反转控制电路不可能同时通电，从而防止电源短路事故发生。

23. 答：电动机可分为交流电动机和直流电动机两大类。交流电动机又分异步电动机或称感应电动机和同步电机。直流电动机按照励磁方式的不同可分为他励、并励、串励和复励四种。

24. 答：有互换法、选择法、修配法和调整法。

互换装配法是在装配过程中，零件互换后仍能达到装配精度要求的装配方法。

选择装配法是将尺寸链中各组成环按经济加工精度制造装配时，通过改变尺寸链中某一预定的组成环尺寸方法来保证装配精度。

调整法与修配法的实质相同，即各零件公差仍可按经济精度的原则来确定，并且仍选择一个组成环为补偿环（又称调整件），但在改变补偿尺寸的方法上有所不同。

25. 答：优点是简化生产机械的结构，提高生产率，能实现自动控制和远距离操纵，减轻繁重的体力劳动，在生产中广泛地用来驱动各种机床设备。缺点是不适用于启动转矩大和不需调速长期工作场合。

26. 答：钻削时，钻头的工作部分大都处于已加工表面的包围中，使切削热难以散出，钻头的直径尺寸受被加工工件的孔径所限，为便于排屑一般，在其上面开出两条较宽的容屑槽，因此导致钻头本身的强度及刚性都比较差，甚至影响到钻削过程中不易准确定心，易引偏，直径容易扩大。表面加工质量差，生产效率低。

27. 答：（1）划分装配单元，确定装配方法。

（2）拟定装配顺序，划分装配工序。

（3）计算装配时间定额。

（4）确定各工序装配技术要求，制定质量检查方法和工具。

（5）确定装配时零件的输送方法及所需工具和设备。

（6）选择和设计装配过程中所需的工具、夹具和专用设备。

28. 答：通入电动机定子绕组的三相交流必须是对称的，即大小相等，频率相同，相位互差 120°；三相定子绕组也必须是对称的，即三相绕组彼此互相独立，结构完全相同，两极电机的三相绕组在空间彼此相隔 120°，对称三相电流通入三相定子绕组，便产生一个旋转磁场。

29. 答：机械零件在限定期间内，在规定的条件下，不能完成正常的功能称为零件失效。零件的常见失效形式主要有以下几种：

（1）整体断裂；（2）表面破坏；（3）变形量过大；（4）功能失效。

30. 答：在三相异步电动机中，当定子绕组中通入三相电流后，它们共同产生的合成磁场是随电流的交变而在空间不断地旋转着，这种旋转磁场同磁极在空间旋转所起的作用是一样的。三相电流产生的旋转磁场切割转子导体，便在其中感应出电动势和电流，转子电流同旋转磁场相互作用而产生的电磁转矩使电动机转起来。

31. 答：用选定的标准质量水平去除本期的质量水平所得之商是实际达到的质量水平与标准质量水平相比所达到的程度称为质量指数，用 I 表示。

质量指数＝（本期单位缺陷分）/（标准缺陷分）。

32. 答：每个组合可装安全型继电器的插座 10 个，侧面端子板 2 个，熔断器板 2 个。当组合不足 10 个继电器时，不安装继电器插座，用空堵板挡好。

划分组合的原则：

（1）不能超过10个继电器；

（2）使用配线端子不能超过108个；

（3）尽量能把联系较多的继电器放在一起；

（4）组合之间的连线尽可能简单又有规律。

33. 答：（1）接收站机信息，生成图形和表格，实现存储及再现；向站机发出控制命令。

（2）报警信息的存储及再现，发出一、二级声、光报警。

（3）接收并执行监视的控制命令。

（4）自动生成车间汇总表。

34. 答：转辙机的摩擦联接器起两个作用：一是转辙机正常转换完毕，以摩擦空转消耗掉电动机的旋转惯性转矩，防护机件不受损；二是转辙机转换中途，尖轨移动受阻时，以摩擦空转消耗电动机电路被切断前的输出转矩，以保护电动机不被烧毁。

35. 答：（1）分析现象，收集质量信息，调查有关质量缺陷的可控性；

（2）进行产品质量缺陷的分析，并尽力寻找形成缺陷的共同原因；

（3）提出对有关缺陷原因进行验证的方案；

（4）按确定的验证方案，动用各种诊断方法找出缺陷产生真正原因，并提出切实可行的解决措施。

36. 答：生产过程中出现的各种质量缺陷，按其产生原因的可控性可分为两种：一种是因操作方面的原因造成的缺陷，称为操作可控缺陷；另一类是因管理方面的原因造成的缺陷，称为管理者可控缺陷。

37. 答：转辙机因受体积和重量的限制，只能采用功率较小的电动机作机械传动源。转辙机启动电路构成后工作电流使电动机高速转动，把电能转换成高转速、低转矩的机械能，向下一级传动机构输出。以ZD6系列电动转辙机为例，其电动机输出的转矩仅为0.88 N·m是无法直接带动负载的。减速器的作用正是将电动机输出的高转速、低转矩的机械能，转变成低转速、大转矩的机械能，以适应转辙机末级转换道岔的需要。

减速器的另一个作用，是通过其齿轮与摩擦板的配合动作，起到摩擦联接功能，防止非正常情况下损坏机件或烧毁电动机。

38. 答：移位接触器在道岔被挤时，切断转辙机表示电路，向行车值班人员报警的作用。ZD6系列电动转辙机内安装两个移位接触器，分别与齿条伸出或拉入位置时的顶杆位置相对应。转辙机正常使用时，移位接触器的常闭接点串接在表示电路内，转辙机动作杆一旦出现非正常移动，顶杆将常闭接点变成非自复式中断，从而切断表示电路，正常励磁的表示继电器失磁落下，向值班人员发出声光报警。

39. 答：安全接点是检修转辙机或停用转辙机时，切断转辙机控制电路，以使转辙机无法转换，确保电务检修人员或车务行车人员手摇转辙机时的安全。

40. 答：采集机由单元板组成，主要功能有：采集与暂存模拟量和开关量；将各种状态量进行处理后，传递给站机；接收并执行站机命令；具有自检功能板，板级遇故障有提示。

41. 答：单动道岔和双动道岔用的继电器数量不同，并且双动道岔用的继电器超过了10个，所以道岔组合细分为：单动道岔组合、双动道岔主组合和双动道岔辅助组合三种。

42. 答：列车信号和调车信号不但显示不同，联锁关系也不完全一样，因此信号组合又细分为列车信号组合和调车信号组合。又因为进站信号机带有引导信号，而出站信号机又兼做调车信号机，它们的控制电路不可能完全一样，所以列车信号又细分为引导信号组合、列车信号组合和列车信号辅助组合。调车信号组合也有两种，一是调车信号组合；二是调车信号辅助组合。

43. 答：自动开闭器主要由四排静接点、两排动接点、两个速动爪、两个检查柱及启动片、速动片等组成；静接点、动接点、速动爪、检查柱等，它们对称地分别装于主轴的两侧，但又是一个整体。

44. 答：转辙机的自动开闭器的作用有三：一是构成转辙机启动电路后，在转换过程中，以其机械动作构成两次接点变位。第一次变位断开原表示电路，为下一次返回启动电路准备条件，第二次变位切断本次启动电路，使电动机开始停止转动；二是监督转辙机转换全过程动作是否按要求完成，配合表示杆动作，不间断地检查道岔开通位置，以及尖轨密贴状态；三是道岔被挤时，中断道岔表示电路。

45. 答：在对有关缺陷原因进行了因果分析以后，找出原因很多，但哪些是真正的原因，还需要对缺陷原因进行验证，但需遵循的原则是：所选用的验证方案一定要有利于缩小分析范围，才能较快地得到验证结果。如：进行工序分解，对此工序不同部分的故障率分析为什么这里的故障频数高，而不是在那里。

分解工序可以用不同的方法来进行。

（1）按时间顺序分解：为了排除所有波及外界的原因。

（2）按平行流程分解：当物料的供应来源不同，使用平行作业的班组和不同夹具，使用这道工序由两个或几个平行流程组成时，可采用此种工序分解方法。

（3）按操作者分解：按操作者分解工序产品能分析出与操作者有关的差错。

46. 答：（1）接收采集机的状态量，协调各采集机的工作；

（2）处理状态量，生成图形、表格，实现存储和再现；

（3）报警信息的存储和再现，发出一、二、三级声、光报警；

（4）向车间机、段机传送数据；

（5）接收并执行车间机、段机的控制命令；

（6）实现人机对话，修理基准参数。

47. 答：电动转辙机用途是以电动机为动力，经减速器减速后转换道岔，在转换对象变位并与基本轨密贴后，将其锁闭在现位并构成道岔现位表示。转辙机的转换对象是单开道岔中的尖轨，或交分道岔双转辙器中的尖轨或辙叉中的活动心轨，可动心轨、可动翼轨或脱轨器等，都是直接影响行车安全的设备，故要求转辙机的运用必须安全可靠，在设备发生故障时，应体现故障导向安全的原则。

48. 答：速动衬套常见故障是燃轴。造成燃轴的原因有以下几个因素：

（1）速动衬套有的外圈无油槽，有的内外圈均无油槽，有的没有油孔，缺润滑油，形成干摩擦；

（2）内外圈制造尺寸超差，造成与轴、与速动片间隙过小；

（3）内外圈有毛刺；

（4）主轴尾部有毛刺，或装配过紧；

（5）润滑脂有杂质；

（6）严重缺少或未加润滑剂；

（7）套、轴、开闭器装配有卡阻，套在轴上不能自由浮动。

49. 答：常见故障有检查柱ϕ25 mm 磨耗超限，底部方块厚度不够，柱高度不够，与表示杆配合斜坡过大。

50. 答：检查柱常见故障的检测及整修工艺：用外径百分尺或精度为0.02 mm的游标卡尺测量检查柱圆柱外径及其他尺寸段尺寸。圆柱外径磨耗超限时，可用刷镀方法整修；圆柱长度不够时，可在车床上整修；斜坡过大时，可补焊，然后用锉刀修整，使尺寸符合$7_{-0.2}$×（45°+30′），其他尺寸段尺寸及几何形状不符合标准时，如修复困难，可更换新件。

51. 答：（1）前、后表示杆锈蚀、弯曲。

（2）前、后表示杆磨耗超限。

（3）前、后表示杆组装后与方孔套配合超限。

（4）检查块缺口尺寸超差，与表示杆配合尺寸超限。

（5）前、后表示杆组装后尾部间隙超限。

（6）螺纹失效，弹簧锈蚀，弹力下降。

（7）紧固螺栓紧固时转动，不方便。

52. 答：移位接触器行程的调整与测试应在专用测试台上进行，其行程应符合0.7 mm±0.1 mm。触头行程的下限值应不小于0.6 mm，上限值不应大于0.8 mm。如果触头行程小于0.6 mm时，应松开调节筒紧母，并适量逆时针转动调节筒再将紧母紧固，重新调整至达到规定标准。如果触头行程大于0.8 mm时，其调整调节筒顺序与上相反。

53. 答：移位接触器绝缘电阻的测试可用兆欧表摇测，其阻值应不低于20 MΩ。经调整、测试合格的移位接触器，开关盒两侧紧固螺钉处可灌绝缘胶处理，最后将编号及有关数据填写记录交验收员验收。

54. 答：拉簧的有效圈数，自由长度不符合要求时，锈蚀或变形时应更换新件。拉簧拉力不宜过小，过小不能保证接点顺利转换，但拉力过大时又会造成机件受力过大而容易损坏。在装配拉簧时，要注意不能将拉簧接头旋转到与拉簧最紧的位置，两拉簧接头间孔距仅为92 mm，在自由状态下，两拉簧接头孔距以调至100^{+2}_{-1} mm为宜，以确保拉簧工作时有足够弹力。

55. 答：（1）防止道岔配线错误，造成道岔错误表示；防止挤切销非正常切断，造成道岔不密贴。

（2）防止轨道电路分路不良，失去有车检查功能。

（3）克服信号电缆绝缘不良，防止电源接地、混线，造成联锁失效。

56. 答：为保证行车、人身安全和设备正常检修，电气集中车站都要在运转室（或信号楼）设置专人做好联系、要点、登记、试验及三预告（前方站开车预告、信号开放预告、列车接近预告），充分利用列车接近预警设备进行预报。

57. 答：各机械室电源熔断器要符合规定，照明完好，禁止私拉乱接电线。供运转室应急灯自闭电须加装熔断器，只准一个灯使用，不得有分支电路，以确保电务设备用电正常。

58. 答：S700K型转辙机是道岔控制系统的执行机构，用于道岔的转换与锁闭，以及道岔所处位置和状态的监督。

它的基本功能是：

（1）作为转换器，它应具有足够大的拉力完成道岔可动部件（如尖轨或心轨）的转换（解锁—转换—锁闭）过程；因故不能转换到底时，应随时通过操纵使之返回原来位置。

（2）作为锁闭器，转换不到底不应锁闭，不锁闭时不应停止转换；一旦锁闭，应能防止外力对道岔的解锁。

（3）作为监督器，应能随时反映出道岔的定位、反位和四开的三种位置和状态。

59. 答：S700K 型电动转辙机的产品代号来自德文，其含义为："西门子-具有 6 860 N（700 kgf）保持力-带有滚珠丝杠"的电动转辙机。

60. 答：S700K 型电动转辙机的机械传动机构是按如下过程工作的：

（1）电动机的转动通过减速齿轮组，传递给摩擦连接器；

（2）摩擦连接器带动滚珠丝杠转动；

（3）滚珠丝杠的转动带动丝杠上的螺母水平移动；

（4）螺母通过保持联接器经动作杆、锁闭杆带动道岔转换；

（5）道岔的尖轨或心轨经外表示杆带动检测杆移动。

61. 答：它主要由表示杆，左、右接点座，动、静接点，左、右保持钩，左、右拐轴，拉簧，连接调整组等几部分组成。

以转辙机在伸出位为例。由于表示杆通过连接铁与活塞杆连在一起，使之与活塞杆同步运动。左侧接点组的动接点转换滚轮在表示杆的梯形槽前坡向上滚动，上到表示杆平面，保持钩在其弹簧的作用下被弹回，动接点离开右静接点，从而切断原表示，打入左侧静接点内。右侧接点组和左侧接点组同步动作，当滚轮走到坡棱时，在后斜坡外侧的撞针已阻挡了保持钩，动接点靠弹簧张力使悬空的滚轮被打到斜坡底部，同时动接点由右打入左静接点中接通表示。

62. 答：分动外锁闭道岔转换设备有以下特点：

（1）去掉了尖轨之间的连接杆，改变了传统的框架式结构，使尖轨分动，降低了尖轨整体的刚性，减小了转换阻力。

（2）分动外锁闭装置，无论是道岔的启动解锁，还是密贴锁闭过程，所需的转换力均较小；同时承担两根尖轨弹性力的时间仅仅是道岔启动解锁后，至道岔密贴锁闭前这一时刻。

（3）外锁闭装置一旦锁闭，列车、车辆经过道岔时，轮对对尖轨的冲击力基本上传不到转辙设备上，有利于延长转辙设备的使用寿命。

（4）外锁闭装置对尖轨、基本轨直接锁闭，提高了尖轨密贴的可靠性。

63. 答：电液转辙机由室内控制组合、表示电路和电动机及表示接点组组成。按作用性质可分为启动电路和表示电路两部分。

64. 答：挤岔保护装置是安装在 ZYJ2 型和 ZYJ5 型转辙机上的。它是在转辙机的尾端装设挤岔杆经齿条与导管连接，再经拐轴、动作杆连在第二牵引点处，并保证挤岔齿条上动作块与油缸上调整块的间隙为 5～8 mm。

道岔正常转换时，挤岔杆随之整体动作。

道岔被挤时，来自道岔连接杆处的挤切力使挤岔螺杆动作 18 mm 时，表示接点被切断，并将动作杆和锁闭杆解锁，起到保护作用。

65. 答：变压器箱和电缆盒的内部检修内容包括：

（1）端子板和各部端子螺丝紧固，端子垫片根母齐全。配线整齐、线把绑扎良好、固定牢固。线头无钳伤、断股或破皮现象。线环不破坏，大小适中。

（2）箱盒内部油饰良好，盘根防尘、防水作用良好。引入孔堵塞密封好。

（3）箱盒内放有清晰、完整、正确的接配线图，并要与实际设备相符。

66. 答：电液转辙机和液压站的外壳、底座应无裂纹，安装牢固。各部螺丝紧固并满帽，安装方正。外壳纵侧面两端与基本轨（直股）垂直距离偏差不大于 10 mm。外部油饰良好，号码清晰、正确。无锈蚀、无裂纹，箱盖支架齐全良好，并印有"严禁放物"字样。

67. 答：电液转辙机的油路检修包括外部和内部两部分。

外部的各油管接头应不漏油。固定油管的槽钢完整，基础牢固不破损、螺丝紧固。橡胶油管无硬伤、无裂痕。内部检修包括各油管及接头密封良好、不漏油。油箱、溢流阀、单向阀、手动短路阀、回油嘴及启动油缸两侧螺丝应紧固，不漏油。油管无明显的凹痕或压扁现象。接头处不漏油。油箱内液压油量适中，不少于油箱高度的二分之一，即应保持在30～50 mm 高度的油量为宜。

68. 答：道岔密贴是否良好是直接影响行车安全的。部颁维修标准规定：当道岔第一连接杆处的尖轨与基本轨间有4 mm及其以上间隙时，转辙机应不锁闭，表示电路不应沟通。这一规定就是为确保行车安全而制定的。所以，道岔密贴力的调整，既要保证行车安全，又要兼顾转辙机的使用寿命，减少磨耗，降低故障率。也就是说，道岔密贴力要调整适当。具体衡量的标准是：4 mm不锁闭，2 mm锁闭。我们平时试验的就是检查道岔的密贴力是否符合这一要求。

69. 答：道岔的三杆即密贴调整杆、表示杆（包括尖端杆）、挤岔杆。安装时一定要平直。各杆应与基本轨（直股或直股延长线）相垂直。各杆的两端间与基本轨垂直偏差不超过20 mm。各杆间应平行、不磨卡，与轨底应有10 mm以上的间隙，各杆的弯曲，折角不大于30°。

70. 答：车务部门负责道岔外部的清扫、注油。电务部门负责转辙设备及安装装置的维修，密贴调整杆、表示杆、尖端杆及其他连接件、绝缘配件的维修，并负责道岔的密贴调整。工务部门负责车、电务部门以外所有道岔设备的维修。

71. 答：由于锁舌长期磨耗超限，当列车通过时的冲击力经道岔反弹至保持连接器上，保持联接器作用到锁舌上的垂直于动作杆的分力造成了锁舌的回缩，并切断道岔表示。

更换新锁舌，问题就可以解决。

72. 答：由于锁舌在导向挡板与锁闭块之间间隙太小，绝大部分是由于锁闭块上轴头压接不到位，造成锁舌在锁闭或解锁时动作受阻。

当产生锁舌卡阻后，电动转辙机向定位、反位都不能转换到底，直接影响行车。

处理方法：用紫铜棒（急用时用木棒代替）冲击锁舌使轴头压接到位。平时应加强检查，发现锁舌上有磨痕时要及时处理，以减少对行车的干扰。

73. 答：转辙机的开关锁通、断电源性能应良好。通电时，摇把儿挡板能有效阻挡摇把儿插入摇把儿齿轮和防止用钥匙将电动转辙机打开；当切断开关时，摇把儿能顺利插入摇把儿齿轮或用钥匙打开电动转辙机的铁盖。电源一旦被切断，非经人工恢复不得接通电路；摇把儿齿轮的轴用挡圈无脱落现象。

74. 答：因为在对塑性金属进行高速切削时，一般产生带状切屑，这种连续不断的切屑，温度高，流速快，缠绕在刀具、工件或机床部件上，会损坏刀具和降低工件车削质量，而且切屑随时会飞散出来，给操作者造成麻烦和危险。因此，在车削钢材类塑性金属时，必须采取断屑措施。

75. 答：工件在夹具中定位时，产生定位误差的原因有：定位基准与设计基准不重合，产生基准不重合引起的定位误差；由于定位副制造不准确，引起定位基准相对于夹具上定位元件的起始基准发生位移，而产生定位误差。

76. 答：立钻是一种通用性较强的孔加工机床，它可以用来钻孔、扩孔、锪孔、铰孔、镗孔、刮端面和攻螺纹。一般在单件、小批量生产中使用，如果安装在其他夹具或专用轴头，也能用于大批量生产。

（五）计 算 题

1. 解：（1）确定齿顶圆直径因该齿轮齿数为奇数，不能直接量取，应按式 $D_e=2h+D_i$ 进行计算：

$$D_e=2\times26+25=77\text{ mm}$$

（2）确定模数 $M=D_e/(z+2)=77/(29+2)=2.484$ mm

答：直径为 77 mm。模数取接近标准值 2.5 mm。

2. 解： $\dfrac{z_2}{z_1}=\dfrac{27}{103}$

设大齿轮转速为 n_1

$$n_1=\frac{z_2}{z_1}\times2\,400\text{ r/min}$$

输出轴转速 $n_2=n_1/41$

$$n_2=\frac{27\times2\,400}{103\times41}=15.34\text{ r/min}$$

$$n_2=0.2557\text{ r/s}$$

输出轴转 1 周所需 T_1

$$T_1=\frac{1}{0.255\,7}=3.91\text{ s}$$

$$T=\frac{T_1\times324}{360}=3.52\text{ s}$$

答：完成一次全过程的时间 T 为 3.52 s。

3. 解：根据欧姆定律，电阻为 $R=\dfrac{U_1-U_2}{I}=\dfrac{2.4}{5}=0.48\ \Omega$

根据电阻率与温度关系公式，计算 25℃时的电阻率为

$$\begin{aligned}\rho&=\rho_0(1+\alpha t)\\&=1.6\times10^{-8}(1+4.3\times10^{-3}\times25)\\&=1.77\times10^{-8}\ \Omega\cdot\text{m}\end{aligned}$$

于是，铜线的横截面积为

$$S=\rho(L/R)=1.77\times10^{-8}\times(100/0.48)=3.7\text{ mm}^2$$

答：铜线的横截面积为 3.7 mm^2。

4. 解：根据欧姆定律，电阻为 $R=\dfrac{U_1-U_2}{I}=\dfrac{40}{0.5}=80\ \Omega$

根据电阻率与温度关系公式，计算 20 ℃时的电阻率为：

$$\begin{aligned}\rho&=\rho_0(1+\alpha t)\\&=48\times10^{-8}(1+1\times10^{-5}\times20)\\&=48.009\,6\times10^{-8}\ \Omega\cdot\text{m}\end{aligned}$$

于是，锰铜导线的横截面积为

$$S=\rho(L/R)=48.009\,6\times10^{-8}\times(10/80)=6.009\,6\times10^{-2}\text{ mm}^2$$

因为 $S=\pi r^2=1/4\pi d^2$，

所以 $d^2=4S/\pi=4\times 6.0096\times 10^{-2}/3.14$

$=7.643\times 10^{-2}\ \text{mm}^2$

$d=0.276\ \text{mm}$

答：这条导线的直径为 0.276 mm。

5. 解：根据 $U=E_a+I_a(R_a+R_f)+\Delta U_b$

$E_a=U-I_a(R_a+R_f)-\Delta U_b$

$=160-2(4.9+5.7)-1.5$

$=137.3\ \text{V}$

电磁功率

$$P_M=E_aI_a=137.3\times 2=274.6\ \text{W}$$

答：感应电势为 137.3 V，电磁功率 274.6 W。

6. 解：圆锥体的锥度 $k=(D-d)/h=(30-20)/120=1/12$

圆锥体的斜度 $M=2k=2\times(1/12)=1/6$

答：圆锥体的锥度为 1/12。圆锥体的斜度为 1/6。

（六）论 述 题

1. 答：装配图有以下规定画法：

（1）两相邻零件的接触面和基本尺寸相同的配合面，只画一条线。两零件的非接触面或基本尺寸不同的装配应画出间隙，且间隙一般要对称分配。

（2）两个相邻零件的剖面线，倾斜方向应相反，或者同方向而不同间隔距离，以示不同零件。在装配图的各个视图中，表示同一个零件的剖面线，应以相同的方向、间隔画出。对于直径较细或厚度较薄的零件剖面部分允许以涂墨代替剖面线。

（3）对于紧固件以及实心轴、手柄、连杆、球、钩子、键等零件，在装配图的剖视图中，剖切平面通过其基本轴线时，这些零件匀按不剖绘制。如需表示这类零件中个别凹槽、键槽等结构时，可作局部剖视。

（4）在装配图的剖视中若剖视平面通过某些组合件为标准产品，或该部分已在其他视图中表达清楚时，可只画其外形。

2. 答：电动机在 40 ℃环境温度中放置 2 h 以上。 分别测试试验开始前转子绕组和定子绕组阻值 R_1。然后以 160 V 电压 3 A 电流运转 20 min 断电，在断电后 20 min 内测试试验结束时的转子绕组和定子绕阻 R_2，代入下列公式确定绕组温升 Δt：

$$\Delta t=\frac{R_2-R_1}{R_1}(235+t_1)+(t_1-t_2)$$

式中 R_1——试验开始前绕组电阻值（Ω）；

R_2——试验结束时绕组电阻值（Ω）；

t_1——试验开始前电动机环境温度（℃）；

t_2——试验结束时电动机环境温度（℃）。

3. 答：手摇转换道岔中途，转辙机机械停止传动，摩擦联接器摩擦空转，大致原因是摩擦压力调整过松；或尖轨中途受卡阻；或尖轨与基本轨之间有异物；或齿条块上落入异物，锁闭齿轮转动中途受卡阻所致。能现场修复或更换有关零部件的，即时处理克服；现场难以修复的，为减少对行车影响，应迅速更换整机，或再临时恢复使用原机。配合完毕，及时将故障原因记入转辙机履历卡或修配产品返修记录。

4. 答：修配直流电动机前，应先检查、测试其对地绝缘，绕组间短路、断路、额定负载火花；炭刷长度；轴向窜动、经向跳动；手动转动；裂纹、破损；紧固零件及其他的故障等，详细填入检测记录，以供修配时参考。

定子检查、修配如下：

（1）机壳检查、修配：将机壳内部清扫干净，检查机体止口，如有缺陷应修复至原有的工差配合度。

（2）磁极检查：检查磁极不加工面有无过甚氧化，氧化皮厚度大于 0.4 mm 时，应使用 00 号砂纸打磨。清扫磁极与线圈接触处的毛刺和异物，使粗糙度达到技术要求。

（3）激磁线圈检查：使用万用表置电阻×1 挡，测查线圈电阻，检查是否有短路或断线，检查引线及线环是否完好。

5. 答：这类故障均发生在转辙机到达锁闭状态时，速动爪落下，动接点却不是迅速而是缓慢变位，严重的甚至不能变位，从而影响转辙机正常使用，导致这种故障的原因一般有：

（1）装配开闭器时，动接点支架发生变形，导致支架与接点出现卡阻。

（2）拐轴销、连接销、连接板装配过紧，动作不灵活。

（3）装配时，将两个拉簧接头相对方向连接，因方向不一致产生扭力。

（4）拉簧弹力不够，弯曲、变形或疲劳过度。

（5）拐轴与拐片松动或各活动连接部位注油不良，发生干摩擦后卡死。

（6）连动轴窜动，挡销板不起作用，销窜出卡在接点座平面上。

（7）接点环有毛刺或静接点片弹力过强，卡住动接点环等。

处理方法为：装配自动开闭器时要试验各销、轴、连接件动作自如。安装销、轴时不可过紧，特别是拉簧头两孔要拧正在一平面上。在拉簧和拉点组未装配前，应用手扳动左、右支架，松手后应可自落，然后再装上拉簧，扳动试验，达到动作灵活无卡阻为合格。

6. 答：正常情况下，齿条块被锁闭后，锁闭齿轮锁闭圆弧与齿条块两削尖齿应同时接触。如果不同时接触，且最大间隙超过 0.05 mm 时，应仔细检查主轴、齿轮、齿条块、动作杆及圆孔套和机壳等部件的加工精度，是否在公差范围内，并同时检查各部件间的配合情况，如同心度、平行度、垂直度等。特别是经过消磨加工后的锁闭齿轮与齿条块圆弧间的配合，因加工上的误差极易出现上述故障。处理方法是：

（1）齿条块被锁闭后，测量锁闭齿轮锁闭圆弧与齿条块两削尖齿圆弧的接触情况，可先在锁闭圆弧上涂一层红丹，手摇转辙机，带有额定负载情况下锁闭数次后，使其解锁，观察两削尖齿上摩擦出的印痕，如不是在一直线上或红丹黏着不均匀，说明不是同时接触。

用塞尺检查测量其最大间隙，如果尺寸也超限，应进一步寻找引起的原因，找出不符合公差配合处，予以修整。如系磨耗超限所至，应按工艺进行修整消磨。

（2）确认锁闭圆弧与削尖齿圆是否由于弧度不良造成点线接触，如是，可用 *R*39 mm 生铁轮装在本机主轴上，电动机通电，做正、反转交替研磨。齿条块削尖圆弧研磨时，应先用粗后用细的研磨膏。实践证明该法效果良好。

7. 答：电动转辙机总装后，需进行全面的调测、检查，合格后交付验收。这是保证轮修质量必不可少的环节。验收步骤如下：

（1）对验收的电动转辙机，在综合测试台按部颁标准进行全面的机械、电气特性检查及测试。

（2）将检查、测试结果填入转辙机轮修卡片，并编号存档。

（3）建立台账、履历卡片，对入所修的轮修品做到有质检分析和数据积累，针对存在的问题提出对策和改进措施，同时记录质量评比意见。

检测时，应本着先外后里，从前到后，先机械性能检查，后电气特性测试的原则。为了便于转辙机全寿命的管理，对本次轮修中更换的较大部件，应详细记录部件名称及更换原因，做到有账可查。验收标准部标为准。验收后的转辙机，便可通过交接手续交付信号工区安装使用。

8. 答：锁闭圆弧退出削尖齿 7.5° 开始解锁。

摇动圈数＝7.5°×41/360°＝0.85 圈

主轴旋转 10.2°，动接点退出静接点，切断表示电路。

摇动圈数＝10.2°×41/360°＝1.2 圈

主轴旋转 19°，启动片推动滚轮，使动接点接通返回电路。

摇动圈数＝19°×41/360°＝2.21 圈

9. 答：主轴旋转 26.5°，检查完全上升退出缺口。

摇动圈数＝26.5°×41/360°＝3 圈

主轴旋转 28.7°，速动片开始旋转。

摇动圈数＝28.7°×41/360°＝3.3 圈

主轴旋转 32.9°，锁闭齿轮圆弧面全部退出削尖齿，解锁完毕。

摇动圈数＝32.9°×41/360°＝3.7 圈

10. 答：主轴旋转 306.1°，转换结束。

摇动圈数＝306.1°×41/360°＝34.9 圈

主轴旋转 335.6°，接通表示电路。

摇动圈数＝335.6°×41/360°＝38.21 圈

主轴旋转 339°，该锁闭角达到 32.9°。

摇动圈数＝339°×41/360°＝38.6 圈

11. 答：调试摩擦电流时，摩擦电流不稳定的原因有：

（1）减速器内五个轴承位三个轴承室的公差配合不符合标准。

（2）内齿轮与减速器壳配合面粗糙度不好，有锈蚀存在。

（3）输入轴与中间板轴不同心，造成大齿轮转动时扭摆。

（4）行星轮与内齿轮吻合不良。

（5）个别轴承中有异物。

（6）偏心套偏心度有误差。

（7）输出轴滚棒不等分或不垂直。

（8）内齿轮与减速器壳间隙过大。

（9）外壳变形磨成椭圆。

（10）内齿轮伸出端椭圆。

12. 答：（1）移位接触器与齿条块顶杆的位置均应对正，两中心线重合差不得大于 1.5 mm。

（2）用 1.5 mm 专用垫片调整触头与顶杆间隙为 1.5 mm，使接点处于接通状态，此时将移位接触器的紧固螺钉紧固。

（3）用手摇把摇动主轴，使齿条块向伸出位置移动，同时用手推动动作杆，使之沿齿条块移动的相反方向移动，使齿条块顶杆上升，其上升行程不小于 2.5 mm，并能在齿条块锁闭前，将移位接触器前的接点打开，非经人工恢复，不得自行接通。

（4）同理调另一端，两端移位接触器调整后将接点恢复常通状态，并装主切销将螺堵压紧。

13. 答：克服的方法有：

（1）修复超差部位，使之达到标准配合度。

（2）在车床上用砂布磨光内齿轮与减速器壳的配合面。

（3）更换非标中间板。

（4）重新组装行星轮与内齿轮。

（5）用汽油清洗去除混入轴承内的异物。

（6）更换或整修偏心套。

（7）校直或更换输出轴。

（8）用卡尺或内径千分尺测出超差件。

（9）更换外壳。

（10）用遮蔽法涂镀或更换。

14. 答：一般情况下，减速器产生噪声的原因是因齿轮啮合不良引起的。如：高音号叫声，通常是因小齿轮的基节太大，或齿形角太大所引起；高频率的冲击声（杂乱声）是因齿形误差引起的；较小的交替敲击声是由齿向误差中的歪斜误差（加工或热处理变形引起），或两轴线的歪斜度误差（由装配或受力后变形）引起的；号叫声和较小的敲击声，是因齿向误差中的向中心倾斜误差，或两轴线不平行误差（由装配或受力后变形）引起的；低频交替敲击声（齿轮转一圈交替出现一次，频率与齿轮转数接近），主要是因加工齿时端面跳动太大，或装配时齿轮端面不垂直造成的；严重低频敲击声（叮当声），主要是因齿面上有磕碰或毛刺没有去净而造成；连续低频敲击声，主要是因公法线长度变动较大或齿圈径向跳动太大，或装配时齿圈对轴的回转中心偏心太大造成的等。

15. 答：S700K 型电动转辙机的动作程序与 ZD6 系列电动转辙机的动作程序大致相同，即断表示→解锁→转换→锁闭→给出另一位置表示。

以 220 mm 动程的 S700K 型电动转辙机为例，其动作程序为：

电动机转动→中间齿轮传递→摩擦连接器→带动滚珠丝杠转动，同时丝杠螺母移动→操纵板将锁闭块顶入，切断原来表示→锁舌缩入，解锁→滚珠丝杠螺母带动保持连接器移动→外锁闭开始解锁→当动作杆移动约 60 mm 时，外锁闭解锁完毕→道岔开始转换→当动作杆动程达到 220 mm 时，内表示杆缺口对准锁闭块，锁闭块弹出进入表示杆缺口，锁舌伸出→切断启动电路，接通表示。

与 ZD6 系列电动转辙机所不同的是，S700K 型具有表示电路自检锁闭功能，当卡缺口时，锁舌伸不出来，内锁闭无法锁闭时就不能接通表示电路，即有了表示，电动转辙机必须在内锁闭状态。而 ZD6 系列，表示电路不检查锁闭，检查柱不落槽，电动转辙机照样能实现内锁闭。

16. 答：转辙机的类型较多，从动力方面分类，可分为旋转电动机型，直线电动机型，风压、油压直动型。

旋转电动机型又分为机械传递型和液压传递型。习惯上把前者叫做电动转辙机，后者叫做电动液压转辙机。

电动转辙机根据使用电源的不同，又分为直流电动转辙机、单相交流电动转辙机、三相交流电动转辙机等。

电动转辙机根据机械传递的方式不同，又分为齿条传递和滚珠丝杠传递等类型。S700K型电动转辙机属于滚珠丝杠传递的三相交流电动转辙机。

17. 答：（1）启动齿在齿条块缺槽两侧间隙超标。

（2）锁闭齿轮锁闭圆弧与齿条块两削尖齿圆弧不同时接触，两者间隙大于 0.05 mm。

（3）锁闭齿轮圆弧和削尖齿圆弧棱角磨耗大于 *R*1.5 mm。

（4）削尖齿圆弧磨耗超限。

（5）挤切销不能顺利插入，螺孔失效。

（6）齿条块与底壳悬空间隙大于 0.3 mm。

（7）动作杆与齿条块圆周方向转动量，轴向窜动量不大于 0.3 mm。

（8）顶杆低于齿条块上平面 0.1～1 mm 超限。

（9）挤切销非挤而断。

（10）顶杆上升高度达不到规定要求。

（11）动作杆端部裂纹或断裂。

18. 答：动接点块由尼龙 1010、酚醛、塑料或纤维增强塑料等热塑成型。动接点圆柱与接点环处于经常摩擦状态，凡内外有明显磨耗，即柱环之间间隙超过 0.8 mm，以及绝缘电阻不良的应更换新件。组装时动接点环不得低于静接点片，一般以平为宜。当动接点环低于静接点片时，可在动接点块与支架之间加垫片。往往有动接点环高于静接点片情况，此时静接点片不得被动接点块圆柱凸台撑开，此种情况亦可在静接点座下面加垫片来解决。当动接点沿中心方向插入两侧静接点组偏差大于 0.5 mm 时，可利用静接点组各安装孔与紧固螺钉的间隙做小量调整。动接点与静接点组的接触深度两侧偏差不大于 1.5 mm，超限时，可调整架上 M8 螺丝。

19. 答：静接点组单组接点片的距离为 12 mm，两相邻接点片的距离为 30 mm±0.2 mm，接触压力不小于 4.9 N。在调整接触压力时，调整补强片，测试接触压力可使用 0～10 N 的测力计，并配合万用表或表示灯泡检测。凡接点片弹力疲劳、达不到要求而又无法调整，或接点片已变形并有明显磨损，应更换（厚度磨损原厚度 1 / 3 时）。绝缘电阻达不到标准时应更换，可逐步采用新型静接点组。

20. 答：如果速动片与启动片间隙小于 0.5 mm，会造成两片粘连，使速动片在未经启动片上的拨片钉拨动之前，就随启动片一起旋动；但两片间隙大于 2 mm 时，又有可能造成速动片滚轮压不住速动片而失控。

两片间的间隙 0.5～2 mm 这个尺寸是一个综合指标，它不仅涉及到机体八个孔位，而且与主轴、开闭器、速动衬套、减速器等的加工尺寸有关系。

21. 答：电动转辙机的九大部分部件，由轮修者分别修复达标后，即可按组装顺序进行整机总组装。组装过程配合调试、检测，使之一次达到技术要求，为下一步工长复验和验收员验收创造条件。

整机组装顺序如下（以生产组装为例）：

（1）机体安装：将底壳吊至工作台上，安装暗锁。把暗锁两固定螺钉从底壳外部上锁螺孔插入，并分别带入暗锁两紧固螺孔内拧固。

安装堵孔板组：将开关轴插入底壳，然后将组装好的动插头组套在开关轴上，顺序套装隔管等，调整堵孔板组带动动插头，观察动作情况，安好固定螺母，上好开口销。安装静插头组：将静插头组插头架两固定螺孔对准底壳安装螺孔，拧紧两紧固螺钉。

配上下锁扣：将锁扣轴插入底壳安装孔，顺序套上垫圈，紧固螺母，上好开口销。

铆装压盖螺栓：用 M8×40 铆钉将压盖螺栓铆在底壳鼻孔中，使之能上下活动。

安装弯头螺栓：在底壳上初装连接机盖的两弯头螺栓，栓顶应低于机盖面 15 mm。配上机盖，调整机盖开启，锁闭好后，紧固两弯头螺栓紧固螺母。取去机盖，以便其他部件安装。

（2）组装齿条块、动作杆：将圆孔套、圆孔圈、罩筒及圆孔圈、圆孔套、圆孔压板分别装在机壳两侧动作杆安装位置。

在齿条块内装设顶杆、压簧，上紧顶杆柱尾螺钉，用手试压顶杆弹力适当。在齿条块上加毡垫。另将油毡垫放入机壳底格，齿条块放入底壳动作杆位置。

动作杆从圆孔套外穿入机壳，从齿条块中心穿过进入圆孔圈。用动作杆检查顶杆高度，应低于齿条块平面 0.2～0.8 mm。然后拧紧圆孔套及罩筒螺栓。新生产的动作杆头部加大，应预先套入，一圆孔套。

在齿条块内装入主、副挤切销和 8 mm 弹簧垫，各加螺堵拧紧。

（3）组装主轴：将齿条块推置一边，对位装入主轴。转动应灵活无卡阻，保证锁闭齿轮起动齿在齿条块缺槽中间，两边间隙为 2 mm±1 mm。装上堵轴板。

速动衬套装入速动片时，注油孔朝上，速动片缺口朝下。套入主轴时，速动片缺口朝下。启动片套入主轴后，拨片钉应进入速动片半圆槽内，要求转动灵活。

（4）组装移位接触器：将两个移位接触器垫 0.5 mm 厚胶条，用 M6×40 螺栓分别安装在底壳动作杆位置上方的两侧。

将 1.5 mm 厚垫块放在顶杆顶端，移动动作杆，移位接触器接点不应弹起。换成 2.5 mm 厚垫块，移位接触器接点应弹起。

（5）组装表示杆：将方孔板、浸油的方孔圈、方孔套套在表示杆上。将表示杆穿入底壳，在另一端依次安装方孔套、方孔圈和调整筒。用 M6×30 螺钉紧固表示杆两端的方孔套和调整筒。调整筒螺扣处涂油装上调整帽。

（6）组装自动开闭器：将自动开闭器装入底壳，调整并紧固。检查开闭器不与主、副表示杆摩擦。将速动衬套注油孔向上，移装于开闭器 48 mm 槽内，使之左右有间隙，主轴与衬套间灵活。

抬起两速动爪，移装速动片、启动片。调整动接点在静接点内的接触深度符合技术要求后，将调整螺钉紧固。

（7）组装减速器：将减速器放入底壳作定向安装，使输出轴与主轴同心。摇把插入位置正确。速动爪上滚轮压在速动片上不能有间隙，滚动要灵活。速动爪落下后，滚轮不得与启动片相碰。

（8）组装电动机：将电动机安装在减速器盖上，小齿轮与大齿轮啮合。电动机接线端子紧固在进线架上。

电机罩加方窗胶垫后，紧固在底壳电机窗口处。

在机壳左侧安装进线板及 20 位插座。在接点座上加设转辙机专用计数器。

（9）组装机盖：在机盖内面平整地压入防尘盘根，装在底壳上，弯头螺

（10）在表示杆上安装接头铁。

至此，一台转辙机组装完毕。

22. 答：转辙机入所修整机组装后，操作者应进行的质量检测及技术标准如下：

（1）检查各种密封件良好，保证防水防尘。机盖开启灵活，关闭后锁闭良好。

（2）安全接点接触良好，接触深度大于 4 mm。按下堵孔板或插入手摇把时，安全接点断开，左右断开距离大于 2 mm。

（3）动作杆圆孔套旷量不大于 0.5 mm。

（4）安装圆孔套后，齿条块与底壳间隙不得大于 0.3 mm。

（5）齿条块顶杆低于齿条块上平面 0.1～1 mm。

（6）锁闭齿轮圆弧与削尖齿圆弧间隙不得大于 0.05 mm。

（7）锁闭齿轮启动齿应在齿条块缺槽中间，两边间隙为 2 mm±1 mm。

（8）齿条块顶杆与移位接触器触头间隙为 1.5 mm，触头行程为 0.7 mm±0.1 mm。当顶杆上升 1.5 mm 时，移位接触器仍能保持良好接触；当上升 2.5 mm 及以上时，移位接触器应可靠切断表示电路，并不得自复。

（9）齿条块顶杆与移位接触器触头对正，偏差不大于 1.5 mm。

（10）表示杆高度小于 33.7 mm 时报废。

（11）检查块上平面低于表示杆上平面 0.2～0.8 mm。

（12）方孔套与表示杆旷量不大于 0.5 mm。

（13）检查开闭器不与表示杆主、副杆摩擦。

（14）检查速动片与启动片间隙为 0.5～2 mm。

（15）解锁时，速动爪与速动片间隙为 0.2～0.8 mm。

（16）动接点与静接点的接触，两侧相差不大于 1.5 mm。

（17）速动爪抬起间隙为 0.3～1 mm，每侧落下间隙不小于 1 mm。

23. 答：转辙机室内启动电路已正常构成，动作电压已送至电机 1、4（或 2、4）端子，电机不转动。

（1）将电机 1、4 端子上的配线取下，万用表置电阻×1 挡，校准零位后，两表棒分别与 1、3（或 2、3），3、4 端子相接，以测试定子、转子线圈电阻。

测试结果发现定子线圈断路，无法构成电机激磁。更换断线的定子线圈，故障排除。

（2）测试结果发现 3、4 端子（即刷间总电阻）无限大，进一步查明左炭刷锡青铜带与炭刷体分离，该端子与转子换向器接触中断。更换炭刷，故障排除。

（3）分别测试定子、转子线圈均良好，但 1、4（或 2、4）间不通。分解检查查明电动机定、转子间内部跨线中断。予以重新接通，故障排除。

24. 答：用手摇把使转辙机离开终位，拉出检测杆直至锁闭块“自由”。继续将转辙机摇至终位，直至摩擦联接器打滑，然后朝相反方向用手摇把摇 3 圈，以使操纵板往前约 3 mm，将位于锁闭块上面的导向板旋松，取下锁闭块上的锁舌、垫板和垫圈。

首先取出已倾斜的锁闭块，在拽出时先对着压力弹簧压一下，然后向上边摇边拽出。将第二个锁闭块从操纵板的侧面向下压，再向上边摇边拽出。在安装锁闭块时则按相反顺序进行。

25. 答：经修配后的转辙机，手摇动时减速器输入轴不能滚动的原因及处理方法如下：

（1）减速器盖上方注油孔螺栓过长，顶住大齿轮。处理时检查减速器上方注油孔螺栓长度，遇有不符时，更换长为 $16_{-2}^{\ 0}$ mm 螺栓。

（2）电动机左上角与减速器盖安装螺栓过长，顶住大齿轮。处理时检查电动机左上角与减速器盖安装处螺栓是否过长，是否未加弹簧垫圈。更换螺栓或加装弹簧垫圈即可。

26. 答：为使磨料能嵌住在研具上，研具的材料要比工件的材料软。但也不可太软，否则会使磨料全部嵌入而失去研磨的作用。

试验证明：灰铸铁是最适用作为研具的材料，它的磨耗相当小，研磨效率也较好。此外，还有软钢也适于作研具材料。软钢的强度大于灰铸铁，不易折断及变形。研磨螺纹或小直径工件时，可采用软钢作研具。

铜制的研具多半用在研磨余量较大的粗研磨工序，也就是用作粗研磨，然后再用灰铸铁研具做精研磨。

软金属研磨多用木料、皮革等作研具。研光所用的研具多用铅制。透明的硬质材料（如玻璃、水晶）的最后光磨，可采用沥青作研具。

27. 答：电液转辙机的表示系统与电动转辙机的自动开闭器基本相同。由拐臂、动作板、拉簧、动接点、静接点和底座组成。 ZYJ6 型还有连接轴和齿轮等零件组成。表示系统是与检查锁闭装置相联系，共同配合完成对道岔的密贴检查。SH5 型、SH6 型转换锁闭器装设的挤脱装置和 ZYJ6 型的挤岔断表示装置还与表示系统一起完成挤岔时切断表示电路。

ZYJ7 型转辙机的接点组是由拐臂轴上的凸轮带动的接点，是完全密封的，其作用与 ZYJ1 型至 ZYJ6 型基本相同。

28. 答：为满足电源中断或发生其他故障时转换道岔以及检修作业的需要，电液转辙机设置了手动装置。

手动装置分为手摇装置和扳动装置两种。

手摇装置是用手摇把直接摇动电机机轴。因电机与油泵相连，可使油泵泵出液压油。当顺时针摇动时，右侧泵出液压油，反之，左侧泵出液压油，油缸则沿着液压油方向移动。

手动装置是由扳手、方轴齿轮、齿条、拉板、勾块组成。扳手转动方轴和齿轮，齿轮带动齿条连同勾块（勾块直接勾在油缸的缺口上）直接动作油缸，从而转换道岔尖轨。道岔自定位扳至反位，扳手需转动 1.6 圈。

29. 答：在现场电液转辙机可根据需要安装。一般分为正装（右伸）和反装（左伸）。站在电机侧，转辙机的动作杆向右侧伸出连接道岔尖轨的称为正装，反之向左侧伸出连接尖轨的叫反装。转辙机的正装、反装是根据安装现场实际需要来确定的。主要考虑的因素是方便维修施工和缩短电缆径路，从而降低工程造价。电液转辙机为满足正装和反装的需要，可以将右开的转辙机改装成左开，也可以由左开改成右开，即正装改成反装或反装改成正装。

30. 答：电务值台人员首先要将当日检修设备的名称、号码、作业内容、作业人员姓名清楚地登记在“行车设备检查登记簿”内。登记时要按规定的格式书写，并要经车站值班员签认。当检修作业中需停止设备正常使用时，要将设备的名称、号码、影响范围、所需时间和停用起止时分登记清楚，待车站值班员签字后，才可按签认的给点时分通知室外检修人员进行检修作业。要点检查作业一般要在所给定的时间内完成，如遇特殊情况不能按时恢复时，室外作业人员要及时通知电务值班人员进行续点登记，登记内容只需注名原因和所需延长时间的起止时分即可，并请求车站值班员重新签认。车站值班人员不予签字，也不准盲目恢复使用。

登记联系是电务系统的重要安全规章制度。执行中要严肃认真，一丝不苟。同时还要注意使用联系中的标准用语，坚持相互复诵制度。当联系电话使用不良时，要停止检修作业，以确保设备和人身安全。

31. 答：道岔安装装置基础角钢安装应牢固、方正，与基本轨（直股）相垂直，其偏差不大于 20 mm。角钢规格（机械强度）符合部颁标准（即 125 mm×80 mm×10 mm 的角钢或相当于同等强度的角钢）。安装螺栓紧固并满帽，丝扣余量不大于 10～15 mm。绝缘管垫齐全无破损，绝缘性能符合要求。L 铁与基本轨相吻合，不应出现三道缝。

道岔的三杆，即密贴调整杆、表示杆、挤岔杆（包括尖端杆）安装应平直无变形，无裂纹，无锈蚀。杆件上的销子、螺栓磨耗不超限。开口销劈开角度应为 60°～90°。各杆的丝扣调整余量均应有 10 mm 以上（双侧可调整的杆上丝扣长度应均等）。密贴调整杆上的调整大螺母应有防松措施，并保持有 5 mm 以上的空动距离。ZYJ4 型副机密贴调整杆上的弹簧套固定螺丝应紧固。调整螺母紧固后还应绑好防松绑线。

道岔在静态时尖轨应与基本轨密贴。60AT 道岔在竖切部分尖轨应密贴于基本轨的斜槽内，不得超高和出现缝隙。尖轨（包括基本轨）应无肥边，不变形。不应有严重吊板现象。尖轨的爬行窜动不大于 20 mm。

道岔尖轨在转换过程中应平稳、无颤动、无磨卡。

32. 答：液压站内的交流电动机和油泵应安装牢固，各部螺丝紧固。油泵后盖及回油嘴无漏油现象。联轴器灵活无卡阻，转动时应无过大噪声。遮断器（即安全接点）被拉开后动接点应断开 2.5 mm 以上，非经人工恢复不得接通。人工恢复后接点接触良好，其接触深度在 4 mm 以上，接点片压力适当。接点座安装牢固、无裂纹。电机配线规格符合要求，线头无钳伤、断股、破皮现象。各线环间有垫片隔开，并双螺母紧固。

33. 答：电液转辙机振动试验应检查的内容有：

（1）道岔定、反位密贴是否良好，解锁、转换、锁闭动作是否正常，试验 4 mm 不锁闭，2 mm 锁闭。

（2）表示杆缺口是否符合标准，ZYJ4 型主机和 ZYJ6 型是 2 mm±1 mm，ZYJ4 型副机是 4 mm±1 mm。

（3）转辙机转换过程中有无异常声响，电动机、油泵有无过大噪声，油缸动作是否平稳，有无颤抖跳动现象。

（4）油路的各部接头是否漏油、渗油。油流压力是否符合标准：工作压力 2.0 MPa 以内的，溢流压力 ZYJ4 型应在 3.5～4.0 MPa，ZYJ6 型应在 3.0～3.5 MPa 范围内，ZYJ7 型工作压力 9 MPa，溢流压力 10～12 MPa）。

（5）核对室外道岔位置与室内表示必须绝对一致。

（6）复查和销点。

34. 答：道岔转辙设备与尖轨连接的密贴调整杆、表示杆、挤岔杆、尖端杆等杆件的连接销子和销子孔容易出现磨耗旷量。密贴调整杆上的销子处出现旷量，在道岔转换时就会发生“错牙”，丢失动程，破坏整体转换性能，4 mm 不锁闭指标得不到保持。

表示杆、尖端杆销子处出现旷量后，可以使表示杆的动程改变，旷量过大时（当旷量大于表示杆的间隙时），就可能发生转换后表示杆“卡口”故障，直接影响设备的正常使用。

各杆件销子和销子孔发生旷量后应及时处理，防止旷量越来越大。

防止旷量可从以下几个方面采取措施：安装时各销子和销子孔要安装严密；所有螺栓连接处都应紧固；各杆件调整时力要调得适当。

解决旷量过大的方法主要有三个：一是更换新销子和杆件。二是在现场消旷处理。用铰刀将销子孔削成同心圆孔，然后更换预先加工好的略粗一些的销子。三是在销子孔上用铰刀削出同心圆孔后，镶嵌上与原孔直径相同的内衬套（可采用耐磨的合金材料）再更换标准的新销子。以上几种方法可根据实际情况确定。

35. 答：安装道岔安装装置时应注意以下几个问题：

（1）钢轨安装钻孔的孔距一定要测量准确，调查好轨距。如果轨距误差较大时，应要求工务部门调整处理。

（2）长、短基础角钢加工要规范，孔距精确，尺寸误差在规定范围内。

（3）各配件（包括 L 铁、长铁垫板、短铁垫板、尖端杆拐铁、舌铁等）加工要标准。

（4）选择符合标准规格、性能良好的绝缘件。

（5）安装时要严格按程序进行。严禁硬砸硬撬，防止损坏配件或绝缘。

36. 答：（1）材料方面：细分为化学成分、物理、机械性能、热处理质量等。

（2）机床方面：机床工作范围及性能，机床精度、刚度、热变形、磨损、振动。

（3）夹具工具：工、夹具的精度、寿命、材质、形状、尺寸等。

（4）量具检验：检验原理、方法、仪器精度、磨损、检验量具本身的精度等级。

（5）操作者或自动化程度：熟练程度、专心致志程度、视力及体力限度、反应速度、自动化程度等级。

（6）环境因素：恒温条件、粉尘情况、环境振动、噪声、温度、空气中化学成分等。

37. 答：开关锁是操纵遮断开关闭合和断开的机构。当钥匙立着插入并逆时针转动 90°时，遮断开关应被可靠切断。恢复时须提起开关锁上的锁闭销，同时将原插入的钥匙顺时针转动 90° 应可靠接通遮断开关。开关锁的作用是在现场检修人员打开电动转辙机铁盖进行检修作业时，或车务人员插入摇把儿进行转换道岔的作业时，可靠地切断电动机的动作电路，防止电动机误动，保证作业人员的安全。

38. 答：道岔开程不均，影响锁舌和锁闭块的弹出，会切断道岔表示。在维修中必须调整适当。

在实际维修中存在两种情况：

（1）道岔密贴不良，开程不均：如果是道岔开程偏大，应在道岔尖轨与外锁连接铁之间加垫片；当开程偏小时，应在道岔基本轨与外锁连接铁之间加垫片。

（2）道岔密贴良好，开程不均：如果道岔一侧开程偏大，一侧开程偏小，可调整外锁闭杆连接铁的长度，使两侧开程均匀。

如果道岔一侧开程偏大，一侧开程合适，要在尖轨连接铁与尖轨间用加、减垫片或改变偏心滑块大小面和在基本轨与外锁闭铁间加、减垫片的组合方法来解决。

39. 答：研磨产生废品的原因是：

（1）表面不光洁的原因是磨料过粗，研磨液不当及研磨剂涂得太厚。

（2）产生表面拉毛的原因是研磨剂混入杂质。

（3）平面凸状或孔口扩大的原因是研磨剂太厚，孔口或零件边缘被挤出的研磨剂未擦去，或研磨棒伸出孔口太长。

（4）孔口形状成圆形或有锥度的原因是，研磨时没有更换方向或调头。

（5）薄形工件拱曲变形的原因是，零件发热后继续研磨或装卡不正确。

防止研磨产生废品的方法是：

（1）正确选用磨料和磨液。

（2）研磨剂用量适当。

（3）研磨工件对应交换方向。

（4）研磨过程中不得使零件温度超过 50 ℃，工件发热应暂停研磨。

（5）装夹要稳定，不要夹得太紧。

40. 答：ZD7-A 型电动转辙机在 ZD7 型基础上做了以下几点改进：

（1）电动机定子绕组由两线圈串联改为正反转定子绕组分开使用。电机端电压由原 200 V 降至 180 V。

（2）速动衬套内外均加上 SF-2 复合材料制成的衬套，这种衬套只需在装配时涂以润滑脂，在现场使用中不需补充润滑脂，解决了润滑不良的缺点。

（3）动作点拐轴与支架过去用扁圆连接，稍有间隙，在快速动作时支架与拐轴就产生相对转动，使动接点块打入静接点过深而造成接点片应力过大，疲劳后就会折断。现动接点拐轴与支架改为花键连接，工艺简单，精度易保证。

（4）动接点拐轴与接点座之间过去在使用中有磨损时维修困难，改进用 SF-2 复合材料的衬套，不仅在使用中不需加润滑剂，而且一旦磨损后更换也方便。

（5）ZD7 型电动转辙机在插入手摇把时，有时不能断开安全接点，不能切断电源。现将支架转动处由外壳处伸至电机罩端处，达到插入手摇把时，安全接点断开 2.5 mm 的要求。

（七）绘 图 题

1. 答：如图 24 所示。

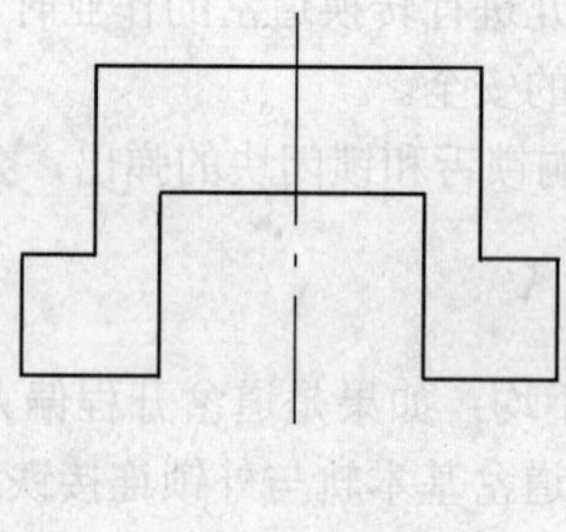

图　24

2. 答：如图 25 所示。

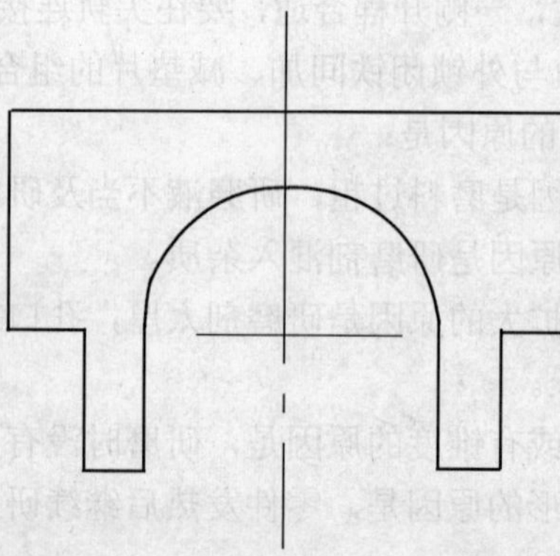

图　25

3. 答：如图 26 所示。

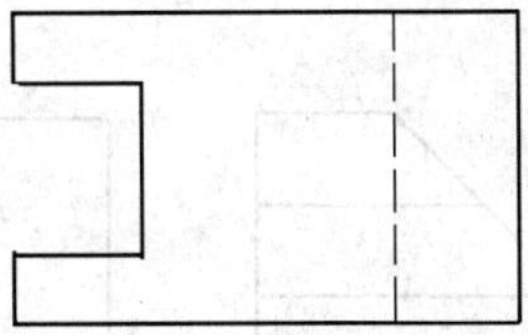

图 26

4. 答：如图 27 所示。

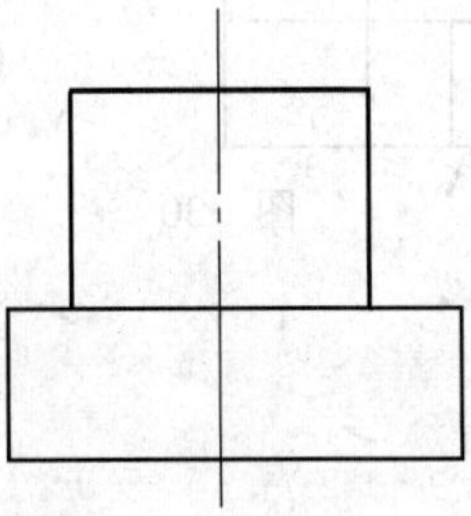

图 27

5. 答：如图 28 所示。

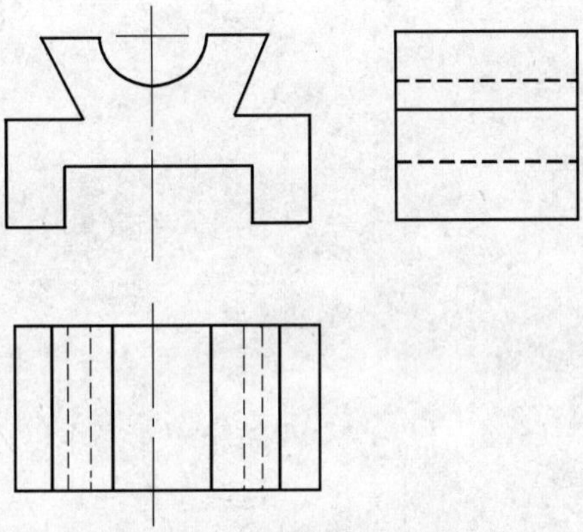

图 28

6. 答：如图 29 所示。

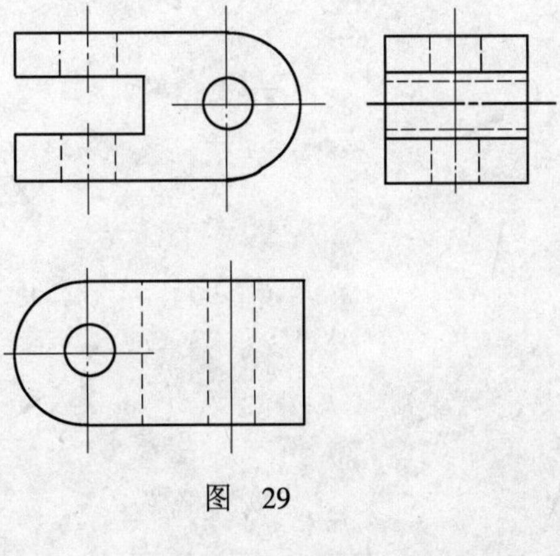

图 29

7. 答：如图 30 所示。

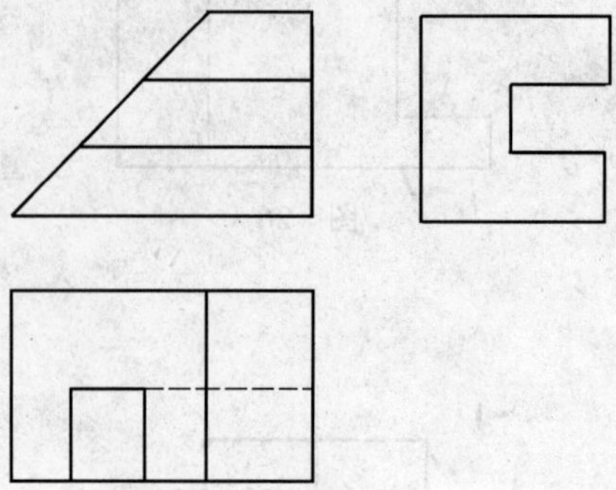

图　30

第五部分　高 级 技 师

一、信号钳工高级技师练习题

(一) 填 空 题

1. Ⅱ级施工由车间组织实施，________参加，电务段副段长或工程师有重点地参加。

2. Ⅲ级施工由________组织实施，车间主任、副主任或工程师有重点地参加。

3. 施工安全协议书由________与电务段签定。未签订施工安全协议及施工安全协议未经审查的严禁施工。

4. 信号联锁设备必须符合“故障—安全” 原则，必须满足《________》、《铁路信号设计规范》以及铁路有关行业标准的要求。

5. 信号联锁管理工作主要包括：日常联锁管理、________联锁管理、联锁关系（电路）变更以及科研项目试验的联锁管理等。

6. 信号联锁管理人员和试验人员须经联锁试验资格培训，并取得________，持证上岗。

7. 车间联锁工程师及联锁试验人员由________负责培训。

8. 电务段联锁主任（工程师）由铁路局________负责培训。

9. 铁路局电务处联锁管理工程师由铁道部负责培训。铁路局（公司）应每________对电务段联锁主任（工程师）进行一次培训。

10. 电务段应加强对其他施工单位施工的________，制定防护措施，加强施工全过程监督。

11. TJWX-2000 型信号微机监测系统是由________、电务段管理系统、上层网络终端和广域网数据传输系统等四部分组成。

12. TJWX-2000 型信号微机监测系统电务段管理系统包括________和段机。

13. TJWX-2000 型信号微机监测系统________把车站系统、电务段管理系统及上层网络终端连接起来。

14. TJWX-2000 型信号微机监测系统网络传输采用________协议。

15. TJWX-2000 型信号微机监测系统能监督信号设备与电力、________、工务结合部的有关状态。

16. 在 TJWX-2000 型信号微机监测系统中车站系统由信息采集隔离模块，下位集中式信息采集机，CAN 卡通信，________和电源设备五大部分组成。

17. TJWX-2000 型信号微机监测系统光电隔离模块能有效地做到采集开关量的电气________。

18. 信号微机监测系统是保证行车安全、加强信号设备结合部管理、________铁路信号设备运用质量的重要行车设备。

19. 微机监测系统可以实现对信号设备进行________。

20. TJWX-2000 型信号微机监测系统可以记录信号设备运用情况，并可在需要时________。

21. 当信号设备电气特性超过预定界限时，TJWX-2000 型信号微机监测系统可及时________。

22. 信号________系统被称为电务系统的“黑匣子”。

23. ZPW-2000A 型无绝缘移频自动闭塞轨道占用灯设在衰耗盘内，轨道电路________时灭灯。

24. 控制车站内的道岔、进路和信号机并实现它们之间联锁的系统，称为车站信号________系统。

25. 计算机联锁已成为我国铁路车站________的发展方向。

26. 计算机联锁系统是一种以计算机为主要技术手段实现________的系统。

27. 当计算机联锁系统 UPS 输入断电时，由电池逆变输出的工作时间，该时间应不大于________min。

28. 计算机联锁系统机房温度要求在 15～30 ℃，机房温度超过________时应开启空调。

29. 计算机联锁系统机房必须用________地板，并要求接地良好。

30. 计算机联锁应按联锁图表进行________年一次的联锁试验。

31. 双机热备计算机联锁系统，两台联锁机互为主、备机，可以________或自动方式相互切换。

32. 计算机联锁系统正常工作时，切换手柄（复位按钮）应处在________位置。

33. 计算机联锁系统从操作到监控对象的控制可以分为人机对话层、________和控制层。

34. ZPW-2000A 型无绝缘移频自动闭塞是在法国 UM71________技术引进、国产化基础上，结合国情进行的技术再开发。

35. ZPW-2000A 型无绝缘移频自动闭塞解决了调谐区断轨检查，实现轨道电路全程________检查。

36. ZPW-2000A 型无绝缘移频自动闭塞可以实现对调谐单元________故障的检查。

37. ZPW-2000A 型无绝缘移频自动闭塞采用 SPT 国产铁路________信号电缆。

38. ZPW-2000A 型无绝缘移频自动闭塞采用________引接线取代 75 mm^2 铜引接线，利于维修。

39. ZPW-2000A 型无绝缘移频自动闭塞系统中发送器采用________冗余，提高系统可靠性。

40. ZPW-2000A 型无绝缘移频自动闭塞接收器采用成对双机________运用，提高系统可靠性。

41. ZPW-2000A 型无绝缘移频自动闭塞补偿电容的作用是：使传输通道趋于阻性，保证轨道电路良好________性能。

42. ZPW-2000A 型无绝缘移频自动闭塞发送器用于生产高精度、高稳定________信号源。

43. ZPW-2000A 型无绝缘移频自动闭塞接收器除接收本主轨道电路频率信号外，还同时接收________区段小轨道电路的频率信号。

44. ZPW-2000A 型无绝缘移频自动闭塞站防雷和________用做对通过传输电缆引入室

内雷电冲击的防护。

45. ZPW-2000A 型无绝缘移频自动闭塞闭环电码化系统由闭环电码化和________设备构成。

46. ZPW-2000A 型无绝缘移频自动闭塞匹配变压器用于钢轨（轨道电路）与 SPT 铁路________电缆的匹配连接。

47. ZPW-2000A 型无绝缘移频自动闭塞发送工作灯，设在衰耗盘内，灭灯表示________。

48. ZPW-2000A 型无绝缘移频自动闭塞接收工作灯，设在衰耗盘内，点灯表示________。

49. 电气集中联锁车站信号点灯电路应加装________。

50. 电气集中车站信号机械室内整流器________次侧均应加装熔丝。

51. 各种高柱信号机，其机柱、梯子、机构的安装，均不得侵入________。

52. 液压传动系统中，执行元件是________。

53. 使用金属引起疲劳的是________载荷。

54. 一般高速钢刀具能保持良好的切削性能的温度范围是________。

55. 丝锥加工通孔右旋螺纹，为避免切屑挤塞，保证加工质量，采用________。

56. 铰削薄壁韧性材料或用硬质合金铰刀铰孔时，铰孔后的孔径与铰刀直径相比，会产生________。

57. 信号机应设在列车运行方向的左侧或其所属线路的________。不得已设右侧时，需铁路局批准。

58. 高柱信号机应垂直于地面装设，在距离钢轨顶面 4 500 mm 高处用吊线坠往下测量，________不应大于 36 mm。

59. 信号机无效标为白色的________，安装在色灯信号机机构上。

60. 矮型信号机基础采用预制的________基础。

61. 高柱信号机应采用________混凝土信号机柱。

62. 信号机构的色灯玻璃及透镜必须符合规定标准，不得有影响显示的________和裂纹。

63. 信号机构的灯座调整灵活，光源应调整在________的焦点上。

64. 信号灯泡应采用有主、副灯丝的信号专用灯泡，正常点灯时，应接通________。

65. 道岔应方正。单开道岔（或对称道岔）两尖轨前后偏差不得大于________。

66. 道岔不符合安装标准时，应由________部门整治，以达到转辙装置安装标准。

67. 固定道岔转换设备的短基础角钢应与长基础角钢________。

68. 密贴调整杆动作时，其________不得小于 5 mm。调整丝扣的露出螺母部分，两边长度应大致相等。

69. 道岔各种连接杆的调整丝扣的余量，不得小于________。

70. 电动转辙机、电空转辙机、电液转辙机等内部配线，应采用________不小于 1.5 mm^2 的多股铜芯塑料软线。

71. 道岔尖轨与基本轨间有________及其以上间隙时，道岔不得锁闭。

72. 动作杆和密贴调整杆安装在一直线上，并________道岔第一连接杆。

73. 移位接触器在道岔正常转换时，其接点应处于________状态。

74. ZD6 系列电动转辙机自动开闭器检查柱落入检查块缺口内，两侧间隙为________。

75. 电液转辙机第一、第二牵引点间油管在出（入）地处应留有余量，油管弯曲半径不得小于________。

76. 找正就是利用划线工具，使工件上有关的表面处于________。

77. 划线在选择尺寸基准时，应使划线时尺寸基准与图样上________一致。

78. 标准群钻主要用来钻削________和合金结构钢。

79. 标准群钻磨短横刃后产生内刃，其前角________。

80. 标准群钻上的分屑槽应磨在一条主切削刃的________段。

81. 通常所指孔的深度为孔径________倍以上的孔，称深孔。

82. 滚动轴承内径尺寸的偏差是________。

83. 减小滚动轴承配合间隙，可以使主轴在轴承内的________减小，有利于提高主轴的旋转精度。

84. 丝杠螺母副的配合精度，常以________间隙来表示。

85. 轴向间隙是直接影响________的传动精度。

86. 分动外锁闭转辙装置的各种基础螺栓紧固，丝扣露出螺母外的余量应为________，螺栓底部应有防转装置。

87. 分动外锁闭转辙装置的尖轨、心轨第一、第二牵引点外锁闭两侧（定、反位）锁闭量，两者之差不得超过________。

88. 第一、第二牵引点外锁闭杆中心线处有________及其以上间隙时，道岔不得锁闭。

89. 分动外锁闭转辙装置的尖轨第一与第二牵引点之间的中心位置有________及其以上间隙时，道岔不得锁闭或不得接通道岔表示。

90. 工程交接验收时竣工资料应包括设备平面图、________、有关产品技术文件及施工技术资料。

91. 同轴度公差属于________公差。

92. 工厂车间中，常用与________相比较的方法来检验零件的表面粗糙度。

93. 要将旋转运动转换成平稳又能产生很大轴向力的直线运动，可采用________。

94. 电务部门应建立________考核体系，制定安全质量检查考核办法。

95. 电务部门应明确检查考核期限、内容、程序和标准，加强日常监督检查，定期进行________。

96. 日常检查包括设备质量检查、干部添乘检查、试验车动态检测、________检查等。

97. 信号设备应先除锈，________，再涂规定颜色的调和漆。

98. 调和漆应涂两遍，第一遍________后，再涂第二遍。

99. 信号设备涂漆应厚薄均匀、完整，颜色一致，不得脱皮、________。

100. 高柱信号机的书写位置应在机柱的正面，距轨面________为宜。

101. 矮型信号机的书写位置应在________中间。

102. 继电器箱、控制阀箱的书写位置应在箱体________。

103. 信号联锁设备，应以________的联锁表为依据检查联锁，联锁关系必须符合设计要求。

104. 计算机联锁设备的采集、驱动应与采集对象、________的状态相一致。

105. ZY 系列电液转辙机电机、油泵间联轴器配合良好，转动时无________、别劲，无过大噪声。

106. ZY 系列电液转辙机________、动作杆动作平稳，无颤抖。

107. ZY 系列电液转辙机油缸、油管、油管接头及各种阀体的调节部位无________现象。

108. ZY 系列电液转辙机溢流阀调节灵活，溢流压力应调整为工作压力的________倍。

109. ZY 系列电液转辙机调节阀（节流阀）调整________，作用良好。

110. ZY 系列电液转辙机油路系统、接头、________必须清洗干净，无杂物。

111. 采用软管传输的电液设备，油管防护设施齐全，走地下时，两端应留有________，以避免列车振动受力。

112. 采用软管传输的电液设备，走地上时，油管防护管槽固定牢固，软管转角处弯曲半径不得小于________。

113. 电液转辙机应使用________航空液压油。

114. ZY 系列转辙机，当滚轮在动作板上滚动时，启动片尖离开速动片上颊的间隙为________mm。

115. ZY 系列转辙机，启动片不得与动作板或动作板上的盖板相________。

116. ZY 系列转辙机启动片上的动作滚轮在动作板上应能顺利滚动，落下后滚轮不得与动作板相碰，并与动作板斜面有________以上间隙。

117. ZY 系列转辙机在接点组调好时，使挤岔板上的滚轮与挤岔组斜面接触后再移进 8 mm，速动爪必须快速进入________。

118. ZY 系列转辙机当滚轮在挤岔组上滚轮时，挤岔板下平面与挤岔组上平面的间隙应为________。

119. 道岔在任一极限位置，挤岔组斜面与挤岔板上滚轮的间隙应为________。

120. ZY 系列转辙机动作杆在圆孔套内的________不得超过 0.5 mm。

121. 电液转辙机在锁闭位，锁块与锁闭铁的接触面应不小于________。

122. 《铁路信号维护规则》分为《铁路信号维护规则________》和《铁路信号维护规则 技术标准》两部分，其解释及修改权属于铁路部。

123. Ⅰ级施工由电务段组织实施，________参加，电务处负责人或主管工程师有重点地参加。

124. S700K 型电动转辙机通电时，摇把挡板能有效阻挡摇把________。

125. S700K 型电动转辙机当________时，摇把能顺利插入摇把齿轮。

126. S700K 型电动转辙机速动开关________作用良好。

127. S700K 型电动转辙机动作电流不大于________（54 Ω）。

128. S700K 型电动转辙机因故不能转换到位时，电流一般不大于________。

129. S700K 型电动转辙机内滚珠丝杠、动作杆、检测杆、齿轮组、锁闭块、操纵板等均应保持润滑，润滑材料应采用________。

130. 用于尖轨、心轨第一牵引点的S700K型电动转辙机检测杆的缺口调整应为________对准检测杆缺口中央，距两侧各 1.5 mm±0.5 mm。

131. 综合考评应按考核办法规定的内容和指标定期进行，________的情况应纳入综合考评。

132. 《铁路信号维护规则》适用于________信号维护管理工作，合资铁路、地方铁路及专用铁路等可参照执行。

133. ZYJ7 型电液转辙机各接点组接触、________良好。

134. ZYJ7 型电液转辙机开关滚轮在动接点凸轮上时，常开接点应________。

135. ZYJ7 型电液转辙机开关滚轮在动接点凸轮下时，________应可靠接通。

136. ZYJ7 型电液转辙机开关滚轮离开动接点架动作斜面的间隙不小于________。

137. ZYJ7 型电液转辙机的动作电流不大于________。

138. ZYJ7 型电液转辙机因故不能转换到位时，电流不大于________。

139. 当道岔被挤时，SH6 型转换锁闭器应能可靠断开________。

140. 挤脱器挤脱后应实施________，现场不得随意调整。

141. 尖轨与基本轨密贴后，电液转辙机的锁闭柱缺口两侧间隙为________。

142. 尖轨与基本轨密贴后，SH6 型转换锁闭器检查柱缺口两侧间隙为________。

143. ZYJ7 型电液转辙机转换时应保证有足够的工作压力，转换速度应能做到________协调同步。

144. ZD9 系列电动转辙机，当检查（锁闭）柱因故落在杆上平面时，动接点环的________应大于 2.5 mm。

145. ZD9 系列电动转辙机，检查（锁闭）柱与表示杆检查块缺口之间间隙之和：B、D、E 型机为________。

146. ZD9 系列电动转辙机，当挤脱器在出厂时，________应调整为 28 kN±2 kN，并用红色标记。

147. ZD9 系列电动转辙机挤岔时，表示接点动接点环的断电距离应大于________。

148. ZD9 系列电动转辙机挤岔恢复后，应使________恢复到原来位置。

149. ZD9 系列电动转辙机内滚珠丝杆副、动作杆、表示杆、齿轮组、锁闭铁、推板等均应保持润滑，________应采用规定的润滑脂。

150. 当道岔被挤动作杆在齿条块内发生偏移时，动作杆上锥形坑推动顶杆________，相对应的移位接触器被推动，从而切断表示电路。

151. 电动机换向器槽宽度为 0.8～1 mm，槽内应无炭刷粉和________。

152. 主轴与输出轴在转换过程中，速动爪滚轮在速动片上滚动时，动接点在静接点内________不大于 1 mm。

153. 直流串激式电动机电枢绕组转矩大小，决定于电枢________强弱。

154. 直流串激式电动机反电势的大小，决定于电枢________强弱。

155. S700K、ZYJ7 等新型转辙设备出现解决不了的技术问题与疑难故障时，由________负责修理。

156. 液压泵将机械能转变为液压油的________；而液压缸又将这能量转变为工作机构运动的机械能。

157. 制造较高精度，切削刃形状复杂并用于切削钢材的刀具其材料选用________。

158. 刀具尺寸精度高（拉刀、铰刀等）应取________的后角，以增加刀具重磨次数，延长刀具的使用寿命。

159. 在切削加工时，切削热主要是通过________传导出去的。

160. 一般在中、低速切削塑性金属材料时，刀具在切削与工件接触压力和切削温度的作用下会发生________。

161. 与标准件相配合时应选用________的基准制。

162. 给出了形状或位置公差的点、线、面称为________要素。

（二）选 择 题

1. 信号微机监测系统各种主要信息记录，一般车站保持时间不少于（　　）。

（A）16 h　　（B）24 h　　（C）36 h　　（D）48 h

2. 信号微机监测安全保护地线的接地电阻不应大于（　　）。

（A）4 Ω　　（B）6 Ω　　（C）10 Ω　　（D）12 Ω

3. 信号微机监测系统供电电源波动变化范围为 220 V±（　　）。

（A）11 V　　（B）22 V　　（C）33 V　　（D）55 V

4. 根据设备磨损规律和零件的使用寿命，明确规定检修目的、类别和内容。到了规定修理时间，不管设备技术状态如何，都要强制进行修理，这种方法叫（　　）。

（A）标准修理法　（B）定期修理法

（C）同步修理法　（D）检查后修理法

5. 信号微机监测系统电缆绝缘测试电压为（　　）。

（A）220 V　（B）380 V　（C）460 V　（D）500 V

6. 在信号微机监测系统中，破封按钮动作记录属于（　　）。

（A）不报警　（B）一级报警　（C）二级报警　（D）三级报警

7. 在信号微机监测系统中，主副电源切换属于（　　）。

（A）不报警　（B）一级报警　（C）二级报警　（D）三级报警

8. 在信号微机监测系统中，道岔缺口属于（　　）。

（A）不报警　（B）一级报警　（C）二级报警　（D）三级报警

9. 齿轮的接触斑点应用（　　）检查。

（A）涂色法　（B）平衡法　（C）百分表测量　（D）直尺测量

10. 把蜗轮轴装入箱体后，蜗杆轴位置已由箱体孔决定，要使蜗杆轴线位于蜗轮齿对称中心面内，只能通过（　　）方法来调整。

（A）改变箱体孔中心线位置　（B）改变调整垫片厚度

（C）把蜗轮轴车细，加偏心套改变中心位置　（D）报废

11. 当带轮孔加大，必须镶套，套与轴为键联接，套与带轮常用（　　）方法固定。

（A）键　（B）螺纹　（C）过盈　（D）加骑缝螺钉

12. 两带轮在机械上的位置不准确，引起带张紧程度不同，用（　　）方法来检查。

（A）百分表　（B）量角器　（C）目测　（D）直尺或拉绳

13. 信号微机监测系统采集 S700K 型电动转辙机三相电流信息，使用（　　）电流模块。

（A）1X　（B）2X　（C）3X　（D）4X

14. 信号微机监测系统静态数据文件格式为（　　）格式。

（A）TXT　（B）DBF　（C）MDB　（D）标准 INI

15. 信号微机监测系统可以实现锁闭继电器（　　）前接点封连动态监测，记录并报警。

（A）第 2 组　（B）第 4 组　（C）第 6 组　（D）第 8 组

16. 信号微机监测系统车站系统上、下位机之间采用（　　）通信。

（A）网卡　（B）串口　（C）CAN 卡　（D）并口

17. 在信号微机监测系统中，绝缘测试继电器动作靠（　　）控制。

（A）模入板　　（B）开入板　　（C）模出板　　（D）开出板

18. 当计算机联锁系统 UPS 输入断电时，由电池逆变输出的工作时间应不小于（　　）。

（A）10 min　（B）15 min　（C）20 min　（D）30 min

19. 计算机联锁系统为 TDCS 系统、微机监测等提供接口的是（　　）。

（A）上位机　　（B）下位机　　（C）采集机　　（D）电务维修机

20. 在 JD-1A 型计算机联锁系统电务维修机系统网络结构图中，（　　）表示某机器正处于热备状态。

（A）红色　　（B）绿色　　（C）黄色　　（D）白色

21. 在 JD-1A 型计算机联锁系统电务维修机系统网络结构图中，（　　）表示网络通信正常，但不处于主控和热备状态。

（A）红色　　（B）绿色　　（C）黄色　　（D）白色

22. 在计算机联锁系统中，进行联锁运算的是（　　）。

（A）上位机　　（B）下位机　　（C）采集机　　（D）电务维修机

23. 在计算机联锁系统中，接收值班员操作信息并向外显示联锁运算的是（　　）。

（A）上位机　　（B）下位机　　（C）采集机　　（D）电务维修机

24. 开启计算机联锁系统时按下 UPS 的电源开关，等待（　　），待其稳定工作后，才能打开各设备电源。

（A）10 s　（B）20 s　（C）30 s　（D）40 s

25. JD-1A 型计算机联锁系统倒机电路中，监督继电器的符号是（　　）。

（A）JJ　（B）QJ　（C）DJ　（D）DJJ

26. 当液压设备上有两个或两个以上的液压缸，在运动时要求保持相同的位移或速度或以一定的速比运动时，应采用（　　）。

（A）调速回路　　（B）同步回路　　（C）调压回路　　（D）方向控制回路

27. 无机黏合剂与有机黏合剂相比，主要缺点是（　　）。

（A）强度低和脆性大　　（B）适用范围大　　（C）脆性小　　（D）硬度高

28. 对于生产设备和装置中产生泄漏的管道、阀门等，采用（　　）可以在不停产的情况下，消除泄漏和达到密封的目的。

（A）焊接　　（B）带压堵漏技术　　（C）粘结技术　　（D）铆接技术

29. 泄漏故障的检查方法有超声波检查，涂肥皂水，涂煤油和（　　）等多种方法。

（A）升温检查　　（B）加压试验　　（C）性能试验　　（D）超速试验

30. 互相啮合的一对齿轮副传递动力时，齿轮的啮合面除产生应力外，还使齿轮面沿（　　）方向产生挠度。

（A）切线　　（B）水平线　　（C）法线　　（D）齿高

31. 渐开线圆柱齿轮安装时，接触斑点处于同向偏接触，其原因是两齿轮（　　）。

（A）加工精度不够　　（B）轴线不平行

（C）中心距太大　　（D）中心距太小

32. 数控机床操作不当引起的撞车，属于（　　）型故障。

（A）动作　　（B）功能　　（C）使用　　（D）性能

33. 数控机床程序编制的步骤有：确定工艺过程、运动轨迹，计算、编写程序单，制备控制介质和（　　）等。

（A）程序校核，首件试切　　（B）工艺分析

（C）选择切削用量　　（D）数值计算

34. 表面疲劳磨损是在两接触面做滚动或滑动复合摩擦时，在交变应力的作用下，使得材料表面（　　）而产生物质损失的现象。

（A）裂纹　（B）损坏　（C）疲劳　（D）摩擦

35. 对于齿轮摩擦副硬度选配，硬齿面可不考虑硬度差，而软齿面则要求小齿轮的硬度要（　　）大齿轮。

（A）大于　（B）小于　（C）等于　（D）大于或等于

36. 计算机联锁系统（　　）是备机由停机状态向热备状态过渡的中间状态。

（A）停机状态　（B）热备状态　（C）主机状态　（D）同步校核状态

37. 计算机联锁系统的联锁机采用双机热备的（　　）结构。

（A）串行　（B）静态冗余　（C）动态冗余　（D）并行

38. 在设计、检修过程中应针对不同情况，采取可能的措施，最大限度地减少（　　）造成的破坏。

（A）损伤　（B）疲劳　（C）摩擦　（D）磨损

39. 杂质微粒侵入滚动轴承的滚道和滚动体之间后，将会在滚道和滚动体表面发生（　　）。

（A）磨料磨损　（B）非自然剥落磨损

（C）变形磨损　（D）疲劳磨损

40. 当 UPS 机低压补偿指示灯亮时，说明（　　）。

（A）输入电压过低　　（B）输入电压过高

（C）UPS 升压电路故障　　（D）电池超载

41. 用于外露重载轴承，不宜用于滚动轴承的润滑是（　　）润滑脂。

（A）石墨　（B）钙基　（C）锂基　（D）铝基

42. 润滑剂在润滑条件良好的情况下，摩擦系数可降到（　　）以下。

（A）0.000 1　（B）0.001　（C）0.002　（D）0.01

43. 当轴颈磨损量小于 0.2 mm 时，用（　　）修复。

（A）镀铬法　（B）堆焊法　（C）研磨法　（D）精车法

44. 花键联接的花键轴磨损，可采用表面（　　）方法进行修复。

（A）镀铬　（B）镀锌　（C）镀锡　（D）镀铜

45. 在液压系统中，为了消除液压冲击，应采用（　　）。

（A）平衡回路　（B）缓冲回路　（C）减压回路　（D）卸荷回路

46. 信号微机监测系统网络传输采用（　　）协议。

（A）TCP/IP　（B）TXP　（C）QQ　（D）CAN

47. 信号微机监测系统光电隔离模块工作电压一般为（　　）模块，用于交流、直流均可。

（A）5 V　（B）12 V　（C）16 V　（D）24 V

48. 信号微机监测系统开关量采集器工作电源为直流（　　）。

（A）5 V　（B）12 V　（C）16 V　（D）24 V

49. 信号微机监测系统电流采集模块工作电压为（　）。

（A）5 V　（B）12 V　（C）16 V　（D）24 V

50. 信号微机监测系统模入板将采集到的模拟信号送入 CPU 板，进行（　）处理。

（A）D/A 转换　（B）A/D 转换　（C）放大　（D）滤波

51. 在信号微机监测系统中，电源相序监测是由（　）转换单元监测的。

（A）J1　（B）J3　（C）J6　（D）J7

52. 在信号微机监测系统中，（　）转换单元负责监测 KZ、DZ 电压是否正常。

（A）J3　（B）J5　（C）J4　（D）J7

53. 在信号微机监测系统车站系统中，SysCfg. INI 文件内服务器汉字名应用（　）号括起来。

（A）〈 〉　（B）（　（C）〔　（D）《》

54. 信号微机监测系统车站系统中，站机配置文件名是（　）。

（A）SysCfg. INI　（B）ZH. INI　（C）YP. INI　（D）G（D）INI

55. 信号微机监测系统中，开关量信息扫描周期不大于（　）。

（A）100 ms　（B）200 ms　（C）250 ms　（D）300 ms

56. 信号微机监测系统轨道电路监测电压量程为（　）。

（A）0～30 V　（B）0～35 V　（C）0～40 V　（D）0～45 V

57. 信号微机监测系统电源对地漏泄电流交流监测量程为 AC（　）。

（A）0～100 mA　（B）0～200 mA　（C）0～300 mA　（D）0～400 mA

58. 机件上与视图处于（　）关系的平面或直线，它在该视图上反映实形。

（A）垂直　（B）平行　（C）倾斜　（D）平行或垂直

59. 如果平面在 3 个基本视图中，有两个视图出现积聚性，则该平面在另一视图中必然（　）。

（A）显真形　（B）类似　（C）积聚性　（D）显突形

60. 金属材料由于受到外力的作用而产生的形状改变，称为（　）。

（A）弯曲　（B）变形　（C）受力应变　（D）破坏

61. 金属再结晶温度与变形速度有关，变形速度越快，再结晶温度（　）。

（A）越低　（B）越高　（C）不变　（D）很低

62. 刀具耐用度与刀具寿命不同，后者是指一把新刀用到（　）为止的切削时间，它是刀具耐用度与刃磨次数之乘积。

（A）磨钝　（B）崩刃　（C）不快　（D）全废

63. 合理选择切削液，可减少塑性变形和刀具工件间摩擦，使切削力（　）。

（A）减少　（B）增大　（C）不变　（D）增大或减小

64. 由于设计基准与定位基准不重合所造成加工尺寸的误差，称为（　）。

（A）定位副不准确误差　（B）基准不重合误差

（C）定位副准确误差　（D）基准重合误差

65. 用在单轴立式钻床上，先后可钻削同一表面上有多个孔工件的是（　）钻床夹具。

（A）固定式　（B）移动式　（C）翻转式　（D）盖板式

66. 工件的 6 个自由度全部被限制，使工件在夹具中占有完全确定的唯一位置，叫（　）。

（A）过定位　（B）完全定位　（C）不完全定位　（D）欠定位

67. 对夹紧装置机构的基本要求：结构简单，紧凑并有足够的（　）。

（A）硬度　（B）强度　（C）高度　（D）刚度

68. 作用在（　）物体上的一组力或一群力，称为力系。

（A）同一　（B）两个　（C）一对　（D）多个

69. 当力矩值一定时，杠杆的力臂越长所需的力（　）。

（A）越小　（B）越大　（C）不变　（D）可能大也可能小

70. 圆轴扭转时，横截面上产生的内力称为（　）。

（A）转矩　（B）扭矩　（C）力偶矩　（D）拉力

71. 使物体产生运动或运动趋势的力称为（　）。

（A）被动力　（B）从动力　（C）主动力　（D）转动力

72. 为了保证构件能安全正常的进行工作，在外力的作用下，构件内产生的最大工作应力不允许超过材料的（　）。

（A）许用应力　（B）极限应力　（C）危险应力　（D）相当应力

73. 圆轴扭转时，在同一截面内，最大应力在（　）处。

（A）轴心　（B）外圆圈　（C）半径　（D）半径中间

74. 梁弯曲时，横截面上产生的内力称为（　）。

（A）内力偶矩　（B）弯矩　（C）力偶矩　（D）弯曲力

75. 齿轮的弯曲疲劳裂纹多发生在（　）。

（A）齿顶附近　（B）轮齿节线附近　（C）齿根附近　（D）齿顶圆上

76. 麻绳使用前应进行起重拉力试验，为允许起重负荷的（　）。

（A）2 倍　（B）3 倍　（C）4 倍　（D）5 倍

77. 在确定许用应力时，对于塑性材料应以（　）作为极限应力。

（A）许用应力　（B）最大正应力　（C）最小正应力　（D）屈服极限

78. 液体在管道内流动会产生压力损失，压力损失有沿程损失和（　）。

（A）流量损失　（B）泄漏损失　（C）局部损失　（D）故障损失

79. 装配应力的存在，对于结构往往是不利的，工程中要求制造时保证足够的加工精度，来（　）有害的装配应力。

（A）降低　（B）消除　（C）保证　（D）去除

80. 挖土、打桩、埋设接地极等，入地深度（　）以上者属于动土作业范围。

（A）0.4 m　（B）0.8 m　（C）1.0 m　（D）1.5 m

81. 机械加工是通过工人操纵（　）来完成切削加工的，其主要方法有车、铣、刨、磨、钻及齿轮加工等。

（A）车床　（B）铣床　（C）刨床　（D）机床

82. 生产过程中，直接改变原材料（或毛坯）形状，尺寸和性能，使之变为（　）的过程，称为工艺过程。

（A）零件　（B）部件　（C）半成品　（D）成品

83. （　）方法能够制成形状复杂，特别是具有复杂内腔的毛坯；而且铸件的大小几乎不受限制。

（A）铸造　（B）锻造　（C）焊接　（D）机械加工

84. 装配中的调整就是按着规定的技术规范调节零件或机构的（　　），以使设备工作协调、可靠。

（A）尺寸精度，几何精度和接触精度　（B）相互位置，配合间隙与松紧程度

（C）联接关系　（D）联接尺寸，相互位置

85. 主要用于载荷较大的重系列联接的矩形花键，其定心方式是（　　）定心。

（A）外径　（B）内径　（C）齿侧　（D）齿长

86. 凸轮机构的从动件，就其形状大致可分为尖端从动件、平底从动件、转子从动件三类，（　　）从动件是最常用的一种形势。

（A）尖端　（B）平底　（C）转子　（D）圆端

87. 麻花钻将棱边转角处副后角面磨出副角后，主要用于（　　）件上钻孔。

（A）铸铁　（B）碳钢　（C）合金钢　（D）铜

88. 磨床主轴颈的修磨量因受到氮化层及硬度的限制，一般不应超过（　　）。

（A）0.05 mm　（B）0.1 mm

（C）0.2～0.15 mm　（D）0.3～0.2 mm

89. 方向阀长期使用后，阀芯外圆表面及阀体孔径表面磨损，间隙增大，一般采用（　　）。

（A）研修阀体孔径，配换新的阀芯　（B）研修阀芯

（C）阀体与阀芯同时修磨　（D）阀体与阀芯任换一件

90. 在双泵双溢流阀的等压系统中，为了防止共振和噪声，两阀应调成不同压力，即相差（　）。

（A）1 MPa　（B）2 MPa　（C）3 MPa　（D）4 MPa

91. 当液压系统需要两种以上不同压力时，可采用（　）。

（A）压力保持回路　（B）减压回路

（C）多级压力回路　（D）增压回路

92. 机床的改装要根据机床的（　）来进行。

（A）精度等级　（B）使用要求　（C）性能　（D）类别

93. 高温、高压工作的螺栓，除应进行常规检修和宏观检查外，还应定期进行（　）性能检验。

（A）物理　（B）化学　（C）电化学　（D）机械

94. 活塞式压缩机组的安全阀启跳压力，应按系统额定工作压的（　）调整。

（A）1.05～1.1 倍　（B）1.1～1.15 倍

（C）1.15～1.2 倍　（D）1.2～1.5 倍

95. 离心式压缩机油冷却器的列管如有漏油，堵管的总数不得超过管程管数的（　　）。

（A）5%　（B）10%　（C）15%　（D）20%

（三）判断题

1. 钩式外锁闭装置的锁闭方式为水平锁闭。（　）

2. 钩式外锁闭装置也分分动尖轨用和可动心轨用两种。（　）

3. S700K 型电动转辙机，产品代号含义为“西门子-具有 6 860 N（700 kgf）保持力-带有滚珠丝杠”的电动转辙机。（　）

4. S700K 型电动转辙机适用于尖轨或可动心轨处采用外锁闭的道岔。（ ）

5. S700K 型电动转辙机采用多片干式可调摩擦联接器，使用中根据需要调整。（ ）

6. S700K 型电动转辙机的机身是通用的，经配件组装，可组成不同种类。（ ）

7. S700K 型电动转辙机根据安装方式不同，每一种类分为左开、右开两种。（ ）

8. 不同种类的 S700K 型电动转辙机可以通用。（ ）

9. S700K 型电动转辙机型号左装时，用字母 A 加上偶数表示，如 A14、A16。（ ）

10. S700K 型电动转辙机型号右装时，用字母 A 加上奇数表示，如 A13、A15。（ ）

11. 面对尖轨或心轨，转辙机安装在线路左侧的称为左装。（ ）

12. 面对尖轨或心轨，转辙机安装在线路右侧的称为右装。（ ）

13. S700K 型电动转辙机主要由外壳、检测和锁闭机构、安全装置、配线接口四大部分组成。（ ）

14. S700K 型电动转辙机外壳主要由铸铁底壳、机盖、动作杆套筒、导向套筒、导向法兰等组成。（ ）

15. S700K 型电动转辙机安全装置由开关锁、连杆、遮断开关、摇把孔挡板等组成。（ ）

16. S700K 型电动转辙机检测和锁闭机构主要由检测杆、叉形接头、速动开关组、锁闭块和锁舌组成。（ ）

17. S700K 型电动转辙机滚珠丝杠相当于一个直径 32 mm 的螺栓。（ ）

18. S700K 型电动转辙机滚珠丝杠一方面将电动机的旋转运动变成丝杠的直线运行；另一方面起到减速作用，减速比取决于丝杠的螺距。（ ）

19. S700K 型电动转辙机，保持联接器是转辙机的挤脱装置，利用弹簧的压力通过槽口式结构将滚珠丝杠与动作杆连接在一起。（ ）

20. S700K 型电动转辙机，根据现场实际需要，保持联接器可采用可挤型和不可挤型。（ ）

21. S700K 型电动转辙机当道岔的挤岔阻力超过弹簧设定压力时，动作杆滑脱，实现挤岔时的整机保护。（ ）

22. S700K 型电动转辙机不可挤型是工厂将保持联接器内部的弹簧取消，放一个止挡环，用于阻止与动作杆相连的保持栓的移动，成为硬连接结构。（ ）

23. 当道岔挤岔阻力超过 90 kN 时，挤坏硬连接结构的保持联接器，需整机回所修理。（ ）

24. 主轴除具有足够的强度、刚度和抗振性之外，还应有较高的回转精度。（ ）

25. S700K 型电动转辙机检测杆随尖轨或心轨转换而移动，用来监督道岔在终端位置时的状态。（ ）

26. S700K 型电动转辙机上层检测杆用于监督伸出密贴的尖轨或心轨拉入时的工作状态。（ ）

27. S700K 型电动转辙机下层检测杆用于监督拉入密贴的尖轨或心轨伸出时的工作状态。（ ）

28. S700K 型电动转辙机道岔在终端位置，当检测杆指示缺口与指示标对中时，锁闭铁及锁舌应能正常弹出。（ ）

29. S700K 型电动转辙机锁闭块的正常弹出，使速动开关的有关启动接点断开及表示接

点断开。 （ ）

30. S700K型电动转辙机锁舌的正常弹出，用于阻挡转辙机的保持联接器的移动，实现转辙机的内部锁闭。 （ ）

31. S700K型电动转辙机锁舌的伸出量一般大于或等于10 mm，但最小伸出量不得小于9 mm。 （ ）

32. S700K型电动转辙机锁闭块的缩入，应可靠地闭合表示接点。 （ ）

33. S700K型电动转辙机锁舌的弹出，应完成转辙机的内部解锁。 （ ）

34. 任何时候都不准用叶轮来支承转子。 （ ）

35. S700K型电动转辙机速动开关包括定位动作接点（DD）、反位动作接点（FD）、定位表示接点（DB）、反位表示接点（FB）。 （ ）

36. S700K型电动转辙机无论“1、3闭合”还是“2、4闭合”，其内部配线完全一样，只需通过室外连线X_2与X_3、X_4与X_5的交叉和二极管的换向来实现。 （ ）

37. S700K型电动转辙机开关锁是操纵遮断开关闭合和断开的机构。 （ ）

38. S700K型电动转辙机当钥匙立着插入并顺时针转动90°时，遮断开关被可靠断开。 （ ）

39. S700K型电动转辙机开关锁恢复时，须提起开关锁上的锁闭销，同时将插入的钥匙逆时针转动90°时，遮断开关被可靠接通。 （ ）

40. 遮断开关接通时，摇把挡板能有效阻挡摇把插入摇把齿轮，防止用钥匙打开电动转辙机机盖。 （ ）

41. 断开遮断开关时，摇把能顺利插入摇把齿轮或用钥匙打开电动转辙机机盖，此时电动机的动作电源将被可靠地切断，不经人工操纵和确认，不能恢复接通。 （ ）

42. S700K型电动转辙机具有表示电路自检锁闭功能，卡缺口时，锁舌伸不出来，内锁闭无法锁闭，不能接通表示电路，即有道岔表示时转辙机必须在内锁闭状态。 （ ）

43. ZD6系列电动转辙机表示电路不检查锁闭，检查柱不落槽，转辙机照样能实现内锁闭。 （ ）

44. 浮环密封的内孔和端面可以进行刮削。 （ ）

45. 高压阀门的受压锻件缺陷，一般说来可以焊补后使用。 （ ）

46. S700K型电动转辙机牵引分动外锁闭道岔有两种方式。 （ ）

47. S700K型电动转辙机采用一台转辙机及导管装置和T形拐肘共同牵引两个牵引点，一般用于燕尾式外锁闭装置的道岔。 （ ）

48. S700K型电动转辙机各牵引点分别由一台转辙机牵引，各台转辙机同时动作，一般用于钩式外锁闭装置的道岔。 （ ）

49. S700K型电动转辙机分动外锁闭道岔调整的基本顺序：先调整第一牵引点，再调整第二牵引点；先调密贴，再调锁闭量，最后调表示缺口。 （ ）

50. S700K型电动转辙机尖轨与基本轨的密贴，可动心轨与翼轨的密贴调整均通过在锁闭铁与锁闭框之间增减调整片来进行。 （ ）

51. ZD(J)9系列电动转辙机交流系列采用三相380 V交流电动机，故障少，电缆单芯控制距离长。 （ ）

52. ZD(J)9系列电动转辙机根据需要可配置直流系列转辙机。 （ ）

53. ZD(J)9系列电动转辙机接点系统采用铍青铜静接点组和铜钨合金动接点环。 （ ）

54. ZD（J）9 型电动转辙机分成 ZDJ9 型交流系列和 ZD9 型直流系列，两者的区别仅在于分别采用交流电动机和直流电动机。（　）

55. ZDJ9 型电动转辙机电源电压为 AC220 V。（　）

56. ZD9 型直流系列转辙机电源电压为 DC200 V。（　）

57. S700K 型电动转辙机，当滚珠丝杠正向或反向旋转一周时，螺母前进或后退两个螺距。（　）

58. 机床的操作性能不好，可能通过改装改善劳动条件。（　）

59. 机械密封只能用于密封液体。（　）

60. 活塞式压缩机汽缸镗修时，汽缸内孔要镗去的尺寸，在汽缸直径上不应大于 3 mm。（　）

61. 修磨压缩机曲轴时，可以在圆角处进行。（　）

62. 钢中的含碳量对可焊性的影响不大。（　）

63. 钢与周围介质发生化学作用而遭破坏的现象，称腐蚀；能抵抗大气、水蒸气、海水等腐蚀的钢，称不锈钢。（　）

64. 灰铸铁的铸造性能，切削性，耐磨性和消振性能都比不上其他铸铁。（　）

65. 铸铁实质上是由各种不同形状的石墨分布在钢的机体上所构成的混合组织。（　）

66. 球化退火主要适用于碳素工具钢、合金弹簧钢、滚动轴承钢和合金工具钢等。（　）

67. 随着含碳量的变化，钢内部的组织是变化的，其中铁素体、珠光体和渗碳体的相对数量也是变化的，组织相对数量的变化，不会影响钢的性能。（　）

68. 切削用量中，对刀具磨损影响最大的是走刀量。（　）

69. 刀具的磨损形式有：前刀面磨损，后刀面磨损和前刀面、后刀面同时磨损。（　）

70. 切削过程是指工件上多余的金属被刀具切除的过程和已加工表面形成过程。（　）

71. 工件材料强度与硬度越低或导热性好时，刀具磨损越快，耐用度越低。（　）

72. 刮花的目的是使刮削面美观，并使滑动件之间造成良好的润滑条件。（　）

73. 研磨圆柱孔时，若工件两端有过多的研磨剂挤出应及时擦掉，不及时擦掉会出现孔口扩大现象。（　）

74. 锥形表面滑动轴承靠轴和轴瓦间的相对移动，可调整轴承的径向间隙。（　）

75. 划线时用以确定零件各部位尺寸、几何形状及相互位置的依据称为设计基准。（　）

76. 装配之前，利用试配法检查轴上零件与轴配合是否适当叫做零件的预装。（　）

77. 有些用背锥面作基准的圆锥齿轮，装配时将背锥面对齐对平，就可保证两圆锥齿轮的对正。（　）

78. 滑动轴承与滚动轴承相比，具有显著的优越性。（　）

79. 机械化传动夹紧装置可以把机器工作机构的运动和操纵机构联系起来，易于实现自动化夹紧。（　）

80. 工件圆柱孔在较长心轴上定位，可限制工件两个自由度。（　）

81. 只要作用在物体上三个力的作用线汇交于一点，这三个力必定是平衡力系。（　）

82. 力的三要素中，任何一个改变时，力对物体的作用效果都会随之改变。（　）

83. 弯曲应力的大小只与杆件的横截面面积有关，而与横截面的形状无关。（ ）

84. 曲柄滑块机构的作用是把旋转运动变为直线往复运动，或把直线往复运动变为旋转运动。（ ）

85. 在材料相同的条件下，空心轴的强度与实心轴的强度相同。（ ）

86. 挤压变形与压缩变形是不同的两种变形形式。（ ）

87. 为了进行强度和变形计算，必须知道沿梁轴线剪力和弯矩的变化规律、最大剪力和最大弯矩的数值，以及它们所在的截面。（ ）

88. 安全标志的目的是要引起人们对不安全因素的注意，预防事故的发生。（ ）

89. 腐蚀不会对设备的使用寿命和运转周期产生影响。（ ）

90. 可燃物质的粉尘与原来的固体物质的自燃点相同。（ ）

91. 检修现场的易燃、易爆、有害物质应及时清除，不能清除的，应采取可靠措施加以防护。（ ）

92. 切削速度增加时，单位时间生产的切削热随之增加，对温度的影响不大。（ ）

93. 机床的传动，有机械、液压、气动、电气等多种形式，其中最常见的是机械传动和液压传动。（ ）

94. 在合格铸件中，允许存在哪些缺陷及其允许的程度，一般应在零件图或有关技术文件中作出具体规定，作为铸件质量检验的依据。（ ）

95. 动压轴承的压力油膜都是依靠轴心偏移来形成的。（ ）

96. 对工件进行镗孔时，只需调整刀具便可获得不同尺寸的孔径。（ ）

97. 不平衡离心力激起转子振动的频率不等于转子的转速频率。（ ）

98. 轴的修理方法有矫直，镀铬或堆焊后再进行机械加工。（ ）

99. 过盈配合的圆柱销，适宜于多次拆装，不会使配合变松和降低配合精度。（ ）

100. 轴颈弯曲，带轮孔与轴配合松动，带轮槽磨损是带传动机构的主要损坏形式。（ ）

101. 蜗杆传动机构的装配顺序，按其结构特点的不同，有的应先装蜗轮，后装蜗杆，有的则相反。（ ）

102. 曲柄滑块机构中，曲柄一般用做主动件，通过这个机构将曲柄的回转运动变为滑块的直线往复运动。（ ）

103. 凸轮机构的功能是将凸轮的连续转动或移动转换为从动件的连续或不连续的移动或摆动。（ ）

104. 双摇杆机构的功能是将一个摇杆的摆动转换成为另一个摇杆的直线运动。（ ）

105. 由两种或两种以上的密封组成的密封，叫做多级密封。（ ）

106. 选用动密封时，主要应注意机器的工作条件对密封性能的影响和动密封是否经济合理。（ ）

107. 螺旋密封仅适用于气体介质，而不适用于液体。（ ）

108. 由于单独使用迷宫密封时的泄漏量较大，在密封有毒害、易燃易爆气体时，仅可作为级间的密封。（ ）

109. 初期诊断是机器设备安装，运行期间的检测诊断。（ ）

110. 程序编制有手工编制程序和计算机编制程序两种方法。（ ）

111. 数控车床卡盘未夹紧工件，将导致主轴无变速。 （ ）

112. 数控车床结构型故障主要指的是工件加工精度方面的故障。 （ ）

113. 在压力一定的情况下，黏着磨损随滑动速度的增加而增大，达到某一极大值后，又随滑动速度的增加而减小。 （ ）

114. 在摩擦过程中，金属同时与周围介质发生化学或电化学反应，产生物质损失，这种现象称为腐蚀磨损。 （ ）

115. 润滑脂主要用于加油或换油方便的场合。 （ ）

116. 有效的润滑措施是减少磨损，增加零部件使用寿命的最好的防护方法。 （ ）

117. 对于一般的机器设备，不是重要场合下使用的零件，损伤较轻时可采用修复的方法修理。 （ ）

118. 修复或更换零件原则是：相配合的主要件和次要件磨损后，一般是更换主要件，修复次要件。 （ ）

119. 保持联接器的顶盖铅封打开后，必须由专职人员重新施封，以保证其安全可靠地运用。 （ ）

120. 当液压系统混入空气后，油面有针状气泡逸出或油液浑浊。 （ ）

121. 气压传动的执行元件，是以压缩空气为工作介质产生机械运动，并将气体的压力能转变为机械能的能量转换装置。 （ ）

122. 单向作用汽缸多用于短行程及活塞杆推力、运动速度均要求很高的场合。 （ ）

123. 平衡架必须置于水平位置，具有光滑和坚硬的工作表面，以减少摩擦力，防止工件磨损。 （ ）

124. 列车三预告是指前方站开车预告、信号开放预告、列车接近预告。 （ ）

125. 零件修复技术是指恢复磨损零件的外形尺寸。 （ ）

126. 零件采用镀铬的方法修复后，镀铬层与基本金属的结合强度较差，且摩擦因数较大。 （ ）

127. 拆卸尺寸较大的轴承或其他静止联接件时，为了使轴和相配件免遭破坏，要利用加热来拆卸。 （ ）

128. 当发现装在轴上的零件严重锈蚀时，就只能采用破坏性拆卸。 （ ）

129. 铝合金焊补时，为了保证焊接质量，焊前需要清除氧化膜，或使用氩气保护焊。 （ ）

130. 高压容器压力试验选用的压力表精度等级应不低于 2 级。 （ ）

131. 齿轮传动的精度由齿轮副的运动精度、接触精度和齿侧间隙三个部分组成。 （ ）

132. 对设备进行定期或连续监测可获得设备故障发展的趋势性规律，对剩余的寿命作出估计，借此进行预测预报的方法称为趋势分析。 （ ）

133. 旋转件因不平衡而产生离心力，其大小与不平衡量大小，偏心距离及转速平方成反比。 （ ）

134. 车床可加工轴类、盘类零件的回转表面，不能做钻孔、扩孔、铰孔工作。 （ ）

135. 采用整体滑动轴承的主轴机构，其精度的高低取决于主轴本身精度及轴瓦刮削质量的高低。 （ ）

136. 长径比较大的旋转件，只需进行静平衡，不必进行动平衡。 （ ）

137. 液体动压轴承与液体静压轴承运转时都是纯液体摩擦润滑，润滑油把轴和轴承的

两摩擦表面完全隔开，而不直接接触。 ( )

138. 高速旋转机器在试车时，启动后应遵照由低速到高速，由空负荷到满负荷的基本程序逐步地进行。 ( )

139. 大型机床对基础抗振性的要求应消除频率为 20～25 Hz 左右的振源和外界偶发性振源的影响。 ( )

140. 物体两接触表面间由于摩擦的机械作用使表面物质逐渐损耗的过程，叫做磨损。( )

141. 在数控铣床中，常采用滚动丝杠和静压螺母，用滚动摩擦代替滑动摩擦。 ( )

142. 刻度尺每个刻度间所代表的长度单位数值，叫做分度值。 ( )

143. 被测量和所测量之间有一定的函数关系，因而将测得的量经过计算得出被测量来，这种测量称之为直接测量。 ( )

144. 利用机械、光学、气动、电动或其他原理将长度单位放大或细分的测量器具称之为量仪。 ( )

145. 机床导轨面的接触点数越多越好，精密机床的接触点数在 25 点/25 mm×25 mm 以上。 ( )

146. 机械装配中的测量工作一般都测量零件、部件的几何精度。 ( )

147. 测量准确度主要由测量中的系统误差所决定，系统误差越大，则其测量的准确度也越高；反之，也越高。 ( )

148. 高速旋转机器在启动后试运转中，只要进行空负荷运转合格就行。 ( )

149. 为了测量位置精度，而需要对装配基准件或辅助装配基准件的各个配合面的直线度和平面度等形状精度进行测量。 ( )

150. 绝对测量时，量具、量仪的测量范围应小于被测工件尺寸。 ( )

151. 透镜式色灯信号机的每个灯位由灯泡、透镜组、遮檐和臂板等组成。 ( )

152. 滚动轴承破裂，或是疲劳引起，或是装配不当所致。 ( )

153. 组合式信号机每个机构只有一个灯室，使用时根据信号显示要求，分别组装成二显示、三显示及单显示机构，故称为组合式。 ( )

154. 组合式信号机构由光系统、机构壳体、遮檐四部分组成。 ( )

155. 组合式信号机构的光系统由反光镜、灯泡、色片、非球面镜、偏散镜及前表面玻璃组成。 ( )

156. 保持联接器的顶盖是加铅封的，维修人员不得随意打开。 ( )

(四) 简 答 题

1. 高柱透镜式色灯信号机的组成及各部分的作用是什么？
2. 透镜式色灯信号机透镜组为什么要采用两块透镜组成光学系统？
3. AG 型透镜式色灯信号机光系统有什么特点？
4. 组合式色灯信号机有什么特点？
5. 组合式信号机构的种类是什么？
6. 组合式信号机构前表面玻璃的特点及作用是什么？
7. ZD7-A 型电动转辙机与 ZD6-A 型转辙机结构的主要区别是什么？
8. ZD7-A 型电动转辙机的主要技术特性是什么？
9. S700K 型电动转辙机滚珠丝杠的作用是什么？

10. S700K 型电动转辙机保持联接器的作用是什么？
11. 什么是可挤型保持联接器？
12. 什么是不可挤型保持联接器？
13. S700K 型电动转辙机检测杆有什么作用？
14. S700K 型电动转辙机锁闭块和锁舌的作用是什么？
15. S700K 型电动转辙机内部配线包括哪些？
16. S700K 型电动转辙机锁闭及接通表示接点的动作过程是什么？（以 220 mm 动程定位拉入为例）
17. ZD（J）9-A 和 ZD（J）9-B 减速器的总速比分别为多少？
18. 液压传动原理是怎样的？
19. ZYJ4 型电液转辙机由哪几部分组成？
20. ZYJ4 型电液转辙机副机安装位置及作用是什么？
21. 电液转辙机采用多点牵引有哪些特点？
22. 什么是四显示自动闭塞？
23. ZPW-2000A 型移频自动闭塞补偿电容的作用是什么？
24. ZPW-2000A 型移频自动闭塞空芯线圈的作用是什么？
25. ZPW-2000A 型移频自动闭塞调谐区实现电气绝缘节的原理是什么？
26. 信号微机监测系统的总体结构是怎样的？
27. 信号微机监测的车站系统结构是怎样的？
28. 信号微机监测的电务段管理系统结构是怎样的？
29. 信号微机监测站机的作用是什么？
30. 信号微机监测的站机硬件系统由哪些设备构成？
31. 什么是信号微机监测终端？
32. 信号微机监测采集机的功能是什么？
33. S700K 型电动转辙机的主要性能是什么？
34. 提速道岔采用哪些种类的转辙机？
35. 外锁闭道岔有哪些主要优点？
36. 当道岔密贴调整杆无空动距离或空动距离不足 5 mm 时应怎样处理？
37. 配合工务更换辙叉应做好哪些工作？
38. 为什么每一台三相交流电动转辙机要设置一套控制电路？
39. 位置一致、同步动作的 S700K 型电动转辙机的动作电路是如何控制的？
40. 位置一致、同步动作的 S700K 型电动转辙机的表示电路可以合用一套吗？
41. 生产厂对 S700K 型电动转辙机和外锁闭装置有哪些保修内容？
42. 怎样确认三相交流动作电源供电故障？
43. S700K 型电动转辙机的电动机如何进行拆装？
44. 如何进行 S700K 型电动转辙机的按钮开关的拆装？
45. S700K 型电动转辙机一个牵引点一台电动转辙机的安装装置如何安装？
46. 如何处理锁舌回缩的故障？
47. 为什么说采用三相交流电动机提高了设备的可靠性和使用寿命，减少了维修工作量？
48. 各种类型的 ZYJ7 型电液转辙机如何使用？

49. 组合式信号机构瞄准镜插孔有什么作用？

50. S700K 型电动转辙机的主要特点是什么？

51. 计算机联锁双机热备和双机冷备的主要区别是什么？

52. 计算机联锁双机热备系统的主要特点是什么？

53. 转辙机是怎样分类的？

54. TJWX-2000 型微机监测系统站机软件的主画面包括哪些内容？

55. ZPW-2000A 型无绝缘移频自动闭塞系统具有哪几种低频信息？

56. ZPW-2000A 型无绝缘移频自动闭塞系统发送器产生的移频信号有哪几种载频频率？

（五）计 算 题

1. 某一轴的尺寸是 ϕ 50 mm±0.000 8 mm，求最大极限尺寸、最小极限尺寸和公差。

2. 螺纹外径 d=10 mm，需要螺纹孔度为 35 mm，求钻孔深度为多少？

3. 用手摇把摇动 ZD6-A 型电动转辙机，分别摇多少圈开始解锁，切断表示电路和接通返回电路？

4. 用手摇把摇动 ZD6-A 型电动转辙机，分别摇多少圈完全退出表示杆上的缺口，速动片开始随启动片旋转和完全解锁？

5. 用手摇把摇动 ZD6-A 型电动转辙机，分别摇多少圈转换结束，动作电路被快速切断并接通表示电路和达到完全锁闭？

（六）论 述 题

1. 定焦盘式信号灯座有什么特点？

2. 组合式信号机的光学原理是什么？

3. ZD（J）9 系列电动转辙机有何特点？

4. 液压传动有什么优点？

5. 液压传动的缺点有哪些？

6. 为什么要发展铁路信号数字电缆？

7. 计算机联锁设备对电源有什么要求？

8. 计算机联锁设备对机房环境有什么要求？

9. 什么是全电子化计算机联锁？

10. 内锁闭转辙设备是如何实现道岔锁闭的？内锁闭转辙设备有哪些特点？

11. ZPW-2000A 型无绝缘移频自动闭塞系统室外部分由哪些设备组成？分别具备什么功能？

12. UM71、ZPW-2000A 型无绝缘轨道电路电气调谐区及“死区段”长度各是多少？

13. ZYJ7 型电液转辙机用于单机牵引时对其安装有什么要求？

14. ZYJ7 型电液转辙机由哪几部分组成？各有什么作用？

15. SH6 型转换锁闭器由哪些机构组成及作用？

16. S700K 型电动转辙机解锁及断开表示接点的动作过程是什么？（以 220 mm 动程定位拉入为例）

17. S700K 型电动转辙机解锁后的转换过程是什么？（以 220 mm 动程定位拉入为例）

18. 钩式外锁闭装置有什么优点？

19. ZYJ7 型电液转辙机油路系统的动作原理是什么。

20. 电液转辙机是如何通过油路内油压动力转换道岔的？

21. 电液转辙机的锁闭结构是怎样的？

22. 电液转辙机的检查及表示装置是如何构成的？又是如何完成对道岔尖轨的密贴检查的？

23. 什么叫电液转辙机的 1、3 闭合和 2、4 闭合？自动开闭器接点的排列编号是按什么顺序编排的？

24. 电液转辙机道岔表示电路有哪些防护措施？

25. 电液转辙机的自动开闭器、配线、检查柱、表示缺口的检修内容和要求分别是什么？

26. 日常维修中怎样进行电液道岔调整？

27. ZPW-2000A 型移频自动闭塞系统室内部分由哪些设备组成？分别具备什么功能？

28. 电液转辙机启动片、速动片、摇动检查、溢流压力调整时的检修内容和要求分别是什么？

29. 道岔尖轨开口是怎样规定的？过大或过小有什么危害？

30. 电液转辙机故障处理的原则是什么？

31. 电液转辙机有哪几类故障？

32. 如何判断电液转辙机的机械故障？怎样查找和处理机械故障？

33. 怎样判断电液转辙机的油路故障？如何查找和处理油路故障？

34. 为什么说不能直接通过对三相交流电动机的输入电流的测试来检查交流电动转辙机的转换力？

35. 三相交流电源屏的主要技术指标有哪些？

36. 三相交流电动转辙机和直流电动转辙机的控制电路有什么不同？

37. 第二牵引点由第一牵引点经导管装置来带动的安装装置的安装顺序是什么？

38. 如果道岔开口过大或过小，应怎样进行调整？

39. 三相交流电动转辙机动作电路的故障处理程序是什么？

40. 道岔转换不到底的故障现象和原因是什么？

41. 滚珠丝杠与轴套脱离有何危害？如何处理？

（七）绘 图 题

1.根据立体图画三视图（尺寸从图中量取），如图 31 所示。

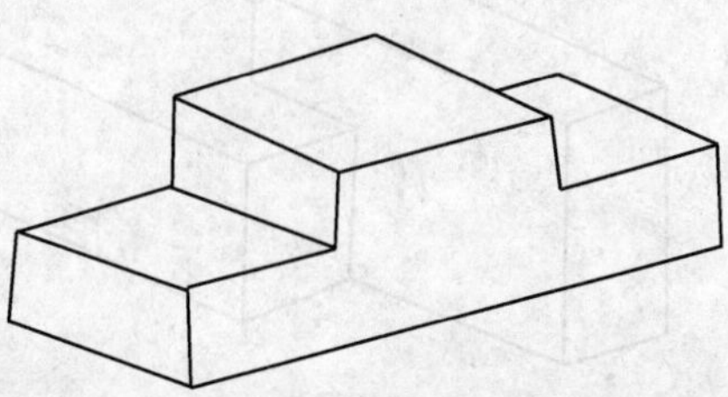

图 31

2. 根据立体图画三视图（尺寸从图中量取），如图 32 所示。

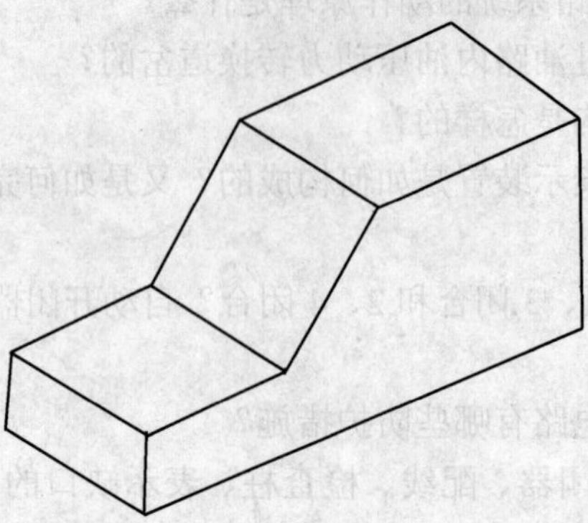

图 32

3. 根据立体图画三视图（尺寸从图中量取），如图 33 所示。

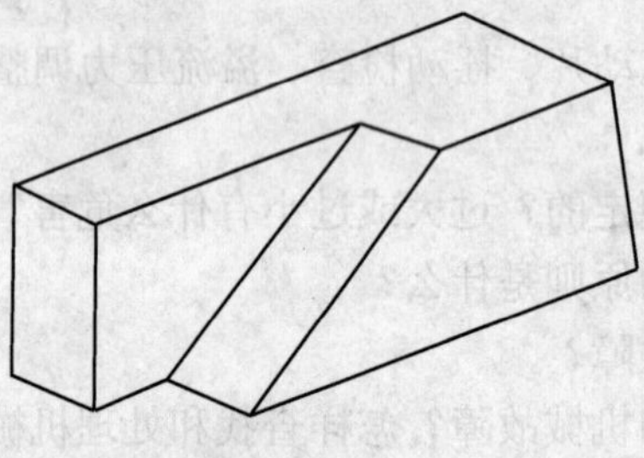

图 33

4. 根据立体图画三视图（尺寸从图中量取），如图 34 所示。

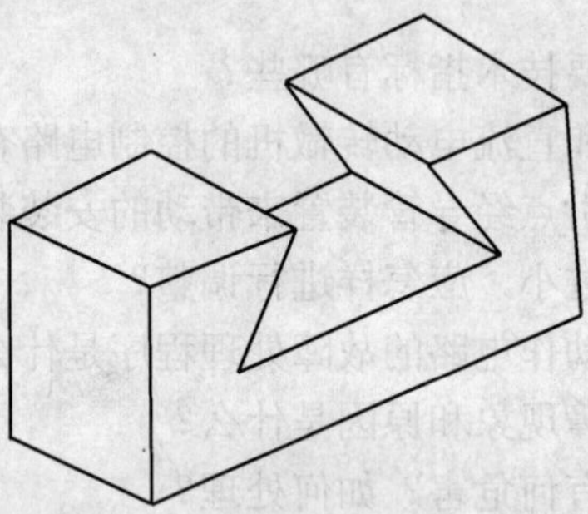

图 34

5. 根据立体图画三视图（尺寸从图中量取），如图 35 所示。

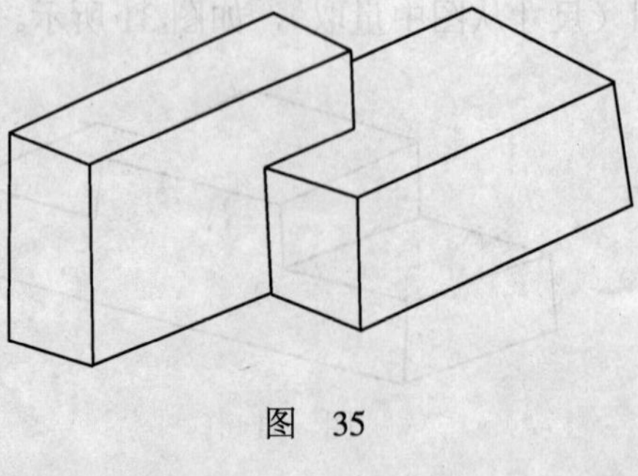

图 35

6. 根据立体图画三视图（尺寸从图中量取），如图 36 所示。

图　36

7. 根据立体图画三视图（尺寸从图中量取），如图 37 所示。

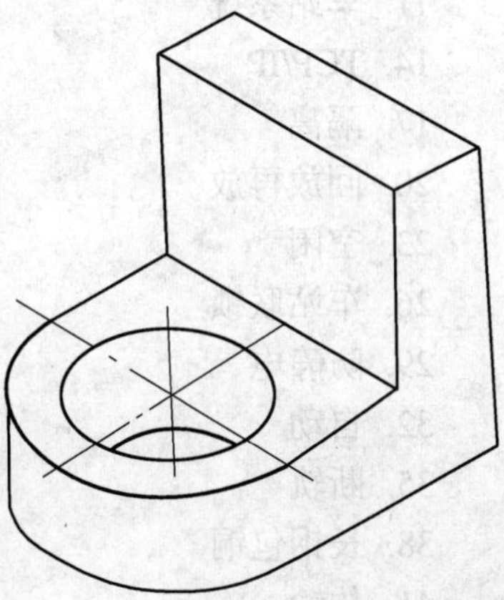

图　37

二、信号钳工高级技师练习题参考答案

(一)填 空 题

1. 车间主任或副主任	2. 工区	3. 施工单位
4. 铁路技术管理规程	5. 工程验交	6. 联锁试验资格证
7. 电务段	8. 电务处	9. 两年
10. 监督和配合	11. 车站系统	12. 车间机
13. 广域网传输系统	14. TCP/IP	15. 车务
16. 上位机	17. 隔离	18. 监测
19. 实时监测	20. 回放再放	21. 发现并报警
22. 微机监测	23. 空闲	24. 联锁
25. 信号联锁设备	26. 车站联锁	27. 10
28. 25 ℃	29. 防静电	30. 一
31. 人工	32. 自动	33. 联锁层
34. 无绝缘轨道电路	35. 断轨	36. 断线
37. 数字	38. 长钢包铜	39. $N+1$
40. 并联	41. 传输	42. 移频
43. 相邻	44. 电缆模拟网络	45. 载频自动切换锁定
46. 数字信号	47. 发送故障	48. 接收设备
49. 隔离变压器	50. 一、二	51. 建筑接近限界
52. 液压缸	53. 交变	54. 550～620 ℃
55. 左旋槽	56. 收缩量	57. 中心线上空
58. 倾斜量	59. 十字交叉板	60. 混凝土
61. 环形预应力	62. 斑点	63. 透镜
64. 主灯丝	65. 20 mm	66. 工务
67. 垂直	68. 空动距离	69. 10 mm
70. 截面积	71. 4 mm	72. 平行于
73. 常闭	74. 1～2 mm	75. 100 mm
76. 合理的位置	77. 设计基准	78. 碳钢
79. 增大	80. 外刃	81. 5
82. 负偏差	83. 跳动量	84. 径向
85. 丝杠螺母副	86. 5～10 mm	87. 2 mm
88. 4 mm	89. 10 mm	90. 设备配线图
91. 定位	92. 表面粗糙度样板	93. 螺旋传动
94. 安全质量检查	95. 综合考核	96. 安全专项
97. 涂防锈漆	98. 干燥	99. 反锈、鼓泡

100. 2 000 mm	101. 机构门	102. 正面门上
103. 竣工文件	104. 执行器件	105. 卡阻
106. 油缸	107. 泄露	108. 1.1～1.3
109. 灵活	110. 管路及通道	111. 足够余量
112. 100 mm	113. YH-10 号	114. 0.3～1.3 mm
115. 磨卡	116. 0.5 mm	117. 挤岔板下方
118. 0.5～0.8 mm	119. 2～4 mm	120. 旷动量
121. 2/3	122. 业务管理	123. 段长或副段长
124. 插入摇把齿轮	125. 切断开关	126. 通、断电
127. 2 A	128. 3 A	129. 规定的油脂
130. 指示标	131. 日常检查	132. 国家铁路
133. 断开	134. 可靠接通	135. 常闭接点
136. 0.5 mm	137. 2.0 A	138. 2.3 A
139. 表示接点	140. 整机下道	141. 2 mm±0.5 mm
142. 4 mm±1.5 mm	143. 主、副机	144. 断电距离
145. 8 mm	146. 挤脱力	147. 1.5 mm
148. 调整螺母	149. 润滑材料	150. 上升
151. 严重烧痕	152. 摆动量	153. 电流和磁场
154. 转速和磁场	155. 厂方维修中心	156. 压力能
157. 高速工具钢	158. 较小	159. 切削
160. 粘结磨损	161. 以标准件为准	162. 被测

（二）选 择 题

1. B	2. A	3. C	4. A	5. D	6. C	7. B	8. C
9. A	10. B	11. D	12. D	13. C	14. D	15. D	16. C
17. D	18. A	19. D	20. C	21. D	22. B	23. A	24. C
25. A	26. B	27. A	28. B	29. B	30. C	31. B	32. C
33. A	34. C	35. A	36. D	37. C	38. D	39. A	40. A
41. A	42. B	43. A	44. A	45. B	46. A	47. D	48. A
49. B	50. B	51. C	52. B	53. B	54. A	55. C	56. C
57. C	58. B	59. A	60. B	61. B	62. D	63. A	64. B
65. B	66. B	67. D	68. A	69. A	70. B	71. C	72. A
73. B	74. B	75. C	76. A	77. D	78. D	79. A	80. A
81. D	82. D	83. A	84. B	85. C	86. C	87. D	88. A
89. A	90. A	91. C	92. B	93. A	94. A	95. B	

（三）判 断 题

1. ×	2. √	3. √	4. √	5. ×	6. √	7. ×	8. ×
9. ×	10. ×	11. √	12. √	13. ×	14. √	15. √	16. ×
17. ×	18. √	19. √	20. √	21. √	22. √	23. ×	24. √

25. √　26. ×　27. ×　28. √　29. ×　30. √　31. √　32. ×
33. ×　34. √　35. √　36. √　37. ×　38. ×　39. ×　40. √
41. √　42. √　43. √　44. ×　45. ×　46. √　47. √　48. √
49. √　50. √　51. √　52. ×　53. √　54. √　55. ×　56. ×
57. ×　58. √　59. ×　60. ×　61. ×　62. ×　63. ×　64. ×
65. √　66. √　67. ×　68. ×　69. ×　70. √　71. ×　72. √
73. √　74. √　75. ×　76. √　77. √　78. ×　79. ×　80. ×
81. ×　82. √　83. ×　84. √　85. ×　86. √　87. √　88. √
89. ×　90. ×　91. √　92. ×　93. ×　94. √　95. ×　96. √
97. ×　98. √　99. ×　100. √　101. √　102. √　103. √　104. ×
105. ×　106. √　107. ×　108. √　109. ×　110. √　111. ×　112. ×
113. ×　114. √　115. √　116. √　117. √　118. ×　119. √　120. √
121. √　122. ×　123. ×　124. √　125. ×　126. ×　127. √　128. ×
129. ×　130. ×　131. ×　132. √　133. ×　134. ×　135. √　136. ×
137. √　138. √　139. √　140. √　141. ×　142. ×　143. ×　144. √
145. ×　146. ×　147. √　148. ×　149. ×　150. ×　151. ×　152. √
153. √　154. ×　155. √　156. √

（四）简 答 题

1. 答：高柱透镜式色灯信号机由机柱、机构、托架、梯子等部分组成。机柱用于安装机构和梯子。机构的每个灯位配备有相应的透镜组和单独点亮的灯泡，给出信号显示。托架用来将机构固定在机柱上，每一机构需上、下托架各一个。梯子用于给信号维修人员攀登及作业。

2. 答：透镜式色灯信号机透镜组之所以采用两块透镜组成光学系统，是利用光的折射和反射原理，将光源发出的光线集中射向所需要的方向，即增强该方向的光强。这样就能满足信号显示距离远而且具有很好的方向性的要求。信号机构的颜色取决于有色透镜，可根据需要选用。

3. 答：AG 型透镜式色灯信号机光系统。它由组合焦距短、阶梯对应好、有效孔径大的 AT 型透镜及灯丝形状好、发光效率高、光分布合理的 G 型信号光源组成。现场使用表明该系统安全可靠、无幻显，光利用率高，显示距离远（超 1 400 m，可达 1 600 m）。

4. 答：组合式色灯信号机适用于瞭望困难的线路，适用于曲线半径 300～20 000 m 的各种曲线和直线轨道上，在距信号机 5～1 000 m 距离内得到连续信号显示。该信号机光系统设计合理，光能利用率高，显示距离远，主光源显示距离可达 1 000 m，如不加偏散镜可达 1 500 m。曲线折射性能强，偏散角度大，可见光分布均匀，能见度高，有利于司机瞭望。

5. 答：组合式信号机构按非球面透镜的直径分为 XSZ-135 型、XSZ-150 型和 XSZ-200 型，其中应用最早、最多的是 XSZ-135 型。按使用不同的偏散镜，分为 1 型、2 型、3 型、4 型四种类型。

6. 答：为了防止信号机因反光造成信号误认，信号机的前表面玻璃罩设计成向后倾斜 15°。当外界光直射信号机时，可以将反射光反射到机构上方的遮檐上而被散射或吸收，从而杜绝了由于反光造成误认信号的现象。

7. 答：ZD7-A 型电动转辙机结构与 ZD6-A 型转辙机结构的主要区别在于取消了减速齿轮，电机轴直接与行星减速器的输入轴用键相连接，这样减速比为 41，而 ZD6 系列为 3.815 ×41＝156.4，就保证了快动要求。取消了挤切销，改用连接销。取消了移位接触器，为不可挤型。

8. 答：ZD7-A 型电动转辙机的主要技术特性：额定负载 1 470 N；额定直流电压 180 V；动作电流小于或等于 6 A，转换时间小于或等于 0.8 s；动作杆动程 156 mm±2 mm；表示杆动程 86～167 mm。

9. 答：滚珠丝杠相当于一个直径 32 mm 的螺栓和螺母，当滚珠丝杠正向或反向旋转一周时，螺母前进或后退一个螺距。它一方面将电动机的旋转运动变成丝杠的直线运行；另一方面起到减速作用，减速比取决于丝杠的螺距。

10. 答：保持联接器是转辙机的挤脱装置，利用弹簧的压力通过槽口式结构将滚珠丝杠与动作杆连接在一起，当道岔的挤岔力超过弹簧压力时，动作杆滑脱，起到整机不被损坏的保护作用，相当于 ZD6 型电动转辙机的挤岔装置。

11. 答：根据现场实际需要，保持联接器可采用可挤型和不可挤型。可挤型是指保持联接器利用其内部弹簧的压力将滚珠丝杠和动作杆连接在一起，弹簧的挤岔阻力可分别设定为 9 kN、16 kN、24 kN、30 kN 等，当道岔的挤岔阻力超过弹簧设定压力时，动作杆滑脱，实现挤岔时的整机保护。

12. 答：不可挤型是工厂将保持联接器内部的弹簧取消，放一个止挡环，用于阻止与动作杆相连的保持栓的移动，成为硬连接结构。挤岔锁定力为 90 kN。当道岔挤岔阻力超过 90 kN 时，挤坏硬连接结构的保持联接器，需整机送回工厂修理。

13. 答：检测杆随尖轨或心轨转换而移动，用来监督道岔在终端位置时的状态。检测杆有上、下两层，上层检测杆用于监督拉入密贴的尖轨或心轨拉入时的工作状态，下层检测杆用于监督伸出密贴的尖轨或心轨伸出时的工作状态。

14. 答：道岔在终端位置，当检测杆指示缺口与指示标对中时，锁闭铁及锁舌应能正常弹出。锁闭块的正常弹出使速动开关的有关起动接点闭合及表示接点断开。锁舌的正常弹出用于阻挡转辙机的保持联接器的移动，实现转辙机的内部锁闭。锁舌的伸出量一般大于或等于 10 mm，但最小伸出量不得小于 9 mm。

15. 答：S700K 型电动转辙机内部配线包括接插件、速动开关组、安全接点座和三相交流电动机。所有配线及端子均与实物相吻合。

16. 答：锁闭及接通表示接点过程：

当动作杆向左侧运动了 220 mm 时，检测杆在尖轨带动下运动了 160 mm 或在可动心轨带动下运动了 117 mm，这时锁闭块弹出，接通表示接点，同时右锁舌也弹出，锁住保持联接器，使动作杆不得随意窜动。

17. 答： ZD（J）9 型转辙机的减速器为两级减速，在改变转换力或转换时间时可以变动减速比。 ZD（J）9-A 型第一级速比为 38/26，第二级速比为 46/18，总速比为 3.74。ZD（J）9-B 型第一级速比为 44/20，第二级速比为 46/18，总速比 5.63。这时由于双机牵引的道岔要求第二牵引点先动，使得宏观上达到同步。

18. 答：液压传动借助于处于密闭容器内的液体的压力来传递能量和动力。液体虽然没有立体的几何形状，却有几乎不变的容积。当它被容纳于密闭的系统之中时，就可以将压力由一处传递到另一处。当高压液体在管道、油缸中流动时，就能传递机械能。任何液压传动都是建立在这种通过处于密闭容器中的受压液体流动来传递机械能的基础上的。

19. 答：ZYJ4 型电液转辙机为分体式结构，由液压站、转辙机主机和 SH5 型液压转换锁闭器（一般称副机）组成。液压站装有交流电动机、油泵、油路板和油箱等。输出的两根油管与主机和副机的油缸连接。液压站的作用是通过电动机来动作油泵，随电动机的正反转泵出不同方向的液压油。

20. 答：副机安装在道岔尖轨的第二牵引点（第三连接杆处），与主机一起转换道岔尖轨，且进行锁闭。副机上安装挤脱器，道岔被挤时，被挤脱，配合检查装置给出挤岔表示。

21. 答：电液转辙机对多点牵引道岔，可以只用一个液压站通过油管路带动各牵引点的转换锁闭机构，实现单机多点牵引；而且只用一套控制电路，只设一个控制电路组合，既方便操作又节省投资。

22. 答：四显示自动闭塞是一种新型自动闭塞制式，它增加了一种绿黄显示，能预告列车运行前方至少三个闭塞分区的空闲状态，列车从最高速度到停车的制动距离为两个（或多个）闭塞分区，这样既可适当缩短闭塞分区的长度，从而缩短了列车追踪的间隔，增加了区间通过列车的对数，又能满足列车制动距离的要求。因此采用四显示自动闭塞对提高区间通过能力、提高运行速度、保证行车安全都是十分有利的。

23. 答：（1）保证轨道电路的传输距离：对于载频信号钢轨呈现较高的感抗值，为了削除感抗的影响并联补偿电容，使之形成串联谐振。

（2）保证接收端有较高的信干比：加补偿电容后钢轨趋于阻性，减少了送受端电流比，改善了接收器和机车信号的工作。

（3）改善了对断轨状态的检查。

24 答：（1）在电气化牵引区段，逐段平衡两钢轨的牵引电流回流；

（2）实现上下行线路间的等电位连接；

（3）改善电气绝缘节的 Q 值，保证工作稳定性。

25. 答：本区段的调谐单元对相邻区段的载频信号呈现串联谐振，相当于一根短路线，使相邻区段的载频信号进入不了本区段；调谐单元对本区段的载频信号呈现并联谐振，出现高阻，有利于传输和接收本区段的信号，这样就实现了不同区段两种载频信号的电气隔离。

26. 答：微机监测系统由车站系统、电务段管理系统、上层网络终端和广域网数据传输系统组成。

27. 答：车站系统由站机、采集机和隔离转换单元等组成，其中站机实现集中管理，采集机实现集中管理下的分散采集信息，隔离转换单元用于采集模拟量或开关量数据。

28. 答：电务段管理系统是微机监测网络系统的中枢部分，是电务段管内各站的微机监测数据和网络通信的管理中心。它包括一台服务器和若干台终端、打印机等外部设备以及集线器、路由器、调制解调器等通信设备。

29. 答：站机是信号微机监测系统的基础，又是一个车站的集中管理设备，集中处理各采集机采集的实时信息，形成站场运用状态图及测试、报警、统计等各种报表和各种曲线并进行显示、存储和再现。为电务人员提供电气特性测试数据，超限报警；记录设备异常提供故障分析依据；对相关部门结合部设备监督，提供上层网络接口完成远程服务。

30. 答：站机硬件由 UPS 电源、主机（工控机）、显示器、键盘、鼠标、打印机（站机一般不设）、路由器、调制解调器（MODEM）、采集机柜、隔离单元等设备组成。

31. 答：微机监测终端又称监测机，用于人机操作、管理和查看权限范围内车站的站场及有关数据，并做报表汇总。数据报表和数据图形可由打印机打印输出，同时终端机能显示网络通信结构拓扑图及通信状态，进行一定的网络管理。车间机、段试验室、调度、段长室及上层网络均可以终端方式连接到监测系统。

32. 答：采集机具有以下功能：

（1）采集与暂存模拟量与开关量；

（2）将各种数据进行预处理，并传送给站机；

（3）接收并执行站机命令；

（4）具有自检功能；

（5）与站机校核时钟。

33. 答：S700K 型电动转辙机的主要性能为：采用三相交流电动机，使用交流 380 V；转换力为 6 000 N；动作电流小于 2 A；动作时间小于 7.2 s。尖轨转辙机的动作杆动程为 220 mm；尖轨转辙机的检测杆检测动程为 160 mm。

34. 答： 提速道岔采用的转辙机有：S700K 型电动转辙机、ZYJ7 型液压转辙机、ZD（J）9 型电动转辙机。

35. 答：外锁闭道岔一旦处于锁闭状态，列车通过时轮对对尖轨产生的侧向冲击力基本不会加到转辙机内部，可延长转辙机及各种杆件使用寿命。同时由于道岔锁闭在尖轨与基本轨间直接进行，非常牢固，能适应列车提速后产生的强烈冲击。

36. 答：道岔密贴调整杆出现空动距离不足 5 mm 时可采取下列方法处理：

（1）如道岔开口允许调整时（43 kg/m、50 kg/m 钢轨普通道岔开口直尖轨大于 142 mm，曲尖轨大于 152 mm，60 AT、道岔大于 180 mm），可将道岔摇到四开位置，松开第一连接杆丁字铁螺栓，把丁字铁与尖轨撬开缝隙，将适当厚度的绝缘板或铁板插入靠尖轨侧的缝中，再拧紧丁字铁螺栓。

（2）当道岔开口无调整余量时，应查看道岔类型与转辙机型号是否相符，道岔尖轨连接杆长度是否标准。

37. 答：配合工务更换辙叉，其辙叉的类型、号码及尺寸的核对、测量均由工务负责。电务只需检查连接轨道电路钢丝绳的孔是否符合要求。更换中注意打好钢丝绳、接续线，并做好包扎防护、固定，复查轨道电路的工作状态。

38. 答：作为位置总是一致的双动（或多动）道岔的三相交流电动转辙机，为了提高办理进路的速度，提高运输效率，而采用了每台电动转辙机设置一套控制电路实现所选的电动转辙机同步转换。

作为共同牵引同一可动轨的双机（或多机），为了实现对每一台电动转辙机正常动作的监督，保证各电动机动作的一致，对每一台电动转辙机分别设置了一套控制电路。

39. 答：无论是双动（或多动）道岔，还是双机（或多机）牵引同一组道岔电动转辙机的动作电路，在电气集中电路中，它们的控制、联锁条件都是一样的。所以在室内将其动作电路的 1DQJ 的励磁电路和 2DQJ 的转极电路并联在这同一控制条件上，来进行统一控制。

40. 答：对于位置一致、同步动作的每一台电动转辙机各设置一套表示电路，并将各表示电路的表示继电器的前接点串联在一起去动作一个总的表示继电器，由它去参加联锁，与只设一套表示电路检查了所有电动转辙机的表示接点后去参加联锁的结果是相同的。

41. 答：S700K 型电动转辙机和外锁闭装置自出厂之日起，工厂包修 15 年。凡发生机内零部件损坏，现场必须整机更换。如属在 15 年内正常使用并按照有关维护标准施以维护，而发生零部件损坏者，由生产厂无偿修理。如属于非正常情况损坏零部件者，由工厂有偿修理。

42. 答：把万用表打到交流 500 V 挡，测量断相保护器 DBQ 的 11、31、51 端子上有没有 380 V 交流电压。

如果有 380 V 交流电压为供电正常，否则为三相交流动作电源供电故障，可查找是否是三相交流电源屏停止供电，三相交流电源断相或组合侧面熔断器烧毁。

43. 答：松开速动开关组及遮断开关的配线端子，拔出手摇挡板部件上的轴销，以便卸下通往遮断开关的连杆，松开电动机的四个紧固螺栓，就可方便地取出电动机。安装时一定要注意 4 个紧固螺栓的紧固（使用定力矩扳手和螺纹胶），齿轮组的啮合良好。

44. 答：首先拆下遮断开关，然后：

（1）卸下挡圈，抽出遮断开关轴，取下遮断开关板；

（2）卸下挡圈后，从侧面抽出两根轴杆；

（3）松开紧固螺钉，取下按钮开关。

需要说明的是，由专业人员对转辙机的任何维修、更换调整，都必须在重新动作转辙机若干次后予以检查，确认无误后，方可使用转辙机。

45. 答：这一安装方式省去了导管传递装置，仅对应每一牵引点将转辙机固定在托板上，经钢枕与钢轨线路连接。安装装置主要有托板（也成双使用）、弯头动作杆、尖端铁及长短表示杆等。其作用与第二牵引点由第一牵引点经导管装置来带动的安装装置所讲的基本相同。

46. 答：由于锁舌磨耗超限，当列车通过时的冲击力经道岔反弹至保持联接器上，保持联接器作用到锁舌上的垂直于动作杆的分力造成了锁舌的回缩。由于锁舌的回缩，作用于速动开关，切断道岔表示。更换新锁舌，问题就可以解决。

无论什么原因使锁舌回缩，都会切断道岔表示，在维护工作中一定要注意。

47. 答：三相交流电动机的三个绕组呈星形接法，每相的引出线为单根多股软线，因而从根本上解决了直流电动机必须设置整流子造成的电机电枢断线、枢间混线、炭刷与整流子接触不良等惯性故障，从而提高了设备的可靠性和使用寿命，减少了维修量。

48. 答：各种类型的 ZYJ7 型电液转辙机使用情况如下：

（1）对于 9 号、12 号提速道岔的尖轨，以及 12 号、18 号可动心轨无论采用何种外锁闭装置，均可用一台 ZYJ7-B 型电液转辙机配合一台 SH6 型转换锁闭器进行牵引。

（2）对于 18 号提速道岔的尖轨，则用一台 ZYJ7-G 型转辙机和两台 SH6 型转换锁闭器进行牵引。

（3）对于 30 号提速道岔，其尖轨用 3 台 ZYJ7-L 型（第 1 至第 3 牵引点）和 3 台 ZYJ7-M 型（第 4 至第 6 牵引点）进行牵引，其可动心轨用 2 台 ZYJ7-L 型（第 1、2 牵引点）和 1 台 ZYJ7-M 型电液转辙机进行牵引。

49. 答：瞄准镜插孔，信号机构右下方有一个瞄准镜插孔，供调整信号机显示方向时使用。在现场调整信号机时，将专用的 8 倍瞄准镜插入插孔内，调整信号机构的转向机构，在瞄准镜中能很容易地找到信号机前面信号显示需要达到的最远目标点。因瞄准镜孔中心与信号机构的主光轴是相互平行的，所以瞄准镜中找到的目标点也就是信号机主光轴能照射到的地方，从而加快了信号机的调整速度。

50. 答：S700K 型电动转辙机适用于尖轨或可动心轨处采用外锁闭的道岔，它具有以下主要特点：

（1）采用交流三相电动机，不仅从根本上解决了原直流电动转辙机必须设置整流子而引起的故障率高、使用寿命短、维修量大的不足，而且减少了控制导线截面，延长了控制距离，单芯电缆控制距离可达 2.5 km。

（2）采用直径 32 mm 的滚珠丝杠作为驱动装置，延长了转辙机的使用寿命。

（3）采用具有簧式挤脱装置的保持联接器，并选用不可挤型零件，从根本上解决了由挤切销劳损造成的惯性故障。

（4）S700K 型电动转辙机采用多片干式可调摩擦联接器，经工厂调整加封，使用中无需调整。

51. 答：在热备系统中，主备双机各自独立地运行相同的程序，执行相同的任务，实行定期同步。对于各种输人信息（包括控制台的操作信息和现场设备的状态信息），通过两机各自的输入接口输入主机和备机。但是只制定主机可以通过输出接口向外部输出，并对现场信号设备进行控制，备机则进行假输出。在冷备系统中，只有单机在线运行，单机输入，单机输出，备用机处于断电离线待机状态。

52. 答：双机热备方式是计算机联锁系统普遍采用的一种方式，其最大特点是双机并行工作，两机工作状态完全一致，因此它的最大优点是切换的快速性和工作的连续性。一旦主机发生故障时，通过切换使备机升为工作机，同时保证在切换过程中不会中断联锁任务的执行。采用双机热备，关键是要解决故障检测和双机切换技术问题，同时还应解决双机通信与同步问题。

53. 答：转辙机的类型较多，从动力方面分类，可分为旋转电动机型，直线电动机型，风压、油压直动型。旋转电动机型又分为机械传递型和液压传递型。习惯上把前者叫做电动转辙机，后者叫做电动液压转辙机。电动转辙机根据使用电源的不同，又分为直流电动转辙机、单相交流电动转辙机、三相交流电动转辙机等。

54. 答：微机监测系统主画面从上往下包括标题栏、菜单栏、工具条、客户区、状态条五部分。“标题栏”显示系统信息及当前菜单的功能是测试部分还是监视部分；“菜单栏”列出了测试部分（或监视部分）全部功能；“工具条”列出主要功能的操作快捷按钮；“客户区”显示为站场的实时信息，包括信号机、道岔、轨道电路工作状态；“状态条”显示报警提示信息、CAN 通信状态、WAN 网络通信状态和当前时间。

55. 答：$F_c = 10.3 + n \times 1.1$ Hz，$n = 0 \sim 17$，共有 18 个低频信息，即：

10.3 Hz、11.4 Hz、12.5 Hz、13.6 Hz、14.7 Hz、15.8 Hz、

16.9 Hz、18.0 Hz 19.1 Hz 20.2 Hz、21.3 Hz、22.4 Hz、

23.5 Hz、24.6 Hz、25.7 Hz、26.8 Hz、27.9 Hz、29.0 Hz。

56. 答：下行：1700-1 1701.4 Hz

1700-2 1698.7 Hz

2300-1 2301.4 Hz

2300-2 2298.7 Hz

上行：2000-1　2001.4 Hz

2000-2　1998.7 Hz

2600-1　2601.4 Hz

2600-2　2598.7 Hz

（五）计 算 题

1. 解：最大极限尺寸＝公称尺寸＋上偏差＝50＋0.008＝50.008 mm

最小极限尺寸＝公称尺寸＋下偏差＝50＋（－0.008）＝49.992 mm

公差＝上偏差－下偏差＝0.008－（－0.008）＝0.016 mm

答：最大极限尺寸为 50.008 mm，最小极限尺寸为 49.992 mm，公差为 0.016 mm。

2. 解：根据公式 $h_{孔}=h_{螺}+0.7d$，则

$h_{孔}=35+0.7\times10=42$ mm

答：钻孔深度为 42 mm.。

3. 解：锁闭圆弧退出削尖齿 7.5° 时开始解锁；

摇动圈数＝7.5°×41÷360°＝0.85 圈。

主轴旋转 10.2°，动接点退出静接点，切断表示电路；

摇动圈数＝10.2°×41÷360°＝1.2 圈。

主轴旋转 19°，启动片推动滚轮，使动接点接通返回电路；

摇动圈数＝19°×41÷360°＝2.21 圈。

答：手摇 ZD6-A 型电动转辙机，分别摇 0.85 圈、1.2 圈、2.21 圈开始解锁、切断表示电路和接通返回电路。

4. 解：主轴旋转 26.5°，检查栓完全上升退出缺口；

摇动圈数＝26.5°×41÷360°＝3 圈。

主轴旋转 28.7°，动接点退出静接点，切断表示电路；

摇动圈数＝28.7°×41÷360°＝3.3 圈。

主轴旋转 32.9°，启动片推动滚轮，使动接点接通返回电路；

摇动圈数＝32.9°×41÷360°＝3.7 圈。

答：手摇 ZD6-A 型电动转辙机，分别摇 3 圈、3.3 圈、3.7 检查栓完全上升退出缺口、动接点退出静接点，切断表示电路和动片推动滚轮，使动接点接通返回电路。

5. 解：轴旋转 306.1°，转换结束；

摇动圈数＝306.1°×41÷360°＝34.9 圈。

主轴旋转 335.6°，接通表示电路；

摇动圈数＝335.6°×41÷360°＝38.21 圈。

主轴旋转 339°，该锁闭角达到 32.9°；

摇动圈数＝339°×41÷360°＝38.6 圈。

解：手摇 ZD6-A 型电动转辙机，分别摇 34.9 圈、38.21 圈、38.6 圈转换结束、接通表示电路和接通返回电路锁闭角达到 32.9°。

（六）论 述 题

1. 答：（1）灯泡和灯座是平面接触，可以基本上保证光中心高度的一致性；

（2）灯头冲压成翻边结构，一般不会变形，从而提高了灯泡和灯座的配合精度；

（3）防止电接触片受过压造成变形或弹力减小，从而避免电接触片与灯泡的接触不良或发热、熔化等故障；

（4）灯座与灯泡的连接，用内六方螺丝固定，灯口不易移位；

（5）更换灯泡时，一般不用重新调整显示，信号显示比较稳定。

因此，定焦盘灯座对提高信号显示的稳定性和减少维修工作量起着积极作用。

2. 答：组合式信号机的光学原理示意图如图 38 所示，由光源（信号灯泡）发出的光，通过滤色片变成色光，经过非球面透镜将散射的色光会聚成平行光，再经过偏散镜进行折射偏散，将其中的一部光保持原方向射出，称为主光；另一部分光按偏散镜的偏散角度射出，称为偏光。主光主要用于远距离显示，光强较高。偏光主要用于曲线部分。随着列车的运行，逐渐接近信号机，对于光强的需要也逐渐减弱，所以偏光的光强也随着偏散角度加大，相应地逐渐减弱，从而充分有效地利用了光源，使得在曲线上各个位置看到的信号灯光亮度均匀一致。

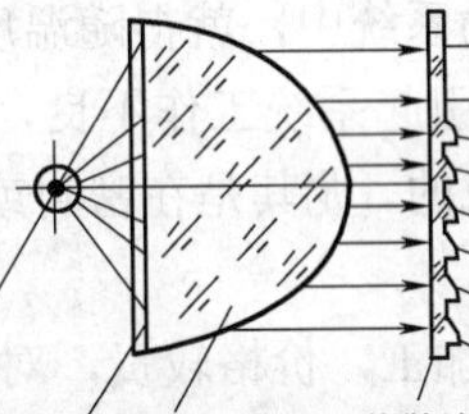

图 38

3. 答：ZD（J）9 型电动转辙机具有以下特点：

（1）采用滚珠丝杠减速，效率较高。

（2）交流系列采用三相 380 V 交流电动机，故障少，电缆单芯控制距离长。根据需要可配置直流系列转辙机。

（3）接点系统采用铍青铜静接点组和铜钨合金动接点环。

（4）伸出杆件用镀铬防锈，伸出处用聚乙烯堵孔圈和油毛毡防尘圈支承和防尘。

（5）转动和滑动面用 SF-2 复合材料衬套和衬垫，维护工作量小。

（6）停电或维修时需手动转换的情况下，可转动手动开关轴，断开安全接点插入手摇把，予以手动转换转辙机。

4. 答：液压传动的优点：

（1）易于获得很大的力或力矩，并且易于控制。使用油泵容易获得较高的压力（7～35 MPa），油缸的有效承压面积较大，可获得很大的力或力矩。

（2）易于实现直线的往复运动，直接推动工作机构，适合牵引道岔尖轨移位。

（3）易于调整调速比。如用节流阀调速时，流量变速若由 0.02 L/min 变到 100 L/min，调速比就达 5 000，这是其他传动方式无法比拟的。

（4）输出功率大、体积小。油泵的外形尺寸仅为同功率电机的 12%～13%，重量仅为 10%～20%。

（5）传动平稳、均匀。

（6）在往复和旋转运动中，可以经常快速而无冲击地变速和换向，由于液压机构重量轻，惯性小，可获得高速反应。中等功率的电机启动，正常需要 1～2 s，而同功率的液压机不超过 0.1 s。

（7）易于获得各种复杂的动作。

（8）易于布局及操纵，根据需要可增设多个牵引点。

（9）易于防止过载事故。

（10）操纵力较小。

（11）自动润滑，元件的寿命较长。

（12）易与电气设备配合，制作出性能良好、自动化程度很高的复合控制系统。

5. 答：液压传动的缺点：

（1）容易出现泄漏。液压系统要求工作液体在密闭的容器内进行工作，但压力油通过密封处的间隙必然产生内部和外部的微量泄漏。这种泄漏超过一定量时，会影响液压传动的效率，还会影响运动的平稳性。

（2）油的黏度随温度变化会引起工作机构的不稳定性。例如，节流调整时，油温低时粘度高，工作机构的速度要慢一些；温度高时黏度下降，工作机构的速度要快一些。所以在要求工作机构速度恒定的液压传动系统中，就得随温度的变化调整油量。

（3）空气渗入液压系统后会引起系统工作不良，例如发生振动、窜动、爬行、噪声，都是由于空气渗入液压系统而造成的。尤其是在密封或液压系统设计得不合理时，空气很容易渗入。

（4）元件精度要求高，不易加工，价格较贵，对使用维修的要求较高。

（5）液压油易受污染，从而加剧元件的磨损和堵塞，使整机性能下降，寿命缩短，甚至损坏。

6. 答：随着铁路信号技术的进步与发展，对信号电缆传输性能和可靠性提出了新的要求，现行铁路信号电缆已不能满足这些要求。

（1）铁路信号系统中，计算机联锁、微机监测、调度集中等正在广泛应用微机和通信技术，而现行信号电缆没有规定通信技术指标，不能满足传输要求。

（2）近年来，我国自行研制和引进的部分轨道电路，系统载频范围已达 2 000 Hz 以上，现行信号电缆因芯线间电容指标偏大，无法与其配套使用。

（3）大功率交流电动转辙机已在铁路提速线路上普遍使用，其工作电压从以往的直流 220 V 变为交流 380 V，电流由单相直流 2 A 变为三相交流 5 A，转换时间由 2 s 变至 5～7 s。当电动转辙机远离信号楼时往往还需将电压再提高，如此已接近现行信号电缆最高允许使用电压 AC500 V，需进一步提高电缆传输强电的安全性能。

（4）信号机点灯、电动转辙机控制（强电）、多信息移频轨道电路、计轴信息、工作电话等使用信号电缆同缆传输，现行信号电缆因没有串音防护指标，故现场使用时存在相互间的干扰影响。

综上所述，新型铁路信号电缆在替代现有信号电缆的基础上，达到通信电缆的指标，可同缆传输微机监测数据、列车调度指挥系统底层信息，实现信号通信兼容，强电、弱电共缆传输，各种信息的共缆传输。

7. 答：由电源屏供给计算机用的电源必须单独输出，不得和其他设备混用，而且该电源必须经过隔离、净化，以降低电源对计算机的干扰。并采用不间断供电电源（UPS），UPS 应设双套，互为备用。对 UPS 电池的有效性要进行检测，有效性的主要指标是其备用工作时间，即当 UPS 输入断电时，由电池逆变输出的工作时间，该时间应不小于 10 min。计算机联锁交流电源的连接，应采用端子或带锁插座，以保证电源连接的可靠性。

8. 答：机房环境条件包括：温度、湿度、电源、地线、防尘等。良好的环境有利于计算机设备的稳定运行，延长使用寿命。相反，恶劣的环境条件使设备故障率增高，使用寿命缩短。

（1）机房温度：15～30 ℃，机房温度超过 25 ℃时应开启空调，空调故障应及时修复。

（2）测量各种电源的电压值，是否在规定的范围内。

（3）防雷保护地的接地电阻小于 4 Ω，逻辑地线是保证计算机联锁系统中计算机设备正常工作的专用地线，逻辑地线的接地电阻小于 1 Ω，当这两种地线合用接地体时，其接地电阻应小于 1 Ω；安全地线的接地电阻小于 4 Ω；各种接地的间隔不小于 20 m。计算机系统的保护地线不允许有其他设备搭接在上面。

（4）机房应采取防尘措施，保持室内清洁。工控机箱内的防尘网应定时清洗，以保证机箱内通风良好。

（5）机房必须采用防静电地板，并要求接地良好。

9. 答：全电子化的计算机联锁系统是一种新型的车站信号控制系统，其最大的特点是：实现了车站联锁设备“执行层”的完全电子化、智能化、网络化。全电子化的执行机能与各种具有分布式网络功能的联锁机结合，构成全电子化计算机联锁系统。全电子化计算机联锁系统全站不设继电器，完全由电子设备进行逻辑关系处理，通过判断，直接将处理命令信息传至转辙机、信号机和其他电路。

10. 答：（1）当道岔由电动转辙机带动转换至某个特定位置后，转辙机通过其内部器件将道岔锁闭（如 ZD6 系列转辙机是通过削尖齿和锁闭圆弧来实现锁闭的），由转辙机动作杆经外部杆件对道岔实现位置固定，使其不因震动等外力而发生位移（即锁闭道岔）的道岔转辙设备。事实上，内锁闭方式锁闭道岔是对道岔可动部分进行间接锁闭。

（2）内锁闭转辙设备的特点：

① 结构简单，便于日常维护保养，且转换比较平稳，属定力锁闭。

② 道岔的两根尖轨由连接杆连接，使尖轨部分的整体结构稳定，刚性较高，但框式结构造成的反弹力和抗劲也较大。

③ 由于两尖轨由杆件连接，当杆件受到外力冲击时，可能会发生弯曲变形，将影响道岔的密贴，严重时则会使工作尖轨与基本轨分离，威胁行车安全。

④ 当列车通过道岔产生冲击时，其冲击力经过杆件将直接作用于转辙机内部，易产生转辙机部件受损、挤切销折断、移位接触器跳开等问题。

11. 答：ZPW-2000 A 系统室外部分组成及功能分别是：

（1）调谐区：由调谐单元（BA）、空芯线圈（SVA）、调谐单元（BA）并接构成，一般按 29 m 设计，实现两相邻轨道电路电气隔离。调谐单元按载频分为 1 700 Hz、2 000 Hz、2 300 Hz、2 600 Hz 四种。

（2）机械绝缘节：由机械绝缘节空芯线圈（SVA′）与调谐单元（BA）并接而成，特性与电气绝缘节相同。机械绝缘节空芯线圈按载频分为 1 700 Hz、2 000 Hz、2 300 Hz、2 600 Hz 四种。

（3）匹配变压器（TAD）：实现轨道电路与 SPT 铁路数字传输电缆的匹配连接。

（4）补偿电容：使传输通道趋于阻性，保证轨道电路良好传输性能。

（5）传输电缆：采用 SPT 型铁路信号数字电缆。

（6）调谐设备引接线：采用钢包铜引接线，用于调谐设备与钢轨间的连接。

12. 答：构成UM71电气绝缘节的电气调谐区长26 m，在电气调谐区用0.15 Ω标准分路电阻线分路时，轨道电路“死区段”应不大于20 m。ZPW-2000 A型无绝缘轨道电路电气调谐区长29 m，在电气调谐区用0.15 Ω标准分路电阻线分路时，轨道电路“死区段”应不大于5 m。在“死区段”内失去对轮对占用的检查，为防止小车停留在调谐区内，为逆向运行而设置标志牌，在调谐区外1 m处，于信号机同侧，并且规定信号机和标志牌内方区域内不允许停车。

13. 答：采用单机多点牵引时，ZYJ7型电液转辙机安装在尖轨或可动心轨的第一牵引点处，SH6型转换锁闭器安装在尖轨或可动心轨的第二牵引点（18号提速道岔尖轨尚有第三牵引点）之处。采用单机单点牵引时，每个牵引点设一台ZYJ7型电液转辙机。它们固定在托板上，经钢枕与钢轨线路连接。安装装置主要由托板（也是成对使用）、弯头动头杆、尖端铁及长短表示杆等组成。各部件的安装和作用与不带导管装置的S700K型电动转辙机安装装置基本相同。

14. 答：主要由动力机构、转换锁闭机构、表示锁闭机构等组成。

（1）动力机构作用：将电能变为液压能。

（2）转换锁闭机构作用：转换并锁闭尖轨在密贴位置。

（3）表示锁闭机构作用：正确反映尖轨状态并锁闭尖轨在终端位置。

15. 答. SH6型转换锁闭器结构主要由转换锁闭机构、挤脱和表示机构等组成。

（1）转换锁闭机构作用：转换锁闭尖轨在密贴位置。

（2）挤脱机构作用：定力固定锁闭铁，具有挤岔时传递给断表示机构的功能。

（3）表示机构作用：正确反映尖轨状态，具兼有挤岔状态表示的功能。

16. 答：当操纵道岔，需使转辙机动作杆由拉入变为伸出位置时，三相电动机得到380 V交流电源，使电动机顺时针方向旋转，经齿轮组及摩擦联接器使滚珠丝杠向顺时针方向旋转，从而使丝杠上的螺母向左侧运动。在运动过程中，由操纵板将锁闭块顶进，使表示接点断开，同时带动左锁舌向缩进方向运动，直至左锁舌完全缩进。

17. 答：在转辙机解锁后，由于三相电动机继续转动，故滚珠丝杠上的螺母继续向左运动，带动保持联接器向左运动，由于保持联接器与动作杆固定为一体，使动作杆向左侧（伸出方向）运动，带动道岔尖轨或可动心轨进行转换，当动作杆运动220 mm时，即完成了转换过程。

18. 答：钩式外锁闭装置的锁闭方式为垂直锁闭。锁闭力通过锁闭铁、锁闭框直接传给基本轨。锁闭铁和锁闭框基本不承受弯矩，锁闭更加可靠。同时各配件全部是锻造调质处理，具有良好的综合机械性能，避免了原尖轨部分燕尾式外锁闭装置的锁闭铁因承受弯矩和铸造缺陷而出现的断裂现象。钩式外锁闭装置受力结构合理，能有效适应道岔尖轨的不良状态，锁闭可靠，安装调整方便，逐渐取代燕尾式外锁闭装置。

19. 答：当电动机带动油泵逆时针方向旋转时，油泵从油缸右侧腔内吸出油，泵出的液压油经活塞杆中心圆孔注入油缸的左腔，即左腔内为高压油，由于活塞杆固定不动，所以高压油推动油缸向左移动。当油缸动作到位时，油泵从右边的单向阀吸出油，泵出的液压油经左侧的滤清器和溢流阀回到油池。电动机带动油泵顺时针方向旋转时，油泵从油缸左侧腔内吸入油，泵出的高压油通过活塞杆空腔进入油缸右侧，使油缸右腔为高压，此时油缸向右移动。

20. 答：普通型电液转辙机采用闭路式油路。它由油缸、油泵、溢流阀、单向阀、流量调节阀、启动油缸等组成。其动作原理是：电机带动油泵逆时针方向旋转时，油泵从油缸、副油缸右侧腔内吸出油，泵出的液压油经活塞杆中心圆孔注入油缸、副油缸的左腔，即左腔内为高压油，由于活塞杆固定不动，所以高压油推动油缸、副油缸向左移动。当油缸动作到位时，油泵从右边的单向阀吸出油，泵出的液压油经左侧的滤油器和溢流阀回油箱。

电机反方向旋转时，液压油方向与上述方向相反，由于油缸、副油缸左、右腔压力差的方向变换，油缸、副油缸的动作方向也相反。这样就达到按需要将道岔转换到定位或反位的目的。

21. 答：电液转辙机使用的是燕尾式锁块。它与销轴配合，头部与推板及锁闭铁发生作用，来完成转辙机的解锁和锁闭功能。这一系统具有动作灵活、安全可靠、不易磨损和便于维修等特点。

动作杆和销轴：动作杆受杆架和壳体的约束，是作直线运动的。其一端带有舌孔，与密贴调整杆相连转换道岔。中部有两个销轴装着锁块，锁块与推板、锁闭铁发生作用。

锁闭铁是道岔转换过程中进行机械锁闭时的受力部件。其锁闭面与锁块的锁闭面相吻合后，才说明道岔完成了机械锁闭。它是固定在壳体上的，外力经它传给壳体。

22. 答：电液转辙机的检查及表示装置是由固定座、拐臂、锁闭检查柱、轴承座、传动杆及齿轮、动作板、速动片、弹簧、接点组和内外表示杆组成。

转辙机处于拉入位置时，锁闭检查柱与内表示杆的主锁闭杆缺口对应，只有缺口对准，锁闭检查柱方可落入检查口。用此来检查道岔在定位（或反位）时的尖轨密贴状态，并通过拐臂带动接点组构成表示电路。

转辙机在伸出位置时，锁闭检查柱与副锁闭杆缺口对应，即检查了道岔反位（或定位）尖轨的密贴状态。

ZYJ7 型的检查与表示装置改进了表示杆、锁闭杆与尖轨的连接方法，即将表示杆、锁闭杆分开连接在两尖轨上。将其功能集中在一根杆上。当用于分动外锁闭装置方式时，一根作锁闭杆用，另一根杆即作为斥离尖轨的表示杆。当采用尖轨联动方式作为内锁闭转辙机时，一根杆作锁闭杆时，另一根杆作为挤岔表示杆用。

23. 答：当转辙机安装位置确定后，设计的道岔定位状态，自动开闭器的动接点打入第一排和第三排静接点，使之接通的称为 1、3 闭合。反之在道岔设计的定位位置，动接点打入第二、四排静接点内，使之接通的称为 2、4 闭合。这里指的道岔定位位置是根据设计原则、车站站场实际需要以及考虑行车安全而定的。通常是在电气集中设计时，由设计者会同车务、机务、电务等部门按设计原则和实际需要共同确定的。一旦被确定便不可任意改变。

电液转辙机自动开闭器的四排静接点各排编号是：站在电机侧，从右向左依次排列，每排编号则是从上向下顺序编排。ZYJ7 型如采用的是德国沙尔特宝 S800aW40 型速动开关时，则接点固定排列如图 39 所示。

241	242	142	141
231	232	132	131
222	221	121	122
212	211	111	112

图 39

24. 答：为保证道岔表示电路工作的稳定可靠，表示电路中共采取了以下方面措施：

（1）表示回路的定位和反位分别设置，即定位表示由 X_1、X_2、X_4 连通，反位表示由

X_1、X_3、X_5 连通（X_1 是共用的），这就减少了电路误动的可能性。

（2）采用了电源、继电器与二极管回路并联连接方式（也称为旁路控制电路），取消了继电器线圈上的滤波电容。由于继电器线圈是感性负载，延长了电流通过继电器线圈的时间，使其可靠吸起。取消电容器后，表示电路的可靠性提高了很多。

（3）表示电路中每组转辙机（或锁闭器）在定位时，接点组的第一排和第三排（2、4 闭合的是第二排和第四排）每排至少各检查一组接点。这就防止了若发生有一处静接点混线或动接点松脱而造成错误表示。

（4）当电缆芯线（X_1 至 X_5）倒错或二极管反接时，表示继电器（DBJ 或 FBJ）线圈上得到的直流电压极性正好相反，继电器是偏极的而不能吸起，不会出现错误表示，符合"故障—安全"原则。

（5）如果表示电路发生混线，二极管回路将失去整流作用，继电器线圈得到的是交流电源，而不可能吸起，符合技术条件。

应当指出的是，表示电路虽然采取了以上各项防护措施，但如果是工作中倒错配线（工程开通或更换配线时），将 X_3 与 X_4、X_5 连同二极管极性同时接反，即可出现错误表示。所以，电务维修人员在施工开通时和处理故障中动了配线后，必须严格按程序进行联锁试验，认真核对道岔实际位置（开通方向）与室内继电器状态、控制台表示必须绝对一致，保证表示与位置相符。

25. 答：（1）自动开闭器安装牢固，静接点固定良好，无影响机械强度的裂纹。接点片不弯曲、无裂痕。接点片压力适当（不小于 3.92 N），而且应保持两片受力均匀。动接点在静接点内接触深度不小于 4 mm。在定位和反位的接触深度应基本一致。动接点打入静接点后，动接点与静接点座间应有不小于 3 mm 以上的间隙。在启动片落下前，动接点在静接点内如有窜动也应保持接触深度不小于 2 mm。

（2）配线整齐，线把平直、固定良好，无磨卡的可能。固定线把的卡子处有防护措施。使用的配线规格应符合标准要求（芯线标称截面积不小于 1.0 m^2，相当于 7×0.43 mm 的单股塑料线），线头无钳伤、断股、破皮、线环完整。端子上配线间有垫片隔开，并有双螺母紧固。

（3）锁闭检查柱在锁闭位置时，其下平面与锁闭杆上平面应有 0.5 mm 以上间隙，保证在道岔转换时不磨卡。检查柱在锁闭位置打入锁闭杆缺口时，其打入深度应不小于 9 mm，并不打锁闭杆缺口底面。锁块与锁闭铁在锁闭时接触面应大于三分之二，动作到位后相互应有 0.6 mm 的间隙。

（4）锁闭杆表示缺口应调整在 2 mm±1 mm，ZYJ4 型副机调整在 4 mm±1 mm。当缺口变化需调整时，应先调主杆（即拉入），后调副杆（即伸出）。调好后注意紧好固定螺丝。

26. 答：（1）先调整转辙机动作杆的伸出位置。无论转辙机安装在左侧还是安装在右侧，调整密贴和表示缺口，都必须先调动作杆的伸出位置。具体调整步骤是：手摇或启动电机使动作杆向伸出方向移动，密贴程度以动作杆停止移动、道岔尖轨基本密贴，手摇把仍可再摇 2～3 圈，转辙机才锁闭（即自动开闭器全部转换）为好。若尖轨已密贴，手摇转辙机无法锁闭，溢流阀溢流，则说明密贴力已调得过紧；如果尖轨尚未密贴，转辙机已锁闭，则说明整调力过小。

道岔密贴调好后可再调尖端杆上的大调整螺母，使检查柱落入主表示杆缺口，其缺口的间隙应调整在 2 mm±1 mm（ZYJ4 型、ZYJ6 型副机调整在 4 mm±1 mm）。

（2）再调动作杆的拉入位置。同样按上述方法先调密贴，接着调副表示杆。

ZYJ4 型转辙机有主机和副机，调整时需要主、副机同时调整。尤其是使用快动扳手扳动时，就需主、副机同时扳动才能调整到位。

道岔的伸出和拉入都调整完毕后，要反复检查试验定、反位的密贴状况，检查 4 mm 不锁闭，2 mm 锁闭，以及表示缺口是否变化，当全部检查无误后，要将密调杆和尖端杆的大螺母紧固，并绑好防松绑线。

ZYJ7 型道岔的密贴调整，应根据使用外锁闭装置类型的不同而各有所区别。当使用的是燕尾式外锁闭装置时，可增减尖轨连接铁、锁闭铁间的垫片或变换燕尾锁块轴销处的偏心滑块的方向，来调整密贴和密贴力的大小。若采用的是钩式外锁闭装置，就要通过增减锁闭铁和锁闭框中间的调整片来调整。

ZYJ7 型的表示杆缺口调整可直接拧主、副表示杆的调整螺母，定、反位可以分别调整，互不影响，这是与其他类型转辙机所不同的。

27. 答：ZPW-2000 A 系统室内设备的组成及功能分别是：

（1）发送器：用于产生高精度、高稳定的移频信号。

（2）接收器：用于接收主轨道电路信号，并在检查所属调谐区短小轨道电路状态条件下，动作本轨道电路的轨道继电器；同时接收邻段所属调谐区小轨道电路信号，向相邻区段提供小轨道电路状态条件。

（3）衰耗器：用于实现主轨道电路、小轨道电路的调整。

（4）电缆模拟网络防雷组合：用于对 SPT 电缆的补偿；对雷电进行纵向和横向保护。

28. 答：（1）道岔转换时启动片上的滚轮在动作板上滚动灵活。启动片与速动片上平面间隙应大于 0.3 mm，启动片不得与动作板相磨卡。滚轮下落时，不得与动作板面相撞。同时还要与动作板斜面保持有 1～2 mm 的间隙。动作杆、表示杆、锁闭杆正常伸出或拉入过程中，拉簧弹力适当，以保证接点迅速转接，并带动检查柱灵活地上升和下落。

（2）电液转辙机摇动检查时（必须注意执行先扳后摇和手摇把的启封登记制度），在压力适当的情况下，道岔被摇到位时，手摇应感到压力适当增加。

（3）溢流压力的调整：一般正常道岔工作压力调整在 2.0 MPa 以内，溢流压力调在 3.5 MPa，ZYJ7 型为 11 MPa 为宜。如遇特殊情况还可适当增减。比如道岔号码较小，无任何病害的，动作轻而灵活，工作压力较小的，就可适当减小溢流压力。道岔较新（或新换尖轨、基本轨或其他部件），转换阻力较大，或有道岔病害一时难以克服，工作压力较高的，溢流压力就应调得稍高一点，以保证道岔的正常转换。

29. 答：尖轨的最小动程，直尖轨应不小于 142 mm（适用于 43 kg/m、50 kg/m 钢轨道岔）。后定型的道岔规定：道岔拉杆处的动程为 152 mm。60 AT 单开道岔尖轨转换动程：第一动程为 180 mm，第二动程为 80 mm。

转辙机的转换动程是在道岔尖轨动程规定的基础上而设计出来的。也就是说两者是一致的，也是不可改变的。如果现场道岔出现开口过大，转辙机的动程是一定的（ZYJ6 型是 170 mm；ZYJ4 型主机是 200 mm，副机是 94 mm），不可能再增大动程。所以开口过大时势必使拉杆的调整余量（密贴调整杆处的空动余量）变小或顶死（也包括表示杆的调整余量），严重时尖轨不能转换到位。如果道岔开口较小时，为保证尖轨与基本轨密贴，势必在连接杆的丁字铁与尖轨间加垫解决。若垫片过多，便可造成拉杆的强度降低（工务的第一连接杆或丁字铁不标准，过长时也可造成开口不足）。当道岔开口严重不足时，列车通过时就会使尖轨背部受车轮的冲击而受损。因道岔开口是根据尖轨中部与基本轨的最小距离要大于最大的轮缘槽宽度而计算出来的，如果满足不了，必然要受车轮的冲击。这样对行车是极其不利的。

30. 答：电液转辙机发生故障在处理时要严格执行安全规章制度，认真进行登记联系要点，严禁用沟通表示接点强行构成开放信号的条件等违章行为，并应注意防止扩大故障面，同时还应注意做到以下三点：

（1）遇一般故障，若尚未影响使用时，原因已查清没来得及修复时，或尚未弄清原因的，都要在《行车设备检查登记簿》内登记停用该设备。

（2）对已影响使用的设备故障，维修人员应首先登记停用，然后积极查找、处理。

（3）当发生与电务设备有关联的行车事故时（如机车车辆脱轨、颠覆等），电务维修人员不得擅自触动设备，同时要派人监视，保护事故现场，并及时上报。

31. 答：电液转辙机按类型可分为机械故障、油路故障、电气故障。机械故障又分为转辙机内部故障和外部道岔病害造成的故障。电气故障可分为启动电路故障和表示电路故障。而启动电路和表示电路故障又可分为室内故障和室外故障。

尽管故障类型复杂，分布面也较大，但由于设备类型基本一致，电路定型及各器件、器材联系方式特定，就决定了故障类型不同所反映出的现象也不同。所以根据不同的故障现象来判断故障类型、性质是最直观的，也是比较容易的。

32. 答：电机已启动，道岔尖轨不动或动作不到位，这种现象一般是机械故障。

判明发生的是机械故障后，就要按动作顺序、部位逐点地经过“看”、“敲”、“摸”等方法查找。如：看机内油缸处有无机械阻卡，动作杆、尖轨、滑床板处有无严重磨卡；敲打动作杆，看是否别劲，表示杆是否被卡死；摸基本轨是否肥边过大抱死尖轨，尖轨底部有无障碍物等。

经查找发现故障原因后即可处理，一般机械故障都可以用“紧、调、换”等方法予以处理，即紧固松动处，调整变化的杆、件、口、余量，使各部分的力和间隙适当。更换损坏和磨耗超限配件（一般是轴、销），如果是外界的异物阻卡或工务道岔病害，可根据情况配合处理。

应该指出的是，SH5 型和 SH6 型转换锁闭器的挤脱故障，也属机械故障。如若发生了挤脱，要认真查找原因，确认是道岔被挤造成，还是非正常挤脱。当发生非正常挤脱，还要确认是挤脱器的挤脱压力调整得过小，还是道岔严重病害等。同时还要检查机内其他部件无损坏，才能予以恢复。

33. 答：当电机和油泵都已启动、油路中压力没有上升或上升很小，达不到带油缸动作的压力，致使油缸不动作或动作不到位，还有时发生油缸动作时很慢，有颤抖现象的，一般发生的就是油路故障。判断油路故障可以通过“听”、“看”、“测”等方法查找。也就是听油泵启动声音是否正常，看油路中压力是否达到规定要求，测油箱中油量的多少。待查明原因后即用“敲”、“调”、“加”、“放”、“换”等方法予以处理。也就是敲打油路中单向阀、短路阀有无堵塞不严处（如若有异物或毛刺儿经敲打就可处理）；调整油路中的油压在规定范围之内；加足液压油至规定油标高度；放掉油路中掺入的气泡；更换不良的 O 形密封圈等方法，来处理这些油路故障。

34. 答：直流串激式电动机的励磁电流与电枢电流相等，电磁转矩和电枢电流的平方成正比。所以直流电动转辙机可以通过对其输入电流（输入电流＝电枢电流＝励磁电流）测试，对电动转辙机的启动电流、动作电流和故障电流进行监测，从而间接地检查道岔的转换力，以便进行必要的设备整修。

三相交流异步电动机当外加电压及频率为定值时，电磁转矩仅随转差率发生变化，与输入电流没有相对比的关系。所以说不能直接通过对三相交流电动机的输入电流的测试来检查交流电动转辙机的转换力，必须直接进行转换力的测试才能达到上述目的；不能通过对输入电流的测试来进行摩擦联接器的摩擦力的调整。

35. 答：三相交流电源屏的主要技术指标有：

（1）输入电源：应为两路三相交流 380 V、50 Hz 电源。

（2）输出电源：三相交流 380 V、50 Hz 电源。

（3）输出功率：PSD1～PSD5 为 5 kVA，PSD1～PSD10 为 10 kVA，PSD1～PSD15 为 15 kVA。

（4）两路输入电源能可靠转换（自动或手动），转换时断电时间：＜0.15 s。

（5）当输入电源缺相时能自动转换至另一电源。

（6）任一输入电源出现错相时，应能自动纠正，保证输出相位不变。

（7）输出电源主、副两套，冷机备用，能经人工可靠相互转换。

36. 答：三相交流电动转辙机和直流电动转辙机的控制电路都是由动作电动转辙机的动作电路和把道岔位置反映到室内来的表示电路两部分组成的。其中：

动作电路由于采用了不同的动作电源，仅在电路上做了部分适应性的变动。如：为了完成对电动转辙机的转换，采用了五线制动作电路；为了完成对电动机正常转换的监督，设置了断相保护器和断相保护继电器。

表示电路则采用了同一性能的更安全可靠的半波整流三值极性电路。这一半波整流三值极性电路不再依靠另外设置的 4 μF 电容器来渡过无电的负半周而可靠吸起，减小了由于电容器产生的倍压对二极管的冲击，提高了系统的可靠性。但由于动作电源的混入，不得不增加电阻来防护大功率的二极管并加大二极管的功率。

37. 答：安装顺序是：

（1）将第一牵引点基础托板固定在钢枕上；

（2）将长钢板固定在第一牵引点的基础托板上，并装上一动的 T 型拐；

（3）将第二牵引点的基础托板固定在钢轨上；

（4）将短钢板固定在第二牵引点的基础托板上，并装上二动的 T 型拐（垂直拐臂两孔的孔距应为 82 mm）；

（5）安装两根长导管，两根导管的长度应相等，与两 T 型拐能成平行四边形；

（6）安装电动转辙机和密贴检查器；

（7）将弯头动作杆与电动转辙机动作杆及第一牵引点外锁闭杆分别连接，弯连接杆和短连接杆分别与两牵引点的锁闭杆相连接；

（8）将尖轨长短表示杆和密贴检查器表示杆分别与尖轨连接。

38. 答：克服道岔开口过大或过小都需工务、电务双方配合进行。首先要做好调查，分析是什么原因造成的，需调整的数量是多少。还要检查工务的尖轨连接杆（第一、二、三连接杆，也称方钢）是否规范，长度是否标准。拉杆连接铁（也称丁字铁）尺寸是否符合标准。如果不符合标准，必须更换标准连接杆或连接铁。一般较小的数量调整只需加减连接铁（丁字铁）与尖轨间垫片即可解决。当需调的开口变化较大，单靠加减垫片仍调不到标准时，就要详细测量各杆件的尺寸，以及道岔的轨距、加宽等是否符合标准，然后再根据实际情况调整。

在调整道岔开口时值得注意的是，如要加宽和缩减，连接尖轨的几根连接杆应同时考虑增减，以保证尖轨的顺延密贴和导曲线的圆顺。

39. 答：三相交流电动转辙机动作电路是由三级控制电路构成的，因此它的故障处理也应按这三级控制电路去分别查找。

第一级控制电路的故障是 1DQJ 不能正常励磁；

第二级控制电路的故障是 2DQJ 不能正常转极；

以上两级控制电路的故障都是纯室内的电路故障。

第三级控制电路是 $1DQJ_{1\text{-}2}$ 的自闭电路监督下的电动机动作电路。这一级控制电路有两级不同的电路故障：

一是 $1DQJ_{1\text{-}2}$ 不能正常自闭的故障，属于室内外混合故障，正确地确认是室内故障还是室外故障是处理好这一类故障的关键。

二是道岔不能转换到底的故障，属于室外故障。

动作电路故障的处理应按首先判断是室内故障还是室外故障，然后按先室内，后室外的程序处理。

40. 答：道岔转换不到底的故障现象是操纵道岔后，控制台上的交流电流表一直可以测到动作电流，动作表示灯点亮 30 s 后熄灭。

其故障原因主要是机械卡阻、牵引力过大，属于室外设备故障。其中：

（1）外界影响的原因有：车务清扫不良、滑床有杂物，岔尖与基本轨之间夹有异物。

（2）工务设备的原因有：

① 尖轨（或心轨）爬行超限；

② 轨距变化、不符合标准；

③ 尖轨工作边直线度超限；

④ 尖轨及心轨弯腰或拱背；

⑤ 基本轨有肥边、顶铁过紧，等等。

（3）电务设备的原因有：

① 电动转辙机（或密贴检查器）内部故障；

② 道岔密贴调整不良；

③ 杆件不平行；

④ T 型拐或其他杆件卡阻。

41. 答：由于国产挡圈材质不过关，进口原装止动片内齿过短，在设备运用中有滚珠丝杠与轴套脱离的故障发生。

滚珠丝杠与轴套脱离严重时会造成摩擦联接器碰转辙机外壳，致使道岔不能正常转换，严重危及行车安全。

平时检修时如发现轴套与滚珠丝杠不能同步转动，说明滚珠丝杠与轴套已经脱离。要及时针对滚珠丝杠与轴套脱离的原因采取措施，以防止故障的发生。故障发生后，要及时更换合格的挡圈，恢复使用。

（七）绘 图 题

1. 答：如图 40 所示。

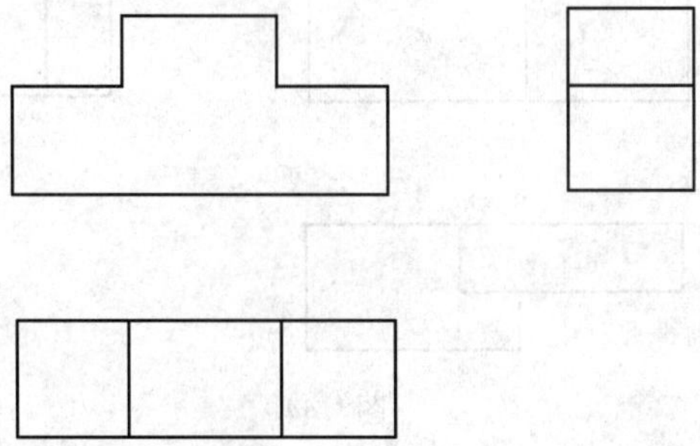

图 40

2. 答：如图 41 所示。

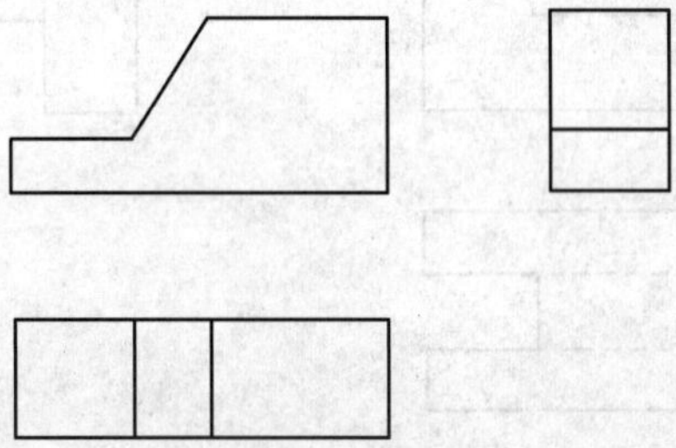

图 41

3. 答：如图 42 所示。

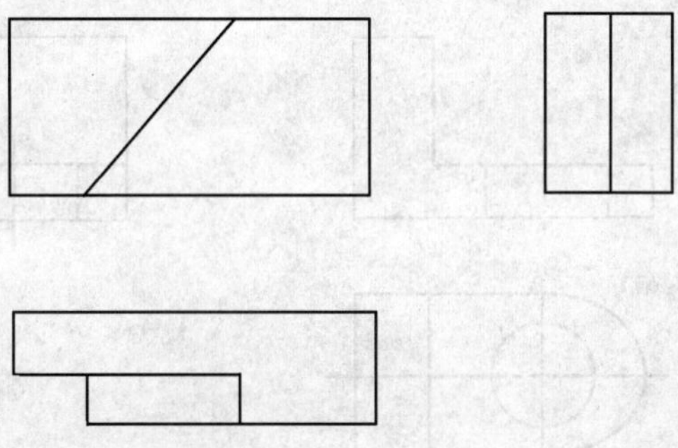

图 42

4. 答：如图 43 所示。

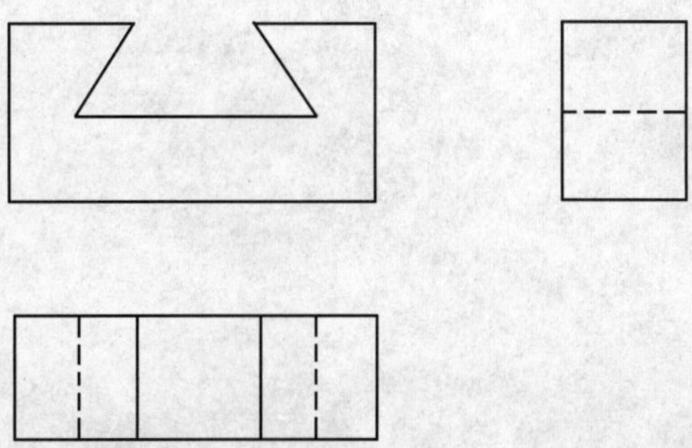

图 43

5. 答：如图 44 所示。

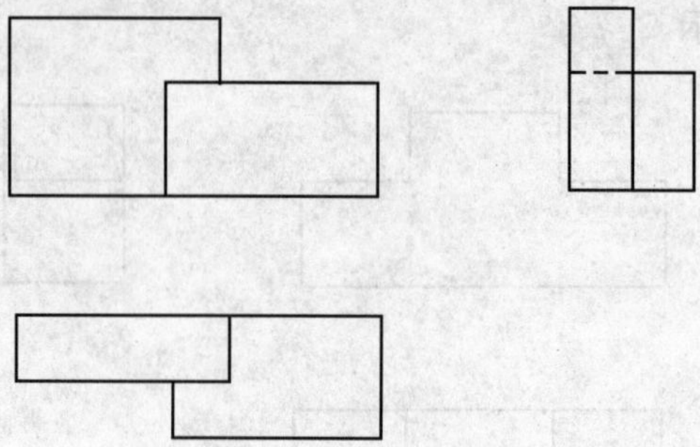

图 44

6. 答：如图 45 所示。

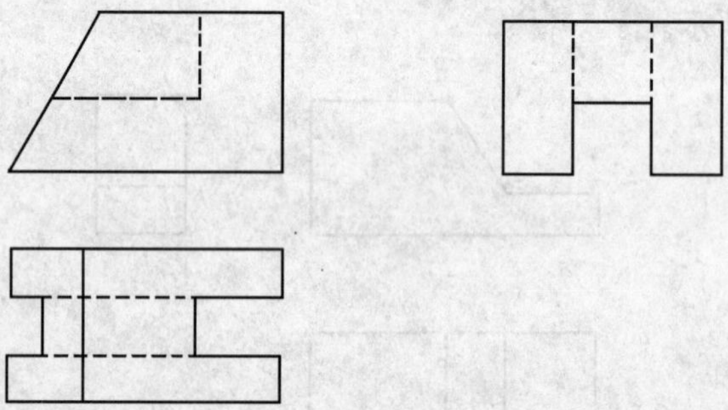

图 45

7. 答：如图 46 所示。

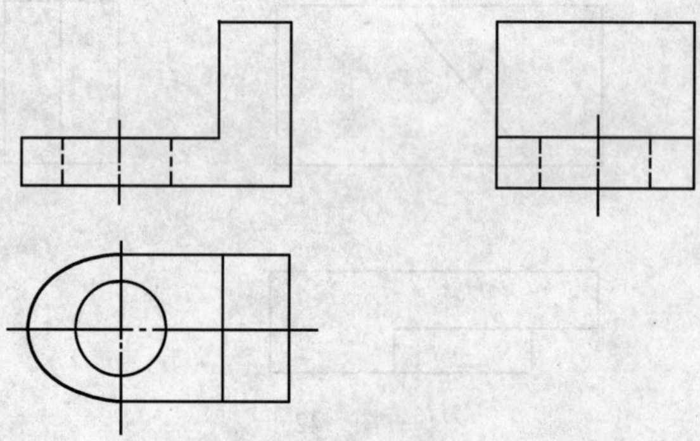

图 46

第六部分　共性规章类

（适用于本工种的所有等级）

一、共性规章类练习题

（一）选 择 题

1. 调度集中区段，车站应设集中联锁，区间应设（　　）。

（A）自动闭塞　　（B）半自动闭塞

（C）自动站闭塞　　（D）自动闭塞或自动站闭塞

2. 调度集中原则上应将同一调度区段内、同一联锁控制范围内所有车站（车场、线路所）的（　　）设备纳入控制范围。

（A）信号　　（B）非集中联锁　　（C）联锁　　（D）信号、联锁、闭塞

3. 对违反《中华人民共和国环境保护法》规定，造成重大环境污染事故，导致公私财产重大损失或者人身伤亡的严重后果的，对直接责任人员（　　）。

（A）批评教育　　（B）赔偿经济损失　　（C）拘留　　（D）追究刑事责任

4. 发现危及从业人员生命安全的情况时，（　　）有权向生产经营单位建议，组织从业人员撤离危险场所，生产经营单位必须立即做出处理。

（A）安全生产监督管理部门　　（B）工会

（C）劳工组织　　（D）工人代表

5. 重大危险源是指长期地或者临时地生产、搬运、使用或者储存危险物品，且危险物品的数量等于或者超过临界量的（　　）。

（A）场所　　（B）设施　　（C）单元　　（D）仓库

6.《中华人民共和国安全生产法》规定，从业人员发现事故隐患或者其他不安全因素，应当（　　）向现场安全生产管理人员或者本单位负责人报告。

（A）在8 h内　　（B）在4 h内

（C）在1 h内　　（D）立即

7. 对生产经营单位违反安全生产法律、法规、侵犯从业人员合法权益的行为，（　　）有权要求纠正。

（A）安全生产监督管理部门　　（B）工会

（C）劳工组织　　（D）工人代表

8. 调度集中系统应在列车调度指挥系统基础上构建，由（　　）两级构成。

（A）电务段、车间　　（B）铁路局、车站

（C）铁路局、电务段　　（D）铁道部、铁路局

9. 国家对严重危及生产安全的工艺、设备实行（　　）制度。

（A）改进　（B）淘汰　（C）保留　（D）限范围使用

10. 生产安全事故的（　）是保证生产安全事故应急救援工作顺利实施的组织保障。

（A）应急救援体系　（B）应急救援信息系统

（C）应急救援组织　（D）应急救援制度

11. 生产经营单位发生生产安全事故后，事故现场有关人员应当立即报告（　）。

（A）本单位负责人　（B）当地政府安全部门

（C）所在行业安全负责人　（D）当地消防部门

12. 《铁路运输安全保护条例》自（　）起施行。

（A）2004 年 12 月 1 日　（B）2005 年 3 月 1 日

（C）2005 年 4 月 1 日　（D）2005 年 8 月 15 日

13. 安全生产事故调查和处理的具体办法由（　）制定。

（A）国务院　（B）地方政府

（C）安全生产监督管理部门　（D）应急救援组织

14. 从事特种作业的人员，未取得特种作业操作资格证书而上岗作业，依《中华人民共和国安全生产法》规定，应由行政执法机关责令限期改正，逾期未改正的，应（　）。

（A）责令停产停业整顿

（B）处 2 万元以下的罚款

（C）责令停产停业整顿，并可以并处 2 万元以下的罚款

（D）责令停产停业整顿，并可以并处 2 万元以上 5 万元以下的罚款

15. 为从业人员提供的劳动保护用品（　），是保证从业人员的安全所必需的。

（A）必须齐全　（B）具有防辐射功能

（C）必须符合行业标准　（D）必须符合国家标准

16. 《中华人民共和国安全生产法》立法的目的是为了加强安全生产监督管理，防止和减少（　），保障人民群众生命和财产安全，促进经济发展。

（A）生产安全事故　（B）火灾、交通事故

（C）重大、特大事故　（D）一般事故

17.《中华人民共和国安全生产法》规定的安全生产管理方针是（　）。

（A）安全第一、预防为主　（B）安全为了生产，生产必须安全

（C）安全生产人人有责　（D）安全重于泰山

18. 安全生产责任制要在（　）上下真功夫，这是关键的关键。

（A）健全、完善　（B）分工明确　（C）贯彻落实　（D）学习上级指示

19 列车调度指挥系统应能满足（　）的要求，建立维护管理体制，保证设备不间断使用。

（A）高安全性　（B）高实时性

（C）高可靠性　（D）高安全、高可靠、高实时性

20. 列车调度指挥系统采用独立的（　），铁道部调度指挥中心和铁路局调度所采用双局域网，车站可采用单局域网，各级局域网通过专用数字通道互联。

（A）单局域网　（B）双局域网　（C）多局域网　（D）业务专网

21. 如发现缺少安全防护措施的施工场所，应及时（　　）。

（A）向有关部门举报　（B）向施工单位举报

（C）向施工单位提示　（D）以后不再去

22. 任何电气设备在未验明无电之前，一律认为（　　）。

（A）有电　（B）无电　（C）可能有电，也可能无电　（D）无所谓

23. 工作台、机床上使用的局部照明灯，电压不得超过（　　）。

（A）36 V　（B）42 V　（C）47 V　（D）110 V

24. 在雷雨天不要走近高压电杆、铁塔、避雷针，远离至少（　　）以外。

（A）10 m　（B）15 m　（C）20 m　（D）30 m

25. 上道进行施工，检修作业及设备检查时，应实行（　　）作业，按规定穿着防护服（饰），并应设安全防护员，实行专人防护。

（A）单人　（B）双人　（C）三人　（D）四人

26. 在停留列车，车辆前部或尾部通过时，应与其保持（　　）以上距离。

（A）2 m　（B）3 m　（C）4 m　（D）5 m

27. 扛抬笨重物体时，每人负重一般不得超过（　　）。

（A）40 kg　（B）50 kg　（C）60 kg　（D）70 kg

28. 对带有（　　）及其以上电压的信号设备进行作业时，一般应切断电源或双人作业。

（A）36 V　（B）40 V　（C）110 V　（D）220 V

29. 对高于（　　）电压的信号设备进行带电作业时，使用带绝缘的工作，穿绝缘胶鞋。

（A）12 V　（B）24 V　（C）30 V　（D）36 V

30. 检修整流、变流及磁饱和等电源设备时，电压高于（　　）的设备应关闭电源，并通过人工放电，释放电容器电能后，方可开始工作。

（A）36 V　（B）110 V　（C）220 V　（D）380 V

31. 人身和携带物件（如长杆、导线、工具等）与接触网设备带电部分，必须保持（　　）以上的距离。

（A）1 m　（B）2 m　（C）3 m　（D）4 m

32. 当发现接触网线断落时，要远离该处（　　）以外，将该处加以防护，并立即通知有关部门处理。

（A）3 m　（B）5 m　（C）10 m　（D）15 m

33. 停电作业时，应指派专人断电，并在电源开关处悬挂（　　）。

（A）警示牌　（B）禁动牌　（C）提示　（D）红布条警示

34. 人身和携带物件与接触网回流线必须保持（　　）以上距离。

（A）0.5 m　（B）1 m　（C）1.5 m　（D）2 m

35. 在距接触网不足（　　）的处所作业时，必须要求供电部门配合。

（A）0.5 m　（B）1 m　（C）1.5 m　（D）2 m

36. 在电气化区段高柱信号机上作业时应保持人身和携带物件与接触网带电部分（　　）以上距离。

（A）1 m　（B）2 m　（C）2.5 m　（D）2.8 m

37. 当进行扼流变压器Ⅱ次侧的有关开路作业前，应（　）。

（A）将扼流变压器Ⅰ次侧短路　（B）将扼流变压器Ⅰ次侧开路

（C）做好人身防护　（D）不需特殊防护

38. 防止联锁失效的重点不包括（　）。

（A）电源对地电流超标　（B）联锁试验不彻底

（C）不填写联锁试验表　（D）电缆绝缘不良造成混线

39. 铁路运输企业及其他相关单位、个人应及时报告事故情况，（　）相关证据，积极配合事故调查工作。

（A）无权提供　（B）如实提供　（C）不要提供　（D）不应提供

40. 因设备管理不善造成的事故，定设备（　）责任。

（A）行车组织　（B）施工单位　（C）调车组织　（D）管理单位

41. 自然灾害原因导致的事故，因防范措施不到位，定责任事故，确属不可抗力原因导致的事故，定（　）事故。

（A）一般违章　（B）一般责任　（C）非责任　（D）一般障碍

42. 调度集中区段的两端站、编组站、区段站，以及调车作业较多、有去往区间岔线列车或中途返回补机的中间站，可不列入调度集中操纵，但（　）均应受调度集中控制。

（A）进站信号机　（B）调车信号机　（C）通过信号机　（D）出站信号机

43. 当调度集中设备（　）及运输需要时，由中心控制转为车站控制。

（A）故障　（B）维修　（C）施工　（D）故障、维修、施工

44. 任何单位和个人不得在地下光（电）缆两侧各（　）的范围内挖砂、取土和设置可能引起光（电）缆腐蚀的设施。

（A）0.5 m　（B）1 m　（C）2 m　（D）2.5 m

45. 机车信号为行车凭证时，由车载信号和地面信号设备共同构成，必须符合（　）原则。

（A）可靠性　（B）安全性　（C）适用性　（D）故障导向安全

46. 列车超速防护系统由车载和地面信号设备构成，必须符合（　）的原则。

（A）可靠性　（B）安全性　（C）适用性　（D）故障导向安全

47. 机械化、半自动化、自动化驼峰调车场应采用（　）。

（A）道岔自动集中　（B）信号机自动集中

（C）轨道电路自动集中　（D）道岔与信号机自动集中

48. 半自动化、自动化驼峰由（　）构成。

（A）控制系统　（B）基础设备

（C）检测设备　（D）控制系统、基础设备和检测设备

49. 《中华人民共和国铁路法》规定，对损毁、移动铁路信号装置及其他行车设施或者在铁路线路上放置障碍物说法正确的是（　）。

（A）铁路职工无权制止

（B）铁路职工有权制止，不能扭送公安机关处理

（C）铁路职工有权制止，可以扭送公安机关处理

（D）铁路职工无权制止，可以通知公安机关处理

50. 《中华人民共和国铁路法》规定，对在铁路线路两侧（　　）以内或者铁路防护林地内放牧的，铁路职工有权制止。

（A）10 m　（B）20 m　（C）30 m　（D）40 m

51. 电务人员在挖坑、沟作业短时间无法作业完毕时，坑、沟一般不能（　　）。

（A）过夜　（B）超过 2 天　（C）超过 3 天　（D）超过 5 天

52. 事故发生后，因发生单位未如实（　　），导致不能查明事故原因和判定责任的，定发生单位责任。

（A）提供情况　（B）组织行车　（C）组织施工　（D）组织检修

53. 事故涉及两个以上单位管理的相关设备，设备质量均未超过临修或技术限度时，按事故（　　）进行推断，确定责任单位。

（A）因果关系　（B）发生时间　（C）持续时间　（D）组织抢险

54. 事故调查组未及时通知有关单位接受事故调查，不得定有关单位责任，有关单位接到通知后，应派员而未派员接受事故调查的，事故调查组（　　）定责。

（A）免予直接　（B）不再直接　（C）可以直接　（D）无法直接

55. 设备故障发生单位隐瞒或查不清原因的，定该单位责任；协同隐瞒的单位追究（　　）。

（A）同等责任　（B）主要责任　（C）全部责任　（D）重要责任

56. 电务部门应加强安全基础建设，强化专业技术管理，严格执行规章制度、技术标准和操作规程，认真落实（　　）作业程序，保证行车、设备及人身安全。

（A）标准化　（B）计算机　（C）自动控制　（D）行车作业

57. 结合部管理是信号维护工作的重要内容，直接影响着信号设备的（　　）。

（A）登记质量　（B）销记质量　（C）运用质量　（D）测试质量

58. 信号设备、器材实行寿命管理，已达到寿命期的信号设备和器材不得继续使用，主要设备和器材实行（　　）集中销毁制度。

（A）统一销售　（B）统一回收　（C）统一转运　（D）统一分配

59. 信号联锁管理是信号技术管理的重点，信号设备维护及各类工程改造，必须严格执行联锁管理有关规定，严禁擅自改变（　　）、联锁软件等。

（A）安装位置　（B）外形尺寸　（C）机械结构　（D）电路结构

60. 未经铁道部批准，不得在信号设备上添装（　　）。

（A）道岔装置　（B）其他设备　（C）信号电铃　（D）信号电缆

61. 设备和器材投入使用前，电务段必须按标准对产品技术性能、（　　）及外观等进行检查、测试，合格的方可使用。

（A）技术指标　（B）说明书　（C）集装箱　（D）生产厂家

62. 对应急设备、器材的管理，应建立应急设备、器材管理制度和台账，明确备用型号及数量、（　　）及位置等，定期进行检查，保证其处于良好状态。

（A）使用地点　（B）使用时间　（C）维修地点　（D）存放地点

63. 违章作业是造成电务重大、大事故及险性事故的主要原因，必须提高电务职工的法律意识和安全意识，加强维修、施工、故障处理等关键环节的控制，落实安全（　　）措施，杜绝违章作业。

（A）报警　（B）检修　（C）卡控　（D）施工

64. 电务部门各单位应对全体职工进行安全生产教育和培训，使其具备必要的安全生产知识，熟悉有关安全生产规章制度和安全操作规程，掌握本岗位安全（　　），培训考试不合格的职工，不得上岗作业。

（A）培训技能　（B）调车技能　（C）操作技能　（D）考试规则

65. 新职工及转岗、复工、改职人员必须经过行车安全、人身安全教育和（　　），考试合格，方可上岗。

（A）联劳协作　（B）部门配合　（C）办理行车　（D）专业培训

66. 当发生与信号设备有关联的机车车辆冲突、脱轨事故时，信号维修人员应会同车站值班员记录设备状态，派人监视，保护（　　），不得擅自动用设备，并立即报告电务段调度。

（A）事故现场　（B）测试现场　（C）施工现场　（D）检修现场

67. 对影响行车的设备故障，信号维修人员应将确认的故障现象以及故障原因、（　　）登记在《行车设备检查登记簿》内，作为原始记录备查。

（A）行车组织　（B）处理情况　（C）行车管理　（D）调车组织

68. 信号工区是负责现场信号设备维修工作的基本生产组织，承担管内信号设备日常养护和集中检修工作，实行昼夜值班制度，及时处理（　　）。

（A）行车作业　（B）调车作业　（C）设备故障　（D）发车作业

69. 专业工区是负责信号设备、器材入所修工作的基本生产单位，承担管内信号入所修设备、器材的（　　）。

（A）施工组织　（B）检修工作　（C）测试计划　（D）抢险预案

70. “天窗”是指铁路列车运行图中不铺划列车运行线或调整、抽减列车运行线为营业线施工、（　　）预留的时间。

（A）安装信号机　（B）测试残压　（C）安装道岔　（D）维修作业

71. 凡影响营业线行车的维修作业均应纳入“天窗”，不准利用列车间隔进行，“天窗”内无法完成的维修作业，必须纳入铁路局（公司）（　　）计划。

（A）月度施工　（B）季度施工　（C）年度行车　（D）月度行车

72. 当发现危及行车安全的设备隐患时，不受“天窗”限制，立即按规定办理（　　），克服设备隐患。

（A）要点手续　（B）检修记录　（C）测试记录　（D）抢险演练

73. 维修工作计划应根据“信号设备维修工作内容及周期表”、“信号设备器材入所修更换周期及检修工时定额表”规定的内容和周期及（　　）作业计划编制。

（A）行车作业　（B）维修“天窗”　（C）轨道调试　（D）道岔施工

74. 工区应实行岗位责任制，信号工对分管的设备质量与安全负责，并应遵守各项规章制度，严格执行标准化程序，杜绝（　　）。

（A）违章调车　（B）违章接车　（C）违章发车　（D）违章作业

75. 发现危及行车安全的设备隐患时，应立即通知（　　），并在《行车设备检查登记簿》内登记停用设备。

（A）车务人员　（B）车间主任

（C）工务人员　（D）车站值班员及电务段调度

76. 工区应定期徒步检查（　　）显示状态，及时调整显示距离不合格的信号机。

（A）进站信号　（B）机车信号　（C）调车信号　（D）地面信号

77. 必须认真执行铁道部关于营业线施工的安全管理规定和《铁路信号维护规则》关于施工安全的规定，凡影响设备正常使用和（　　）的施工作业必须安排在“天窗”内进行。

（A）调车安全　（B）客车安全　（C）行车安全　（D）发车安全

78. 施工单位提报的施工计划、安全协议书所包含的内容应符合相关文件规定，未签订（　　）协议或协议未经审查的严禁施工。

（A）联锁关系　（B）验收方法　（C）测试方法　（D）施工安全

79. 大修工程竣工后，施工单位必须确认工程已按设计工作量完成，质量符合规定的技术标准，并提供完整的竣工文件，经施工单位自验、电务段初验合格后，提出（　　），请求验收。

（A）请验报告　（B）施工报告　（C）安全报告　（D）技术报告

80. 测试是信号设备维护工作的重要内容之一，通过测试、掌握和分析设备（　　），指导维护工作，预防设备故障，保证设备正常运用。

（A）运行时间　（B）设置位置　（C）外观变化　（D）运用状态

81. 由微机监测设备完成的测试项目，不再进行人工测试，未纳入微机监测的或微机监测设备故障时，进行（　　）。

（A）区间测试　（B）人工测试　（C）站内测试　（D）道岔测试

82. 微机监测设备开通使用前，段电务试验室应对模拟量、开关量及测试精度进行校核，完成报警上、下限设置，并建立（　　）。

（A）测试台　（B）问题库　（C）原始档案　（D）电路图册

83. 微机监测统计分析数据保存期不少于（　　）。

（A）两年　（B）三年　（C）四年　（D）五年

84. 电务施工必须坚持“安全第一，预防为主”的方针，严禁施工在（　　）进行涉及既有设备安全的施工和试验工作。

（A）“天窗”点内　（B）“天窗”点外

（C）综合“天窗”内　（D）下行“天窗”内

85. 凡停用信号设备的施工均应纳入“天窗”，临时应急施工或变更施工计划，应（　　）。

（A）不经审批　（B）与工务部门商议

（C）与车务部门商议　（D）按程序审批

86. 电务部门各级施工安全监督检查人员应对施工安全和质量实行全过程监督检查，发现危及行车安全时，有权责令其（　　）。

（A）变更施工　（B）局部施工　（C）停止施工　（D）局部停止

87. 电务段进行影响行车安全的作业必须严格执行有关规定，落实安全责任，对有可能影响其他部门设备安全的，应联系有关单位，（　　）整治。

（A）单独进行　（B）共同进行　（C）延期进行　（D）暂停进行

88. 设备开通后，应认真组织设备拆旧工作，施工单位应对拆除设备做出明确标识，并经设备（　　）确认后，方可拆除。

（A）管理单位　（B）生产单位　（C）质量部门　（D）设计单位

89. 电务段应加强对其他施工单位施工的监督和配合，制定防护措施，加强施工（　　）监督。

（A）局部　（B）全过程　（C）抽查　（D）验收

90. 施工安全协议书由施工单位与电务段签定，未签订施工安全协议及施工安全协议未经审查的（　）。

（A）变更施工　（B）局部施工　（C）严禁施工　（D）拆旧施工

91. 电务段应积极协助设计和施工单位核查既有设备情况，提供地下电缆等隐蔽设施的准确位置，标定（　　），加强监管力度。

（A）防护范围　（B）电缆性能　（C）电缆质量　（D）备用电缆

92. 各级电务部门必须高度重视联锁管理工作，全体信号工作人员都必须严格执行联锁纪律，（　　）违章封连电气接点等破坏联锁关系的行为。

（A）教育　（B）警告　（C）批评　（D）杜绝

93. 信号联锁管理工作主要包括：日常联锁管理、（　　）联锁管理、联锁关系（电路）变更以及科研项目试验的联锁管理等。

（A）轨道电路　（B）电机　（C）信号机　（D）工程验交

94. 信号设备联锁关系的临时变更或停止使用，须经铁路局（公司）（　　）。

（A）口头同意　（B）电话同意　（C）批准　（D）联系

95. 各种监测、报警电路等必须与联锁电路安全隔离，不得影响设备的正常使用，未经铁道部批准，不得随意借用（　　）。

（A）联锁条件　（B）变压器　（C）继电器接点　（D）道岔表示

96. 未经规定程序审批，不准进行信号电路和联锁软件（　　）。

（A）管理　（B）修改　（C）调看　（D）回放

97. 应加强对轨道电路分路不良区段的安全管理，坚持定期测试、登记制度，向车务部门明示，制定严格的卡控措施，纳入站细，规范（　　）。

（A）管理　（B）施工　（C）联锁　（D）生产

98. 对信号电路图进行修改时，应在修改处加盖图纸修改专用章，专用章应有“修改文号、（　　）、修改日期”等内容。

（A）批准人　（B）设计人　（C）施工人　（D）修改人

99. 联锁试验应按《信号联锁管理办法》有关规定进行，明确试验负责人，并严格执行（　　）、专人操作、专人监督的试验制度。

（A）多人指挥　（B）协商指挥　（C）专人指挥　（D）集体指挥

100. 联锁试验必须在“天窗”内进行，同时影响上、下行（　　）的联锁试验，必须在垂直“天窗”内进行。

（A）侧线　（B）正线　（C）专用线　（D）货物线

101. 联锁试验时应填写试验记录，试验结束后，有关人员应在（　　）上签字。

（A）备品台账　（B）电路图册　（C）试验记录　（D）设备台账

102. 试验中发现的问题应及时解决，无权处理的问题应（　　），危及安全的应及时采取措施。

（A）及时上报　（B）延期一年上报

（C）延期一季度上报　（D）不予上报

103. 计算机联锁设备供应商对联锁软件的安全性终身负责，保证软件（　　）的正确性。

（A）调车业务　（B）列车业务　（C）报警设备　（D）联锁关系

104. 从通信、信号工程设备交付使用时起，（　　）内施工单位必须参加值班，处理故障，保证设备正常使用。

（A）10 h　（B）16 h　（C）20 h　（D）24 h

105. 在进站信号机外制动距离内进站方向为超过（　　）下坡道的车站，应在正线或到发线的接车方向末端设置安全线。

（A）5‰　（B）6‰　（C）7‰　（D）8‰

106. 预告、驼峰、驼峰辅助信号机，显示距离不得少于（　　）。

（A）200 m　（B）300 m　（C）400 m　（D）500 m

107. （　　）闭塞法是当基本闭塞设备不能使用时所采用的代用闭塞法。

（A）场间　（B）站间　（C）电话　（D）站联

108. 在自动闭塞区段内，当货物列车在设于上坡道上的通过信号机前停车后启动困难时，在该信号机上应装设（　　）信号。

（A）遮断　（B）容许　（C）调车　（D）预告

109. 驼峰控制台上应有信号机的显示状态、道岔位置、轨道电路区段的占用情况及邻接（　　）区的有关表示。

（A）联锁　（B）站场　（C）区间　（D）场间

110. 信号装置一般分为信号机和信号（　　）两类。

（A）指示器　（B）表示器　（C）发生器　（D）预告器

111. 安全线向车挡方向不应采用下坡道，其有效长度一般大于或等于（　　）。

（A）30 m　（B）40 m　（C）50 m　（D）60 m

112. 进站信号机应设在距进站最外方道岔尖轨尖端（顺向为警冲标）大于或等于（　　）的地点。

（A）30 m　（B）40 m　（C）50 m　（D）60 m

113. 装有转换锁闭器、电动、电空、电液转辙机的道岔，当第一连接杆处（分动外锁闭道岔为锁闭杆处）的尖轨与基本轨间、心轨与翼轨间有（　　）及其以上水平间隙时，不能锁闭或开放信号机。

（A）2 mm　（B）3 mm　（C）4 mm　（D）5 mm

114. 在进站端、出站端及区间适当地点设置点式应答器，必要时设置特定用途的（　　）。

（A）接收器　（B）发送器　（C）应答器　（D）译码器

115. 进站、通过、接近、遮断信号机显示距离应大于或等于（　　）。

（A）400 m　（B）800 m　（C）1 000 m　（D）1 200 m

116. 高柱出站、高柱进路信号机显示距离应大于或等于（　　）。

（A）400 m　（B）800 m　（C）1 000 m　（D）1 200 m

117. 调车、矮型出站、矮型进路、复示信号机，容许、引导信号及各种表示器的显示距离应大于或等于（　　）。

（A）200 m　（B）400 m　（C）800 m　（D）1 000 m

118. 在地形、地物影响视线的地方，进站、通过、接近、预告、遮断信号机的显示距离，在最坏的条件下应大于或等于（ ）。

（A）50 m （B）100 m （C）200 m （D）400 m

119. 进站信号机应设在距进站最外方道岔尖轨尖端（顺向为警冲标）不小于 50 m 的地点，如因调车作业或制动距离的需要，一般不超过（ ）。

（A）80 m （B）100 m （C）200 m （D）400 m

120. 双线自动闭塞区间反方向进站信号机（ ）应设置预告标。

（A）上方 （B）下方 （C）前方 （D）后方

121. 在三显示自动闭塞区段的进站信号机前方第一架通过信号机柱上，应涂（ ）黑斜线。

（A）一条 （B）二条 （C）三条 （D）四条

122. 遮断信号机距防护地点应大于或等于（ ）。

（A）50 m （B）100 m （C）200 m （D）400 m

123. 列车运行速度不超过120 km/h的区段，预告信号机与其主体信号机的安装距离应大于或等于（ ）。

（A）200 m （B）400 m （C）800 m （D）1 000 m

124. 当预告信号机的显示距离不足400 m时，预告信号机和其主体信号机的安装距离应大于或等于（ ）。

（A）200 m （B）400 m （C）800 m （D）1 000 m

125. 在列车运行速度不超过120 km/h的区段，当两架信号机间的距离小于（ ）时，前架信号机的显示，必须完全重复后架信号机的显示。

（A）200 m （B）400 m （C）800 m （D）1 000 m

126. 在列车运行速度超过 120 km/h 的区段，两架有联系的信号机间的距离（ ）列车规定速度级差的制动距离时，应采取必要的降级或重复显示措施。

（A）大于 （B）小于 （C）等于 （D）大于等于

127. 信号传输线路，在最大弛度时，架空线条最低点至地面、轨面的一般距离应满足：在与铁路交叉地点，距钢轨顶面大于或等于（ ）。

（A）2 000 mm （B）2 500 mm （C）3 000 mm （D）7 000 mm

128. 地下光缆和电缆线路与树木平行的距离应满足：在市区内大于或等于750 mm，在市区外大于或等于（ ）。

（A）1 000 mm （B）1 500 mm （C）2 000 mm （D）2 500 mm

129. 架空线路附近的树枝与线路的距离应满足：在市区内大于或等于1 000 mm，在市区外大于或等于（ ）。

（A）1 000 mm （B）1 500 mm （C）2 000 mm （D）2 500 mm

130. 铁路信息系统网络按应用分为外部服务网、内部服务网和安全生产网，采用纵深的综合防御体系确保网络安全，安全生产网骨干设备应采取（ ），禁止安全生产网直接与互联网连接。

（A）冗余配置 （B）备份配置

（C）冗余和备份配置 （D）备份和设备配置

131. 各站均须装设基本闭塞设备，行车基本闭塞法采用（ ）等三种。

（A）电话闭塞、人工闭塞、设备闭塞

（B）通信闭塞、信号闭塞、设备闭塞

（C）电话闭塞、信号闭塞、自动闭塞

（D）自动闭塞、半自动闭塞、自动站间闭塞

132. 设有双向闭塞设备的自动闭塞区间，遇轨道电路发生故障等情况，需使用总辅助按钮改变闭塞方向时，车站值班员应在（　）内登记。

（A）工作日志　（B）交接班簿

（C）安全指导簿　（D）行车设备检查登记簿

133. 在半自动闭塞区间，遇特殊情况时，车站值班员确认列车整列到达后，办理人工复原，并在（　）内登记。

（A）工作日志　（B）交接班簿

（C）安全指导簿　（D）行车设备检查登记簿

134. 铁路信号分为视觉信号和听觉信号，其中视觉信号的基本颜色为（　）

（A）红色　（B）黄色　（C）绿色　（D）红色、黄色、绿色

135. 铁路信号分为视觉信号和听觉信号，其中听觉信号包括（　）。

（A）号角、机车、轨道车发出的音响

（B）号角、口笛、响墩发出的音响

（C）机车、轨道车的鸣笛声

（D）号角、口笛、响墩发出的音响和机车、轨道车的鸣笛声

136. 进站、出站、进路信号机及线路所的通过信号机，均以显示（　）为定位。

（A）停车信号　（B）进行信号　（C）注意信号　（D）警示信号

137. 进站、出站、进路和通过信号机的灯光熄灭、显示不明或显示不正确时，均视为（　）。

（A）停车信号　（B）进行信号　（C）注意信号　（D）警示信号

138. 在新建铁路线上，新设尚未开始使用的信号机（进站信号机暂用作防护车站时除外），可撤下臂板或将色灯机构向线路外侧扭转（　），并熄灭灯光，作为无效。

（A）30°　（B）60°　（C）90°　（D）180°

139. 进站及接车进路色灯信号机的引导信号显示一个红色灯光及一个白色灯光——准许列车在该信号机前方不停车，以不超过（　）速度进站或通过接车进路，并须准备随时停车。

（A）5 km/h　（B）10 km/h　（C）15 km/h　（D）20 km/h

140. 设有分歧道岔的线路所，当列车经过分歧道岔侧向运动时，色灯信号机应显示两个黄色灯光；当分歧道岔为18号及以上道岔时，显示（　）。

（A）一个绿色灯光　（B）一个黄色灯光

（C）一个黄色闪光　（D）一个黄色闪光和一个黄色灯光

141. 在列车全部通过道口前，道口信号应始终保持（　）状态，自动栏杆应始终保持关闭状态。

（A）禁止通行　（B）允许通行　（C）警示通行　（D）注意运行

142. 道口自动信号，应在（　）时，并发出音响通知。

（A）列车接近道口时，向道路方向显示停止通行信号

（B）列车通过道口时，向道路方向显示停止通行信号

（C）列车通过道口时，向道路反方向显示停止通行信号

（D）列车接近道口时，向道路反方向显示停止通行信号

143. 道口自动通知（含无线道口报警）设备，应在列车接近道口时，以（　　）显示通知道口看守人员。

（A）音响　　（B）灯光　　（C）音响和灯光　　（D）音响和手信号

144. 有人看守道口应装设遮断信号机，在有人看守的桥隧建筑物及可能危及行车安全的塌方落石地点，根据需要装设遮断信号机，该信号机距防护地点不得小于（　　）。

（A）35 m　　（B）40 m　　（C）45 m　　（D）50 m

145. 出站信号机有两个及以上的运行方向，而信号显示不能分别表示进路方向时，应在信号机上装设（　　）。

（A）表示灯　　（B）发车表示器　　（C）进路表示器　　（D）进路表示灯

146. 双线自动闭塞区段，有反方向运行条件时，出站信号机应装设（　　）。

（A）表示灯　　（B）发车表示器　　（C）进路表示器　　（D）进路表示灯

147. 发车指示信号或发车信号辨认困难，而中转信号又延长站停时间的车站，应在便于司机瞭望的地点装设（　　）。

（A）表示灯　　（B）色灯信号机　　（C）进路表示器　　（D）发车表示器

148. 在作业繁忙的调车场上，因受地形、地物影响，调车机车司机看不清调车指挥人的手信号时，应设（　　）。

（A）表示灯　　（B）色灯信号机　　（C）调车表示器　　（D）发车表示器

149. 设有线群出站信号机时，应在线群每一条发车线路的警冲标内方适当地点，装设发车（　　）。

（A）表示灯　　（B）色灯信号机　　（C）线路表示器　　（D）发车表示器

150. 在有几个车场的车站，为使列车由一个车场开往另一个车场，应装设进路（　　）。

（A）表示灯　　（B）色灯信号机　　（C）调车表示器　　（D）发车表示器

151. 进站及接车进路色灯信号机，均应装设（　　）。

（A）引导信号　　（B）表示灯　　（C）调车表示器　　（D）发车表示器

152. 驼峰色灯信号机或辅助信号机的显示距离不能满足推峰作业要求时，根据需要可再装设（　　）。

（A）驼峰色灯复示信号机　　（B）驼峰色灯信号机

（C）驼峰辅助信号机　　（D）驼峰发车表示器

153. 驼峰色灯辅助信号机，可兼作出站或发车进路信号机，并根据需要装设（　　）。

（A）发车表示器　　（B）色灯信号机

（C）进路表示器　　（D）进路表示灯

154. 进站、出站、进路信号机及线路所通过信号机，因受地形、地物影响，达不到规定的显示距离时，应装设（　　）。

（A）表示灯　　（B）发车表示器　　（C）进路表示器　　（D）复示信号机

155. 集中联锁以外的脱轨器及引向安全线或避难线的道岔，应装设（　　）。

（A）脱轨表示器　　（B）发车表示器
（C）进路表示器　　（D）进路表示灯

156. 正线上的出站信号机未开放时，进站信号机不能开放（　　）信号；主体信号机未开放时，预告信号机不能开放。

（A）通过　　（B）复示　　（C）预告　　（D）进站

157. 区间内正线上的道岔，未开通（　　）时，两端站不能开放有关信号机。

（A）站线　　（B）正线　　（C）侧线　　（D）非正线

158. 闭塞设备分为（　　）。

（A）自动闭塞　　（B）半自动闭塞
（C）自动闭塞、自动站间闭塞和半自动闭塞　　（D）自动闭塞和自动站间闭塞

159. 在列车运行速度超过（　　）的双线区段，应采用速差式自动闭塞，列车紧急制动距离由两个及以上闭塞分区长度保证。

（A）110 km/h　　（B）115 km/h　　（C）120 km/h　　（D）125 km/h

160. （　　）设备，在控制台（或操纵、表示分列式的表示盘及监视器）上应能监督线路与道岔区间是否占用、进路开通及锁闭，复示有关信号机的显示。

（A）集中联锁　　（B）非集中联锁　　（C）联锁　　（D）色灯电锁器联锁

161. 编组站、区段站和电源可靠的其他车站，均应采用（　　）。

（A）集中联锁　　（B）非集中联锁
（C）发车集中联锁　　（D）调车区集中联锁

162. 联锁设备分为集中联锁和非集中联锁，其中集中联锁分为（　　）。

（A）继电联锁和计算机联锁　　（B）继电联锁和臂板电锁器联锁
（C）计算机联锁和色灯电锁器联锁　　（D）臂板电锁器联锁和色灯电锁器联锁

163. 列车调度指挥系统是铁路运输调度指挥的基础设施，是铁路运输生产的重要技术设备，由（　　）三级构成。

（A）铁路局、电务段、车间　　（B）电务段、车间、工区
（C）铁道部、铁路局、电务段　　（D）铁道部、铁路局、车站

（二）判 断 题

1. 一起事故同时符合两个以上事故等级的，以最低事故等级进行统计。（　　）

2. 人身伤亡事故、因工伤亡事故、工伤事故用三个用语是同一个概念，都是指有关人员在生产过程中发生的伤亡。（　　）

3. 《中华人民共和国安全生产法》关于从业人员的安全生产义务主要有四项，即：遵章守规，服从管理；佩戴和使用劳动防护用品；接受培训，掌握安全生产技能；发现事故隐患及时报告。（　　）

4. 负有安全生产监督管理职责的部门对企业执行有关安全生产的法律、法规和国家标准或者行业标准的情况进行监督检查时，生产经营单位可以以技术保密、行业保密等理由拒绝检查。（　　）

5. 负有安全生产监督管理职责的部门对检查中发现的隐患，有权责令生产经营单位立即采取措施予以排除；对重大的、危及人身安全的事故隐患，有权责令其停产停业。（　　）

6. 生产经营单位应当配合安全生产监督检查人员依法履行检查职责，不得拒绝、阻挠；违反这一义务的应当承担相应的法律责任；使用暴力拒绝、阻挠检查的，要依法追究刑事责任。（ ）

7. 任何单位或个人对事故隐患或者安全生产违法行为，有权向负有生产监督管理职责的部门报告或举报。（ ）

8. 铁路运输企业及其职工违反法律、行政法规的规定，造成事故的，由铁道部或者安全监管办依法追究行政责任；构成犯罪的，依法追究刑事责任。（ ）

9. 企业的从业人员没有经过安全教育培训，不了解规章制度，因而发生重大伤亡事故的，行为人不应负法律责任，应由发生事故的企业负有直接责任的负责人负法律责任。（ ）

10. 特种作业人员未经专门的安全作业培训，未取得特种作业操作资格证书，上岗作业导致事故的，应追究生产经营单位有关人员的责任。（ ）

11. 监督检查不得影响被检查单位正常的生产经营活动；监督检查不能在没有根据的情况下随意地查封或责令停产停业。（ ）

12. 生产经营单位的从业人员包括管理人员、技术人员和各岗位的工人，但不包括临时聘用的人员。（ ）

13.《中华人民共和国安全生产法》规定，安全生产监督检查人员对检查发现的问题应作出书面记录，并由检查人员和被检查单位的负责人签字，这样有利于安全检查不走过场。（ ）

14. 《中华人民共和国安全生产法》规定，生产经营单位的从业人员享有危险因素和应急措施的知情权。（ ）

15. 生产经营单位为了逃避应当承担的事故赔偿责任，在劳动合同中与从业人员订立“生死合同”是非法的，无效的，不受法律保护。（ ）

16. 从业人员有权对本单位安全生产工作中存在的问题提出批评、检举、控告。（ ）

17. 劳动防护用品不同于一般的商品，直接涉及到劳动者的生命安全和身体健康，故要求其必须符合国家标准。（ ）

18. 生产经营单位为从业人员提供劳动防护用品时，可根据情况采用货币或其他物品替代。（ ）

19. 生产经营单位对国家明令淘汰的危及生产安全的落后工艺、设备，可采取加强管理和加强安全教育措施后继续使用。（ ）

20. 《中华人民共和国安全生产法》规定，生产经营单位对安全生产监督管理部门的安全检查，应当予以配合，不得拒绝、阻挠。（ ）

21. 当生产设备、交通运输线路、公共设施发生故障，影响生产和公众利益，必须及时抢修的，用人单位可延长劳动者工作时间不受限制。（ ）

22. 保护接地的适用范围只适用于高压。（ ）

23. 在紧急情况下可以甩开联锁条件，人为构通道岔假表示。（ ）

24. 在区间行走时应走路肩。（ ）

25. 横越线路时，须执行“一站，二看，三通过”的制度。（ ）

26. 冬季室外作业时，戴任何防寒帽都可以。（ ）

27. 双人作业时可以同时接触导电和接地部分。（ ）

28. 不准将电流互感器二次线圈开路，以免产生高电压击穿设备和危及人身安全。（ ）

29. 电缆进出口应采用防火材料封堵，电力电缆可以与信号电缆同沟敷设。（ ）

30. 严禁用汽油、酒精等擦拭设备的电气接点。（ ）

31. 在距离接触网带电部分不足 2 m 的处所作业时，接触网必须停电。（ ）

32. 在电气化区段作业时，更换轨道电路绝缘时，应在确认扼流变压器连接线各部连接良好后，方准开始作业。（ ）

33. 紧急情况下，可以从车辆下或车钩处通过。（ ）

34. 检修电动转辙机时，应打开遮断器。（ ）

35. 一侧列车通过时，可以在另一侧股道继续工作。（ ）

36. 停电作业完毕后，可立即接通电源。（ ）

37. 电务设备地线必须连接牢固，接触良好，接地电阻符合要求。（ ）

38. 信号人员作业时必须确认地线接触良好。（ ）

39. 道岔挤切销折断不会造成道岔分离。（ ）

40. 在紧急情况下可以甩开条件，借用电源动作设备。（ ）

41. 严禁未登记要点用手摇把转换道岔。（ ）

42. 严禁在微机监测计算机上运行无关软件。（ ）

43. 进站色灯信号机两个黄色灯光表示准许列车按限速要求越过该信号机，经道岔侧向位置进入站内通过。（ ）

44. 在列车运行速度 $v>160$ km/h 的提速区段，“天窗”点外禁止设备巡视。（ ）

45. 铁路运输工作人员应当坚守岗位，按程序实行标准作业，尽职尽责，保证运输安全。（ ）

46. 铁路平交道口的警示灯、安全防护设施由所在地的道路管理部门设置、维护。（ ）

47. 在铁路信号、通信光（电）缆埋设、铺设地点，铁路运输企业应当按照标准设置易于识别的警示、保护标志。（ ）

48. 自动闭塞区间同方向相邻的两架色灯信号机间，以该线上的通过信号机柱的中心线为闭塞分区的分界线。（ ）

49. 当基本闭塞设备不能使用时，应根据列车调度员的命令采用电话闭塞法行车。（ ）

50. 《铁路信号维护规则》规定，各种数据存储介质和调试用计算机在接入网络前不必经专用计算机检查，确认无病毒后，方可使用。（ ）

51. 《铁路信号维护规则》规定，不必及时升级计算机系统软件漏洞补丁，就可以保证计算机可靠运用。（ ）

52. 严禁在生产调度指挥系统中使用无关软件，并不得与国际互联网及其他网络相连，确需与其他系统相连时，须经铁道部运输局基础部批准。（ ）

53. 其他系统或设备必须与信号专用计算机系统相连接时，不必采用安全隔离措施，基本不影响本系统的正常使用。（ ）

54. 应加强机房管理，杜绝因人为因素可能导致的网络故障。（ ）

55. 信号机按类型分为色灯信号机、臂板信号机和机车信号机。（ ）

56. 信号及通信设备，应装有防止强电及雷电危害的保安设备，电子设备应符合电磁兼容有关规定。（ ）

57. 进站色灯信号机两个黄色灯光表示准许列车按限速要求越过该信号机，经道岔侧向位置进入站内通过。（ ）

58. 计算机联锁在现场模拟联锁试验之前，电务段应进行全面的联锁仿真试验，并认真做好试验记录。（ ）

59. 计算机联锁设备试验应进行同步故障倒机及人工切换试验。（ ）

60. 架空线线路下面，地下光缆和电缆线路上面，禁止植树。（ ）

61. 直接涉及行车安全的TDCS、CTC等系统，必须自成体系，单独成网，独立运行，同时可以与其他系统直接联网。（ ）

62. TDCS、CTC应实行系统冗余，局部故障有时可以影响整个系统。（ ）

63. 对设有加锁加封的信号设备，应加锁加封，必要时可装设计数器，电务人员应负责其完整。（ ）

64. 加封设备启封使用后，应及时通知车务部门加封。（ ）

65. 采用计算机联锁设备实现加锁加封功能时，应使用密码操作。（ ）

66. 在确定设置信号机地点时，除满足信号显示距离的要求外，还应考虑到该信号机不致被误认为邻线的信号机。（ ）

67. 主体信号机未开放时，进路信号机不能开放。（ ）

68. 信号机应设在列车运行方向的左侧或其所属线路的中心线上空。（ ）

69. 自动闭塞区段的车站，办理发车前不应向接车站预告。（ ）

70. 四显示自动闭塞区段的进站信号机前方第一、第二架通过信号机的机柱上，应分别涂三条、一条黑斜线，以与其他通过信号机相区别。（ ）

71. 道岔编号，从列车到达方向起顺序编号，上行为双号，下行为单号。（ ）

72. 出站信号机有两个及其以上的运行方向，而信号显示不能分别表示进路方向时，应在信号机上装设进路表示器。（ ）

73. 双线自动闭塞区间反方向进站信号机前方应设置预告标。（ ）

74. 电务工作人员必须认真执行“三不动”、“三不离”、“三不放过”和“三级施工安全措施”四项基本安全制度。（ ）

75. 电务工作人员可以代替行车人员按压按钮，但不可以代替行车人员转换道岔。（ ）

二、共性规章类练习题参考答案

（一）选择题

1. D　2. D　3. D　4. B　5. C　6. D　7. B　8. B
9. B　10. A　11. A　12. C　13. A　14. C　15. D　16. A
17. A　18. B　19. D　20. D　21. A　22. A　23. A　24. C
25. B　26. D　27. B　28. D　29. D　30. C　31. B　32. C
33. A　34. B　35. D　36. B　37. A　38. C　39. B　40. D
41. C　42. D　43. D　44. B　45. D　46. D　47. A　48. D
49. C　50. B　51. A　52. A　53. A　54. C　55. A　56. A
57. C　58. B　59. D　60. B　61. A　62. D　63. C　64. C
65. D　66. A　67. B　68. C　69. B　70. D　71. A　72. A
73. B　74. D　75. D　76. D　77. C　78. D　79. A　80. D
81. B　82. C　83. A　84. B　85. D　86. C　87. B　88. A
89. B　90. C　91. A　92. D　93. D　94. C　95. A　96. B
97. A　98. D　99. C　100. B　101. C　102. A　103. D　104. D
105. B　106. C　107. C　108. B　109. A　110. B　111. C　112. C
113. C　114. C　115. C　116. B　117. A　118. C　119. D　120. C
121. C　122. A　123. C　124. D　125. B　126. B　127. D　128. C
129. C　130. C　131. D　132. D　133. D　134. D　135. D　136. A
137. A　138. C　139. D　140. D　141. A　142. A　143. C　144. D
145. C　146. C　147. D　148. C　149. C　150. B　151. A　152. A
153. C　154. D　155. A　156. A　157. B　158. C　159. C　160. A
161. A　162. A　163. D

（二）判断题

1. ×　2. ×　3. √　4. ×　5. √　6. √　7. √　8. √
9. √　10. √　11. √　12. ×　13. √　14. √　15. √　16. √
17. √　18. ×　19. ×　20. √　21. √　22. ×　23. ×　24. √
25. √　26. ×　27. ×　28. √　29. ×　30. √　31. √　32. √
33. ×　34. √　35. ×　36. ×　37. √　38. √　39. ×　40. ×
41. √　42. √　43. ×　44. ×　45. √　46. ×　47. √　48. √
49. √　50. ×　51. ×　52. √　53. ×　54. √　55. √　56. √

57. × 58. √ 59. √ 60. √ 61. × 62. × 63. × 64. ×

65. √ 66. √ 67. × 68. √ 69. × 70. √ 71. √ 72. √

73. √ 74. √ 75. ×

第七部分　职业道德类

（适用于本工种的所有等级）

一、职业道德类练习题

（一）选择题

1. 信号工岗位职业道德规范，是指“（　　）、文明作业；遵章守纪、尽职尽责；主动协作、共保安全。”

（A）堵塞浪费　（B）令行禁止　（C）勇于吃苦　（D）热情服务

2. 信号工岗位加强联劳协作，就是要主动与工务、（　）和机务部门配合，遇有问题，协商解决。

（A）车辆　（B）车务　（C）安监　（D）建筑

3. 道德是人们用来评价别人和自己言行的标准与（　　）。

（A）要求　（B）尺度　（C）目标　（D）对错

4. 道德是（　　）人们之间关系的行为规范。

（A）调整　（B）评价　（C）沟通　（D）交流

5. 道德具有（　　）等特点。

（A）规范性、多层次性、稳定性和社会性

（B）前瞻性、多层次性、稳定性和社会性

（C）规范性、多层次性、强制性和社会性

（D）规范性、普遍性、稳定性和社会性

6. 道德品质是综合个人的（　　）、道德意识和道德行为的特定属性。

（A）道德思想　（B）道德心理　（C）道德评价　（D）道德要求

7. 道德品质的构成要素有知、（　　）、行等四个要素。

（A）德、情　（B）品、事　（C）情、义　（D）情、意

8. 道德是用内心信念、传统习惯和社会舆论来（　　）。

（A）处理　（B）维护　（C）发展　（D）变迁

9. 道德规范是一定社会为了调整人们之间以及个人与（　　）之间的关系。

（A）社会　（B）班组　（C）家庭　（D）企业

10. 社会舆论有（　　）两个较显著特征。

（A）广泛性和制约性　（B）广泛性和普遍性

（C）普遍性和制约性　（D）特殊性和制约性

11. 《公民道德建设实施纲要》提出的公民应遵守的基本道德规范是（　　）。

（A）爱国守法、文明礼貌、团结友善、勤俭自强、敬业奉献

（B）爱国守法、明礼诚信、团结友善、勤俭自强、敬业奉献

（C）尊纪守法、明礼诚信、团结友善、勤俭自强、敬业奉献

（D）爱国守法、明礼诚信、尊老爱幼、勤俭自强、敬业奉献

12. 职业既是人们谋生的手段，又是人们与（　　）进行交往的一种主要渠道。

（A）他人　　（B）社会　　（C）设备　　（D）工具

13. 职业在社会生活中，主要体现出（　　）三方面要素。

（A）职业行为、职业权利、职业利益

（B）职业职责、职业道德、职业利益

（C）职业职责、职业权利、职业内容

（D）职业职责、职业权利、职业利益

14. 职业道德不仅是从业人员在职业活动中的行为标准和要求，而且是本行业对社会所承担的（　　）和义务。

（A）道德责任　　（B）产品质量　　（C）社会责任　　（D）服务责任

15. 社会主义职业道德是人类社会职业发展的新阶段，它（　　）地继承了历史上职业道德传统中有价值因素。

（A）批判　　（B）延续　　（C）发展　　（D）全面

16. 爱岗、（　　）是职业道德的基础与核心。

（A）敬业　　（B）团结　　（C）奉献　　（D）学习

17. （　　）是社会主义职业道德的基本原则。

（A）公事公办　　（B）办事公道　　（C）公事私办　　（D）实事求是

18. 铁路职工职业道德教育的重要内容有（　　）。

（A）安全正点、尊老爱幼、优质服务

（B）安全正点、尊客爱货、清正廉洁

（C）安全正点、尊客爱货、优质服务

（D）安全正点、办事公道、优质服务

19. 铁路的职业纪律是通过各种规章、守则、条例和制度表现出来的，具有法规的性质和（　　）特点。

（A）自觉性　　（B）强制性　　（C）协商性　　（D）主动性

20. 铁路职工“想旅客、货主之所想，急旅客、货主之所急”，促进了社会（　　）建设。

（A）物质文明　　（B）企业文化　　（C）道德风尚　　（D）道德规范

21. 和谐铁路建设目标是“运能充足、装备先进、（　　）、内部和谐”。

（A）运输安全、管理科学、节能环保、服务优质

（B）安全可靠、队伍稳定、节能环保、服务优质

（C）安全可靠、管理科学、节能环保、增运增收

（D）安全可靠、管理科学、节能环保、服务优质

22. 铁路运输应为旅客、货主提供（　　）三种层次的服务。

（A）标准服务、延深服务、超值服务

（B）一般性服务、人性化服务、超值服务

（C）标准服务、人性化服务、超值服务

（D）标准服务、人性化服务、特定服务

23. 只有具备（　　），才能对自己的职业有一种责任感和使命感。

（A）道德精神　　（B）服务精神　　（C）敬业精神　　（D）好学精神

24. 尊客爱货，指的是铁路职工对自身服务对象的（　　）和道德情感。

（A）认识　　（B）接待　　（C）态度　　（D）服务

25. 热情周到，指的是铁路运输服务的（　　）及所要达到的效果。

（A）优质程度　　（B）运输过程　　（C）礼貌待客　　（D）关心程度

26. 尊重旅客货主主要表现在对旅客货主人格的尊重，对旅客货主乘车运货过程中（　　）的满足。

（A）正当要求　　（B）个人需求　　（C）所有要求　　（D）部分要求

27. 仪表端庄实质上是一个人的思想情操、道德品质、文化修养和（　　）的综合反映。

（A）衣帽整齐　　（B）衣着洁净　　（C）人格气质　　（D）衣着时尚

28. 在发展生产中，协作不仅提高个人生产力，而且创造了新的（　　）。

（A）生产关系　　（B）生产秩序　　（C）生产力　　（D）生产模式

29. 铁路运输生产既要职工按照分工和要求，尽职尽责地做好本职工作，又要在（　　），互相帮助，主动配合，密切配合。

（A）单位领导下　　（B）统一领导下　　（C）部门领导下　　（D）系统领导下

30. 铁路职工职业技能的提高，是推广新技术、使用（　　）的必要条件。

（A）新设备　　（B）新技术　　（C）新思路　　（D）新场地

31. 信誉是企业生存与发展的根本，信誉的关键在一个“（　　）”字。

（A）诚　　（B）誉　　（C）德　　（D）信

32. 在社会主义初级阶段，艰苦奋斗、勇于奉献既是培养“四有”职工队伍的内在要求，又是社会主义（　　）建设的重要内容。

（A）精神文明　　（B）物质文明　　（C）社会文化　　（D）和谐社会

33. 铁路职工爱护铁路一切设施，不仅包含爱护公共财物的含义，而且是自身（　　）应该遵循的准则。

（A）利益关系　　（B）职业道德　　（C）职业习惯　　（D）职业行为

34. 一个铁路职工为了承担起自己的（　　），必须进行经常性的职业道德修养。

（A）岗位责任　　（B）行为责任　　（C）历史责任　　（D）职业责任

35. 铁路作为国民经济的大动脉，半军事化的（　　）尤为突出。

（A）企业属性　　（B）行业属性　　（C）组织结构　　（D）管理要求

36. 铁路运输的联动和半军事化的特性，决定了铁路从业人员必须具有更加严密的（　　）。

（A）职业纪律　　（B）组织纪律　　（C）技能素质　　（D）思维方式

37. 职业道德修养是一种通过自我教育、自我锻炼来提高自己的职业道德品质的（　　）活动。

（A）学习　　（B）实践　　（C）感知　　（D）教育

38. “慎独”重在（　　），是一种崇高的思想道德境界。

（A）锻炼　　（B）批评　　（C）自律　　（D）帮助

39. 从（ ）最能看出一个人的品质，从最细微的小处最能显示人的灵魂。

（A）工作场合 （B）言谈举止 （C）大众场合 （D）最隐蔽处

（二）判 断 题

1. “人人为我，我为人人”就是为人民服务的具体体现。（ ）
2. 道德是用内心信念、传统习惯和社会舆论来维护的，也靠法律条文来维持。（ ）
3. 道德品质有时也称为品德或品性，它体现一定社会或阶级的道德原则和规范。（ ）
4. 道德舆论是在一定的道德原则和道德规范的短期影响下形成的。（ ）
5. 人们的道德觉悟，或个别人物的道德品质和道德愿望，可以决定社会的发展。（ ）
6. 树立正确的荣辱观，是形成良好社会风气的重要基础。（ ）
7. 为人民服务是社会主义道德区别和优越于其他社会形态道德的显著标志。（ ）
8. 一种道德观念，从它产生的那天起，便成为改变社会风貌的强大力量。（ ）
9. 职业道德是所有从业人员在社会活动中应该遵循的行为准则，涵盖了从业人员与服务对象、职业与职工、职业与职业之间的关系。（ ）
10. 生产、安全和效益上去了，职业道德自然就搞好了。（ ）
11. 铁路运输服务的特点和构成要素直接决定了对铁路职业道德的水平要求更高，对职工的职业道德行为要求更加严格。（ ）
12. 只有具备良好的职业道德品质和职业道德素养，才会设身处地为旅客、货主着想。（ ）
13. 旅客、货主所购买的是人和货物地点位置的移动。（ ）
14. 一个人只有热爱自己的岗位，才有可能对工作尽心尽力。（ ）
15. “人民铁路为人民”与提高企业经济效益，是一对不可调和的矛盾。（ ）
16. 遵章守纪作为职业道德，不一定是一种发自内心的自我要求和自我约束。（ ）
17. 在协作生产中“你不协，我不作”是人之常情。（ ）
18. 职业道德修养完全是同事间互相帮助的过程。（ ）

二、职业道德类练习题参考答案

(一)选择题

1. D	2. B	3. B	4. A	5. A	6. B	7. D	8. B
9. A	10. A	11. B	12. B	13. D	14. A	15. A	16. A
17. B	18. C	19. B	20. C	21. D	22. C	23. C	24. C
25. A	26. A	27. C	28. C	29. B	30. A	31. D	32. A
33. D	34. D	35. B	36. A	37. B	38. C	39. D	

(二)判断题

1. ×	2. ×	3. ×	4. ×	5. ×	6. √	7. √	8. ×
9. ×	10. ×	11. √	12. √	13. √	14. √	15. ×	16. ×
17. ×	18. ×						